中国语言生活绿皮书

国家语言文字工作委员会发布

B016

中国语言生活状况报告

（2015）

教育部语言文字信息管理司 组编

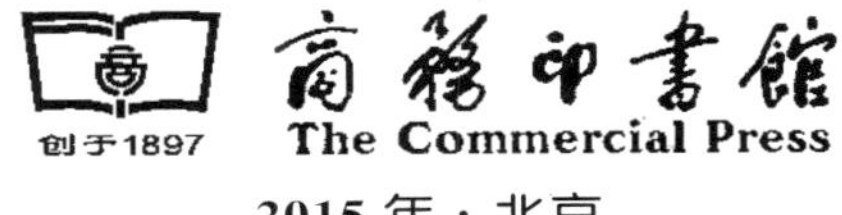

2015年·北京

顾　　问　许嘉璐　赵沁平　郝　平　李卫红
策　　划　教育部语言文字信息管理司
审　　订　陈章太　戴庆厦　陆俭明　邢福义　周庆生
名誉主编　李宇明

组委会
主　　任　张浩明
副 主 任　田立新
委　　员　（按音序排列）
陈　敏　郭　熙　何婷婷　侯　敏　李　强　苏新春
王翠叶　王丹卉　王　奇　杨尔弘　易　军　赵小兵
周洪波　周庆生

主　　编　郭　熙
副 主 编　侯　敏　杨尔弘　周洪波
栏目主持　（按音序排列）
冯学锋　李　强　苏新春　汪　磊　易　军
赵守辉　周　荐

作　　者　（按音序排列）
白　娟　陈秋月　陈　思　陈　熹　陈晓冉　程　黎
程南昌　程　霞　丁淑贤　冯学锋　付义荣　高婉瑜
古雯鋆　顾定倩　郭璟璇　郭　骏　郭　熙　郝　平
何婷婷　侯　敏　霍文瑶　姜　露　李　节　李　倩
李　强　李卫红　李现乐　李宇明　梁琳淋　林爱妮
刘　兰　刘　鹏　刘　锐　刘延东　刘艳虹　卢俊霖
罗清平　罗晓春　朴美仙　秦嘉丽　尚国文　沈　佩
沈玉林　盛　林　史晓东　苏新春　孙语崎　汤翠兰
滕永林　田小琳　庹迎香　汪　磊　王博立　王　慧
王学荣　魏　丹　吴翠芹　熊文新　徐沙沙　许嘉璐
许小颖　杨尔弘　杨万兵　杨　旸　易　军　余桂林
伊琳娜·博科娃　张　肯　张日培　张　媛　赵庆春
赵守辉　郑国民　郑梦娟　郑　萍　周道娟　周红照
周洪波　周亚琼　祝晓宏　邹　煜

学术支持　北京华文学院

《中国语言生活绿皮书》说明

《中国语言生活绿皮书》由国家语言文字工作委员会发布，旨在贯彻落实《中华人民共和国国家通用语言文字法》，提倡"语言服务"理念，引导社会语言生活和谐发展，为构建和谐社会做贡献。

《中国语言生活绿皮书》分A、B两个系列，各自连续编号发布出版。

A系列是语言文字"软性"规范。语言文字规范标准制定难度大、涉及面广，往往需要较长的试行试用过程；许多语言文字现象具有弹性，不易在短期内形成共识或不宜做"硬性"规定；语言文字信息处理等领域急需相应规范，但一时又难以妥帖制定。以《中国语言生活绿皮书》的形式发布一些"软性"规范，是为了适应语言文字规范制定的复杂情况，满足社会语言生活的多种需求。

A系列的作用是引导社会语言文字应用，向社会提供参考，并鼓励采用。规范加上"草案"字样，以与国家正式的语言文字规范有所区别。有些"软性"规范通过试用完善，可以升为正式规范。

B系列是中国语言生活的状况与分析，主要发布语言生活的各种调查报告和实态数据。国家发展的历史进程中，会遇到不少语言文字问题；世界语言生活风云万千，会对参与世界事务越来越多的中国发生各种影响。了解国内外语言生活状况，研究现实语言生活问题，对制定科学的语言规划、保护与开发语言资源、保证语言生活的和谐与活力，具有十分重要的意义。

B系列是"实态"性质的：报告内容是实态的，语言数据的统计及其技术也是实态的。及时发布语言生活的实况与数据，就像发布水文监测、空气质量监测和气象监测数据一样，能为国家相关部门的决策提供参考，为语言文字研究者、产品开发者和社会其他应用者提供语言服务。

《中国语言生活绿皮书》是开放的。发布的内容不局限于国家语言文字工作委员会的科研项目，也吸纳社会优秀成果。《中国语言生活绿皮书》的出版也是开放的，欢迎各家出版社加入出版行列，出版内容和出版单位的选定，都遵循一定的遴选程序。

许嘉璐先生为《中国语言生活绿皮书》题字。国家语委历任领导都很关心《中国语言生活绿皮书》的编辑出版工作。相关课题组做出了贡献，一些出版单位和社会人士也给予了支持与关心。在此特致谢忱！

教育部语言文字信息管理司

新媒体与语言学

——序《中国语言生活状况报告（2015）》

以互联网为基础，生长出了网络新闻、BBS、博客、微博、短信、QQ、微信、微电影等一批新的媒体。新媒体成为当今之热门话题，在于其强大的信息功能，也在于这些信息功能带来的生活新方式、社会新视野，及其由此引发的各种利弊之争。

新媒体与语言学的关系最为密切，它既是语言科学与技术开拓的新地域，又是语言科学与技术施展身手、发展壮大的大舞台。新媒体的发展与运作，应引起语言学足够的重视，当然也应得到语言学的学术滋养。

一　语言媒介的古今发展

语言媒介古今发生了巨大变化。在文字产生之前，语言只有口语。口语的媒介物是声波，即便登高而呼，声音也不能达远。需要向远方传递信息，只能派员口传。而且声波不能延时，话语出口即逝，前辈的信息只能口耳相授，传留后人。

文字的诞生在人类历史上具有“天雨粟、鬼夜哭”的重大意义。有了文字就有了书面语。书面语的媒介物是光波，语言由此具有了声波和光波两种媒介物。书面语可以冲破空间和时间的限制，语言从此可以达远留后，人类的信息可以横向传播到四极八荒，前辈的经验可以纵向滋育至千秋万代。

书面语是可以修改雕琢的语言。成文前后作者可以反复修改，他人可以帮助润饰。有了文章修改润饰的经验，这种经验就能够作为知识进行传授教育。修改润饰而产生的经典文章，更可以作为他人后世的楷模。这就可以大大提高语言水准，形成民族语言的规范。在书面语时代，产生了“识字人”这样的文化群体，他们可以根据不同的语言使用场合，有意去形成不同的语言风格，进而形成不同的文体，如公文的典雅、散文的飘逸、诗歌的律动等。文体的形成及其不断分蘖繁茂，是语言功能发展的重要标志。

如果把处理语言文字的技术称为"语言技术"的话，显然文字的创制是最为重要、影响最为深远的语言技术。文字出现之后，人类的技术兴趣并无稍减，继之探索的是一系列处理文字的技术，比如两河流域的楔形文字的成字技术，我国的甲骨文的刻写技术、钟鼎文的铁铸技术及后世的笔墨纸砚等与"写字"相关的技术。在各种文字处理技术中，印刷术的意义特别重大。

印刷术问世之前，书籍只是社会少数文化精英的私囊。印刷术可以使书籍快速而广泛地传播，知识的垄断被打破，书籍成为天下之公器。而且，印刷术还催生了报纸。报纸的诞生与发展，产生了新闻、消息、社论、广告等现代仍十分活跃的新文体，语言的功能进一步增强。报纸把当下发生的各种新闻及时向社会传播，引车卖浆者流也可以了解天下事体，知识普及必然带来社会的进步。

更不能忽视的是，在使用拼音文字的西方，印刷术也要求字母表的定型和正词法的规范。这种要求，不仅促进了语言文字的规范化，而且也更明确地区分了不同的语言，进而促进了语言认同、民族身份认同和民族国家的建立，进而形成了"一种语言、一个民族、一个国家"的"传统国家"的等式关系。在此之前，西方对语言、对民族、对国家的认识是相对模糊的。当然，"一种语言=一个民族=一个国家"的等式，无论是理论上还是实践上，今天看来都是有问题的，是不合时宜的语言观、民族观和国家观。

20世纪，无线电技术迅速发展起来。用无线电处理语音和图像获得了重大进展，广播、电视等相继进入日常生活，语言又有了"传声传影"的电波媒介物。电波并不排斥声波和光波，恰恰相反，它把这两种传统的语言媒介物电波化，广播、电视都是对口语、书面语功能在新媒介条件下的放大。电波使得语言传播更加便利，传播速度更加快捷，传播形式更加多样，传播人群更具针对性，传播幅员也更加辽远。

20世纪末，人类开始进入计算机网络时代。伴随着计算机语言处理技术的逐步发展，以互联网为基础的新媒体进入日常生活，并在不断创新着新形式。与以往的语言媒体比较，新媒体呈现出若干新特点。特点之一是碎片化。很多新媒体都是篇幅受限的"微媒体"，如微博、微信、微视频，人们也多是用碎片化的时间传播信息、接受信息和处理信息，新媒体在传递方式及其所传递信息等方面，呈现出明显的碎片化倾向。特点之二是“自媒体”。许多新媒体都没有专职的“新闻队伍”，即兴地、及时地自采自编自发。没有“新闻守门人”的自媒体，使语言交际回到了自然状态。特点之三是综合性。如果说电视已经把视听综合在一个媒体上，那么新媒体则更是综合性的，人类以往创造的所有媒体都综合在互联网上。这种综合特性，使新媒体具有了“超媒体”的巨大功能。

二 媒体发展与语言研究的相互促进

语言技术的每一寸进步，都能够带来语言媒体的发展，甚至是负载语言的媒介物的变化，从而带来语言及语言功能的发展变化。这些进步与变化，在研究材料、研究领域、研究手段、研究旨趣等方面都会影响到语言研究，促进语言学的进步与变化。可以说，语言技术和语言媒体的发展，一直是推动语言、语言应用和语言学研究发展的重要力量。

口语时代，尚无真正的语言研究。书面语时代，有文字研究和语言研究，经书经文、报刊杂志以及口语方言，都是语言研究的素材。有声媒体的出现，给语言研究带来了一番新天地，例如：播音语言使用、传播的一系列特点，播音员和主持人的语言教育与运用，普通话与方言在有声媒体中的辩证关系，有声媒体语言数据库的建设等。

而今，网络媒体又为语言研究提供了新天地。语言研究的领域扩大拓新，网络语言、语言新现象萌生与传播的特点、新媒体语言的丰富与规范、新媒体时代的语言舆情监测、新媒体的传播特点等，成为语言研究新材料和新领域。各种数据库技术、众包研究模式、线上学术讨论与学术出版、虚拟研究与远程研究等，成为常见的研究手段。多学科共同讨论语言问题，协同解决语言问题，呈现出“大科学”和“大学科”的研究态势和研究旨趣。近些年来对网络语言的诸多研究，以及各种研究新手段的运用，已经显示了新媒体推进语言研究的巨大力量，展示出新媒体助力语言研究的广阔前景。

当然，语言学不仅仅是新媒体的受益者，也是新媒体的贡献者。语言学要努力探索新的语言技术，为语言新媒体的发展提供软硬件的支撑；要倾力研究新媒体的各种语言现象，掌握新媒体的语言运用规律，充分发挥其社会正能量；树立网络时代的语言学意识，在语言技术探索及新媒体的研究中，丰富和发展语言学。

毋庸讳言，当前的语言研究，仍以平面媒体的语言为主要材料，语言研究的思维方式也基本是“平面媒体式”的。用平面媒体式的思维来对待新媒体，对待新媒体语言，肯定是削足适履的。

三　新媒体时代的若干问题

网络媒体的发展繁盛，促使语言交际进入到一个新时代。对新媒体的思考，也就是对一个交际新时代的思考。

第一，网络语言生活。

随着网络媒体的出现与发展，人类已经有现实和网络两种语言生活，虽然这两种语言生活的联系越来越密切。2015年2月3日，中国互联网络信息中心（CNNIC）发布第35次《中国互联网络发展状况统计报告》，截至2014年12月，我国网民规模已达6.49亿，其中手机网民规模已达5.57亿，互联网普及率为47.9%。网络语言生活已经成为现代中国人重要的语言生活。根据适应网络语言生活的状况，可以将人群划分为四类：

第一类，网络原住民。他们一开始接触社会，就主要是通过网络的方式。网络是他们的生存空间，甚至被他们视为精神感官，很多活动都需要在网络中进行。

第二类，网络移民。这群人原本在平面媒体、有声媒体中生活，但一直跟随着网络空间的发展，逐渐养成了网络生活的习惯，“入境随俗”，移居到网络中来了。

第三类，网络观光者。这群人虽习惯于平面媒体和有声媒体，但也知晓网络风光无限，有机会就去观光一番。网络是他们生活的一种手段。

第四类，网络局外人。这些人不进入或很少进入网络，只使用平面媒体和有声媒体，甚至连这两种媒体也不使用。他们是被网络边缘化的人群。

对人群的这种划分，很有趣，也很有意义。语言学研究网络语言，其实就是研究网络语言生活，研究各种人群的网络语言行为。这里要特别提出的是，应关心被信息边缘化的人群。

信息平等是当今社会平等的重要内容，涉及获取信息的权利、拥有获取信息的渠道和技能等个多方面。信息时代，信息不平等犹如过去的贫富差别一样。“信息财富”分配不公，是社会财富分配不公的新表现。应特别关注那些被信息边缘化的人群和地区，如：离退休人群、家庭妇女，少数民族地区、中国的西部地区、农村地区等。关注信息边缘化的人群与地区，消弭社会“信息鸿沟”，是公权力的应尽之责。

第二，“以旧律新”问题。

任何一种新生事物的出现，都常受追捧也常遭歧视。而今，不少人热捧新媒体，但也有人用平面媒体的眼光来看待新媒体，用网络局外人的视点来看待网络原住民和网络移民。

维护祖国语言的规范与尊严，是国人的共同责任。对网络语言的使用需要引导，对网络语言中的不良现象应当批评。但不应“以旧律新”，亦毋需苛责网络语言。几千年前，商汤就把“苟日新，日日新，又日新”刻在澡盆上，日日自勉。生活在当今之世，生活在创新驱动成为国家发展战略的当今之世，我们更应有点“惟新是举”的胸怀。只有具有这种胸怀，才能正视新媒体，适应新媒体，驾驭新媒体，拥有新媒体。

第三，争取新媒体的话语权。

新媒体发展到今天，正与平面媒体、有声媒体整合为“混成”媒体方阵，共同发挥社会传媒的作用。在这混成的媒体方阵中，新媒体无疑是重要的，充满生机活力的。新媒体是网络原住民、网络移民的主要媒体。

必须重视新媒体，创造媒体的新形态和新生态，倡导合乎新媒体发展规律的各种规范与规约，争取新媒体的媒体话语权乃至国际话语权。使新媒体的界面设计、输入检索等对人类更“友好”，后台功能更强大，让新媒体更好地为人民服务，为国家发展服务。

第四，所谓“语言纯洁论”。

平面媒体、有声媒体和网络媒体，都要重视语言规范，但规范的标准及规范措施应有差异。但不管是哪种媒体，语言规范的目标都不应是“语言纯洁”，而是语言生活和谐。其实，语言是不大可能纯洁的。不同职业、不同文化层次的人在使用语言，人们在不同场合、用不同的媒体使用语言，语言焉能纯洁？语言在不断地发展，新词语新用法可能同旧的语言规范、社会规范发生抵牾，怎能强求其纯洁？语言具有强大的自组织能力，披沙拣金，舍劣存优，焉惧其不纯洁？

“语言纯洁论”，理论上没依据，实践上也难行通。当然，不同意“语言纯洁论”，并不是不关心语言不规范现象。语言教学、辞书编纂、语言规划等，都是在帮助社会正确运用语言文字，在帮助语言增强自组织能力，选优汰劣。这里主要强调的是“观念”，对待语言如对待身体一样，不能有“洁癖”。洁癖，会减弱人的免疫力。

总之，语言学与新媒体的关系，本质上是语言学与网络时代的关系。语言学怎样利用新媒体，发展新的研究手段，逐渐形成网络时代的研究范式，应引起学界足够关注。另一方面，如何发展新的语言技术来支持新媒体，发展新媒体，使新媒体更宜于国人使用，发挥更为强大的社会正功能。

（李宇明）

目　录

Contents

2014年中国语言生活状况

2014年，中国语言文字事业扎实推进，稳步发展。习近平总书记系列重要讲话中对语言文化的重要论述，高屋建瓴，影响深远。以《国家通用语言文字法》为主体、地方法规规章相配套的语言文字法律法规体系基本形成。全面实施《国家中长期语言文字事业改革和发展规划纲要（2012—2020年）》，提升国家语言能力，传承弘扬中华文化，构建和谐语言生活，成为中国语言文字事业发展的主旋律。

一　加强语言文字法制和规范化建设

贯彻党的十八届四中全会依法治国精神，语言文字法制和规范化建设进一步完善，并取得显著成绩。

（一）语言文字法律体系基本形成

新时期语言文字立法和规范标准的研制受到高度重视。全国31个省（区、市）的省级语言文字立法任务全面完成，以《国家通用语言文字法》为主体、地方法规规章相配套的语言文字法律法规体系基本形成。启动《国家通用语言文字法》实施办法研制工作，正在研制的《外国语言文字使用管理规定》稳步推进。

（二）一系列规范和标准研制发布

在上世纪50年代和80年代先后开展的两次普通话审音工作基础上，第三次审音顺利进行，完成《普通话异读词审音表》修订稿。正式实施《公共服务领域英文译写规范通则》，研制完成涉及"交通""旅游""医疗卫生"等领域9个分则的英文译写标准，启动俄、日、朝—韩译写标准。相继发布第二批、第三批38组推荐外语词中文译名。少数民族新词术语规范化工作进展顺利，一批新词术语通过审定。新闻出版广电总局发文要求广播电视节目和广告中规范使用国家通用语言文字，并对全国电视上星综合频道进行专项整治。

（三）国家通用语言文字推广工作进一步深入

全国29个省（区、市）将语言文字工作纳入教育督导。以“说好普通话，圆梦你我他”为主题的第17届全国推普周宣传活动形式新颖，内容丰富。二类、三类城市完成语言文字规范化建设任务的达到80%和40%。对中西部、民族地区的扶持力度进一步加强，少数民族教师普通话培训规模由每年1000人扩大到2000人。

（四）信息技术产品语言文字应用受到关注

互联网成为语言生活的重要领域，国务院通知要求加强政府网站信息内容建设，对各级政府部门网站的语言文字使用进行动态观测。规定开设外语版网站要有专业、合格的支撑能力，确保语言文字规范准确。全国语言文字信息化工作会议印发《国家语委进一步做好语言文字信息化工作的若干意见》。北京初步建成北京语言文化数字博物馆，吉林开通了语言文字微信公众平台。《信息技术产品语言文字使用管理规定》研制顺利进行。

二　提升语言能力

语言能力问题在2014年受到空前关注，并产生了极大的社会影响。

（一）习近平总书记重要论述为语言文字工作指明新的方向

党的十八大以来，习近平总书记发表了一系列重要讲话，其中包含对语言文化的重要论述。讲话强调了语言文化的重要性，一个国家、一个民族的强盛，总是以文化为支撑的；强调以语言文字为主要载体的中华优秀传统文化是涵养社会主义核心价值观的重要源泉，博大精深的中华优秀传统文化是我们在世界文化激荡中站稳脚跟的根基；强调语言对于文化交流的重要作用，指出一个国家文化魅力、一个民族的凝聚力主要通过语言表达和传递，掌握一种语言就是掌握了通往一国文化的钥匙；强调语言对于文化的传承功能，指出应该把古诗文经典嵌在学生脑子里，成为中华文化的基因。

（二）世界语言大会达成《苏州共识》

6月，我国与联合国教科文组织首次合作举办的世界语言大会在苏州成功召开，来自全球近百个国家和地区的400多名政府官员、学者和学术团体代表参会。以中国政府为主导形成大会成果文件《苏州共识》，首次在联合国教科文组织会议上提出了“语言能力”的概念，向世界传递了中国声音，提出了中国方案，贡献了中国智慧，是我们在国际会议上构建话语体系的一次成功实践。

（三）语言能力提升进一步受到重视

中共中央、国务院就新形势下的民族语文工作明确提出，要坚定不移推行国家通用语言文字教育，全面开设国家通用语言文字课程，全面推广国家通用语言文字，确保少数民族学生基本掌握和使用国家通用语言文字，同时尊重和保障少数民族使用本民族语言文字接受教育的权利，不断提高少数民族语言文字教育水平。

《国民语言教育大纲》研制工作进展顺利。恢复举办中央普通话进修班。国民语言能力培养的相关基础阶段研究逐步深入。数据调查显示，小学生应用文学习状况效果不理想，写作教学和写作测评应进一步改进。完成《汉字应用水平等级及测试大纲》修订，更多省（区、市）开展了汉字应用水平测试。

（四）语言服务能力建设引起关注

中央办公厅和国务院办公厅相关文件中，明确提出语言服务能力建设的有关要求。少数民族地区广播电视播出机构在推广国家通用语言文字的同时，开办少数民族语言的频率频道，提高少数民族语言节目译制、制作、播映和传输覆盖能力。推进少数民族语言文字网站建设。实施盲文出版项目。对中央电视台《共同关注》节目手语理解调查表明，应遵循听障人群的手语使用规律，科学开展手语规范化工作。

三　传承弘扬中华语言文化

传承弘扬中华语言文化是2014年语言生活的重要部分。多种形式的语言文化传播活动在主流媒体频频亮相，激发了全社会对提高国民语言能力、传承中华优秀传统文化的广泛关注。

(一)中国汉字听写大会继续举办

继第一届“中国汉字听写大会”之后,国家语委与中央电视台联合成功举办了第二届“中国汉字听写大会”,共有包括香港、澳门和台湾地区以及外国学生在内的180名学生参加复赛,收视人数达4.3亿。“中国汉字听写大会”的长效机制逐步形成品牌效应。

(二)首届“中国成语大会”成功举办

国家语委与中央电视台联合举办了首届“中国成语大会”,全国共有3万多人报名,36位选手晋级决赛,收视人数达5.59亿。活动成为弘扬中华优秀文化、培育和践行社会主义核心价值观的又一原创语言文化类品牌节目。

(三)书法名家走进校园

全国15个省(区、市)陆续开展“书法名家进校园”系列活动。通过书法展览与名家讲座相结合,引导青少年传承中华传统。与中国书协联合组织的培育和践行社会主义核心价值观书法巡展和“我的青春·我的中国梦”百名大学生提名展活动,收到全国普通高等学校在校大学生稿件1486件。

(四)中华思想文化术语传播工程启动

首批发布81条术语译写成果。旨在通过对代表中华哲学思想、人文精神、思维方式、价值理念的概念和文化核心词进行全面系统的整理、诠释、译写和推广传播,让世界更客观、更全面地认识中国,推动国家间的平等对话及不同文明间的交流互鉴。中华经典资源库一期项目收官,第二、三期项目启动。

(五)语言国情调查和资源保护工作覆盖面不断扩大

全面实施语言国情调查,中央苏区、延安时期、丝绸之路经济带、上海自贸区等特殊历史时期和特定区域语言文字现状的专项调研不断深入。中国语言资源有声数据库启动湖北库建设,北京、上海建库完成并通过验收,辽宁、广西、福建、山东、河北等地正在有序进行。有声数据库国家库建设技术平台研发项目获国家科技支撑计划立项支持并正式启动,中国语言资源保护工程争取到国家财政支持。

（六）全民阅读活动深入人心

国务院政府工作报告提出"倡导全民阅读"的理念，全国各地相关阅读活动丰富多彩，湖北省、江苏省以地方立法的方式将全民阅读纳入本省发展战略，深圳读书月、北京阅读季、南国书香节等成为知名阅读活动品牌；一些民间公益组织也把校园阅读作为资助和策划项目的重点，各种类型和服务个性的民间阅读组织纷纷涌现。重视读书、崇尚读书的社会风气正在形成。台湾地区的阅读活动也是特色纷呈。

四　关注热词背后的社会百态

2014年，热词热语势头不减。一大批反映社会百态的词语活跃在社会语言生活中，成为年度社会变化的记录仪。"法""反腐""失""马航"分别领衔年度国内字、国内词、国际字、国际词，而"汉语盘点"作为新的文化品牌活动继续展示其独有的魅力。

（一）新词语

国家语言资源监测研究中心在语料库中117万个文本、12亿字次基础上，提取了424条新词语。这些新词语真实记录了2014年度中国的新事物、新概念、新状况，以及这一年中百姓心理、观念上悄然发生的变化。"新常态"显示中国经济发展进入新阶段；"沪港通"成为培育内地股市走向国际的温室；"一带一路"将开启中国与沿线国互通互惠之窗；"冰桶挑战"成了全球性的慈善派对；"APEC蓝"则蕴含着人们对美好环境的期许；"小官巨腐"令人瞠目咋舌；"微信红包"推动着互联网金融；此外，直面破冰与涉险的"深改"，全人类共同参与的"抗埃"则更是一种挑战。

（二）流行语

"依法治国""失联""北京APEC""埃博拉""一带一路""巴西世界杯""沪港通""占中""国家公祭日""嫦娥五"十大流行语，真实地记录了媒体视野中的世界万象和社会百态，客观地反映了国内外政治、经济、文化、教育、科技等各个领域的焦点和热点，勾勒出媒体视界中的世事民情、社会生活。"依法治国"位列流行语榜首，成为本年度国内最重要的时政热点。

（三）网络用语

“我也是醉了”“有钱就是任性”“蛮拼的”“挖掘机技术哪家强”“保证不打死你”“萌萌哒”“时间都去哪了”“我读书少你别骗我”“画面太美我不敢看”“且行且珍惜”，十个网络用语代表了2014年度网民在网络语言使用上的鲜明特征，粗线条勾画出网络民意的关注点。

五　聚焦语言生活热点

2014年，中国语言生活热点频发。网络语言规范、中式英语，无一不引发着人们的极大关注。

（一）网络语言规范引热议

网络语言上广播电视节目、进教科书、入词典等问题引起社会热议，尽管认识各异，但语言问题不宜“一刀切”。网络语言粗鄙化需要治理，规范网络语言的必要性逐步得到社会认同。

（二）中式英语进入英语俚语词典

“no zuo no die”（不作死就不会死）等一批汉语“热词”“热语”（网络流行语）作为汉源俚语被收入美国在线俚语词典 *Urban Dictionary*（《城市词典》），这些具有“汉语腔”的英语俚语引起世界各大媒体广泛关注。

（三）农民工语言使用呈代际分化

老一代农民工说的普通话不标准但努力尝试说普通话，新生代农民工普通话相对熟练。但方言依旧是重要的地域标识，寄托着乡愁。相比之下，普通话熟练者能够获得更高的经济回报并具有更好的城市适应能力。

六　促进语言文化合作交流

2014年，语言文化合作交流继续拓展深化。习近平总书记、李克强总理祝

贺全球首个孔子学院日举办。全国政协双周会专题讨论海外华文教育。

（一）加强两岸语言文字合作交流

成功举办两岸合编中华语文工具书工作第十轮会谈，编写出版《两岸差异词词典》《两岸生活常用词汇对照手册》。研制完成“汉字简繁文本智能转换系统”并免费提供社会使用，准确率达到99.991%，解决了两岸简繁转换中词语、标点符号转换等关键问题，对于方便两岸民众沟通、促进两岸文化交流具有重要作用。组织开展两岸语言文字学术交流活动，两岸高校百名学生汉字书法艺术交流夏令营活动，树立了共同弘扬传承中华优秀传统文化的自信心和自觉意识。

（二）促进语言文化合作交流

第二届中法语言政策与规划研讨会在巴黎召开，列为中法建交50周年系列纪念活动之一和中法高级别人文交流机制的重要内容；《中法高级别人文交流机制首次会议联合宣言》正式将“加强语言教学合作，继续合作举办中国语言政策与规划研讨会”纳入其中。实施语言文字国际高端专家来华交流项目，吸收借鉴国外语言文字研究成果。

（三）孔子学院

孔子学院迎来开办10周年纪念，首个全球“孔子学院日”启动仪式在北京举行。10年间，孔子学院从无到有、从小到大，已在126个国家和地区建立了475所孔子学院、851个孔子课堂，累计注册学员345万人。

（四）海外华文教育

国家高度重视华文教育。全国政协召开双周会议，专题讨论推进海外华文教育发展问题。国务院侨办主办第三届世界华文教育大会，出台支持华文教育发展的主要举措，推动华文教育转型升级和跨越式发展。社会各界继续给予海外华文教育以大力支持。师资培训力度加大，“本土化、国别化”华文教材编写取得新进展。

第一部分

特　稿　篇

《中国语言生活状况报告》十年

今年是《中国语言生活状况报告》(以下简称《报告》)发布十周年。十年来,《报告》从无到有,从国内中文版发展到国外英文版,从单一《报告》发展到与《中国语言生活要况》“双飞”,不断探索,不断进步,引起越来越多的注意。到本文撰写为止,中国知网对《报告》的引用记录达到 2140 条。“十年树木”。的确,十年前一群热心人种下的一株幼苗今天已经长大了。

一 《报告》的框架沿革

由于在中国发布语言生活状况报告无先例可循,《报告》编者的认识也随着事业发展发生一些变化,十本《报告》的前后框架并不完全一致。

《报告(2005)》原分上下两编。上编除总述和附录外,共有 5 部分:(1)领域篇;(2)专题篇;(3)热点篇;(4)港澳台篇;(5)参考篇。下编则分为调查报告和调查数据两部分。专题篇包括语言文字法规政策和年度语言文字工作的进展,以区别于领域篇(某一特定领域里语言生活状况,如广播电视领域和教育领域等)。下编发布对若干媒体语言使用状况的调查报告和统计数据,相对于全书来说是“数据篇”,与上编的“领域篇”“专题篇”等相辅相成,互为补充。

《报告(2006)》起把语言文字工作单独列为工作篇,而专题篇则取代了领域篇。

2011 年,《报告》改版。这次改版是在总结前五年工作基础上进行的。考虑到各种皮书的惯例,编委会决定把《中国语言状况报告》的标注年份从“内容年”改为“发布年”。例如《报告(2005)》中的 2005 是《报告》内容年,其发布年份是 2006;而《报告(2011)》中的 2011 是发布年,反映的是 2010 年的内容。同时将原来的上下编合并为一本,原来属于下编的数据部分载入随书发放的光盘。相关栏目也做了相应调整。

2013 年,《报告》首次开设特稿篇。

2014年,《报告》在历年经验的基础上再次改版。在框架方面,调整了专题篇的内容,恢复了领域篇,增加了字词语篇,将数据篇的内容全部放入光盘,大大压缩了每一报告的篇幅;强调报告语言要简洁,要具有可读性。在运作模式上实行了栏目主持人制。至此,《报告》框架基本定型。除总序、总述和附录外,共分8个部分:(1)特稿篇;(2)专题篇;(3)工作篇;(4)领域篇;(5)热点篇;(6)字词语篇;(7)港澳台篇;(8)参考篇。

此外还有两件事也在这里说一下。

一是《报告》外文版的出版。2013年4月,《报告》英文版第1卷由德国德古意特出版社出版。目前英文版已出两卷,第三卷已交出版社;韩文版已经翻译完毕,正在审稿中。

二是《中国语言生活要况》的出版。在《报告》使用的过程中,有领导、专家和读者提出可以在《报告》的基础上取精用弘,精益求精,将丰赡细致的内容浓缩成一个"简本",使读者能尽快地把握年度语言生活的全貌和精华部分,两个版本做到详略搭配,各展所长。而随后编辑出版的《要况》,除了"简"外,还突出了年度语言生活的独特之处,重点撷取了年度语言生活中的重要文献、热点问题、咨政建议、新观点等,做到了"精、新、特"。

二 主要内容

《报告》旨在分析中国语言文字使用现状,反映社会各个领域语言使用的新特点新变化,阐述年度中国语言使用中的重大理论和现实问题,预测语言发展与变化的趋势,提出相应的政策建议。十年来,《报告》始终遵循这一宗旨,共刊出各种报告、专题文章等444篇。具体栏目篇数情况如下:

表1—1 十年来《报告》各栏目刊文数量统计

栏目	总序	总述	专题篇/特稿篇/工作篇/领域篇	热点篇	字词语篇/数据篇	港澳台篇	参考篇	附录
篇数	8	10	187	44	70	32	53	40

下面对有关栏目的内容做些大体说明。

1. 总序

到《报告(2014)》,共发表《总序》7篇。话题包括构建健康和谐的语言生活

(2005)、保护和开发语言资源(2008)、关注中国城市化进程中的语言问题(2009)、过好虚拟语言生活(2011)、科学保护各民族语言文字(2012)、唤起全社会的语言意识(2013)、双言双语生活与双言双语政策(2014),这些论题都立足中国语言生活实际,面向中国社会发展和国家建设,立意高远,与《报告》浑然一体,成为报告的点睛之笔。

2. 总述

《总述》是对年度语言生活状况的高度概括。反映年度语言生活的特点、主要工作、事业推展等方面。国家语委向社会发布的新闻稿均以此为基础。《总述》勾画年度语言生活的总体轮廓,但也会明确回答一些社会上关心的问题。例如,《报告(2005)》明确指出年度特点之外,也明确指出,“尽管外语的学习者不断增加,实际水平也有所提高,但离国家建设和发展的需求还有一定的距离”,“社会对其他一些语种尤其小语种的学习重视不够”等,就社会上围绕外语教学的一些困惑展示了态度。

3. 特稿篇/工作篇/领域篇/专题篇

这几个栏目前后有交叉变动,放到一起叙述。

从篇数(187篇)可以看出这几个栏目在《报告》中的分量。十年来,栏目围绕国家发展、社会语言生活变化、存在和面临的问题,从不同的角度向社会发布。例如,《报告(2013)》首次刊发了四篇特稿。其中《国家中长期语言文字事业改革和发展规划纲要(2012—2020年)》《落实语言文字规划纲要,推进语言文字事业科学发展》《开启语言文字事业新里程——语言文字规划纲要解读》是语言文字事业发展的重要文献,《改进文风》则记录了中央推动文风改进的方方面面。而工作篇则记录了从中央到国家各部门,尤其是国家语委、国家民委地方各级语委历年为国家语言文字事业所发的相关文件以及所开展的重要工作。

《报告》非常关心民族语言和方言的生存状况、民族语言教育、民族文字和民族语文信息化问题,先后发表了多篇报告。例如:基诺族语言近况(2006专题篇)、少数民族双语教育状况(2005专题篇)、藏语文信息化及软件使用情况调查(2006专题篇)、新疆阿勒泰地区双语教学与社会和谐(2008专题篇)、民族地区法庭审判中少数民族语言使用问题(2009专题篇)、内蒙古额尔古纳市俄罗斯族语言使用调查(2011专题篇)、北方较小民族母语衰变与语言保护(2013专题篇)、傈僳族新老文字使用问题(2013专题篇)、跨境少数民族语言状况(2013专题篇)、满语文的抢救、传承与应用(2014)、少数民族语文网站现状(2014)、少数民族手语研究和使用状况调查（2015 领域篇）。

国家语言能力和国家安全跟国家发展和国家的国际地位密切相关。《报告》对此予以了极大的关注。青海玉树救灾中的语言障碍与语言援助（2011 专题篇）、手语使用及相关问题（2009 专题篇）、盲文使用状况调查（2013 专题篇）、手语使用状况调查（2014）、央视《共同关注》节目手语理解调查（2015 领域篇）、语言信息产业发展状况（2009 专题篇）、数字化中文字体库的知识产权保护（2013 专题篇）、国家外语能力现状（2012 专题篇）、关注中国周边语言（2014 领域篇）都反映了《报告》的这种爱国情怀。

母语教育和下一代的语言能力牵动全国的每一个家庭。《报告》发表了上海市学生普通话和上海话使用情况调查（2006 专题篇）、高校母语教育（2007 专题篇）、近年高考作文试题变化趋势（2014）、民国时期小学语文教材与人教版教材的用字用词比较（2014）、近年中考写作试题要况（2015 领域篇）、南京市小学生应用文学习状况调查（2015 领域篇）、色彩斑斓的全民阅读（2015 领域篇），记录了社会各界对母语教育的思考。

在语言服务方面，服务行业和公共设施等领域语言状况（2005）、旅游服务语言状况（2006 专题篇）、产品说明书语言文字使用状况（2006 专题篇）、医疗文书及药品包装用语用字状况（2006 专题篇）、青藏铁路语言使用状况（2007 专题篇）、地震灾后心理援助用语（2008 专题篇）、语言服务理念与语言服务产业现状（2012 专题篇）、广州亚运会语言服务与语言元素（2011 专题篇）、语言服务产业现状（2012 专题篇）、服务行业的语言经济价值调查（2012 专题篇）、医疗行业语言服务状况（2014 领域篇）、银行语言服务状况（2015 领域篇）、北京、上海、广州城市公益广告语调查（2015 领域篇）等都展示了社会在语言服务研究和运作上的努力。

城市化进程中的语言发生了很大变化，《报告》对此忠实地进行了记录。例如：农民工语言状况（2006 专题篇）、上海市民工子弟学校语言文字工作状况调查（2008 专题篇）、北京农民工子弟语言使用与身份认同调查（2011 专题篇）、城市务工人员普通话水平与社会交往及身份认同（2013 专题篇）、四川籍外出务工人员语言生活状况（2014 领域篇）、新老农民工语言状况调查（2015 领域篇）等。

中国正在沿着依法治国的道路前进，《报告》对法律语言等方面历史进程的跟踪可谓用心。例如，立法语言问题（2008 专题篇）、刑事法庭语言规范问题（2008 专题篇）、民族地区法庭审判中少数民族语言使用问题（2009 专题篇）、从新《刑

事诉讼法》看立法语言的进一步规范（2013专题篇）等。

中国的国际交流和国际贸易活动日益增多，该领域的语言情况也是《报告》的聚焦点。例如，北京奥运会语言环境建设状况（2006专题篇）、上海世界博览会语言环境建设状况（2007专题篇）、北京涉外集贸市场语言使用状况——以秀水市场为例（2007专题篇）、外企职场语言生活状况：以上海为例（2008专题篇）、北京奥运会多种语言使用（2008专题篇）、关于“中式英语”（2009专题篇）、浙江义乌中国小商品城语言使用状况（2008专题篇）、北京国际语言环境建设（2011专题篇）、江苏跨国公司外籍员工汉语技能调查（2012专题篇）、广州小北路外国居民语言生活状况（2012专题篇）。

移民语言问题也是《报告》所关注的，虽然这方面文献发表的数量不多，但都很有价值。例如，长江三峡移民语言使用状况初步考察（2007专题篇）、新疆生产建设兵团戍边移民语言调查（2007专题篇）。

其他涉及各个领域的，如影视剧语言状况（2009专题篇）、中文菜单英译规范问题（2008专题篇）、非物质文化遗产保护中的语言保护问题（2008专题篇）等也都形成了自己的亮点。

4. 热点篇和字词语篇

十年中，中国语言事件频发，语言生活热点不断。简繁之争、字母词、英语热、双语教育、文白之争、方言保护、地方命名更名、濒危语言、微博语言、汉字书写危机等。这些在热点篇中得到了集中反映。《报告》的作者和编者冷静观察，尽可能地客观记录，在重大问题上及时发出自己的声音，进行正确的社会引导。

词语发展变化是社会发展变化的最快纪录者。字词语篇和数据篇发布了大批的语言监测数据，新词语盘点的内容，以及流行语、网络词语、词语个案追踪等。年度语言盘点、几次大的语言事件都在词语中反映出来。例如，2012年的“中国梦”“美丽中国”“正能量”“你幸福吗”“钓鱼岛”，2013年的“中央八项规定”“中国大妈”“土豪”“雾霾”等，既折射了中国的语言生活，反映了社会关注，也展现了国际形势的风云变幻。《十面霾伏中的PM2.5》更是以小见大，从一个侧面反映出中国语言生活中的语言竞争无处不在，反映词语产生、生存和发展的规律。

5. 港澳台篇

中国语言生活状况研究不能不关注港澳台。考虑到香港、澳门和台湾的特殊社会背景，《报告》单设港澳台篇，集中报告三地的情况。已经发表的这些报告使我们对三地的语言状况、语文教育、语言社团、语言政策以及特色语言都有了比较清楚的了解，有利于语言规划和政策制定的借鉴。对各地语言生活的真实再现，也使我们看到了各地语言生活的相关影响。

6. 参考篇

48篇来自世界语言生活方方面面的信息，给我们打开了一扇窗。例如，欧洲联盟语言状况及语言政策（2005），苏联加盟共和国地区语言立法状况（2006），澳大利亚语言政策与规划进程（2007），新西兰外语教育政策，举措与挑战（2007），尼日利亚语言政策与规划（2007），格鲁吉亚语言政策和语言冲突（2008），欧盟官方语言平等政策面临的挑战（2009），巴西语言状况与语言政策（2009），巴基斯坦语言状况与语言规划（2009），博茨瓦纳应对语言消亡威胁的策略（2009），比利时语言问题与政府危机（2011），美国、澳大利亚语言教育政策近况（2011），俄罗斯的国语推广与国际传播（2013），法国法语传播的新机构新理念新举措（2013），乌克兰语言冲突升温（2014）。这些都给我们很多的启发。

三　新概念

十年来，一批新概念通过《报告》的发布更广泛地向社会展示，引起了更多的重视。主要有（以汉语拼音为序）：

濒危语言、大华语、地域普通话、动态流通语料库、国家语言、国家语言能力、国语、国家工作语言、汉语、和谐语言生活、华语、华语社会变体、华语社区、家庭语言、教育语言学、科学地保护各民族语言文字、双语、双语人、双语社会、双语政策、双语主义、显性语言政策、隐性语言政策、语情、语言安全、语言保护、语言产业、语言冲突、语言服务、语言功能、语言管理、语言规划、语言红利、语言监测、语言经济、语言经济学、语言景观、语言竞争、语言控制、语言领域、语言矛盾、语言能力、语言商品、语言生态、语言实态、语言市场、语言维护系统、语言问题、语言舆论引导、语言舆情分析、语言舆情监测、语言舆情监测方法、语言舆情监测理论、语言战略、语言生活派、语言资本、语言资源。

下面略举几例（按中国知网文献中使用的条数排列，括号中的数字为知网中条数）。

1. 语言生活（973 912）

我们看到的文献中，语言生活这一概念的正式定义最早见于睟子（李宇明）

(1997):运用和应用语言文字的各种社会活动和个人活动,可以概称为语言生活。其后郭熙(2004),郭熙、朱德勇(2006)等都沿用了这个定义。但真正使得这个名称深入人心的,当是《报告》发布后的10年。今天,它已经发展成了一个内涵极为丰富的学术术语。知网中标题出现"语言生活"的论文达476篇。这表明,这个术语不仅引起了人们对语言生活本身的关注,更是推动了对语言和语言生活关系的认识,对语言和社会关系的认识,促进了学术发展的深入。构建健康和谐的语言生活成了社会共识。

2. 语言资源(482 190)

语言资源的概念在20世纪80年代由邱质朴(1982)提出,后引学界不断深化拓展,国家语委组建了国家语言资源监测与研究中心。但是,真正使语言资源不断深入人心,受到社会各界关注,成为一个深受重视的术语,应该是与《报告》十年的传播分不开的。过去,人们习惯于把各种各样的语言现象和语言生活看成是问题,围绕语言资源这个概念的推展,学界在语言观念方面发生了很大的变化。人们逐渐认识到语言既是国家资源,也是个人资源;既是经济资源,也是文化资源。

3. 语言服务(463 404)

语言服务是十年《报告》中心话题之一。奥运会语言服务、亚运会语言服务、世博会语言服务都取得了显著成绩。对弱势群体的语言服务,对外国人的语言服务,语言救助等都成了语言生活中的关注点。

4. 语言安全(239 317)

社会对语言安全的重视程度明显提升。语言与国家安全,语言与文化安全,语言与经济安全,都成了学界和社会的热门话题。

5. 语言保护(228 610)

"科学地保护各民族语言文字"写入了《中共中央关于深化文化体制改革 推动社会主义文化大发展大繁荣若干重大问题的决定》(2011年10月)。濒危语言和方言的保护的论述增加,一些保护措施开始启动,记录方言和民族语言有声数据库建设开展得有声有色。

6. 语言产业(106 913)

中国是语言资源和语言消费大国,语言产业这个概念连同语言经济、语言消费、语言服务等,构成了一个新的链条。北京还举办了首届语言产业论坛。

7. 国家语言能力(31 969)

语言能力是人们常提及的,但国家语言能力这个概念的提出,则跟国家的发展、国家建设、国家安全、国家和谐等紧密地联系在一起,使人们重新审视对外语、对方言和语言的各种社会变体的认识。

8. 语言战略(96 663)

《报告》中讨论的许多问题都涉及语言战略。中国是一个多民族多语言国家,语言格局复杂,加上外语教育,中文走出去,如何增强全民的语言意识,维护母语,保护少数民族语言和方言,认真考察外语教育的实际需求等,都可以在语言战略这个概念下去思考。

9. 动态流通语料库(570)

尝试使用动态的方法来处理复杂多变的语言对象是语言监测的重要手段。《报告》所发布的数据源于大规模动态流通语料库,同时,它也使动态流通语料库的概念产生了更大的影响,进而推动了基于语料库的语言研究领域的拓展。

10. 语言实态(495)

就中国知网而言,语言实态的出现次数还不是太多。但这个概念提出的意义将是深远的。记录语言实态,也就是记录人类文明的进程。对语言实态研究,无论对语言教学,还是对语言发展的认识等,都不可少。

这些概念,已经或正在成为未来中国语言生活研究的理论体系的基础。

四 新理念

《报告》倡导、形成的新理念可以分为两个方面,一个是语言报告本身的理念,一个是《报告》的研究理念。周洪波(2014)把《报告》理念概括为五点:(1)语言问题到语言资源;(2)语言一元到语言多元;(3)语言规划是语言引导;(4)语言保护到语言开发;(5)语言研究到语言服务。从研究的角度看,《报告》的新理念体现在以下几个方面。

1. 国际视野

全球互动正在加速。语言问题已经不是一个国家、一个地区的问题。《报告》在关注中国语言生活状况的时候,始终坚持国际视野来观察各种现象,谨防民粹主义、民族虚无主义和民族沙文主义。例如,中国语言生活中,如何处理母语教育和外语教学、语言规范化和吸收外来语、如何处理国家通用语言和少数民族语言，国家通用语言和方言，简化汉字和繁体汉字等的关系，如何开展汉语国际传播，如何处理海外华文教育中的华语问题等方面，既不回避，也不随波逐流。

2. 问题驱动

《报告》在选题上坚持问题驱动。问题驱动源于对社会的关注。《报告》同人将此称为“接地气”。纵观《报告》十年的话题，跟社会生活直接相关的占绝大多数。也担负着唤起社会语言意识的责任。关注虚拟世界的语言生活和外国人在中国的语言生活。对语言生活中问题、矛盾比较突出的领域花了较大的力气。例如城市化进程中产生的语言问题、民族语言使用状况、聋哑人手语问题、农民工语言状况、教材语言、语言救助、地名路牌问题等。

3. 服务国家

《报告》始终坚持把服务国家放在重中之重，把国家利益放在第一位，坚持学术服务社会，关注社会生活。例如，汉语国际传播和海外华文教育，从《报告》创始一直是每年必报的内容。另如台湾的语文近况，国家外语能力状况也都体现了这种精神。《要况（2014）》开设了语言与国家安全专栏，发表了一批重要的意见，例如，亟须制定国家安全语言战略规划、国家安全亟须筑牢语言保障、周边语言问题受到关注、乌克兰语言冲突危及国家安全、美国的国防语言战略计划。在咨政建议专栏里，发表了关于构建国家语言智库的建议、小学语文教材不宜回到民国时代、妥善应对“保护方言”的呼声、医患双方都应重视语言沟通问题、重视流动人口引起的语言问题、政府应加大对民族语文网站的支持力度、中文“洋教师”减少现象亟须关注、重视组织海外学者翻译中国当代人文社科名著等。

4. 数据（材料）说话

《报告》的另一个重要理念是用数据、材料和事实说话。发布各种相关数据是报告的中心任务之一。各种调查报告，也都要求在材料或数据的基础上做出分析和思考，提出有针对性的建议。《报告》除连续十年发布媒体用字、媒体用词、媒体流行语和网络包括 BBS、博客、微信等方面的详细数据，还发布了其他方面的大量数据。例如，汉语作为第二语言教材字、词和词语义项调查（2006 下），基础教育语文新课标教材用字用语调查（2007 下），东南亚华文媒体用字用语调查（2008 下附录），基础教育阶段小学语文教材汉字使用调查（2009 下），现代维吾尔文网站用词调查（2009 下），小学藏语文新课标教材用词调查（2009 下），维吾尔语小学、初中语文教材用词调查（2011），维吾尔语高中语文教材用词调查（2012），哈萨克语小学语文教材用词调查（2012），哈萨克语中学语文教材用词调查(2013),藏语初中、高中语文教材用词调查(2011),海外汉语教材用字用词调查(2011附篇),东南亚小学华文教材课文用字调查(2011附篇),东南亚华文媒体字母词表(示例)(2011附篇),2010年度藏文报纸、网络(新闻)用词调查(2012),基础教育数理化教材用字用词调查(2012),马来西亚华文小学语文教材《华文》用词用语调查(2012),海峡两岸中小学语文教材选文比较(2013),通用规范汉字使用情况调查(2014),等等。

5. 打造“语言生活派”

语言生活研究在中国是一个新兴的领域。在这个新兴的领域里,聚集着语言学者、计算机科学学者、信息处理学者、民族学者、舆情学者等。其中有知名教授、专家,也有在读的博士生和硕士生,有机关工作人员,也有企事业单位的负责人和专业人员。就年龄而言,是老中青相结合,中青年居多。几位德高望重的审订,年复一年地参与开题和审稿。在他们的言传身教下,一支有共同研究理念的学术团队逐步形成,他们自称为“语言生活派”。而打造语言生活派正是《报告》同人的理念之一。语言生活派的成长还得到了学界和政府部门的广泛支持。中国社会语言学的学术会议多次把语言生活列为主题,国家语委专门举办了“语言文字应用研究优秀中青年学者培训班”。这是新生代学术团队培养的一种尝试。国家语委支持建设了一批研究中心(基地),目前总数达17个。北京语言大学、北京外国语大学、上海外国语大学设立了语言规划与语言政策学的博士点。国家社科基金、教育部人文社会科学基金、国家语委科研项目对语言生活研究的力度也在加大。据苏新春统计,“语言生活”类中重点课题有13项,重大课题也有13项,一共26项,占总数269项的1/10。

五　结论和思考

总的来说,《报告》十年来的成果主要体现在以下几个方面:(1)从语言生活中观察和认识语言,记录中国语言生活的方方面面,给历史留下了珍贵的记录;(2)提出和推展了一批新概念,为建设中国语言生活研究的理论体系打下了基础;(3)展现了一系列新的研究理念、语言观和研究视角,丰富了中国社会语言学乃至语言学的理论和方法;(4)发表了一批有针对性的调查和咨政报告,就语言生活中的问题提出了实用性建议;(5)打造了一支有共同理想信念的研究团队,客观上形成了学术理念上的“中国语言生活派”。

《报告》在发展成长过程中还有不少问题需要进一步改进。

一是领域还不全面。目前《报告》固然已经有了基本队伍，但组成还嫌单一，稿源不理想，有些领域无力触及。有不少专题原来都有设想，但至今尚未能实现。例如新时期文学语言问题，外文文献的中译，中文文献的外译等。

二是调查报告还太少，调查方法、手段的科学性有待加强。分析的深度还不够，理论提升有待加强。

三是可读性还不理想。近年来在语言精练方面有较大改进，但还不够活泼。如何在《报告》上处理好普及和提高的关系、学术研究和服务社会的关系，有待继续努力。

未来，《报告》应当加强顶层设计，进一步加强青年队伍建设，努力培养交叉型人才。应考虑建设网站，发挥互联网的优势。还要进一步扩大视野，拓展领域。要走出去，关注华人社会的语言生活，关注中文社会的语言生活。

（郭熙）

中国语言监测研究十年

语言监测是一项以语言学和应用语言学以及相关理论作指导、信息处理技术为主要手段、田野调查为基本方法的多学科学者参与的大规模的社会性语言工程，目的是及时反映语言生活状况，描述语言使用实态，以便对语言这种资源进行更好地开发和利用，实现保护语言生态、创建和谐语言生活的目标。中国的语言监测工程实施是从2005年开始的，迄今为止，已经走过了十年。

一　机构与资源

中国的语言监测是在政府的支持和指导下开展工作的。2004年在教育部语言文字信息管理司的指导下，成立了国家语言资源监测与研究中心，教育部语信司分别与北京语言大学、中国传媒大学、华中师范大学、厦门大学、中央民族大学、暨南大学共建了平面媒体、有声媒体、网络媒体、教育教材、少数民族语言、海外华语六个分中心①。语言监测对象涵盖了最能代表大众语感的大众媒体和对一个民族语言发展影响最大的基础教育，既包括国家通用语，也包括少数民族语言。

语言监测工作主要是在国家语言监测语料库上展开。国家语言监测语料库包括三个子库：通用语媒体语料库、教育教材语料库和少数民族语言语料库。教育教材语料库已搜集了1900万字的教材语料；少数民族语料库目前包含藏语、维吾尔语、哈萨克语、柯尔克孜语、蒙古语等语种，各语种的语料以每年2亿字词的规模增长；通用语媒体语料库还分为平面媒体、有声媒体、网络媒体三个子库，每年以10亿字次的规模滚动建设，根据流通度来选择那些具有典型性和代表性的不同媒体中的语料。

---

① 后因考虑海外华语不宜作为监测对象，海外华语研究中心单设，国家语言资源监测与研究中心只含其余五个分中心。

这些反映语言生活的语言资源是语言监测的基础，是语言监测的生命所在。正是在国家语言监测语料库基础上，我们完成了一个又一个语言监测项目，获得了语言监测的成果。

二　实践与成果

在大规模语料库的基础上，我们做了一系列语言使用实态的调查，包括通用语媒体用字用语调查、新词语调查、字母词调查，网络新媒体语言调查、教材语言调查、少数民族语言调查，获得了很多宝贵的语言数据，发现了一些语言使用的规律。下面通过一些例证简要说明。

（一）通用语媒体用字用语调查

这10年中，每年都在10亿字次①的通用语媒体语料库上开展了大规模的年度用字用语调查②。尽管每年社会生活都发生很大的变化，但汉字使用表现了很强的规律性：每年大众媒体上使用的汉字在1万个左右；覆盖语料80%的汉字数量在600左右，覆盖语料90%的在1000以内，覆盖语料99%的在2400左右。这就给了我们常用汉字不同等级的数量标准。汉语用词也表现出很强的规律性：每年大众媒体上使用的词语数量是跟语料规模成正相关关系的，语料规模越大，所用词语越多；10亿字次规模的语料大约使用词语220万左右；覆盖语料80%的词语数量在4700左右，覆盖语料90%的在13 000左右。这也给了我们汉语常用词语不同等级的数量标准。覆盖率达到90%，汉语最常用的字词数量可以概括为一个四字格——“千字万词”。

随着社会的变化，不同年度所使用的字词也会发生变化，这可以从共用、独用角度看出。从汉字来看，各年共用汉字都在65%以上，而各年独用汉字基本都不到5%。如果用一个字来概括说明各年度汉字的使用状况，那就是“稳”。跟汉字相比，词语使用情况发生了相当大的变化。各年共用词都不到10%，而

① 2005年因第一次做调查，规划不周，语料为7亿字次，2006年开始每年为10亿字次，包括报纸、广播电视、网络新闻，语料量的比例为5:1:4。

② 参见国家语言资源监测与研究中心编《中国语言生活状况报告(2005)》(下编)到《中国语言生活状况报告2009》(下编)5本书；参见教育部语言文字信息管理司组编《中国语言生活状况报告(2011)》到《中国语言生活状况报告(2015)》5本书。以上书籍均由商务印书馆出版。

独用词都占将近一半。相邻的两年来比较，共用词占30%左右，独用词占到70%左右。如果也用一个字来概括说明各年度词语的使用状况，那就是“变”。看来，字是以稳为主，稳中有变，稳是主流；词是以变为主，变中有稳，变是主流。那么比词更大的单位句子呢，显然是变数更大，而比字更基本的单位——音节，要比字更稳定。这也证明了一个规律：语言单位越小，其稳固性越强，种数越少；语言单位愈大，其稳固性越差，种数越多。语言事实印证了洪堡特和乔姆斯基的语言观：语言以有限的形式实现了无限的表达。

在通用语媒体语料库每年10亿字次规模语料得到的200多万词种中，出现最多的是人名，几乎占全部词语的三分之一，其次是机构名，地名，其他专名，以及时间、数字表达式等；而普通词语，即语文词，仅占10%。但这些词语使用的频率是不一样的。普通词使用次数占91%，而人名、地名仅各占2%。如果把普通词以外的词语都归结为“命名实体”，那么“普通词语”和“命名实体”在词种分布和词次分布上有着巨大反差。占词种10%的普通词语覆盖了语料的91%，而占词种90%的“命名实体”仅覆盖语料的9%。这说明，普通词语的使用频度要远远高于各种命名实体。这就是语言使用的一种实际状态。

（二）新词语调查

年度新词语调查是从2006年开始的。在这9年中共提取出年度新词语5264个。[①] 这些新词语记录下了社会发展的历史进程，从中也可以看出近些年来新词语产生、发展以及消亡的规律。

与汉语现有词语以双音节居多不同，这5264个新词语以三音节居多，占46.26%，双音节和四音节的分别占21.56%和22.89%。三音节占优势与这些年来多利用词语模造词有关，以后缀“族”造成的词语有333个，“～门”162个，“～哥”69个，“～客”65个，“微～”212个，“被～”66个，“云～”57个，所有新词语中利用词语模造成的有1300多个，占整个新词语的25%左右。

这9年，是社会转型期，又是网络文化，尤其是自媒体开始盛行的时期。出现数量多、使用小众化成为新词语的一个特点，同时，传播快、消亡快、生命周期短也是这一时期新词语的特点。年度新词语往往在第二年时就有三分之

① 参见周荐主编《2006汉语新词语》；侯敏、周荐主编《2007汉语新词语》到《2010汉语新词语》4本书；侯敏、杨尔弘主编《2011汉语新词语》；侯敏、邹煜主编《2012汉语新词语》《2013汉语新词语》《2014汉语新词语》。以上书籍均由商务印书馆出版。

一不再出现，成为“隐退词”了。另外，表达事件的词语多，表达新概念的词语多也是这一时期新词语的特点，这也是相当一部分新词语很快隐退的原因之一。

（三）字母词调查

字母词大量使用是新时期汉语书面使用系统最大的一个变化。关于字母词的使用问题，一直争议不断。有人提出了“汉语危机论”，认为像 NBA、WTO、GDP 这些外文缩略词的使用会使得汉语在 300 年后消亡，提出要打一场“汉语保卫战”。[①] 汉语真的会消亡吗？字母词的使用到底是一种怎样的情况？到底应如何看待它？本着问题驱动的原则，我们对 1990—2012 年《人民日报》字母词的使用情况进行了调查。图 1—1 是 23 年间字母词词种使用变化趋势。

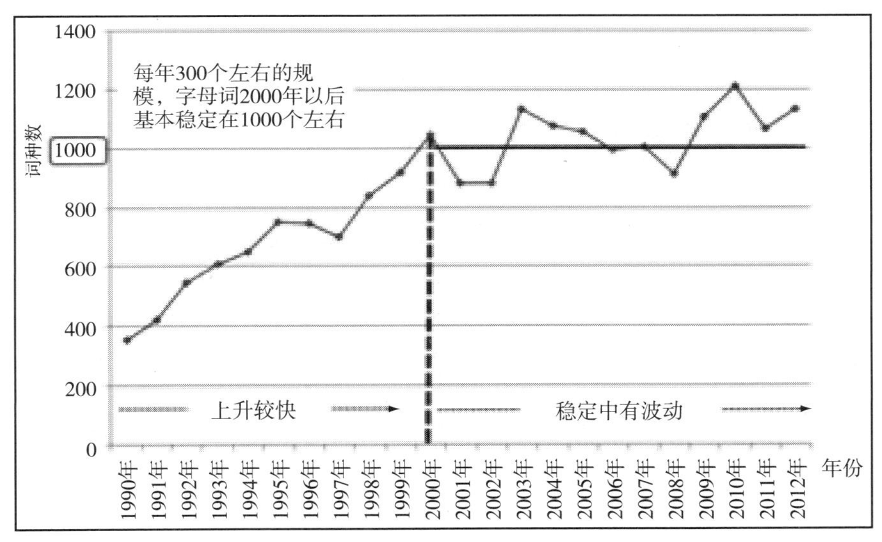

图 1—1　1990—2012 年字母词词种使用变化趋势

图 1—1 显示，以 2000 年为界分成两段，前一段的 11 年间字母词数量上升较快，从每年使用 300 多个一直升到 1000 多个；2000 年以后的 12 年间字母词数量略有上升，但基本上是在 1000 个左右波动。这似乎告诉我们：出于语言工具性的需要，汉语对字母词的吸收和使用不是无限制的，到达一定的量就会处于饱

① 傅振国《英语蚂蚁在汉语长堤打洞》，人民网-强国社区，2009 年 11 月 25 日，http://www.people.com.cn/GB/32306/33232/10449570.html；傅振国《300 年后汉语会消亡吗？》，《文汇报》2010 年 2 月 28 日。

和状态。再看图 1—2。

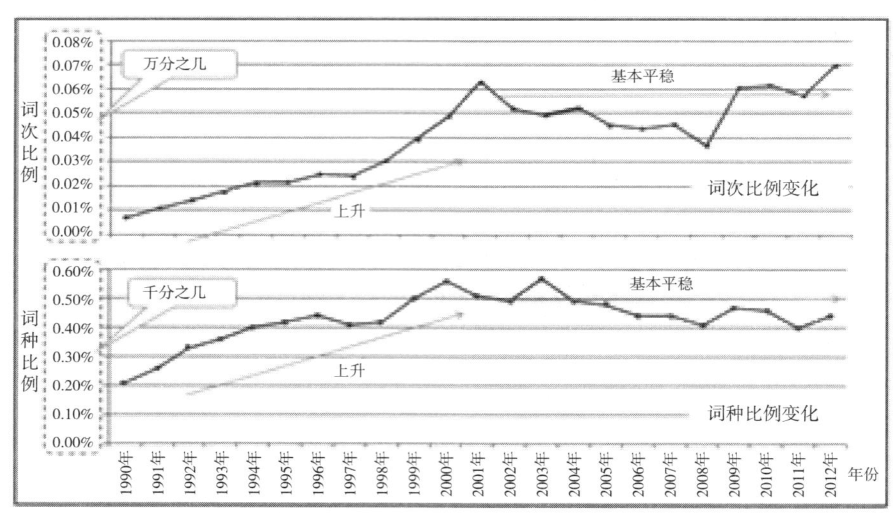

图 1—2　1990—2012 年字母词词种、词次使用比例变化趋势

图 1—2 实际是两幅图，下面是字母词词种使用变化的比例图，上面是词次使用变化比例图。这两张图与刚才的图显示了同样的变化曲线和趋势。要注意的是竖轴上的比例，词种比例是“千分之几”，1990 年时是千分之二，2000 年时是千分之五；而词次比例则是“万分之几”，1990 年时还不到万分之一，2001 年几乎最高了，也仅仅是万分之六。这说明字母词大部分是低频词，使用频次大大低于汉字词。

字母词使用的稳定性如何？也可以通过年度间共用的统计数据来说明。《人民日报》23 年间一共使用了近 1 万个不同的字母词，共用的字母词只有 23 个：ABC、BBC、B 超、CAD、CCTV、CNN、CT、DNA、GE、IBM、NEC、NHK、PC、PVC、SOS 儿童村、T 恤、T 恤衫、X 光、X 光机、阿 Q、卡拉 OK、维生素 A、维生素 C。而人们很熟悉的 APEC、NBA、GPS、MBA、MTV 等是 1992 年以后才开始使用的。

这个调查证明：(1)汉语不存在危机，不会因字母词的使用 300 年后消亡；(2)字母词使用很不稳定，绝大部分字母词是低频使用的，对大多数人是陌生的，应尽量少用；(3)应推动外文缩略词的汉化工作。

好在我国已在 2012 年 6 月 20 日成立外语中文译写规范部际联席会议专家委员会，专门负责这项工作。在国家语言资源监测与研究中心数据的支持下，经过专家论证，2013 年 4 月 19 日已公布 PM2.5 的中文名称为“细颗粒物”，9 月 13 日又发布了包括 PM2.5、IT、IQ、WTO、WHO 在内的 10 个外文缩略词的中文名称。2014 年又发布了两批外文缩略词的中文名称。相信随着这样的工作，汉语会朝着越来越健康的方向发展。

（四）网络新媒体语言调查

这十年互联网飞速发展，各种新媒体相继出现，从网络论坛，到博客、微博，最后发展到微信，媒体的变化也带来了语言的变化。在调查博客语言使用状况时发现了一些很有意思的现象，比如不同性别的博客用户在使用词语上各有特点，下面是男性和女性使用最多的前 10 个名词[①]：

男性：社会、问题、国家、政府、学生、文化、政治、历史、学校、大学

女性：女人、男人、时候、女性、爱情、朋友、孩子、美女、明星、妈妈

从这些词可以看出，男性更关注的是社会、政治；女性更关注的是家庭、生活。不知道这能不能说明：如果想回到一个人本社会的话，女性管理者、女总统可能更有优势。21 世纪以来国家和地区领袖性别比例的变化似乎在证明着这一点。

（五）教材语言调查

通用语方面主要做了基础教育教材以及汉语作为第二语言教学教材的调查，描写了教材语言使用的实态，对教材的进一步合理使用及改进有重要意义。比如对小学语文教材中的字种、字量、字序调查[②]，发现不同版本教材字量大致相同，基本在《全日制义务教育语文课程标准（实验版）》要求的 2500 字左右，但字种差别很大，调查的 8 套教材生字字种共计 3855 个，比要求掌握的 2500 字多出了 53.4%，其中有些还超出了 3500 常用字的范围。8 套教材第 1 册的共用生字只有 33 个，只占第 1 册生字总数 773 个的 4.27%，这说明在汉字教学的最初阶段，应该选择哪些汉字来作为教学对象，即字序问题，还值得深入研究。再如，对

① 教育部语言信息管理司组编《中国语言生活状况报告（2012）》第 276—277 页，商务印书馆 2012 年版。

② 国家语言资源监测与研究中心编《中国语言生活状况报告（2009）》下编第 435—458 页，商务印书馆 2010 年版。

大陆与台湾地区小学语文教材的对比调查[①]显示，在相同的学制学时下，大陆的教材厚、课文多，导致学生负担较重。因此，需要对中小学语文教材的教学内容、教材容量加强研究，以改变教学内容愈教愈深、教材越来越厚的趋势，把中小学生的"减负"真正落到实处。

（六）少数民族语言调查

对少数民族语言使用状况进行调查，也是国家语言资源监测与研究中心的重要任务。从 2009 年开始，主要做了维吾尔语、藏语和哈萨克语的媒体用语和中小学语文教材语言使用状况的调查，其中大部分都是国内首次对该民族语言使用状况进行的实态调查，对了解民族语言实际使用状况有着重要意义。

除此之外，还对海外华语使用状况进行了调查，主要调查了东南亚地区媒体和小学语文教材的语言使用状况。

上述语言监测的成果大都收录在各年度的《中国语言生活状况报告》中。目前，这个绿皮书系列已经被译为英文在德国德古意特（DE GRUYTER）出版社出版，在全世界发行；韩文版也即将面世，为中国学术走向世界做出了有益的探索和尝试。从 2006 年开始在商务印书馆出版新词语编年本，每年一本，记录下当年的新词语，以反映社会历史的变化。此外，国家语言资源监测与研究中心还做了一系列的发布：

（1）中国主流报纸十大流行语的发布（2003—2006）

（2）中国媒体十大流行语的发布（2007—2014）

（3）中国媒体十大新词语的发布（2011—2014）

（4）中国十大网络流行语的发布（2012—2014）

（5）汉语字词盘点（2006—2014）

这些，都在社会上产生了很大影响，引起广泛的关注，主流媒体包括《新闻联播》《焦点访谈》等都给予了相关的报道。从 2003 年发布报纸流行语开始，经过十几年的坚持，现在，用语言盘点社会生活已经成为一场盛宴，一种新的年俗。每到年底，人们都会期待着、猜测着：能代表今年的是哪些字，哪些词。

语言监测还应包括对语言文字舆情的关注和把握。从 2013 年 1 月 1 日

① 教育部语言信息管理司组编《中国语言生活状况报告（2013）》第 234—240 页，商务印书馆 2013 年版。

开始，利用我们自己研发的语言文字舆情监测系统[①]实时监测语言文字舆情动态，抓取相关信息，经过筛选提炼，形成半月期的内部参考《语情信息》。教育部语信司与武汉大学共建的“中国语情与社会发展研究中心”也在密切关注语言文字舆情，从 2010 年开始，每季度发布带有一定深度分析的内部刊物《中国语情》。

三 理论与技术

作为一项语言工程，语言监测有三个支撑点：资源、理论、技术。资源是语言监测的基础，是语言监测获得生命的源泉；理论是语言监测的指导，使之朝着科学健康的方向发展；技术是语言监测得以实现的保障。

在语言监测的实践中，除了使用现有的语言理论，我们还提出了一些适合语言监测的理论模型，如语言动态-稳态理论、相对时间理论[②]、词汇时空运动模型[③]、语言监测框架体系等。

“历时中包含有共时，共时中包含有历时”[④]是动态语言知识更新的核心观点，也是实施语言监测的理论基础。语言中的每一个元素都具有历时、共时的属性。历时与共时的相互包含和融合，是寻找、发现以年度为节点的语言动态与稳态现象的哲学思想。

建立词汇时空运动模型的根据是，词汇系统中的每一个词语都有自己的运动轨迹，都可以从时间和空间这两个维度去考察。词汇的时空运动可以通过它在词汇系统中分布空间在时间上的变化来表示。可以用归一化使用率、使用率比、速度函数作为词汇时空运动模型的特征集。这样就可以将常用词、流行语、新词语、字母词、术语、突发事件用词等各类不同词汇现象纳入到一个统一的理论模型中，满足了各年度《中国语言生活状况报告》发布任务的需要。

图 1—3 是我们提出的语言监测框架体系图。

---

① 程南昌《语言文字舆情自动监测方法研究与系统实现》，2013 年中国传媒大学学位论文。

② 张普《动态语言知识更新研究》，商务印书馆 2009 年版。

③ 何伟、侯敏、文采菊《流行语时空监测模型研究》，《内容计算的研究与应用前沿》，清华大学出版社 2007 年版。

④ 张普《论历时中包含有共时与共时中包含有历时》，《语言教学与研究》2003 年第 3 期。

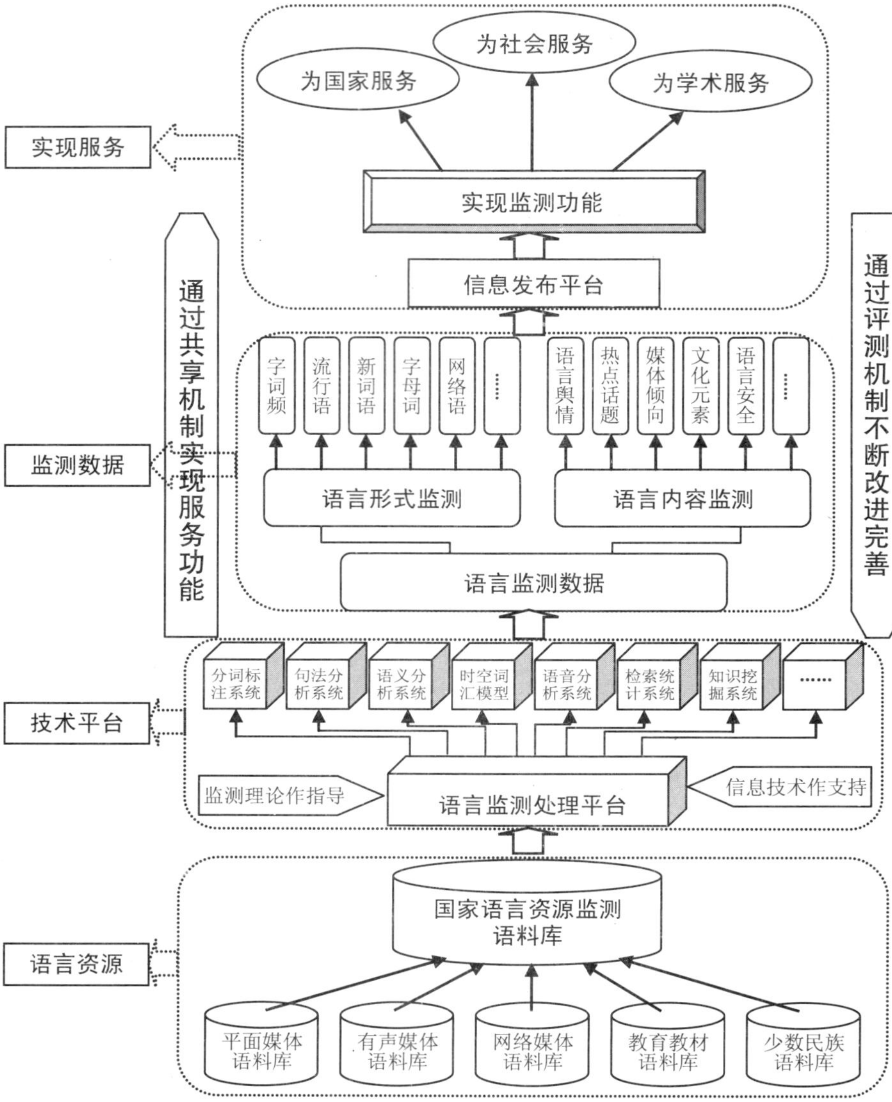

为社会服务
为国家服务
为学术服务
实现服务
实现监测功能
信息发布平台
通过共享机制实现服务功能
通过评测机制不断改进完善
字词频
流行语
新词语
字母词
网络语
……
语言舆情
热点话题
媒体倾向
文化元素
语言安全
……
监测数据
语言形式监测
语言内容监测
语言监测数据
分词标注系统
句法分析系统
语义分析系统
时空词汇模型
语音分析系统
检索统计系统
知识挖掘系统
……
技术平台
监测理论作指导
语言监测处理平台
信息技术作支持
国家语言资源监测语料库
语言资源
平面媒体语料库
有声媒体语料库
网络媒体语料库
教育教材语料库
少数民族语料库

图 1—3　语言监测框架体系图

语言监测框架体系将语言监测分为自底向上、前后衔接的四个模块：语言资源—技术平台—监测数据—实现服务。其中语言资源是基础，为语言监测提供原料；技术平台是支撑，语料经过技术平台的处理才能变成有用的数据；数据是监测的结果，它们要通过一定的平台发布出去，才能实现服务国家、服务社会、服务学术的功能。语言监测正是这样通过共享机制实现它的服务功能，又通过评测机制不断改进完善。

除了语言理论指导，语言监测还需要现代技术的支持，如果没有一个能支持下述各项功能的技术平台，语言监测就无法实现。

（1）文本语料的自动采集、分类、标注、储存；

（2）语音语料的采集、存储、检索，方便查找词语读音；

（3）提取分类语料形成子语料库；

（4）大规模语料的自动分词、词性标注；

（5）字频、词频统计功能；任意字符串、词串的检索；

（6）凸显语言新现象，以便于提取新词语、流行语；

（7）凸显特定词语，以便于提取与社会发展变化密切相关的词语（机构名、人名、姓氏、字母词、文化元素等）；

（8）语言文字舆情检测、分类、跟踪及分析；

（9）热点话题识别与跟踪；

（10）对舆情文本进行倾向性分析；

（11）……

历年的语料采集、字词语调查、新词语、流行语、网络用语等提取，已经形成了成熟的支持海量语料数据处理的技术路线和流程[①]。

为了方便读者阅读和使用语言监测的调查报告和数据，我们搜集、整理并公布了《语言资源监测与研究相关术语》，其中有些是学术界本已有之的，有些是我们在监测研究实践中逐渐形成的，每年都出一个新的版本，不断补充、修改，使其逐渐完善[②]。

四　监测与服务

语言服务是语言监测的终极目标，包括为国家服务，为社会服务，为学术服务。其中：

为国家服务主要是为政府决策服务。中国语言资源监测与研究中心承担着

---

① 杨尔弘《支持语言监测的海量数据处理技术》，《术语标准化与信息技术》2010年第2期。

② 参见国家语言资源监测与研究中心编《中国语言生活状况报告（2007）》（下编）、《中国语言生活状况报告（2008）》（下编）、《中国语言生活状况报告（2009）》（下编）；参见教育部语言文字信息管理司组编《中国语言生活状况报告（2011）》《中国语言生活状况报告（2012）》《中国语言生活状况报告（2013）》。以上书籍均由商务印书馆出版。

语言智库的责任。语言监测提供的一系列数据为国家语委语言文字规范和标准的制定提供了有力的支撑;撰写的一系列咨政报告为国家制定语言政策及语言教育政策提供了重要的参考。

为社会服务主要是为公众服务。国家资源,要取之于民,还之于民。每年的数据发布可以引导民众关注语言生活,把握语言国情,冷静客观地看待和应对语言生活中的各种新变化和歧异现象,以构建和谐的语言生活。

为学术服务可以分为在线和线下两个渠道进行。在线:主要是利用各中心的网站将语言资源、技术资源及文献资源公布,实现最大限度的资源共享。线下:采用合作研究的方式用语料、数据及工具支持兄弟院校和科研机构承担的研究项目以及国内外语言研究人员,尤其是一些博士、硕士研究生以及本科生的研究课题。

综上可以看出,语言监测工作包括三个基本元素:语言+计量+社会,它的目标就是运用计量的方法,了解语言生活,把握语言动态;用语言这把尺子来丈量社会,从语言这面镜子中观察社会,进而借助语言的力量推动社会朝着和谐健康的方向发展。珍爱中华语言资源,力图把语言研究与社会生活、与国家发展、与语言服务紧密联系起来,就形成了生长于中国大地的、不同于以往、也不是跟在洋人后面的语言学流派——语言生活派。这个学派的研究特点是接地气、求真知、重实用。我们将会沿着这个方向继续前行。

(侯敏、杨尔弘)

第二部分

专　题　篇

促进语言能力共同提升
推动人类发展和社会进步

——在世界语言大会开幕式上的致辞

刘延东

中华人民共和国国务院副总理

尊敬的各位来宾，女士们、先生们：

大家上午好！

非常高兴能够与各位新老朋友相聚在素有“人间天堂”盛誉的中国历史文化名城苏州，参加由中国政府与联合国教科文组织共同举办的世界语言大会。本次大会以“语言能力与人类文明和社会进步”为主题，来自近100个国家和地区的代表汇聚一堂，交流共享促进语言能力提升、推动人类文明和社会进步的经验，意义重大而深远。在此，我代表中国政府对大会的召开表示热烈祝贺！向博科娃总干事和各位嘉宾表示诚挚欢迎！

女士们、先生们，一个国家和民族的文明是一个国家和民族的集体记忆，人类创造的各种文明都是劳动和智慧的结晶。从原始社会到农耕社会，从工业革命到知识信息社会，构成了波澜壮阔的文明图谱，书写了激荡人心的文明华章。如今，我们生活的这个地球村，有200多个国家和地区，2500多个民族，6000多种语言。不同语言的异彩纷呈，折射出世界文明的多样性和共通性。在这同一时空里，各国相互联系、相互依存的程度空前加深，越来越成为你中有我、我中有你的命运共同体。作为人类的伟大创造，语言在推动文明发展和社会进步中的作用日益凸显。

语言是人类文明代代相传的载体。语言蕴含着不同民族各具特色的文化基因，与人类文明进程相伴而生、共同发展。正是不同语言的存在，才使不同文化得以继承、传播和发展，人类文明由此多彩而灿烂。

语言是打开沟通理解之门的钥匙。语言文字是人类表达思想、获取知识、相互沟通的基本工具。误解和偏见源于隔阂与陌生，掌握不同语言有利于进行有效的沟通，可使不同文化、种族、不同国家的人们在感受不同文明深刻内涵的过程中相识相知、相互理解，从而拉近人与人、国与国之间的距离，促进世界文明彼此包容、和谐共生。

语言是促进文明交流互鉴的纽带。每一种语言都是人类智慧的结晶，都是平等的，都在人类历史上做出了不可替代的贡献，都值得珍惜和尊重。只有架设起更多的语言桥梁，实现各种文明的交流互鉴，才能持续推动文明发展。

语言是推动历史发展和社会进步的重要力量。人类的生活须臾离不开语言。随着社会分工越来越细、协作越来越密切，国民的语言能力对维持社会协调运转、提高生产生活水平的作用越来越突出，成为国家实力的重要标志之一。

语言是促进人的全面发展的必要条件。语言能力是认知发展、终身学习的基础。特别是信息化时代，人类交际空间不断扩大，海量信息的即时便捷与不同语言的沟通障碍并存，语言与科技的融合越来越深，对人的语言能力提出了新的挑战。因此，作为人的全面发展不可替代的要素之一，提升语言能力已成为当今时代的重要命题。

女士们、先生们，中国先哲孔子说："言之无文，行而不远。"中华民族 5000 多年文明史绵延至今、不曾中断，语言文字功不可没。早在两千多年前的春秋战国时期，中国的思想家们就有"言意之辩"和"名实之论"，开始了对语言与意义、语言与世界等关系的探讨。到了秦代，"书同文"作为法令在全国推行。纵观中国辉煌灿烂的语言文化，既有"仓颉造字"这样神奇的传说，也有《尔雅》《说文解字》《康熙字典》等世代相传的语言文字经典，成为人类文明的宝贵财富。传说中，"中华文字始祖"仓颉首创象形文字，上苍为之感动而降下谷子雨，从此"谷雨"成为中国农历二十四节气之一。2010 年，联合国正式将每年中国农历的"谷雨"定为"联合国中文日"，以纪念仓颉造字对人类的贡献，促进联合国六种官方语言的平等使用，推动世界语言和文化的多样性。

作为一个多民族、多语言、多方言的人口大国，中国政府高度重视语言文字工作。新中国成立之初，就确立了简化汉字、推广普通话、制定和推行《汉语拼音方案》三大任务，并积极开展少数民族语言的调查和保护。特别是改革开放 36 年来，中国大力推广普及国家通用语言文字、科学保护各民族语言文字、全面促进语言文字应用法制化规范化标准化信息化，走出了一条具有中国特色的语言文字事业发展之路。60 多年来，中国语言文字事业与经济社会同发展、与时代

共进步，取得了显著成就，对现代化建设产生了重要推动作用。

一是语言文字事业的地位逐步提升。语言文字相关内容写入《中华人民共和国宪法》，颁布实施了《国家通用语言文字法》，形成了较为完整的法律法规体系。语言文字被列入历次国家文化、教育战略规划。建立了从国家到地方分层级的工作机构，为加强语言文字工作提供了有力保障。

二是语言文字教育不断加强。中国全面普及了九年免费义务教育，在校学生达 1.4 亿人，文盲率从 65 年前的 80% 下降到 4.08%，建成了世界最大规模的教育体系，有效满足了人民群众学习使用语言文字的需求。现在，中国民众对语言文字的学习运用越来越重视，去年，中央电视台播出“汉字听写大会”节目，有 6 亿多人次收看。

三是语言交际障碍基本消除。中国方言众多，过去有些地区“十里不同音”，翻过一座山、跨过一条河，人与人的交流就可能存在障碍。多年来，中国坚持不懈推广国家通用语言文字，普通话普及率提高到 70% 以上，识字人口使用规范汉字的比例超过 95%。

四是社会语言生活和谐健康发展。中国有 56 个民族，大多都有自己的语言。我们尊重并依法保护各民族使用和发展语言文字的权利。我们还妥善处理好国家通用语言与外语、普通话与方言、简化汉字与繁体汉字的关系，使之各得其所、各展所长。同时，扎实开展国家通用手语、盲文研制和推广工作，提高了残疾人融入社会的能力。

总之，经过不懈努力，中国语言文字事业稳步发展，国民语言能力大幅提升，促进了人际沟通、知识传播与文化繁荣，为生产要素流动、市场经济发展、社会和谐与民生改善提供了坚实支撑，极大增进了亿万人民的福祉。

当前，中国现代化建设站在了新的历史起点上，正在为实现国家富强、民族振兴、人民幸福的中国梦而不懈努力。实现这一梦想，不仅体现在物质层面的殷实富足，更要为国民提供健康丰富的精神文化生活。作为文化建设和社会发展的重要基础，语言能力的进一步提升越来越成为时代的紧迫需求。我们将适应经济社会发展新要求，尊重语言文字发展规律，进一步发挥语言文字事业的基础性、全局性、社会性和全民性作用；我们将更加重视教育发展与语言能力的双向互动，提高教育现代化水平和国民科学文化素质，大力加强语言文字教育，形成相互支撑、相互促进的良好格局；我们将更好发挥语言文字在文化传承创新中的独特优势，开展经典诵读、书法艺术、戏曲歌谣等丰富多彩的活动，支持围绕语言能力的科学研究，彰显优秀传统文化的生机活力；我们将统筹协调各方力量，坚持政府主导、社会参与，提高全社会规范使用语言文字的意识和水平，营造和谐语言生活环境。

女士们、先生们，我们所处的时代，是一个多样文明交流融汇的时代。特别是随着现代科技与网络技术的迅速发展，不同语言文化的交流合作、互学互鉴已势不可当。中国始终坚持与各国平等相待、开放合作、互利共赢，扩大人文交流与文化往来。我们鼓励中国民众学习外国语言，如今有 3 亿多人学习外语，涉及 65 个语种，其中大中小学生就有 2.6 亿人。我们还响应各国学习中文的需求，积极开展汉语国际教育，支持中外合作举办了 445 所孔子学院和 665 个孔子课堂，分布在 122 个国家和地区，全球学习汉语人数已超过 1 亿人。我们期待，通过人文交流的不断深化，促进语言能力的共同提升，搭建起沟通理解的桥梁，播撒和平友谊的种子，使友好合作的社会基础更坚实。

面向未来，人类以何种态度、何种方式对待语言能力提升，对世界未来发展将产生重要而深远影响。在此，我愿提出以下倡议：

第一，促进人类语言文化成果交流互鉴。古往今来，任何一种文明都需要从其他文明汲取养分、择善而从。我们应尊重各国语言文字的特色和优势，更加重视语言能力在文明对话、人文交流中的独特地位，促进不同国家的语言文字工作相互借鉴、取长补短，共享人类语言文化的成果。

第二，重视和加强语言文化教育。教育是提升语言能力的必由之路。各国应把发展教育、提升国民文化素质放在更加突出的位置，保障人人享有接受语言教育的机会。创新教育理念，在改进完善传统语言教育的基础上，关注人的语言能力、机器的语言能力，开发创造性的语言教学方法，构建优质语言教育体系。积极应对信息时代“网络语言”等对语言生活的影响，探索提高语言能力的科学途径。

第三，加强语言文字的基础性研究。我们应将语言文字视为不可或缺的战略资源，在全球范围倡导对语言能力重要性的理解和认同。大力开展语言文字领域的科学研究，深入探讨不同语言文字在人类多样文明发展的独特作用，为语言文字的开发、保护、利用和可持续发展奠定坚实的基础。

第四，加强语言文字的法律保障。各国基本国情、文化传统各不相同，应从各自实际出发，不断完善语言文字法律法规体系和规范标准体系，使语言文字事业有法可依。同时，推动规范与服务并重，增强民众语言文字法治意识和规范意

识，使社会语言生活更加和谐。

第五，积极推进语言文字的国际合作交流，加强多语教育和国际理解教育。鼓励和推动各国民众互学语言，提升跨文化交流能力。鼓励更多的学校、社会组织开展务实合作，搭建更多交流平台，使合作机制化、常态化，为世界范围语言能力的整体提升增添不竭动力。

长期以来，联合国教科文组织不仅非常关心语言的保护、使用与发展，而且着力推动各国文化交流合作，近年来更是致力于人类社会的可持续发展，中国政府对此高度赞赏。我们在文化、教育、科学等诸多领域，与联合国教科文组织开展了卓有成效的合作。今后，我们将一如既往地支持和参与联合国教科文组织的相关工作，加强与世界各国的交流与协作，进一步提高语言文化领域的合作水平。

女士们、先生们，提升语言能力，将为人类开启智慧之门，为世界可持续发展开辟更加美好的未来。让我们携手并肩，共同努力，为建设持久和平、共同繁荣的和谐世界做出更大贡献！

祝世界语言大会圆满成功！谢谢大家！

21世纪的语言能力提升及语言教育

——在世界语言大会开幕式上的致辞

伊琳娜·博科娃

联合国教科文组织总干事

女士们、先生们：

我要感谢中国教育部、国家语委、中国联合国教科文组织全国委员会以及江苏省政府发起了这次会议。

我要特别感谢中华人民共和国副总理刘延东女士对联合国教科文组织诸多核心议题的亲自关注和领导，例如去年杭州大会有关文化发展的议题，又如2012年在上海举办的职业技术教育与培训会议上有关教育的议题。

同时我要说，我对今天联合国教科文组织成员国的积极参与感到非常高兴。可以说整个联合国教科文组织都来了，因为联合国教科文组织管理机构的三位负责人都参加了会议，这是体现我们这个组织的承诺与协作的强有力象征。

我对2012年访问苏州后又一次来访感到由衷的高兴。苏州园林已列入联合国教科文组织的世界遗产名录，它体现了千年的传统，承载着普世的价值。俗话说，苏州园林甲天下。这座“东方威尼斯”也展现了当今活力中国的现代化和多样性。

2014年3月27日，我有幸欢迎习近平主席阁下参观了联合国教科文组织，他当时说到了多元化的重要性：“文明是多彩的，人类文明因多样才有交流互鉴的价值。阳光有七种颜色，世界也是多彩的。”

在本周二，习主席又进一步强调说，和谐社会的建立只能基于国家和文化间的相互理解，基于他所说的“命运共同体”。

语言的重要性也是一样。每一种语言都是平等的，相互关联的。每种语言都是人们相互理解、进行写作和表达现实世界的一种独一无二的力量。

语言映射我们对世界的理解，成就我们对世界的表达。它们表达我们共同的价值观，使思想成形，并且联系过去与未来。它们是人类权利和尊严的基础，是交流和分享、增强社会凝聚力、协同行动的渠道。通过语言，我们认识了世界，并可以使世界变得更好。这就是为什么用孩子们最自然易懂的语言来教育他们是非常重要的。有充分的证据表明，在学校里使用母语是扫盲的最有效办法。

语言教育是实现有教无类这个目标的关键。而这与保护濒危语言是分不开的。联合国教科文组织决心将提倡语言多样性作为文化多样化的基础。

这个观点是联合国教科文组织文化公约的核心，即保护和促进文化表达的多样性，这种精神也指导着联合国教科文组织所发起的“文化和睦国际十年（2013—2022）”计划。这也是联合国教科文组织维格迪斯（Vigdís）多语国际中心未来的目标。

所有这一切都从学校的课桌上开始。联合国教科文组织支持语言教育，尤其是通过母语教学和外语学习进行的多语教育——因为这是消除贫困、促进可持续发展和持久和平必不可少的策略。

多语制为人们提供了相互了解与合作的机会——多语的空间环境使得人类的多元文化财富得以共享。1999年，联合国教科文组织采用了“多语教育”这一术语，以指在教育中至少使用三种语言，即母语，区域性或国家通用语，和一门国际语言。2003年，我们发表了《多语世界的教育》，从而进一步深化这一主题，强调多语制是发展语言能力的一个重要条件。

在拉美地区，联合国教科文组织正在推进一项跨文化双语教育的实践，以使土著语成为重要的教育资源。在亚太地区，我们支持把基于母语的双语教育在早期教育中进行整合的政策。在中国，联合国教科文组织北京办事处支持中国社会科学院进行八种濒危语言的研究，即满语、畲语、拉伽语、土家语、西裕固语、阿侬语、赫哲语、尔苏语，以帮助他们在教育中使用这些语言。说到阿拉伯世界，我感到特别骄傲的是，联合国教科文组织已经发起了“世界阿拉伯语日”，以此感谢和庆祝阿拉伯语——一个主要宗教和文明的语言——对全人类共同文化所做出的巨大贡献。

多语制是一种包容和社会凝聚的力量——也是构成全球公民的基础。

提倡全球公民身份是联合国秘书长《教育优先计划》的一个重要目标，而联合国教科文组织正在为此“保驾护航”——中国是这一优先计划的领军国家，我非常感谢他们的领头作用。

纳尔逊·曼德拉曾说过：“如果你用一个人听得懂的语言和他交流，你的话会入其脑。如果你用他的语言和他交流，你的话将入其心。”世界日趋多元化，语言能力在文化间相互理解、进行跨文化活动、“共同居住”方面至关重要。

我认为多语制在精心设计更具包含性的人类发展，反映每个社会需求方面必不可少。没有“一刀切”的解决模式。为可持续发展、保证各国平等、反映多元性，2015年之后新的发展议程需要更具普世性。这是一个有关人权的问题。这是一个消除贫困和可持续发展问题。最终这是个持久和平、相互尊重、相互包容问题。

世界上约6000种语言，每种语言都包含有自己的知识财富。语言多样性是生物多样性的另一个侧面，为此，联合国教科文组织起草了一个“语言多样性指标”，作为“生物多样性指标合作契约”的一部分，共同受生物多样性公约的托管。

让我举例子说明。尼加拉瓜和洪都拉斯交界的热带雨林是玛央那土著人的家园——这是继亚马逊之后美洲第二大热带雨林地区，玛央那人在保护生物多样性方面发挥着重要的作用。联合国教科文组织出版了第一本玛央那文编写的书，以记录和分享他们关于生物多样性的独一无二的知识。

可以想象，我们能从全球各个地区学到的东西何其之多！

我们必须开发出更多这样在线和离线的工具、指标和统计表。仅仅投资科技是不够的——我们必须对当地事务、当地语言加大投入，这样科技上的差距才不会加深语言文化上的差距。

这是联合国教科文组织共同主持的宽带数字发展委员会的一个发展目标。2010年，我和负责协调互联网域名系统的ICANN（互联网名称与数字地址分配机构）签署了一份协议，在协议中规定任何字母的互联网域名都可以设立。从那以后，我们的开放训练平台已经有了土著语的培训材料——联合国教科文组织世界濒危语言地图也可以通过网络获得。

女士们、先生们，我们必须通过发展新技能、新能力，来培育新一代多语外交官、多语政治家、多语公民。我认为本次大会是一个携手向这一目标迈进的机会，为教师们制定开发各种正确的教学手段、政策和教学法。这至关重要，因为语言不仅表达世界——语言还可以塑造世界。这也印证了大教育家孔子的智慧：名不正，则言不顺；言不顺，则事不成。

语言是思想和行动的桥梁——是我称之为新人文主义中不可或缺的重要组成部分，它根植于对人类尊严、基本权利和多元文化的尊重。

我相信，人类发展需要新视野。因此，加强语言能力和语言教育是关键。本着这样的精神，我要再次感谢中国政府，并祝愿大会卓有成效。

语言功能的现代阐释：跨文明对话，填平鸿沟，构建新人文主义

——在世界语言大会全体会议上的演讲

许嘉璐

中国第九届、第十届全国人大常委会副委员长，

国家语委咨询委员会主任

各位来宾，各位专家，女士们，先生们：

本次世界语言大会的主题——“语言能力与人类文明和社会进步”，鲜明地揭示了语言事业当前所承担的历史性任务。语言，是人类最伟大的创造。它为交流和思维而生，是人类思想、感情的直接现实。人类进入工业化时代，语言的功用急速地跨越了民族边界，成了不同文明间沟通的重要手段。但是，在近两个世纪中，“我对你说”或“我说，你听”成为常态，那往往是强制、训诫和灌输。在度过了痛苦的殖民时代之后，特别是随着民族觉醒、经济全球化和关注文化多样性的呼声日益强烈，语言的交流功能在民族与民族、国家与国家全面交往中的作用越来越突出。在许多国家，为了自身的全面均衡可持续发展，也把消弭方言之间、不同民族之间信仰、观念和伦理的隔膜寄望于语言的沟通。总之，越来越多的人意识到，人类要可持续发展，国家要稳定，世界要和平，就需要多层次、多国别的，多民族之间的对话。正是在这种背景下，“对话”（dialogue）逐渐成了在国际间使用频率越来越高的词语。“我说，你听”变成“你说，我说”，这是世界的一个极大变化，意味着平等、尊重和协商得到了国际交往“正宗”方式的地位，意味着历史所造成的鸿沟有可能逐渐填平，也意味着语言的交流功能超越了日常生活和相对固定的“话域”，面对的是无限的空间。

女士们、先生们，人类的智慧，是靠对话而成熟和传播的。让我们回顾轴心时代的伟人们，孔子、孟子，苏格拉底、柏拉图，耶稣、释迦牟尼，岂不都是在和学生、公众无数次的对话中迸发出智慧的火花、探寻到真理的吗？人类历史上有过

许多因对话而实现和平的事例，也有数量或许更多的因拒绝或不充分、不善于对话而发生的惨剧。正是因为看到了对话是不同文化间消除误解与隔阂，取得共识的最主要的手段，所以 1993 年世界宗教大会上由 6000 位宗教领袖为了世界持久和平而通过了《走向世界伦理宣言》，联合国和联合国教科文组织则从世纪之交起，着力提倡并组织不同文明间的对话，成效显著。另一方面，在刚刚过去的几十年里，以维特根斯坦和哈贝马斯等人为代表的交往理论哲学家们，对于对话的逻辑和规则、公共领域中的语言沟通和演变，做了富有成效的研究，"对话"已经成为世界哲学界近年来研究的热门课题，哲学家们有意无意地把语言的沟通作为构建人类共同伦理或新人文主义必须解决的前提了。

但是，要达到联合国和教科文组织提出的目标，要实现世界人民，特别是前殖民地国家人民和平幸福的愿望，要如哲学家们所倡导的那样，通过对话追求人类共同伦理和宇宙的真理，国际组织的号召和呼吁需要扎实地付诸实施，学术精英们的研究和呼吁需要让世界广为知晓。显然地，对话必须要有亿万民众的参与。但是，目前的情况是，双方乃至多方交往的人们更为关注的是商品、古迹、景致和食品，意欲了解他者人文、信仰和伦理的不多。出现这种情景的原因是多方面的：今天是一个物质第一、精神被忽略的时代；物质的东西直接刺激人的感官，容易被理解和接受；就语言的运用而言，有关日常生活所涉及的物质和技术的语言，在不同语言间的对应较之人文的，尤其是比关于信仰、伦理的，要简单得多，虽然句子结构之间的对应也是极为麻烦的事。

这对语言事业是一个新的挑战。与经济全球化同时出现并且应该强调的，是文化的多元性，而后者就在很大程度上涉及精神领域概念的表达。在这一领域，句子结构和修辞的差异反而退到了第二位。摩洛哥哲学家、2003 年教科文组织沙迦奖获得者，2009 年至今担任该国文化部长的本·萨利姆·希姆什教授在 2010 年发表的一篇文章里说道：为了使不同信仰或文化间的对话变得更为明确和严谨，应当抵制杂乱、顽固和不规范的术语模式，并尽量使事物名称符合其性质和功能。

他举例说："数百年来，欧洲人一直把伊斯兰教、伊斯兰和伊斯兰主义作为同义词或同源专有名词的变异。"因此他呼吁："重新审视文化间对话的全部词汇并对其进行概念批评，这是为名副其实的和平文化创造重要条件。这种和平文化的基础是合作者间真正的对话。"

他所提出的问题在中国和西方文化的交流史中实际上已经存在了几百年。

例如16世纪的伟大传教士利玛窦和17世纪的伟大数学家、哲学家莱布尼茨等人都是以基督教的“神”“爱”“善”“礼”等概念来理解中国的儒家文化，甚至认为儒家所信仰的也是人格神，因而可以证明基督教教义具有普世价值，这一误解直至今天仍然是中-西文化交流的障碍。近几十年，这个问题已经引起欧美和中国学者的高度注意；但是在没有出现希姆什所期望的那种情景时，人们只能用一种权宜之计，或者说是过渡的方法处理，在遇到中国文化的概念时，直接写出汉语拼音，例如道（Dao）、理（Li）、仁（Ren）、性（Xing）、气（Qi）、孝（Xiao），等等。但是这个办法最终只能用于少数词语，局限性是显然的。如果要想广泛而深入地开展不同文明的对话，希姆什所提出的难题必须解决。当然，不同文明间的对话所涉及的必须解决的语言问题远不止希姆什所说，例如以下一些问题近年来不断被人们提起：

在未来的人际交往中一人多语（含本民族方言、本国其他民族语）的现象会越来越多，社会如何满足这种需求？

与此相伴的一个重要趋向是作为文化的符号，记载着不同民族或地区历史的少数民族语言、方言和人数较少的国家（例如马尔代夫）的语言，呈现出迅速衰落的迹象，我们应该采取怎样的对策？如何挽救和保存？

许多国家已经采取多种措施以保护国内少数民族语言和少数人使用的语言。但是，保护的目标能否达到？按照语言分区分校进行母语教学，利和弊孰大孰小？对少数民族学生的过度资助是否是“逆向歧视”？师资和教材的匮乏，所需成本过高的问题如何解决？外语教学和母语教学如何不相抵消，做到相得益彰？

为不同文明对话服务的双语或多语词典如何编撰？在涉及他种语言人文学科的语汇时，按西方词典学的路径，是否能做到被释词和解释用语“等值”？

为了培养适应未来需要的语言人才，我们的语言教学和研究需要作哪些调整和改革？

日新月异的IT和网络技术如何直接为不同语种间的对话服务？

女士们、先生们，这类问题的单子，我们可以拉得很长很长，这说明为了建起人类交流合作的语言之桥，我们所面临的挑战是极其严峻的，需要长期奋斗。这些问题归结起来就是，为了填平国际和人际间的鸿沟，首先受到挑战的将是语言政策、语言教育和语言技术；首要的任务是说服各国政府采取足够的措施，说服具有经济和技术实力的企业积极参与到搭建语言之桥的工程中来。

单就IT和网络技术协助语言教育和交流而言，就有巨大而急迫的需求，当然这也是一个语言技术的巨大发展空间。现在一些国家在机器翻译和人机对话的研究和实用方面已经投入了不少资金和人力，取得了一定进展。但是，除了少数公司着眼于提高人们的语言能力、挽救濒危语言，制作了词典、教学软件（包括视频）外，多数还是围绕着经济事务和技术利益进行开发。这是资金来源的局限所带来的必然结果。以我所领导的一个技术团队为例，我们所开发的应用技术中-英对译软件（主要是专利文本），三年来耗资已经近1000万元人民币。到目前为止，面对真实文本的译准率和召回率已经达到85%，预计到2014年底，这一数字还要提高。如果扩大翻译范围、继续提高译准率，所需资金将更多。我之所以专心研制应用技术的翻译软件而不敢旁顾，一方面因为我知道，要达到人机交流，必须先解决不同语种的对译难题，另一方面也是目前的课题筹集资金相对要容易得多。

很久以来，我一直梦想着能够研制用于人文交流的软件，也就是真正意义上的人机对话的技术。我知道其中的难度，并且正是因为难度大，所以没有更多的资金后盾是无法着手的。人类在这一漫长道路上已经迈出了第一步，但是在这里停留得太久了。从我自己的经验中，我有这样的感触：这是一项需要引起世界注意的事业，更是需要无疆大爱的事业。因此我建议：希望IT业和网络商能够把人类的交流对话作为一个长远的事业，减少对眼前利益最大化的追求；希望各国政府高度重视语言教育，调整语言政策，保障不同语言间的完全平等，经济实力较强的国家应该慷慨地帮助新兴国家；希望有关政府在资金和政策上支持IT业，鼓励网络商，跨过纯商业的视域，关注人类长远的共同利益，加大语言交流技术的开发；当然我也同时希望教科文组织在这一进程中发挥更大的推动作用。

女士们、先生们，我们在不断强调不同文明对话重要性的同时，也清醒地意识到，对话在解决世界和国家和谐问题上并不是万能的。对于那些以优越种族和上帝的现代选民自居，一意把利润、权力作为行动准则，坚持奉行殖民式思维，视人民为奴役对象者，对话不过是遮人耳目的游戏。但是，我们对人类的未来仍然充满信心。诚如联合国教科文组织《组织法》中所说，“战争起源于人之思想，故务须于人之思想中筑起保卫和平的屏障。”这句话反映出在经过了人类历史上最为残暴酷烈的战争之后，已经自觉到出路在哪里。我在不久前举行的第三届尼山论坛上说了下面一番话：“这里的‘战争’一词，指的是人类危机在层层积累之后最终爆发的极端形式；‘人之思想’之所指，美国过程哲学家，密歇根伟谷的

斯蒂芬·劳尔的一段话,可以被视为是一种较好的解读,他说:'现代性最糟糕的部分,是沉溺于物质主义的一己私利的"道德疾病";对"消费主义"的过度迷恋;导致意识形态僵局的不成熟的将凡事都绝对化的倾向。最大的问题是高分贝地讴歌物质生活而贬低精神生活,贬低我们的人性。'"(2014年的一次对话,见《光明日报》,2014年4月16日)

女士们、先生们,教科文组织所提出的"保卫和平的屏障"将由谁来筑起?人民!人民的团结是战胜邪恶的最有力的武器。要团结,就要了解他者之心,扩大自己和他者的视野,大家一起从对物质的迷恋中解脱出来;要了解他者的心,就要无障碍地交流;要无障碍地交流,就需要提高语言能力;要提高语言能力,就需要行动,而且不限于各国自己内部的行动。这是一个基于理性的因果逻辑链,而从事有关语言事业者,各国政府加专家,则处于这一链条的终端。

女士们、先生们,让我们携起手来,努力!

提高语言能力　促进文明交流

——在世界语言大会全体会议上的演讲

李卫红

中国教育部副部长、国家语言文字工作委员会主任

尊敬的各位代表，女士们、先生们：

仲夏时节，在历史悠久、风景秀丽的文明古城中国苏州与世界语言大会的各位代表汇聚一堂，共襄盛事，我感到由衷的高兴。在开幕式上，刘延东副总理代表中国政府发表重要讲话，阐述了中国提高语言能力的理念和语言文字事业的发展战略。伊琳娜·博科娃总干事代表联合国教科文组织做了热情洋溢的致辞。下面，我重点就我们对语言、语言能力与人类文明和社会进步关系的认识，中国政府对促进语言文字事业发展和语言能力提高所付出的努力，以及我们下一步的工作规划向各国朋友做些介绍。

一　语言与语言能力是促进人类文明和社会进步的基石

人类对语言重要性的认识由来已久。早在两千五百多年前，中国伟大的思想家、教育家孔子提出的“孔门四科”，“言语”一科赫然在列。公元前4世纪，古希腊的柏拉图在《对话集》中也提出了语言的起源和语言在认识中的突出地位。语言与人类文明息息相关，在人类发展中发挥着须臾不离的重要作用。语言的产生，使人类最终揖别动物界；文字的产生，开启了人类文明的进程；语言与信息技术的融合，则掀开了现代文明波澜壮阔的历史。本次大会的主题是“语言能力与人类文明和社会进步”。语言能力是掌握语言的能力，是正确表达自己、理解别人的能力，是听说读写译等语言技能的综合运用能力。作为人类生存和发展的基本能力，语言能力在创建和传承人类文明中发挥着关键作用，它是社会发展的基石，是语言教育的重要内容，也是沟通世界的桥梁和纽带。

提高语言能力是社会可持续发展的必然要求。社会可持续发展，既包括政治、经济、社会、文化等的发展，还包括人的全面发展。社会可持续发展，在一定程度上，取决于人的全面发展的程度。没有语言能力的提高、没有人的综合素质的提升、没有人力资源的开发，就没有社会的可持续发展。中国古代“晏子使楚”“触龙说赵太后”“诸葛亮舌战群儒”等历史典故，均说明语言能力对个人事业发展、社会整体进步的重要作用。社会可持续发展对人的发展也提出全方位的要求。只有包括语言能力在内的智力、体力、创造力等得到充分发展，社会的可持续发展才能有所保障。古巴比伦“巴别塔”的故事告诉我们，人类一旦沟通顺畅，智慧和能力成倍增长，文明的步伐也会明显加快。人类通过语言交流，沟通思想、分享经验、传承文化，推动社会进步和发展；通过提高语言能力，增进了解、提高素质、增强能力，为社会可持续发展奠定基础、创造条件。

提高语言能力是语言教育创新的重要内容。全世界语言种类约有 5000 至 7000 种。语言教育不仅是学习语言、提高语言能力的重要途径，也是打通传统与现代隔阂、弘扬传统文化的有效方法。中国古人曾说“读书以训诂为主”，就是指通过语言教育要传授更多传统文化。同时，语言能力的提高对语言教育创新也产生了积极的促进作用。例如，互联网等现代人机交流语言的运用大大促进了语言教育现代化水平的提高。当前国际交往与日俱增，对语言教育提出了新的更高的要求。语言教育要运用现代传播手段，提高效率和质量；语言教育要拓宽视野，关注经济社会发展，融入经济社会发展；语言教育要更加重视语言能力的提高、传统文化的传承，这是语言教育的重要使命。

提高语言能力是促进国际交流合作的桥梁和纽带。语言是交流的基础，是沟通的桥梁。只有掌握了语言，才能完成跨国的交流与合作。我国汉武帝时，张骞两次出使西域，学习匈奴人语言，开辟举世闻名的“丝绸之路”。语言在交流借鉴中也得到丰富。公元之交印度佛教传入中国，不仅为汉语引入了反切这种注音方法，而且丰富了汉语的词汇和表达。随着国际交流的加深，汉语在国际上的影响力也愈来愈大，英语中的功夫、武术、普通话等单词就是通过汉语拼音直接音译而成的。“一花独秀不是春，百花齐放春满园”。世界如此丰富，是因为各种文明交互辉映；多种文明能够交流互通，正是因为有了语言这个桥梁和纽带。提高语言能力，加强交流合作，人类多样文明的鲜花才能竞相怒放，各国人文历史的无穷魅力才能尽情展示。

提高语言能力是认知世界、了解异国文化的钥匙。习近平主席说：“掌握一种语言就是掌握了通往一国文化的钥匙。"我国近代思想家、翻译家严复翻译了《天演论》《原富》等诸多西方名著，成为近代中国开启民智的一代宗师。公元13世纪，意大利著名旅行家马可·波罗游历中国，后人根据其口述撰写的《马可·波罗游记》，详尽介绍了中国的人文地理、习俗文化。该书开启了欧洲了解中国的窗口，对日后的中欧交流产生了重要影响。时至今日，经济全球化日益加深，语言作为人类沟通的第一工具，更加凸显其独特价值与时代意义。学习新的语言、发展多语能力，意味着拥有了钥匙，意味着开启了门窗，可以拓宽我们的视野，可以增进各国的交流。

二　中国在发展语言文字事业、提高语言能力方面所取得的进展

中国是一个统一的多民族国家，拥有近百种语言和约30种文字。其中，普通话和规范汉字是法定的国家通用语言文字。中国政府坚持贯彻民族平等的政策，除汉族外，53个少数民族拥有自己的语言，22个少数民族正式使用28种文字。

新中国成立后，为消除文盲、普及教育、提高文化素质、推动社会发展，中国专门设立了文字改革委员会，以简化汉字、推广普通话、制定和推行《汉语拼音方案》为当时文字改革的三项重要任务。2000年，中国全国人大通过了语言文字的专门法律《国家通用语言文字法》。2012年底，中国政府制定并全面实施了《国家中长期语言文字事业改革和发展规划纲要（2012—2020年）》。经过60多年的努力，中国的语言文字工作取得了长足进展。国民的语言交际障碍基本消除，语言观念发生深刻变化，语言能力获得较大提高。目前，全国70%以上人口具备普通话应用能力，约70%人口掌握汉语拼音，95%以上的识字人口使用规范汉字，中国几千年以来"书同文、语同音"的梦想基本实现。普通话、规范汉字、汉语拼音以及其他语言文字规范化标准化的成果广泛应用于经济建设、文化发展和社会生活，为提高识字和教学效率、扫除文盲、普及教育消除了障碍，为广播电视、新闻出版、现代通信、中文信息处理等奠定了基础，为保证国家的政令畅通和市场经济发展提供了条件，为增进各民族之间交流、增强中华民族凝聚力架设了沟通桥梁。

一是语言文字法律法规体系初步建立，规范标准建设不断推进。中国政府

高度重视语言文字的法律体系构建，努力推进语言文字领域的法制建设。《国家通用语言文字法》及35部地方法规和政府规章、数百部涉及语言文字条款的法规规章的颁布与实施，构成了语言文字的法律法规体系。国家颁布了语言文字规划纲要，全国所有省份均制定了实施方案。全国31个省份和多数地(市)、县(市)设立了语言文字工作机构和专职工作人员。研制了《通用规范汉字表》等150多项规范标准以及多个语料库系统。

二是国家通用语言文字得到大力推广，各民族语言文字得到科学保护。大力推广国家通用语言文字、科学保护各民族语言文字是我国语言文字工作最重要的任务。《国家通用语言文字法》确立了普通话和规范汉字的法定地位。持续多年的全国推广普通话宣传周、城市语言文字工作评估等推动了社会、城市和学校语言文字使用水平的整体提高。中国为12个民族制定了16种拉丁字母形式的文字方案，建立了中国语言资源有声数据库，以及蒙古族、藏族、维吾尔族、哈萨克族、朝鲜族、彝族等传统通用少数民族语言文字的规范标准。

三是中国传统文化弘扬取得较大成效，语言文字国际交流合作不断深入。中华文明历经5000多年历史演进，积淀着中华民族最深层次的精神追求，代表着中华民族独特的精神标识，弘扬优秀传统文化是新时期我国语言文字工作的重要内容。近几年来，我们开展的中小学书法教学、中华经典资源库建设、中华经典诵读行动、书法名家进校园等工作影响广泛。中国主流媒体支持语言文化工作，先后推出的“中国汉字听写大会”“中国谜语大会”“中国成语大会”等语言文化类电视节目，为提高国民语言能力营造了良好氛围。语言文化的国际交流也很活跃，近些年来“中德语言年”“中法语言年”“中俄语言年”系列活动，促进了不同语言文化的深入交流，增进了中国与各国人民的互信和相互了解。分布在世界121个国家(地区)的445所孔子学院和664个孔子课堂，已成为加强中国人民与世界各国人民友谊合作的语言桥梁。

四是国民语言教育普遍开展，语言能力得到较大提高。中国政府高度重视语言教育，把提高国民语言能力作为新时期语言文字工作的重要内容。语文课是中小学学时最长的学科之一，外语教育在中小学得到基本普及。开发和实行了普通话水平测试、汉字应用水平测试、汉语能力测试。截至目前，普通话水平测试参测人员累计已达4000余万人次，播音员、节目主持人、教师等实行持普通话等级证书上岗制度。此外，还积极开展多层次的少数民族双语教师培训、经典诵读骨干教师培训、书法教师培训，以及进城务工人员的普通话培训，从多方面努力提高全体国民语言文字应用能力。

女士们、先生们，作为一个拥有多民族、多语言、多文种和多方言的国家，在推进语言文字事业发展60多年的实践中，我们逐步形成了具有中国特色的语言文字工作理念和工作制度。一是坚持把推广普及国家通用语言文字作为长期的重要任务。"国民之魂，文以化之；国家之神，文以铸之"。我们认为，推广普及国家通用语言文字，不仅利于国民沟通交流、促进经济社会发展，而且关系到中华民族的文化认同和国家统一，是语言文字工作长期的、最重要的任务。二是明确了"构建和谐语言生活"的工作目标。中国哲学家朱熹曾说"和而不同、执两用中"，这深深体现了中国人理性思辨、平衡协调的思维特点，极端主义向来不是中国的哲学传统。妥善处理好国家通用语言文字与少数民族语言文字、国家通用语言与外语、普通话和方言、简化汉字和繁体汉字的关系，要求我们必须做到"和而不同"、辩证统一；必须遵循语言文字发展规律，依法处理各种语言的学习和使用。三是确立了语言文字是国家基础性资源的新理念。语言是文化资源。据统计，80%的文化是通过口语和文字传留下来的。中国首批公布的518项非物质文化遗产，其中传说、号子、歌谣、戏曲等，无不关涉语言文字。语言文字是经济资源。我国仅英语学习市场年产值就超过100亿元人民币，翻译市场年产值约120亿元人民币。英国英语产业每年有100亿欧元的利润，欧盟语言产业营业额每年至少增长10%，预计2015年将达165亿至200亿欧元。语言文字是文化的载体和重要组成部分，是国家不可再生的、珍贵的非物质文化财富，是重要的基础性资源，需要认真加以保护建设和开发利用。四是形成了服务社会、融入发展的工作思路。中国传统经典《大学》强调，如要"外治"先要"内修"，只有服务社会，才能实现人生价值。中国还有句名言"己欲立而立人，己欲达而达人"，说的就是，一个人要取得成功必须融入社会，要通过帮助别人进而实现自己的理想。语言文字事业具有基础性、全局性、社会性和全民性特点，在经济一体化、社会信息化时代，语言文字工作需要拓宽视野、融入社会，在促进经济社会和人的全面发展中融入发展、提供服务，从而推动自身发展、实现自身价值。

三　全面发展语言文字事业，努力提高语言能力，为促进人类文明做出应有贡献

人类社会已经进入21世纪的第二个十年。作为一个语言大国，中国在当前

和今后一个时期，将积极应对经济全球化时代对语言文字事业提出的新要求、新挑战，把加强语言教育作为语言领域促进可持续发展的重要途径；把开展多渠道、多形式的语言文化交流作为实现跨文化理解的重要方式；把提高治理能力、完善管理体制作为提高语言能力的重要手段，努力提高语言能力，全面促进新时期语言文字事业的科学发展、和谐发展。

——我们将全面深入贯彻落实国家语言文字规划纲要。语言文字规划纲要为我国中长期语言文字事业确定了总体目标、主要任务、工作重点和保障措施。我们将以增强国家语言实力、提高国民语言能力、构建和谐语言生活为总体目标，以“推广普及”“传承文化”“基础建设”“督查服务”等为重点工作，更新理念、创新机制、采取措施，适应国家经济社会发展新要求，全面推进语言文字事业的科学发展。

——我们将继续努力完善“政府主导、语委统筹、部门支持、社会参与”的管理体制。进一步明确各级政府对语言文字工作的主导责任，积极争取相关部门和社会组织的支持，逐步形成并完善“分工协作、齐抓共管、协调有序”的工作机制，从体制和机制上推动语言文字工作有序开展，提高语言文字工作管理和服务水平。

——我们将继续构建严谨科学的语言教育体系。继续大力推广和规范使用国家通用语言文字，提高国民语言能力；改革教育教学方法，提高语言学习质量；统筹外语规划和外语教育，培养国民多语能力；加强少数民族地区双语教育，科学保护各民族语言文字；构建语言文字综合测评体系，提供科学评价手段；服务对外汉语教育，努力满足世界汉语爱好者学习汉语的愿望和需求。

——我们将继续扩大语言文字对外交流。进一步扩大语言文字工作的对外开放程度。通过孔子学院教学、高校来华留学生教育，以及民间外交、青年交流活动等各种方式和途径，积极传播包括语言文字在内的中华文化，促进人类文明成果共享。

女士们、先生们，语言文字事业是一项光荣而神圣的事业，事关个人发展、社会进步、民族兴衰、文化传承。万邦聚首、躬逢盛事，本次大会为世界语言事业的长远发展和语言能力的提高，提供了宝贵的学习交流的载体、促进友谊的平台，借此机会，我想提三点建议：

第一，重视语言能力，促进社会发展。习近平主席在今年访问欧洲期间同德国汉学家等座谈时指出，“一个国家文化的魅力、一个民族的凝聚力主要通过语言表达和传递”。语言能力是社会发展的基础，提高语言能力关系人民福祉、推动社会进步。我们要进一步加强对语言能力及提高规律的研究，健全语言文字法律法规体系和标准体系，加强语言文字应用管理，合理开发、利用语言资源，积极支持围绕语言能力的科学研究和技术创新，搭建各种语言能力提升平台，进一步发挥语言能力在推动科技进步、文化繁荣和社会可持续发展中的重要作用。

第二，加强语言教育，提高语言能力。语言教育是提高公民语言能力的主要渠道和有效手段。世界许多国家都非常注重语言教育。美国开设了 276 种外语，俄罗斯圣彼得堡大学能开设 124 种外语，法国国立东方语言文化学院可提供 93 种外语，中国目前开设的外语教育种类约为 60 种，正在逐步增加语种数量。我们要进一步加强语言教育的科学规划，制定语言能力提升标准，开展语言教育评估与语言能力测评，推动教育理念的更新和改革，继续创新语言教育内容和教育方式，完善教学体系，创新教学模式，提高教学质量，构建多语教学环境，为受教育者提供多元学习机会，不断提高人类的语言能力。

第三，增进交流合作，促进跨文化理解。中华文明历来强调沟通和交融，主张“以和为贵”“协和万邦”，崇尚“兼收并蓄”“有容乃大”。世界的很多偏见，不是因为分歧，主要是源于陌生、隔阂和不了解。语言是连接人与人、人与社会、人与世界的桥梁和纽带。“物之不齐，物之情也”。我们要进一步发挥语言文字的桥梁和纽带作用，畅通各国语言文化交流，加强语言教育国际合作，交流互鉴，相互欣赏，激发对彼此语言和文明的兴趣和理解，增进世界各国人民的感情和友谊。

女士们、先生们，“中国梦”是全体中国人民的伟大梦想，我们各个领域都在为实现中华民族伟大复兴的中国梦而努力。语言文字梦不仅包括公民提高语言能力、国家增强语言实力、社会构建和谐生活，还包括跨越千年、历久恒新的中华文化的传承传播。语言文字梦是中国梦的重要组成部分，也是中国语言文字工作者为之不懈奋斗的理想。

本次大会将形成《苏州共识》。我们将秉承大会精神，落实共识内容，承担起自己应尽的义务和责任，与各国同人一起，为推进人类语言文字事业的发展、为构建世界范围内的和谐语言生活而共同努力。

最后，祝本次大会圆满成功！愿各位宾朋在华期间愉快、顺利！谢谢大家。

为人类语言能力提升和人类文明进步做出更大贡献

——在世界语言大会闭幕式上的致辞

郝　平

联合国教科文组织大会主席、中国教育部副部长

各位专家学者，女士们，先生们，朋友们：

在与会代表的共同努力下，世界语言大会圆满完成了各项议程，即将落下帷幕。两天来，各位代表围绕“语言能力与人类文明和社会进步”这一主题，深入交流，凝聚出许多对于语言文字事业和语言教育发展至关重要的共识，形成了重要的会议成果文件《苏州共识》，完成了预期目标，会议取得圆满成功。

中华人民共和国国务院副总理刘延东女士出席会议开幕式并发表重要讲话，她提出了“促进人类语言文化成果交流互鉴；重视和加强语言文化教育；加强语言文字的基础性研究；加强语言文字的法律保障；积极促进语言文字的国际合作，加强多语教育和国际理解教育”五点重要倡议，为本次会议的研讨提出了具有重要意义的指导原则。教科文组织总干事博科娃和执行局主席埃米尔也在开幕式上发表了讲话。各国教育部长、语言专家学者围绕提升语言能力和语言教育水平各抒己见。会议中谈到的以下五条让我印象深刻：

第一，会议提出了新形势下的语言能力概念问题。语言能力不仅是传统的识文断字的能力，也不仅是听说读写译的能力，还包括掌握各种现代语言技术进行语言活动的能力；不仅包括母语能力，还包括第二外语和多语能力；不仅包括正常人的语言能力，还包括语言障碍者的语言能力；不仅包括人类的语言能力，还包括机器语言能力。另外，还包括职业语言能力、社会语言能力和艺术语言能力等。

第二，语言在社会进步和人类认知发展中发挥着决定性作用。语言能力建设对提升文化软实力、传承文明和促进可持续发展都具有重要意义。语言能力

的水平决定了一个国家的语言文化氛围。语言能力的培养既有利于儿童认知能力的发展，又有利于延缓成人认知的衰老，对人的全面发展也有着重要影响。

第三，要加强语言能力的基础性研究。语言能力具有复杂性和发展性，需要脑科学、认知科学、生命科学、信息技术科学等不同学科、相关产业和社会各界共同努力，是国际科学发展的前沿和产业发展的新兴领域。语言能力的研究可以有效解决当前语言教育效率低下问题。应该加强机器语言能力的研究，促进人机对话、人工智能和互联网等科技创新和产业发展，努力提升公民利用现代科学技术进行语言交流的能力，同时也要特别关心信息技术边缘化的人群。

第四，要重视适应新形势要求的国家语言规划和语言政策的制定。应该作为一项国策纳入经济社会文化教育发展规划中；促进语言文字法律法规体系和标准体系建设；科学合理地保护开发语言资源；加强多语教育，通过语言能力提升，促进社会包容；积极支持围绕语言能力的科学与技术创新；促进语言产业的发展。

第五，要畅通语言文化国际交流。应该将语言能力建设置于跨文化交流的核心位置，使其成为国与国之间人文交流的重要内容；在保护和传播本国、本民族的语言文化的同时，积极鼓励和引导各国公民学习外国语言、历史与文化；支持派出和接收留学生，推动跨文化交流；采取各种措施，畅通语言传播渠道，促进语言文化交流和人类文明成果共享。

最后，我代表联合国教科文组织大会以及本次会议的主办方向为本次大会成功召开付出辛勤努力的各位嘉宾和所有工作人员、志愿者们表示衷心的感谢！让我们共同努力，为人类语言能力的提升和为人类文明的进步做出更大贡献！

谢谢大家！

世界语言大会苏州共识

（2014 年 6 月 6 日，中国苏州）

世界语言大会于 2014 年 6 月 5 日至 6 日在中华人民共和国江苏省苏州市举行。全体代表感谢中国政府与联合国教科文组织合作，为举办此次盛会所作出的慷慨贡献。会议代表围绕“语言能力与人类文明和社会进步”这一主题，就语言能力与社会可持续发展、语言能力与语言教育创新、语言能力与国际交流合作等议题进行了认真讨论，并达成了以下共识。

一　语言能力和社会可持续发展

语言是人类文明世代相传的载体，是相互沟通理解的钥匙，是文明交流互鉴的纽带。作为推动历史发展的重要力量，语言对于激发个体潜能，实现 2015 后全球发展新目标至关重要。语言能力是激发文化活力，促进认知发展，推动社会进步和经济繁荣的根本因素。

采取措施提升全体公民多种语言的能力，将有助于满足日益显现的全球社会需求。语言能力包括母语能力、国家通用语言能力、区域以及国际交流语言能力等。

二　语言能力与语言教育创新

以科学研究带动语言教育创新，从而提升语言能力。研究领域包括：人脑语言机制、信息交流技术（ICT）、有效教学法和基于母语的多语教学。

使用学习者的母语开展教学，是提高教学效果、促进身份认同的重要基础，母语教育应该应用在初期教育阶段。家庭和社区在母语学习中发挥着重要作用。手语和盲文应得到尊重并在教育中得到使用。各民族和土著民为使他们的语言世代相传所付出的努力，对一个公正和富有成效的世界亦很重要。教师教育是提升语言能力的一项重要投入。

三　语言能力与国际交流合作

促进人民、机构、国家之间的交流和学习是提升语言能力的重要途径，语言能力的提升也有利于促进人民、机构、国家之间的交流和文明互鉴。网络空间应体现世界的语言多样性，各语言社区都应该从信息交流技术中受益。

呼应国家、土著民以及移民社区需要的语言政策和实践，可以为一个全球化社会的和平共处增进有效沟通。

第三部分

工　作　篇

中共中央、国务院公文中有关语言文字的内容

一　中共中央

（一）　中共中央、国务院印发《关于加强和改进新形势下民族工作的意见》（2014年12月22日）[①]

要坚定不移推行国家通用语言文字教育，全面开设国家通用语言文字课程，全面推广国家通用语言文字，确保少数民族学生基本掌握和使用国家通用语言文字，同时尊重和保障少数民族使用本民族语言文字接受教育的权利，不断提高少数民族语言文字教育水平，并在需要的民族地区加强学前双语教育，制定激励政策，加大师资对口支援力度，做好双语教师招录工作，对双语教学师资培养培训、教学研究、教材开发和出版给予支持，注重培养民汉双语兼通人才，提高少数民族干部掌握国家通用语言文字能力，在民族地区工作的汉族干部应学习掌握少数民族语言文字。

二　国务院

（一）　《国务院办公厅关于加强政府网站信息内容建设的意见》（国办发〔2014〕57号，2014年11月17日）[②]

规范外语版网站内容。开设外语版网站要有专业、合格的支撑能力，用专业外语队伍保障内容更新，确保语言规范准确，尊重外国受众文化和接受习惯。精心组织设置外语版网站栏目，加快信息更新频率，核心信息尽量与中文版网站基

① 中央政府门户网站 http://www.gov.cn/zhengce/2014-12/22/content_2795307.htm。

② 中央政府门户网站 http://www.gov.cn/zhengce/content/2014-12/01/content_9283.htm。

本同步。加强与中央和省（区、市）外宣媒体的合作，解决语言翻译问题。没有相应条件的可暂不开设外语版。

（二）《国务院关于深化考试招生制度改革的实施意见》（国发〔2014〕35号，2014年9月3日）①

深化高考考试内容改革。依据高校人才选拔要求和国家课程标准，科学设计命题内容，增强基础性、综合性，着重考查学生独立思考和运用所学知识分析问题、解决问题的能力。改进评分方式，加强评卷管理，完善成绩报告。加强国家教育考试机构、国家题库和外语能力测评体系建设。2015年起增加使用全国统一命题试卷的省份。

改革考试科目设置。增强高考与高中学习的关联度，考生总成绩由统一高考的语文、数学、外语3个科目成绩和高中学业水平考试3个科目成绩组成。保持统一高考的语文、数学、外语科目不变、分值不变，不分文理科，外语科目提供两次考试机会。计入总成绩的高中学业水平考试科目，由考生根据报考高校要求和自身特长，在思想政治、历史、地理、物理、化学、生物等科目中自主选择。

（三）《国务院办公厅关于做好2014年全国普通高等学校毕业生就业创业工作的通知》（国办发〔2014〕22号，2014年5月9日）②

高校毕业生在中西部地区和艰苦边远地区县以下基层单位从事专业技术工作，申报相应职称时，可不参加职称外语考试或放宽外语成绩要求。

对面向境外市场生产销售外语出版物的民营文化企业，经批准可以配置专项出版权。

（四）《国务院办公厅关于印发发达省（市）对口支援四川云南甘肃省藏区经济社会发展工作方案的通知》（国办发〔2014〕41号，2014年8月11日）③

大力扶持教育发展。统筹扶持受援地校舍、教学仪器设备、教学资源等硬件建设和教师培养培训、管理能力提升等软件建设，重点支持藏区双语教育、中等职业教育、异地办班和人才培养工作。

努力促进就业创业。大力扶持受援地特色优势产业特别是劳动密集型产业发展，努力开拓就业渠道，为当地增加就业岗位，鼓励和引导藏区高校毕业生在受援地就业创业。通过订单式培养等多种方式，有针对性地开展国家通用语言

① 中央政府门户网站 http://www.gov.cn/gongbao/content/2014/content_2750413.htm。
② 中央政府门户网站 http://www.gov.cn/gongbao/content/2014/content_2684466.htm。
③ 中央政府门户网站 http://www.gov.cn/gongbao/content/2014/content_2745928.htm。

文字、就业技能等培训工作，引导受援地群众转变就业观念，不断提升就业能力和水平。

（五）《国务院关于进一步做好为农民工服务工作的意见》（国发〔2014〕40号，2014年9月12日）①

将国家通用语言纳入对少数民族农民工培训的内容。（人力资源社会保障部、国务院农民工工作领导小组办公室〔以下简称农民工办〕会同发展改革委、教育部、科技部、财政部、住房城乡建设部、农业部、安全监管总局、统计局、扶贫办、全国总工会、共青团中央、全国妇联负责）

（六）《国务院办公厅关于同意调整外语中文译写规范部际联席会议制度的函》（国办函〔2014〕92号，2014年11月8日）②

国务院同意调整外语中文译写规范部际联席会议制度。（一）将外语中文译写规范部际联席会议名称调整为外语中文译写规范和中华思想文化术语传播部际联席会议。（二）调整联席会议主要职能，增加以下内容：统筹协调中华思想文化术语传播工作，制定中华思想文化术语遴选与译写规则和标准，组织中华思想文化术语遴选与译写工作，发布译写成果及规范应用，组织中华思想文化术语传播活动。（三）增加中国外文局、文化部、社科院为成员单位。

（七）《国务院办公厅关于印发国家贫困地区儿童发展规划（2014—2020年）的通知》（国办发〔2014〕67号，2014年12月25日）③

完善特殊困难儿童福利制度。推进残疾人康复和托养设施建设，基本实现每个地级城市都建有一所专业化残疾人康复机构，并配备儿童听力语言康复、智力康复、孤独症康复、脑瘫康复等设施。

推进学前教育。

（许小颖）

① 中央政府门户网站 http://www.gov.cn/gongbao/content/2014/content_2764683.htm。

② 中央政府门户网站 http://www.gov.cn/gongbao/content/2014/content_2786837.htm。

③ 中央政府门户网站 http://www.gov.cn/gongbao/content/2015/content_2809133.htm。

国家语委语言文字工作

一　加强语言文字法制建设

（一）初步形成语言文字法律法规体系

河南、青海相继颁布《国家通用语言文字法》地方实施办法。至此，全国31个省、自治区、直辖市以及西安、大连、太原、南昌、贵阳、汕头等6个城市已制定、修订和颁布实施共37部语言文字地方性法规和地方政府规章，其中制定34部、修订3部（黑龙江、新疆、西藏），地方性法规26部、地方政府规章11部。以《国家通用语言文字法》为主体、地方法规规章相配套的语言文字法律法规体系初步形成。此外，上海市政府专门制定并颁布实施了《上海市公共场所外国文字使用规定》，成为我国第一个地方性外文使用管理的政府规章。

（二）开展《〈国家通用语言文字法〉实施办法》研制前期调研

9月以来，分别在四川、上海、北京召开了《〈国家通用语言文字法〉实施办法》调研座谈会，研究《国家通用语言文字法》颁布13年来取得的成绩经验和存在的问题，听取对制定《〈国家通用语言文字法〉实施办法》的意见建议；同时召开相关部门座谈会，研讨执法机制建设中遇到的问题；与国家工商总局和北京市工商局就部分企业在企业名称注册登记时使用外语词、数字等方面的需求问题座谈并研究对策，赴北京市中关村创业大街开展现场调研，形成了《〈国家通用语言文字法〉实施办法》研制调研报告。

（三）开展《信息技术产品语言文字使用管理规定》研制

根据教育部《教育规章立法规划（2011—2020年）》和社会发展需要，组织开展《信息技术产品语言文字使用管理规定》的调研和起草工作。分别在北京、上海等地召开调研座谈会，研究信息技术产品中语言文字的应用情况、管理措施和存在的问题等。所拟初稿在上海信息技术、法制、语言文字部门以及相关领域专家中征求意见。

二 推广普及国家通用语言文字

（一）举办第 17 届全国推广普通话宣传周

举办以“说好普通话，圆梦你我他”为主题的第 17 届全国推普周宣传活动。福建厦门市、贵州贵阳市和河北滦平县举办了全国推普周重点活动。《人民日报》（文化版）、央视《新闻直播间》、央广网等媒体报道开幕式活动和推普工作相关情况，推普公益宣传片在中央电视台多个频道和地方电视台广泛播出。各省开展“推普下乡”活动，深入革命老区、农村地区，宣传语言文字法律法规和方针政策，开展语言文字咨询服务，活动形式新颖，内容丰富，取得良好的社会反响。

（二）“中华思想文化术语传播工程”首批术语发布

2014 年初，国务院批准设立“中华思想文化术语传播工程”，由教育部、国家语委为召集单位，建立外交部、文化部等十部委（单位）为成员的部际联席会议机制。工程的核心任务是梳理反映中国传统文化特征和民族思维方式、体现中国核心价值的思想文化术语，用通俗的语言准确地进行诠释，传播好中国声音，讲好中国故事，让世界更多了解中国国情、历史和文化。此项工作依托北京外国语大学和外语教学与研究出版社，协同国内外历史、哲学、文艺、译审等学科的知名专家学者共同开展。

12 月 24 日，“中华思想文化术语传播工程”首批术语发布仪式在北京外国语大学举行。教育部副部长、国家语委主任李卫红出席发布仪式并讲话。首批发布的 81 条术语在时代性、学科领域、语言结构等方面作了积极探索，每条术语均提供了简明中文释义和英文翻译。既包括“道”“仁”等反映中华传统文化特征与思维方式的核心术语，也有“阴阳”“修齐治平”等属于交叉学科的术语。有些条目是第一次作为学科术语被挖掘整理。选译成果将陆续通过出版物、网络数据库、创意音视频等方式在国内外广泛传播，中华思想文化术语传播网站也即将建成。中华思想文化术语的整理、译介和传播是一项长期任务，今后将不断完善和扩展。

（三）开展传媒和校园语言文字工作

举办第二届“中国汉字听写大会”。国家语委与中央电视台联合举办的第二届“中国汉字听写大会”共有包括香港、澳门、台湾、外国学生在内的180名学生参赛，节目于2014年7—10月在中央电视台综合频道和科教频道播出，收视人数达4.3亿。10月31日，第二届“中国汉字听写大会”研讨会在京举行。李卫红出席会议并讲话。她指出要继续发挥好节目在弘扬优秀传统文化上的重要作用；要加强宣传，发挥辐射带动效应，努力把听写大会办成全民学习的“大课堂”。2015年2月，国家语委下发了《关于开展第三届“中国汉字听写大会”参赛队伍选拔活动的通知》，“中国汉字听写大会”长效机制逐步形成。

举办首届“中国成语大会”。2014年，国家语委与中央电视台联合举办了首届“中国成语大会”，该节目于4月至7月间陆续播出，得到广大观众的普遍关注和好评。全国各地共有3万多人报名，36位选手晋级决赛。据统计，“中国成语大会”累计收视人数达5.59亿，成为弘扬中华优秀文化、培育和践行社会主义核心价值观的又一原创语言文化类品牌节目。

开展“书法名家进校园”活动。分别于4月4日和11月15日在北京华文学院和北京海淀区民族小学举办了两场书法名家进校园活动。全国15个省（区、市）也陆续开展了“书法名家进校园”系列活动。联合中国书协开展“我的青春·我的中国梦——《中国书法》年展·百名大学生提名展”活动，此次展览共收到全国各地普通高等学校在校大学生稿件1486件，评出入展作品100件，其中优秀作品30件。联合中国文联、中国书协共同举办“弘道养正——培育和践行社会主义核心价值观书法展”，分别在海淀区民族小学、北京师范大学和中国人民大学举办了三场巡展。活动通过书法展览与名家讲座相结合的方式，对青少年加以引导和熏陶，立德树人，传承中华传统美德。

举办齐越朗诵艺术节暨全国大学生朗诵大会。11月28日，第16届齐越朗诵艺术节暨第二届全国大学生朗诵大会总决赛暨颁奖晚会在中国传媒大学举行，李卫红出席活动。本届艺术节以“同抒爱国情、共传华夏声”为主题，以传承焦裕禄精神为特色，通过展示有声语言的独特魅力，传播中华传统经典文化，弘扬社会主义核心价值观。活动历时两个月，共有全国130所高校637部作品参加，24部作品登上了总决赛的舞台，评出了“齐越奖”等系列奖项。

（四）开展城市语言文字规范化建设

目前，分别有80%、40%的省（区、市）完成了二类、三类城市规范化建设任务。开展区域语言文字规范化建设试点工作，选定黑龙江、江苏等6个语言文字工作基础较好的省（市）进行试点，推动语言文字规范化建设工作向县乡、街道、社区延伸。

（五）加强语言文字测试

开展汉字应用水平测试。指导北京、上海、天津和湖南四省市开展汉字应用水平测试，共有3.5万名公务员、各级各类学校教师、编辑记者和高等院校学生等报名参加测试。

修订《汉字应用水平等级及测试大纲》。《汉字应用水平等级及测试大纲》是教育部、国家语委2006年8月发布的语言文字规范。2014年初，国家语委启动修订工作，由教育部语言文字应用研究所承担。修订组依据《通用规范汉字表》，参考义务教育阶段汉字使用情况，根据试测的数据统计，并广泛征询各方面意见，在“测试字表”“等级标准”“试卷结构和试题类型”等方面进行了调整。截至2014年底，课题组已完成规范修订的研制工作，并将规范修订稿向社会广泛征求意见。

推进《国民语言教育大纲》研制工作。收集整理涉及国家通用语言文字的法律法规200多项；收集整理多项内地以及港澳台地区中小学语文教育政策和历次课程标准、欧美等有关国家和地区语文能力评估标准。

三　推进规范标准和信息化建设

（一）加强规范标准建设

《公共服务领域英文译写规范 第1部分：通则》实施。经国家质量监督检验检疫总局、国家标准化管理委员会批准，《公共服务领域英文译写规范 第1部分：通则》于2013年12月31日发布，自2014年7月15日起实施。该规范涉及英、俄、日、韩4个语种，涵盖交通、旅游、文化娱乐、医疗卫生、邮政电信等领域，内容包括公共服务领域外文译写的规则和示例。2011年8月，教育部语言文字信息管理司成立课题组首先开展了《公共服务领域英文译写规范》的研制工作。2014年11月，俄、日、韩三个语种译写规范研制的调研工作启动。

第三次普通话审音工作。为进一步完善普通话语音规范标准体系，促进普通话推广，国家语委近年来启动了第三次普通话审音工作。2014年完成了《普通话异读词审音表》修订的研究工作。

推进外语中文译写规范工作。开通外语中文译写规范网站，召开外语中文译写规范部际联席会议专家咨询研讨会和专家委员会第二、三次审议会，发布第二批和第三批推荐外语词中文译名。

（二）推进语言文字信息化建设

召开全国语言文字信息化工作视频会议。教育部、国家语委于1月22日在北京召开全国语言文字信息化工作视频会议，贯彻落实《国家中长期语言文字事业改革和发展规划纲要（2012—2020年）》关于“语言文字信息化水平进一步提高”的目标任务，总结近年来语言文字信息化工作成果，研究分析国家信息化发展形势下，语言文字信息化面临的形势与任务，部署语言文字信息化的重点工作。

印发有关语言文字信息化工作的意见。国家语委3月10日印发《关于进一步做好语言文字信息化工作的若干意见》，提出了语言文字信息化工作的指导思想、工作目标、重点任务和保障措施，指出要加强统筹规划，锐意改革创新，以政策法规建设、规范标准制定和语言资源建设为重点，以强化应用和服务为动力，以科学研究和人才队伍建设为保障，一手抓管理，一手抓服务，扎实推进语言文字信息化建设；明确了“依法规范重点领域信息技术产品中的语言文字应用”“制定语言文字信息处理急需的规范标准”等六个方面的重点任务，以及“提高认识，落实责任”“完善机制，长效推进”“协同创新，培养人才”等保障措施。

（三）进一步完善规章制度

修订《国家语委语言文字规范标准管理办法》《国家语委语言文字规范标准审定委员会章程》。开展国家语委语言文字规范标准审定委员会的换届工作。

四 科研和基础资源建设

(一) 国家语委科研工作

科研立项。2014年度科研立项工作2月启动。分别向教育部相关司局、直属单位、国家语委相关科研机构、国家语委各委员单位、各地语委、民语委及170余位国家语委科研工作专家库专家征集选题。3月分别在北京和湖北武汉召开重大课题选题会。5月下发《关于开展2014年度国家语委科研项目申报工作的通知》。经公开申报、评审、公示等环节,共设科研项目85项,包括“语言文字能力建设与文化强国的关系研究”等5个重大课题。研究方向涉及语言文字能力建设、国家安全语言战略等语言文字事业发展重点和语言生活中的热点难点问题。其中,《城市社区语言文化建设的理论与实践研究》等42个科研课题来自省市语委、民委(民语委)的推荐。2014年有26个省份的语委和9个省份的民委(民语委)共推荐科研课题119项,相比2013年,数量和质量都有大幅度提高。

科研项目管理。9月下发《关于对逾期未完成的部分国家语委科研项目予以撤销的通知》,2011年以前立项至今未结项且未办理延期手续的9个项目予以撤项处理;进一步加大科研工作的公开力度,在对“十一五”以来立项项目梳理的基础上,建设了国家语委科研项目数据库,并向社会开放;启动《国家语委科研项目管理办法》的修订。

国家语委科研机构建设。为明确发展目标,积极向语言文字智库方向努力,国家语委组织所属科研机构制定中长期发展规划,并于9月结集印发《国家语委科研机构中长期发展规划汇编(2014—2020年)》;6月,为加强各科研机构间协作、研究提高服务国家社会的能力、促进学科理论创新、加强宣传提高影响力等,组织召开国家语委科研机构研讨会;7月国家语委正式与北京外国语大学共建国家语言能力发展研究中心、与武汉大学共建中国语情与社会发展研究中心。

(二) 中国语言资源保护

7月中国语言资源有声数据库北京库完成建设工作,并通过验收;上海、广西、河北、山东、福建等省份数据调查工作进展顺利,福建、广西部分调查试点数据验收工作完成;9月,湖北库建设正式启动;中国语言资源有声数据库技术规范与平台研发项目作为国家科技支撑计划项目由科技部正式立项，研制工作启动。在此基础上，组织研究论证了中国语言资源保护工程，争取到国家财政支持。

（三）中华经典资源库建设一期项目

12月17日，“中华经典资源库”一期项目成果发布会召开，李卫红出席发布会并讲话。项目一期成果以语文课程标准中部分推荐背诵篇目和反映地方特色、民族特色的经典诗文100篇为主要内容，制作近3000分钟的视频资源。其中部分少数民族（如蒙古族、藏族、维吾尔族和朝鲜族等）地区篇目以双语形式呈现。

（四）“汉字简繁文本智能转换系统”研制完成并发布

11月18日，“汉字简繁文本智能转换系统”在北京发布。发布活动由两岸语言文字交流与合作协调小组主办，时任教育部副部长、国家语委主任李卫红，国台办主任助理龙明彪出席活动并共同启动“汉字简繁文本智能转换系统”。

为落实2009年第五届两岸经贸文化论坛关于两岸合作研发汉字简繁转换系统的共同建议，教育部、国家语委于2012年底启动“汉字简繁文本智能转换系统”项目研发，由厦门大学、教育部语言文字应用研究所、北京师范大学联合承担。“汉字简繁文本智能转换系统”主要解决面向中国台湾的简繁转换，以及面向古籍的简繁转换问题。该系统可进行字、词、专业术语、标点符号等多种转换，克服了同类软件在“一简对多繁”转换情况下的不足，还提供了网站全部页面转换功能。经中国中文信息学会评测，该系统简繁转换准确率达到99.99%，与国内外同类系统相比有较大提高。系统免费提供社会使用，用户在该系统网页上即可进行方便快捷的简繁转换。

五　语言生活监测与研究

（一）2013年度中国语言生活状况报告

5月29日，教育部、国家语委发布了2013年中国语言生活状况报告。这是教育部、国家语委第九次向社会发布年度语言生活状况报告。2013年中国语言生活和谐健康发展；2013年6月国务院正式发布《通用规范汉字表》；国家通用语言文字推广普及成效显著；语言文字标准建设取得新成就；中华语言文化得到

多方位传承弘扬；语言与国家安全得到更多关注；热词热语反映了社会百态；语言文化交流不断深化。国家语言资源监测与研究中心同时发布了2013年度媒体用字用语状况相关数据，围绕通用规范汉字使用情况、新词语、流行语、网络用语状况，以及微博语言使用状况等发布了调查数据和分析报告。

《中国语言生活状况报告》英文版第二卷翻译出版，并在海外发行。与韩国有关机构签署了《报告》韩文版翻译出版协议，成为向世界宣传介绍我国语言文字工作和政策的重要窗口。

（二）语言文字年度盘点

12月19日，“汉语盘点2014”活动揭晓，该活动由国家语委建设的国家语言资源监测与研究中心与商务印书馆、人民网共同主办。经网友推荐、专家评议和网络投票，“法”“反腐”“失”“马航”分别领衔年度国内字、国内词、国际字、国际词。同时揭晓的还有2014年度中国媒体十大流行语、十大新词语、十大网络用语。国内主要媒体高度关注，中央电视台《焦点访谈》节目以此为专题回顾了2014年发生的重大事件，《人民日报》、人民网、新华网、新浪网等众多媒体进行了报道。

2014年度中国媒体十大流行语是：“依法治国”“失联”“北京APEC”“埃博拉”“一带一路”“巴西世界杯”“沪港通”“占中”“国家公祭日”“嫦娥五”。

2014年度中国媒体十大新词语是：“新常态”“沪港通”“占中”“一带一路”“APEC蓝”“深改”“冰桶挑战”“小官巨腐”“微信红包”“抗埃”。

2014年度中国媒体十大网络用语是：“我也是醉了”“有钱就是任性”“蛮拼的”“挖掘机技术哪家强”“保证不打死你”“萌萌哒”“时间都去哪儿了”“我读书少你别骗我”“画面太美我不敢看”“且行且珍惜”。

“汉语盘点”自2006年以来已连续举办9届。随着影响力的日益扩大，“汉语盘点”活动已成为颇具影响力的文化品牌活动，激发了公众对母语的更多热爱，唤起人们对汉语言文化的自觉意识。

（三）开展语言国情系列调查

委托相关部门、地方、高校、研究机构开展广电语言文字使用情况监测研究，政府网站语言文字使用情况监测研究，地名使用情况调查，文化场馆和解说员语言文字使用情况调研，中国城市妇女语言文字使用情况调研，滦平普通话体验园区建设调研，中国（上海）自由贸易试验区语言文字使用情况调查，中原经济区语言文字使用情况调查，广东省语言文字工作调研，中央苏区、延安时期和西柏坡时期的语言文字工作调研，11个省（区）中小学教师普通话使用情况调研，大学生国家通用语言文字应用水平及培养环境调研等。

六 加强人才队伍建设

（一）举办语言文字应用研究优秀中青年学者研修班

7月，在北京华文学院举办首期语言文字应用研究优秀中青年学者研修班，来自全国各地的65名优秀中青年学者参加为期五天的研修活动。本次研修班为国家语委首期举办，目的是打造一支结构合理、素质优良、富有创新能力的语言文字应用研究专家队伍。李卫红出席研修班开班式并讲话。研修班共设计了18场讲座，分别由德高望重的权威专家进行理论阐释和政策深度解读，由国家语言文字管理部门负责人进行现状介绍和问题分析，由政府智囊部门的业务骨干和语言文字工作相关机构负责人专题解析科学研究如何服务于事业发展和政策改进。研修过程中安排了学员分组讨论、撰写心得体会、思考研究计划等环节，引导学员就热点、难点问题交流观点看法，相互促进，共同提高，及时思考、总结学习收获。研修班结束后，组织专家对研修班学员《研究计划书》所提交的选题进行评估，并择优支持，重点培育。

（二）开展语言文字规范标准培训

2014年委托教育部语言文字应用研究所举办了8期培训班，并推动将语言文字规范标准培训纳入国培计划。培训内容包括国家语言文字方针政策、《通用规范汉字表》等近年发布的语言文字规范标准及其在相关领域的贯彻实施等，采用专家讲座、现场教学和座谈交流等形式，从政策、学术、应用等不同层面对规范标准进行了深入解读。2014年共培训学员2332人，对语言文字工作系统和语言文字学界、基础教育领域、辞书编纂领域等贯彻实施语言文字规范标准起到了指导作用。

（三）举办语言文字管理干部和相关学科教师语言文字能力提升系列培训

举办全国语委干部能力提升培训班、高校语委主任培训班、中小学示范校校

长培训班、幼儿园园长培训班、“国培计划”中小学经典诵读骨干教师培训班、高校和中小学书法教师研修班、华南地区规范汉字书写师资培训班、视障人员普通话水平测试培训班，共计培训744人，使参训的管理人员全面了解语言文字工作的历史沿革、方针政策，把握工作重点，提高了业务水平，使参训的各类教师提高了教育教学水平和专业素养。支持新疆、内蒙古、广西等10个省（区）开展民族地区教师普通话培训工作，进一步提高民族地区双语教师教学水平，共培训教师近1000人。

（四）委托语言文字应用培训基地开展系列活动

委托北京华文学院等8个国家语委基地承担语言推广培训、规范汉字书写师资培训、古典诗文诵读教育研究、中华经典资源库资源收集整理等任务以及举办诗文诵读活动、组织书法展及夏令营活动等。

七　语言文字交流与合作

（一）世界语言大会

经国务院批准，我国政府与联合国教科文组织合作举办的世界语言大会于2014年6月5—6日在苏州成功召开。中央政治局委员、国务院副总理刘延东，联合国教科文组织总干事伊琳娜·博科娃出席开幕式并讲话，第九届、十届全国人大常委会副委员长许嘉璐发表主旨演讲，教育部部长袁贵仁主持会议，时任国家语委主任、教育部副部长李卫红，联合国教科文组织执行局主席穆罕默德·阿莫等作主旨发言，联合国教科文组织第37届大会主席、教育部副部长郝平在闭幕式上作总结讲话。来自全球96个国家和地区的409名政府官员、学者和学术团体代表参加了此次会议。会议围绕“语言能力与人类文明和社会进步”的主题，分别从“语言能力与社会可持续发展”“语言能力与语言教育创新”“语言能力与国际交流合作”等方面展开研讨，形成以《苏州共识》为标志的重要成果。

世界语言大会是习近平主席2014年3月欧洲之行访问联合国教科文组织的后续重要成果，是首次由一国政府与联合国教科文组织召开的语言类国际大会，是语言文字中国梦的有效展示。以中国政府为主导形成的大会成果文件《苏州共识》，首次在联合国教科文组织会议上提出了“语言能力建设”的概念，向世界传递了中国声音，提出了中国方案，贡献了中国智慧，体现了各国对语言能力的关切和重视。大会促进了我国与世界各国在语言文化方面的沟通和交流，还提供了多边外交平台，加强了我国与世界各国和地区在教育、语言领域的合作。

（二）第二届中法语言政策与规划研讨会

9月16—17日，作为中法两国建交50周年系列纪念活动之一和中法高级别人文交流机制的重要内容，由中国教育部、国家语言文字工作委员会、中国驻法大使馆，以及法国外交部、文化部共同主办的第二届中法语言政策与规划研讨会在法国巴黎成功举办。本次会议聚焦中法语言政策与规划研究，旨在进一步加深对中法两国语言和文化的相互理解，促进两国的人文交流。中法高级别人文交流机制中方协调人、教育部副部长郝平，以及法方协调人、法国外交部全球化总司总司长安娜-玛丽·德高特出席研讨会闭幕式并讲话。中法两国40余位专家学者及政府官员相聚巴黎，参加了研讨会。《中法高级别人文交流机制首次会议联合宣言》正式将“加强语言教学合作，继续合作举办中国语言政策与规划研讨会”列为教育领域的重要内容，研讨会的成功举办为进一步促进双方合作打下了良好的基础。

（三）两岸语言文字交流合作

举办两岸合编中华语文工具书工作第十轮会谈，签署了第十轮会谈备忘录，确定了《中华语文大词典》的编纂目标，决定2015年在台举办两岸青少年书法艺术交流夏令营、继续拓展两岸中华语文知识库网站的内容、协调组织开展两岸语言文字学术交流活动等。编写出版了《两岸差异词词典》《两岸生活常用词汇对照手册》。举办2014两岸大学生汉字书法艺术交流夏令营，来自两岸的100名高校学生参加了丰富多彩的夏令营活动。

（四）语言文字国际高端专家来华交流项目

资助国家语委科研机构邀请6位来自美国、德国、日本、澳大利亚、中国台湾、中国香港的国际著名专家于2014年来访开展交流活动，充分借鉴国外语言文字工作的研究成果。

（易军、周道娟）

国家民委少数民族语言文字工作

一　研究部署全国民族语文工作

10月29—30日，全国民族语文工作现场会在贵州省黔东南苗族侗族自治州雷山县召开。教育部、工信部、国家标管委等相关部委140余人出席会议。会议深入学习贯彻党的十八届三中、四中全会精神和中央民族工作会议精神，总结交流各地推进民族语文工作情况，总结推广贵州省“构建双语和谐，促进民族团结”工作经验，并研究和部署今后一个时期民族语文工作。

二　召开国家民委民族语文工作专家咨询委员会会议

8月28日，国家民委第一届民族语文工作专家咨询委员会第二次会议在北京召开，共有27名来自语言学、信息技术和标准化管理等相关领域的知名专家学者，以及有关部委民族语文工作负责人等出席了此次会议，并新聘任了5名专家为本届专家咨询委员会委员。会议对当前和今后一个时期民族语文工作，以及国家民委2014年度民族语文工作方面有关项目进行了研究和评审。

三　推进民汉双语人才队伍建设

国家民委积极开展双语人才培养培训工作，批准在延边大学、青海警官职业学院和云南民族大学新设立3个国家民委双语人才基地。3月25日，国家民委中国朝鲜语言文字信息化基地揭牌仪式在延边大学举行。9月26日，云南民族大学基地也举行揭牌仪式。

6月9—13日，国家民委、人力资源和社会保障部联合在京主办第7期全国民族语文翻译工作业务骨干高级研修班，中国社会科学院、中国民族语文翻译局、北京大学、中央民族大学等单位的6位知名专家给学员授课，内容包括民族理论政策、民族语文政策、民族语文翻译理论与实践等。此外还开展了现场教学等有关活动。来自全国14个省(区)和3个委属单位，共14个民族成分72名学员参加研修。

11月24—28日，国家民委主办、东北三省朝鲜语文协作领导小组和中央民族大学联合承办的全国朝鲜语翻译骨干培训班在京举办。邀请朝鲜语翻译界资深专家学者，重点围绕民族文化、广播语言的特点与翻译、中央文献翻译理论与实践、政治文献翻译的疑难及解决方法、词汇的翻译等专题进行授课培训，还安排了分组讨论、拓展训练、现场教学等环节。来自吉林、黑龙江、辽宁、北京等地朝鲜语文翻译、广播电视、新闻出版等工作领域50余名翻译业务骨干参加了本次培训。

四 推进有关项目科研工作

设立《少数民族语言文字使用现状调查》《新形势下科学保护各民族语言文字工作理论与政策研究》《民族语文活态保护和双语和谐乡村(社区)建设》《民族语文政策法规汇编(2005—2015)》等若干重要科研项目。持续推进《濒危语言保护标准研究》和《"20种少数民族濒危语言调查与保护"项目关键问题及标准研究》项目研究。

五 推进新词术语规范化

8—10月，中国民族语文翻译局分别在内蒙古锡林郭勒盟阿巴嘎旗、云南迪庆藏族自治州、新疆乌鲁木齐市、甘肃阿克塞哈萨克族自治县、四川喜德县、广西融水苗族自治县召开了2014年度蒙古语文、藏语文、维吾尔语文、哈萨克语文、朝鲜语文、彝语文、壮语文翻译专家工作会议，对各种民族语的新词术语，特别是全国"两会"等党和国家重大会议、重要文件文献翻译中不规范、不统一、有异议的术语进行讨论和审定，并听取与会专家对新词术语规范化项目以及民族语文翻译工作的意见建议。会议同时对《哈萨克文校对软件》做了技术鉴定。

六　推出汉维双语学习软件

7月24日，中国民族宗教网推出汉维双语手机学习软件。该软件由中国民族报社与新疆中华职业教育社、深圳大学、深圳民建共同开发，分语言桥和汉维双语日常会话入门两部分。该软件为基层工作的各族干部群众学习掌握汉维双语提供了一个便捷的途径。

七　指导召开相关会议

10月14日，八省区蒙古语文工作协作小组第16次成员会议在黑龙江省哈尔滨市召开。会议认真学习贯彻中央民族工作会议特别是习近平总书记的重要讲话精神，全面总结“八协小组”2011年第十五次成员会议以来的工作成绩与经验，研究部署当前和今后一个时期蒙古语文协作工作新目标和新任务，交流探讨蒙古语文协作工作如何适应时代的要求、更好地服务于八省区蒙古语文工作的全面发展。

9月27—28日，中国少数民族双语教学研究会第20次全国双语教育学术研讨会在云南民族大学举行。来自全国17个省市自治区20多个民族的200多位专家、学者参会，云南省36所民汉双语教学实验学校校长参加会议。教育部、国家民委及云南省民族宗教委、云南省教育厅、云南民族大学相关负责人出席开幕式。本次研讨会有18位专家作专题报告，内容涉及双语教育与民族文化传承、双语教育发展对策研究、双语教育发展模式、双语教师培训、双语教材建设等内容。

（王学荣、朴美仙）

国家其他部委公文中有关语言文字的内容*

一 教育部

（一）《全国民族教育科研规划（2014—2020 年）》（2014 年 11 月 2 日，教民厅[2014]7 号）

西藏、新疆和四省藏区教育研究

以提高教育质量为核心，以服务就业为导向，以促进民族团结为根本，以推进双语教育和职业教育为重点，以深化改革、调整结构为抓手，大力提升民族教育科研服务国家战略决策能力，推进西藏、新疆和四省藏区教育事业科学健康发展。

这一领域研究的主要问题包括：新形势下提高民族团结教育的针对性和实效性问题研究，社会环境和宗教对教育的影响研究，抵御和防范宗教极端思想向青少年渗透研究，宗教常识进学校问题研究，各级各类学校广泛开展法制宣传教育问题研究，双语教师队伍制度建设研究，农村双语教师补充机制研究，提高双语教师双语能力、教育教学能力和信息技术能力研究，提升双语教师培训质量研究，双语教师结构性缺编问题研究，双语寄宿制学校管理研究，双语教学质量体系建设研究，双语教材和资源库建设研究，加快教育信息化建设研究，职业教育学科专业结构调整问题研究，职业院校人才培养模式改革研究，区域产业发展对各级各类人才需求状况调查研究；西藏和四省藏区双语教学模式研究，提高西藏和四省藏区中小学数理化学科教学质量研究，西藏和四省藏区高校与民族院校学科专业结构调整和课程设置问题研究，西藏和四省藏区高校学生所学专业和就业情况调查研究，内地西藏班办学情况调查研究；对口支援省市和新疆之间开

* “国家其他部委”是指除国家语委和国家民委以外的国务院部委。

展各民族学生交往交流交融活动问题研究，南疆双语教师单独施策研究……

双语教育理论与实践研究

双语教育是我国民族教育的重要内容，也是提高民族教育教学质量的重要途径。这一领域研究的主要问题包括：双语教育基础理论研究，双语教育实践模式研究，双语教育质量监测体系研究，学前与义务教育阶段双语教育衔接研究，双语课程教材开发和资源建设研究，双语教师培养培训研究，双语教育教学规律研究，双语学生学习规律研究，国内外双语教育理论和实践模式比较研究等。这一研究领域的主要任务和目标是不断建立和完善双语教育的政策、理论体系和实践模式，提高双语教育的质量和效益。

四、近期民族教育重点研究课题

（一）双语教育衔接和质量保障体系研究

内容包括双语教育教学特点、规律与方法研究，学前、小学、初中等各学段双语教育衔接研究，影响双语教育质量的因素分析研究，双语教育质量监测与保障体系研究等。

（二）双语教育政策与实践研究

内容包括不同语种双语教育改革研究，双语师资队伍建设研究，双语教育经费保障机制研究，双语教育资源建设与开发研究，现代信息技术在双语教育中的应用研究，双语教育政策评估与国际比较研究等。

（十一）民族地区师范院校双语教师培养培训改革研究

内容包括民族地区师范院校办学定位与改革研究，民族地区师范院校双语教师培养目标及课程体系建设研究，民族地区师范院校双语教师培养培训模式及机制研究等。

（十二）“双语双师型”教师队伍建设改革实践研究

内容包括“双语双师型”教师队伍建设现状及问题研究，“双语双师型”教师队伍建设的目标及主要内容研究，“双语双师型”教师队伍建设的制度设计及保障机制研究等。

（二） 教育部办公厅关于印发《2014年教育信息化工作要点》（教技厅[2014]1号，2014年3月12日）[①]

① 中华人民共和国教育部网站 http://www.moe.edu.cn/publicfiles/business/htmlfiles/moe/s7062/201403/165870.html。

组织民族双语数字教育资源开发与应用。

研究制订民族地区数字教育资源建设规划，以新疆地区主要民族语言为重点，以使用量大、覆盖面广的义务教育阶段教材版本为主，先行开发适合新疆民族地区义务教育阶段使用的《数学》双语数字教育资源并试用。

加强民族教育。筹备召开第六次全国民族教育工作会议，印发《关于加快推进民族教育发展的决定》。推动民族地区教育结构调整。部署民族教育领域综合改革实验和试点工作。深入开展学校民族团结教育，继续修订民族团结教育教材，制订学校民族团结教育指导意见。加强双语教师的补充、培养和培训。加大双语资源建设和少数民族语言文字教材编译、审查、出版工作力度。研究制订内地培养少数民族人才规划和少数民族高端人才培养计划。健全内地民族班学生教育培养管理服务工作机制。推进新疆、西藏和四省藏区教育科学发展。

（三）《教育部关于做好外籍人员子女学校有关工作的意见》（教外办学［2015］2号，2014年12月23日）[①]

外籍人员子女学校主要招收对象为所在省、自治区、直辖市行政区域内合法居留的外籍人员的随行子女（外籍）。可实施学前教育和普通中小学教育，采用外国教育教学模式。

外籍人员子女学校只能使用一个名称，其外文译名应当与中文名称相符。外籍人员子女学校的名称应当反映不同国别普通教育的性质、层次和类别，不得冠以“中国”“中华”“全国”“世界”“全球”等字样，名称前应加上所在省份或城市的名称，同时，“外籍人员子女学校”必须作为学校名称后缀使用。

二　国家民族事务委员会

《国家民委双语人才培训基地管理办法（试行）》（民委发〔2013〕249号，2013年12月17日）

第一章　总　　则

第一条　为加强和规范国家民委双语人才培训基地（以下简称基地）的建设和管理，根据有关规定，结合工作实际，制定本办法。

① 中华人民共和国教育部网站 http://www.moe.edu.cn/publicfiles/business/htmlfiles/moe/moe/_861/201503/xxgk_184507.html。

第二条　基地建设和管理的指导思想是：以邓小平理论、“三个代表”重要思想和科学发展观为指导，紧紧围绕“共同团结奋斗、共同繁荣发展”的民族工作主题，全面贯彻落实党和国家的民族语文政策和法律法规，扎实推进民族语文人才培训工作制度化、常态化，充分保障各民族公民依法使用和发展本民族语言文字的权利，为推动社会主义文化大发展大繁荣做贡献。

第三条　基地的主要任务是：按照“思想政治坚定、双语能力合格”的目标，为基层培养民族语文翻译人才，为民族地区和有关党政机关、军队、武警部队等部门和单位培养、培训双语人才，为民族地区培训民汉双语师资。

第四条　国家民委根据工作需要，遴选符合条件的院校，或接受有关院校的申报，设立双语人才培训基地。

第五条　国家民委双语人才培训基地统一命名为“国家民委双语人才培训基地（依托单位）”。

第六条　国家民委对双语人才培训基地实行“统一管理、定期评估”的管理模式。

第七条　国家民委依托基地开展双语人才培训、民族语文课题研究等工作。

第八条　基地所在院校须将基地建设、运行、管理所需经费纳入学校年度财政预算，原则上每年安排预算不少于 100 万元。

第二章　管理职责

第九条　国家民委教育科技司具体负责基地建设和双语人才培养培训工作的组织领导、协调和督促检查等工作。

第十条　基地所在院校成立国家民委双语人才培训基地管理办公室，具体负责基地的日常管理工作，并确定基地管理办公室主任和联络员各 1 名，名单报国家民委教育科技司备案。联络员负责国家民委教育科技司与双语人才培训基地之间的沟通协调工作。

第十一条　院校以基地名义开展工作需报国家民委教育科技司审核批准。基地管理办公室每年 11 月 30 日前向国家民委教育科技司报送本年度工作总结和下一年度工作计划。计划经批准后方可组织实施。

第三章　基地建设标准

第十二条　教学标准：

（一）充分利用本校资源，开展长、短期班相结合、学历教育与非学历教育相结合、常规班与寒暑假班相结合、集中培训与网络教育培训相结合的多种模式开展培训。

（二）根据培训对象和行业特点，制定富有针对性的培养大纲和教学计划，优化课程设置，切实提高学员的双语运用能力。

（三）及时把握教学动态，定期召开学员座谈会，组织任课教师研讨教学质量，调查了解分析问题，改进培养培训工作，使教学更贴近学员，更有实效。

（四）逐步拓展基地教学的范围，从语言教学、翻译等专业向法学、管理学、医学、军地两用人才培养等实用性学科领域发展，提高基地人才培养的社会化水平。

（五）充分利用现代化多媒体技术等教学手段，注重发挥电视远程教育系统、计算机网络信息系统、有线无线广播教育系统的作用。

（六）建立培训定期回访制度，充分听取学员和学员所在单位的意见和建议，通过总结，改进培训工作。

第十三条　教师标准：

（一）由全日制民族语言类师资承担基地教学任务，教师在基地的教学工作纳入教师年度工作量，或者以课时酬金形式予以补贴。必要时可面向社会引进适量的双语教学骨干和专家型人才。

（二）教师配备由基地管理办公室协同院校有关部门负责，任课教师须达到以下标准：政治合格，民汉兼通，教学经验丰富，责任心强，具有中级以上职称。

（三）基地教师要针对教学实际积极开展双语教学科研活动。

第十四条　教材标准：

（一）价值导向明确化。教材的选用从学员的实际出发，关注学员的行业特点，最大限度地激发学员的学习积极性，兼顾语言与非语言学科知识的内在联系，强调全面性、互动性与持续性。

（二）类型多样化。大力开发包括文字教材、录音带、录像带、光碟、计算机多媒体教学课件、计算机资源数据库、网络资源等在内的多种形式的教材。

（三）内容本土化。充分挖掘民族地区的文化资源和学术资源，利用民族地区和学校在长期双语教学中积累的优质资源和鲜明特色，开发、设计和选用双语教材。

第四章　运行与管理

第十五条　基地所在院校须加强对基地的建设和管理工作，每年至少召开1次校长办公会，听取基地工作汇报并研究解决有关问题。

第十六条　基地所在院校须紧密结合实际，制定出台基地经费管理办法等规章制度，报国家民委教育科技司备案。

第十七条　基地管理办公室具体负责日常运行与管理工作，主要任务包括研究制定基地的建设目标、年度任务，策划和组织、协调开展基地的日常管理、人员培训、教材建设、教学研究等工作。

第十八条　基地应根据教学研究的需要，配备优秀的任课教师，研发合格的教材，充分利用本校资源，开拓多样化的培训模式。

第十九条　基地要重视学风建设，营造良好的教学工作氛围。

第五章　考核与评估

第二十条　功能评估标准：

（一）脱产教育培训功能。具备每年承担2000人次规模化短期脱产教育培训任务的教育教学、生活服务配套措施和设备。

（二）教育教学科研功能。具备独立开展双语教学研究的能力。具有一支专兼职双语教学研究队伍。

（三）远程教学培训功能。具备网络教学、函授教学、电视教学等多种远程教学手段，对比较偏远不便集中授课的民族地区学员具备远程教学的能力。

（四）普通教育培养功能。具备开展普通学历教育教学的条件，能够开展汉语言、少数民族语言、现代教育技术等专业的学历教育，同时还能与其他专业学院合作培养相关专业的学历教育双语人才。

第二十一条　学员的结业（含毕业）标准：

（一）听的能力——能听懂双语的日常工作、学习和生活用语。

（二）说的能力——能满足日常生活、社会交际和一定范围内工作交流的需要，能使用双语进行比较流利的沟通和交流。

（三）读的能力——能阅读汉文或少数民族文字报刊、文件，以及其他与日常工作、生活相关的文字材料。

（四）写的能力——掌握双语日常用语，掌握社会交际和一定工作需要范围内的常用词，能独立使用双语写作常用文章。

（五）译的能力——能翻译日常工作、学习和生活用语。能翻译日常工作文件等。

第二十二条　综合评估标准：

（一）国家民委对基地建设、运行及管理情况进行动态监测，每三年进行一次集中评估，评估结果作为保留或撤销基地的依据。

（二）基地保留的最低标准为：条件基本完善，制度比较健全，管理比较规范，运行基本正常，成效比较明显。达不到该标准的基地，国家民委可将其撤销。

（三）对新申报基地，国家民委组织评估通过后，予以审批。

第六章 附 则

第二十三条 基地所在院校根据本办法，制定实施细则并抓好落实。

第二十四条 本办法由国家民委教育科技司负责解释。

第二十五条 本办法自2014年1月1日起施行。

三 民政部

《第二次全国地名普查实施方案》（国地名普查组发〔2014〕1号，2014年4月11日）

为做好第二次全国地名普查工作，根据《国务院关于开展第二次全国地名普查的通知》（国发〔2014〕3号）精神，制定本方案。

一、目标任务

查清地名基本情况，对有地无名的有地名作用的地理实体进行命名，对不规范地名进行标准化处理，设置标准规范的地名标志，建立、完善各级国家地名和区划数据库（即国家地名数据库），加强地名信息化服务建设，发挥地名在促进经济社会协调发展、方便人民群众生产生活、加强国防建设和维护国家主权与领土完整等方面的基础作用。

（一）调查地名基本情况。包括行政区域，非行政区域，群众自治组织，居民点，交通运输设施，水利、电力、通信设施，纪念地、旅游景点，建筑物，单位，陆地水系，陆地地形等11大类地名的名称、位置及相关属性信息。

（二）规范地理实体名称。根据国家地名管理的有关法规，对有地无名的有地名作用的地理实体进行命名；对不规范地名进行标准化处理，切实解决地名上存在的一地多名、地名重名，地名命名罔顾传统、刻意崇洋、虚张声势、名不符实，地名译写不准确、用字不规范、含义不健康等问题。

（三）设置地名标志。根据实际需要，依据国家有关标准设置地名标志。

（四）开发、应用普查成果。利用地名普查成果，编纂出版地名图、录、典、志等出版物，建立、完善各级国家地名和区划数据库，开展地名信息化服务，开发研制地名信息化服务产品。

（五）建立地名普查档案，实现地名普查档案的数字化管理。

二、普查范围

第二次全国地名普查试点区域以外的全国所有陆地国土(不含香港特别行政区、澳门特别行政区、台湾省)。

四　交通运输部

《出租汽车经营服务管理规定》(中华人民共和国交通运输部令 2014 年 第 16 号,2014 年 9 月 30 日)①

出租汽车驾驶员应当按照国家出租汽车服务标准提供服务,并遵守下列规定:衣着整洁,语言文明,主动问候,提醒乘客系好安全带;

出租汽车驾驶员违反本规定,有下列情形之一的,由县级以上道路运输管理机构责令改正,并处以警告或者 50 元以上 200 元以下罚款:不按照规定使用文明用语,车容车貌不符合要求的。

五　文化部

文化部关于印发《全国重点美术馆评估办法》(修订稿)等文件的通知(艺发〔2014〕33 号,2014 年 9 月 15 日)

重点展览项目和涉外展览项目向公众提供两种或两种以上语言的导览讲解服务,讲解科学、准确、生动、有文采;有针对特殊观众群体的讲解服务;有两种或两种以上语言的现代化自助语音讲解设备。

有专门网站,网页制作精美,内容丰富,形式生动、活泼,支持两种或两种以上语言,网页更新及时;馆内建立有多种形式的互动式或参与式的文化、教育服务设施,服务有特色、质量高。

六　国家新闻出版广电总局

(一)《关于广播电视节目和广告中规范使用国家通用语言文字的通知》

今年以来,各级广电机构按照《关于规范广播电视节目用语推广普及普通话

① 中央政府门户网站 http://www.gov.cn/gongbao/content/2015/content_2799021.htm。

的通知》(广发〔2013〕96号)要求,认真清理整改广播电视用语不规范现象,取得了明显成效,刻意模仿有地域特点的发音、乱用外来词语和网络用语等现象得到遏制。但是近期听众观众反映,一些广播电视节目和广告中还存在语言文字不规范的问题,如随意篡改、乱用成语,把“尽善尽美”改为“晋善晋美”,把“刻不容缓”改为“咳不容缓”,等等。这些做法不符合《国家通用语言文字法》《广播电视管理条例》等法律法规的基本要求,与传承和弘扬中华优秀传统文化的精神相违背,对社会公众尤其是未成年人会产生误导,必须坚决予以纠正。现就有关工作通知如下:

一、充分认识规范使用国家通用语言文字的重大意义。广播电视推广普及、规范使用国家通用语言文字,是传承中华优秀传统文化、增强国家文化软实力的战略需要;是树立文化自觉、文化自信、文化自强,确保文化安全的具体举措;也是广大听众观众收听收看好广播电视节目的基本要求。广播电视作为大众传媒,担负着引领和示范的职责,必须带头规范使用通用语言文字,做全社会的表率。

二、高度重视规范使用成语的必要性。成语是汉语言文化的一大特色,承载着深厚的人文内涵,蕴藏着丰富的历史资源、美学资源、思想资源和道德资源,是珍贵的民族文化遗产,体现出中华文化基因在现代文明中的延续与发展,是让中华优秀传统文化“活起来”的重要载体。广播电视要推广和传承成语等国家通用语言文字的独特表达方式,充分展现其文化精神和语言魅力,不能因为肆意乱改乱用造成文化断代和语言混乱。

三、严格规范使用国家通用语言文字。各类广播电视节目和广告应严格按照规范写法和标准含义使用国家通用语言文字的字、词、短语、成语等,不得随意更换文字、变动结构或曲解内涵,不得在成语中随意插入网络语言或外国语言文字,不得使用或介绍根据网络语言、仿照成语形式生造的词语,如“十动然拒”“人艰不拆”,等等。

四、加强审查管理和排查整治工作。各级广播电视行政管理部门要加大监管力度,对存在不规范、不准确使用国家通用语言文字的现象,尤其是乱改乱用成语的问题,一定要及时发现、迅速纠正,对故意违规的播出机构和相关责任人要严肃处理。各级广播电视播出机构要认真开展自查自纠,重点排查广播电视节目和广告中的字幕、图像和配音等,加强对主持人、嘉宾及其他节目参与人员规范使用通用语言文字的提示引导,对于不规范使用国家通用语言文字的内容

一律不得播出。总局监管中心近期将对各电视上星综合频道进行一次全面排查，对严重违规的问题将作出严肃处理。各省级收听收看中心也要对辖区内各频道频率节目进行一次全面排查，对于不规范使用通用语言文字的节目坚决停播处理。

（二） 关于推动新闻出版业数字化转型升级的指导意见（新广出发［2014］52号，2014年4月24日）①

支持企业对《多媒体印刷读物（MPR）》国家标准开展应用。重点支持教育、少儿、少数民族语言等出版单位，推动企业从单一产品形态向多媒体、复合出版产品形态，从产品提供向内容服务的数字化转型升级。包括：研制企业级应用标准；部署相应软件系统；完成选题策划、资源采集，研发教材教辅产品、少儿、少数民族文字阅读产品；开展底层技术兼容性研究与应用；建设MPR出版资源数据库；创新产品销售体系，构建从实体店到电子商务的立体销售体系。

支持专业出版转型升级模式探索。重点支持部分专业出版企业按服务领域划分、联合开展专业数字内容资源知识服务模式探索。包括：开展知识挖掘、语义分析等知识服务领域关键技术的应用，基于专业内容的知识服务标准研制，基于专业出版内容的知识资源数据库建设，基于知识资源数据库的知识服务平台建设。

七　国家食品药品监督管理总局

（一） 《食品药品行政处罚程序规定》（国家食品药品监督管理总局令，第3号，2014年3月14日）

境外证据所包含的语言、文字应当提供经具有翻译资质的机构翻译的或者其他翻译准确的中文译文。

（二） 《医疗器械说明书和标签管理规定》（国家食品药品监督管理总局令，第6号，2014年7月30日）②

医疗器械说明书和标签文字内容应当使用中文，中文的使用应当符合国家通用的语言文字规范。医疗器械说明书和标签可以附加其他文种，但应当以中

① 中央政府门户网站 http://www.gov.cn/xinwen/2014-04/30/content_2669106.htm。

② 中央政府门户网站 http://www.gov.cn/gongbao/content/2014/content_2765482.htm。

文表述为准。

医疗器械说明书和标签不得有下列内容：

含有“最高技术”“最科学”“最先进”“最佳”等绝对化语言和表示的；

含有“保险公司保险”“无效退款”等承诺性语言的。

八　中国证券监督管理委员会

《公开发行证券的公司信息披露内容与格式准则第35号——创业板上市公司公开发行证券募集说明书》（中国证券监督管理委员会公告〔2014〕30号，2014年6月11日）

募集说明书的编制应遵循以下要求：

使用通俗易懂的事实描述性语言，并采用表格或其他较为直观的方式披露公司及其产品、财务等情况；

发行人可编制募集说明书外文译本，但应保证中外文文本的一致性，在对中外文本的理解上发生歧义时，以中文文本为准。

募集说明书目录应标明各章、节的标题及其对应的页码。发行人应对可能对投资者理解有障碍及有特定含意的术语作出释义。募集说明书释义应在目录次页排印。

（许小颖）

地方语言文字工作

一　国家通用语言文字工作

（一）法制建设工作

2014年，各省（区、市）积极贯彻落实《国家通用语言文字法》，广泛开展了《国家通用语言文字法》的宣传教育，部分省（区、市）发布实施了地方实施办法，开展了执法检查、专项检查等工作，推进了语言文字依法管理、执法监督的体制机制建设。如：

河南发布实施《河南省实施〈中华人民共和国国家通用语言文字法〉办法》。

青海发布实施《青海省实施〈中华人民共和国国家通用语言文字法〉办法》。

上海发布实施《公共场所外国文字使用管理规定》。

黑龙江联合省人大教科文卫委员会、政府法制办、教育厅下发了《关于贯彻落实〈中华人民共和国国家通用语言文字法〉开展语言文字执法检查的通知》，开展了全省各地相关行业系统语言文字执法检查活动。

重庆举办"第二届'啄木鸟'行动"，开展全市规范化用语用字执法检查。

贵州会同省人大教科文卫委，组织专家对安顺市和六盘水市贯彻落实国家通用语言文字"一法一条例"进行了执法检查。

云南联合语委成员单位对昭通市、普洱市、保山市党政机关、"窗口"服务行业实施"一法一条例"的情况进行执法检查。

陕西联合省人大常委会、教科文卫委员会赴延安、榆林、商洛、汉中4市调研语言文字法律法规执行情况。

内蒙古下发了《关于开展全区公共场所和新闻媒体单位国家通用语言文字专项检查的通知》，与自治区质量技术监督局、广播电影电视局、新闻出版局、旅游局、交通运输局等单位开展全区公共场所和新闻媒体国家通用语言文字专项检查。

浙江对全省公共服务行业、公共设施和风景名胜区及建筑工地中的牌匾、标语、橱窗、广告牌等社会用字规范情况进行专项检查，开展了对地市、县级政府门户网站的用语用字情况监测。

新疆开展《新疆维吾尔自治区语言文字工作条例》修订草案的调研论证，开展了城市道路社会用字规范化专项检查。

北京举办了《北京市实施〈国家通用语言文字法〉若干规定》颁布10周年纪念活动。

（二）中小学校语言文字工作督导评估

2014年底，全国已有23个省（区、市）将语言文字工作纳入督导评估的相关法规、规章或文件；19个省（区、市）制订了关于开展中小学校语言文字工作督导评估的实施方案；19个省（区、市）开展了语言文字工作督导评估活动。如：

上海将中小学校开展语言文字工作的情况纳入本市区域教育现代化综合督政的内容和指标，积极探索语言文字工作示范区（县）试点创建研究。

河南对17个省辖市、36个县（市、区）的219所中小学校开展了语言文字工作专项督导。

云南将提升师生语言文字应用能力纳入素质教育综合督导评估体系；对普洱、曲靖、大理等地30多所中小学进行督导检查。

（三）语言文字规范化示范校建设

各地积极开展语言文字规范化示范校建设，指导、认定省级、市级语言文字规范化示范校，开展示范校创建调研等工作，部分省（区、市）还召开了经验交流会，创新检查认定的方式。如：

内蒙古召开了全区汉语言文字规范化示范校经验交流现场会。

福建把语言文字规范化示范校认定与调研、日常考核、听课、问卷调查等相结合，推动广大师生规范使用国家通用语言文字。

湖北坚持语言文字规范化示范校的创建与复查相结合，提升语言文字规范化示范校建设质量。

甘肃启动了“千所省级语言文字规范化示范校”创建活动，组织“语言文字文化大篷车”下基层，指导农村中小学校师生规范使用语言文字。

（四）城市语言文字规范化建设

各地大力推进城市语言文字规范化建设，开展了二类、三类城市语言文字工作评估，部分省（区、市）研制了指导标准，开展了区域、街道、乡镇语言文字规范化建设试点，创新了工作机制。如：

山西、安徽、重庆、西藏全面完成二类城市语言文字工作评估。

浙江、广西全面完成三类城市语言文字工作评估。

山西将城市语言文字工作评估、创建语言文字规范化示范校和规范汉字书写教育特色学校等纳入依法监管和多方共治的工作格局。

黑龙江召开了《黑龙江省街道、乡镇语言文字规范化建设指导标准》研制调研会，研制了街道、乡镇、国家级旅游景区语言文字规范化建设标准。

浙江制定了《关于区域推进语言文字规范化试点活动的通知》，召开试点工作现场会，进一步扩大语言文字规范化试点面。

四川、云南省教育厅对市（州）教育局年度工作目标考核中语言文字工作的分值分别增加了1分、2分，用于对市（州）开展城市语言文字工作评估和语言文字规范化示范校创建工作，极大地调动了市（州）工作积极性。

湖北开展了“文明用语示范岗”“文明用字示范街”创建活动。

陕西将二、三类城市语言文字规范化建设纳入“陕西教育强县”“双高双普”的创建指标。

（五）第17届全国推广普通话宣传周活动

第17届全国推广普通话宣传周期间，各省（区、市）精心组织，通过发放宣传海报、宣传手册，组织语文知识竞赛、讲座、专题报告、文艺汇演等多种方式，开展了丰富多彩的推普周宣传活动。部分省（区、市）还结合本地实际，开展了形式新颖、富有特色的宣传活动。如：

福建加大对农村、部队的推普宣传力度。厦门市举办了第17届全国推广普通话宣传周开幕式，结合身处海峡西岸的地理位置，开展了“推广普通话，两岸一家亲”中小学生经典诵读演出活动。

河北充分发挥普通话体验区的带动和示范作用，推动语言文字工作，促进地方经济发展。滦平县举办了第17届全国推广普通话宣传周重点活动，设立了农家院普通话体验点和金山岭游客中心普通话水平模拟测试点，并通过微博、微信等开展了广泛的宣传活动。

贵州将推广普及国家通用语言文字工作与新农村建设、与社会主义文化建设和落实便民、惠民等实事工程相结合，加强了对边远、少数民族地区的国家通用语言文字宣传、教育。贵阳市举办了第17届全国推广普通话宣传周重点活动。

吉林在推普周期间开通了全国第一家语言文字微信公众平台，宣传语言文字知识和语言文字工作，为社会提供语言文字服务。

安徽利用手机短信、微博、微信平台开展宣传，部分市将推普周活动时间延长，或深入街道社区、偏远农村开展宣传活动。

黑龙江开展了全省推普周特色活动评选，协助哈尔滨市老年大学开展了"职工演讲比赛"。

江西与中央人民广播电台联合举办了"海天一色，两岸共读"诗会，制作了《推广普通话》公益广告，聘请著名播音员担任全省推广普通话形象大使。

海南推普周期间联合各大景点开展规范用语用字督查工作。

湖南推普周期间举办了语言文字网络知识竞赛。

（六）语言资源建设

中国语言资源有声数据库北京库完成建设工作并通过验收，北京库是继江苏库之后全国第二个完成建库工作的省级语言资源有声数据库。与此同时，北京市语委还协同文化文物部门、地方史志编纂部门等联合开展了北京语言文化资源普查，共同推进了北京语言文化资源数据库建设。

河北推进中国语言资源有声数据库河北库建设试点，确定了滦南、迁西、古冶、玉田、滦平5个试点。完成了唐山滦南和承德滦平发音人的录音录像等数据采集和音系整理分析，基本完成了语言资源数据调查和整理分析工作。

上海完成了有声数据库建设的15个调查点数据采录和记音入库工作，组织专家开展评审工作，顺利通过项目预验收。

福建开展语言资源有声数据库建设，首批5个调查试点通过验收，召开了福建语言资源有声数据库建设工作会议，总结试点经验，并部署了2014年度13个点的调查工作任务。

山东推进中国语言资源有声数据库山东库建设工作，对数据库年度工作任务进行全方位监督检查，做好调研服务和管理工作，科学规划安排下一阶段工作，保证数据库建设有序进行。

湖北启动了中国语言资源有声数据库湖北库建设工作，根据《中国语言资源有声数据库湖北库建设方案》，部署在黄冈市蕲春县、十堰市房县2县开展试点工作。

广西进一步搞好语言资源有声数据库建设。完成了28个方言点的数据采集任务。5月，国家语委组织专家对语言资源有声数据库建设进行检查，并提出了开展下一步有声数据库建设工作的建议。

贵州推进民语数据库建设。

（七）中华经典诵写讲工作

各地深入推进中华经典诵写讲工作，组织"中国汉字听写大会"省级赛区队伍选拔工作，天津、吉林、广东、福建、海南、重庆、贵州、江西、陕西、新疆生产建设兵团等地组织了学生规范汉字书写大赛，北京、河北、山西、内蒙古、辽宁、黑龙江、山西、上海、江苏、浙江、福建、山东、河南、湖北、海南、江西、重庆、四川、贵州、云南、陕西、青海等省（区、市）开展了"书法名家进校园"活动，部分省（区、市）结合自身实际开展了富有特色的活动。如：

北京组织全市小学生成语文化知识和才艺竞赛活动，通过考查成语知识、规范书写成语、讲述成语故事、诵读经典诗文等，推动传统文化的传承。

河北举办了高校中华经典诵读大会，并遴选100所中小学开展中小学生规范汉字书写教育调查。

内蒙古自治区教育厅、民委、汉语委、蒙语委共同组织开展了民族学校"蒙汉两种语言文字诵读经典、书写经典"作品评比活动。

辽宁举办了首届中小学生语言文字应用能力集中展示活动，开展汉字书写、中华优秀传统文化经典诵读、社会主义核心价值观演讲大赛。

上海举办"我爱汉字美"——中学生咬文嚼字活动，联合陈云纪念馆、上海教育电视台等单位开展"伟人光辉——第三届高校大学生红色经典诵读大赛"；联合市相关单位举办"第八届上海市民诗歌创作、家庭讲故事比赛"活动。

江苏获第二届"中国汉字听写大会"全国总冠军。开展"华夏情·中国梦"经典诵读展示活动，组织高校师生"送经典到乡镇"，推进校园阅读工作，"江苏中华经典诵写讲活动"被省全民阅读领导小组评为"省直十佳全民阅读推广活动"。

浙江以"心系中国梦"为主题开展了青少年中华经典诗文诵读活动和大学生

汉语口语竞赛，并将大学生汉语口语竞赛纳入全省高校学科竞赛范畴。

四川联合相关单位在全省开展“中国100幅经典书画进校园巡展活动”。

西藏组织开展了大中小学生感恩书信大赛、首届小学生“故事大王”试点比赛。

陕西把青少年学生中华优秀传统文化和社会主义核心价值观教育作为语言文字工作的战略任务，开展“中国梦·爱国情·成才志”中华经典诵写讲系列活动。

青海举办全省师生书法大赛，培养广大师生对祖国文字和书法艺术的热爱。

宁夏组织各市、县及大中专院校，利用“五四”“六一”“七一”等开展了形式多样的经典诵读活动。

（八）国家通用语言文字测试工作

2014年，各地稳步推进普通话水平测试、汉字应用水平测试，进一步规范测试管理工作，加强测试员队伍建设。如：

北京制定免费政策加强师范生普通话水平培训测试。

吉林规范了各测试站收费管理，加强验印管理和站点设置。

上海举办了普通话水平测试员年度培训暨注册大会；组织18所高校和17个区县的13 904名教师开展了汉字应用水平测试；开展对公务员、窗口服务人员和新疆班、西藏班学生的普通话水平测试；支援新疆开展教师普通话培训测试工作；推进面向在沪外籍人士的“实用汉语能力测试”项目的研发和试点测试工作。

江苏推进视障人员普通话水平测试研究，采集了全国各大方言区视障人员普通话有效样本320个。

江西对全省11个区市的普通话水平培训测试站开展了评估检查，要求不合格的测试站停测整顿；下发了《关于加强全省普通话水平测试员队伍管理的通知》，提出了“动态管理、定期考评、择优录用、聘用分离、在岗培训、提升素质”的要求。

山东完成全省国家级普通话水平测试员的信息核对工作，进一步掌握国家级测试员的分布网络与工作状态。

湖北开展优秀测试员遴选培训考核，推动17个县建立计算机辅助普通话水平测试分考点。

湖南加强了对机辅测试网络评测的监管力度，为全省测试站免费添置了防作弊系统；开展了汉字应用水平测试试点工作，制定了试点工作方案；组织全省近1500名普通话水平测试员进行了机辅测试说话项的测评能力在线考核。

广东研究修订了普通话水平测试规章制度。

四川启用了网上预约报名系统，实行指纹识别、网络缴费，加强了对测试异动、临界分复审工作力度，确保测试的信度和效度。

贵州对1190名普通话水平测试员进行了续聘培训和考核，对测试员的业务能力、工作纪律、工作态度、工作参与度等方面都提出了新的要求。

甘肃下发了《甘肃省普通话水平培训测试管理办法》。

新疆编写完成适于全疆各族群众学习的普通话水平测试指导用书。

新疆生产建设兵团对各师、高等学校的普通话水平测试进行全程视导，统一了试卷、证书、收费标准、教材，统一验印，加强了对高等学校和中等职业学校应届毕业生的普通话水平测试工作。

（九）机构队伍建设

2014年，各地加强机构和队伍建设，完善语言文字工作体制机制，充实语委委员会、专家咨询组人员，并开展了国家通用语言文字学习培训，成效显著。如：

山西充实省语委专家咨询组成员，专家来自教育、文化、书法艺术、质监、工商、方言研究等领域，进一步加强语言文字工作服务职能。

海南与有关部门、行业系统建立工作联系制度，落实分管领导、具体负责部门和工作人员，并把语言文字工作融入精神文明创建活动、业务管理、职工培训、企业文化建设等工作。

江西下发了《关于理顺高校语言文字工作体制机制的通知》，所有高校都成立了以分管校领导为主任的高校语言文字工作委员会，将高校普通话水平测试站纳入教务处管理范畴。

贵州成立了省语言文字工作专家委员会。对地市党政机关、公共服务行业从业人员进行普通话培训。

（十）语言文字科研工作

北京指导完成《语言产业界定及其在经济结构中的地位研究》《城镇化背景下的语言文化建设研究》《行业语言服务系统研究》《海外华人普通话培训测试研究》《首都语言生活状况调研》等研究项目；指导和督促《基于社会经济统计的北京语言产业数据库》《面向基础教育和社会公众的通用规范汉字听说读写辅助训练系统（第一期）》的开发研制。

天津获“汉语口语水平测试试题库建设及管理”项目立项。

河北对2012年、2013年立的78项语言文字专项科研项目进行阶段性调查，加强管理；组织申报2014年度国家语委科研项目，共推荐7项，通过专家评审，有2项获得立项。

吉林积极向国家民委教育科技司、教育部语信司、省工信厅、省质监局申报了13项课题，通过专家评审，有6个课题立项。

上海积极推进国家语委重点课题《汉字应用水平测试管理系统研制》《基于大中衔接的大学语文课程建设研究》等研究工作；加强对市语委“十二五”科研项目的过程监管，完成19个科研项目中期检查和18个科研项目的结题工作；充分依托国家语言文字政策研究中心开展《中国（上海）自由贸易试验区语言文字问题调查研究》等语言文字决策咨询研究；援助新疆民语委完成“公共服务领域维吾尔文译写规范语料库”项目建设。

江苏获国家科技支撑计划课题《中国语言资源有声数据库技术工具研发》立项；大力推进国家语委重大课题《国家手语词汇语料库建设》《中小学生普通话口语能力标准与测评体系研究》《语言文字能力建设与文化强国的关系研究》等3个项目的进展；积极开展国家语委课题《乡镇青少年语言文字应用能力培养》等5个项目的研究工作。

江西开展“丝绸之路经济带语言文字使用情况调研——语言文字在景德镇陶瓷历史文化中的应用研究”课题的申报和研究工作。

山东开展“十二五”语言文字应用科研项目检查工作；2月，开展了山东省语言文字科研课题的征集和评审工作，向国家语委科研规划领导小组推荐了6个科研项目，通过专家评审，有2个项目立项；组织对国家语委“十二五”科研规划2013年度山东省科研专项的中期检查；完成了教育部交办的公共服务领域英文译写规范修改工作。

湖北申报的“湖北省农村语言文字使用状况研究”和“新中国语言文字政策制定与社会发展互动研究”获国家语委立项；积极开展“湖北省民族地区推普情况调查研究”。

甘肃向国家语委推荐申报4个课题，经国家语委审核，“泾河流域语言民俗历史流变研究”项目获得立项。

宁夏向国家语委推荐申报3个课题，经国家语委审核，“宁夏普通话普及情况调查”项目获得立项。

二　少数民族语言文字工作

（一）地方民族语文工作制度建设

黑龙江出台《黑龙江省民委关于进一步做好民族语文工作的指导意见》。

四川完成了《四川省少数民族语言文字翻译系列高级专业技术职务任职资格评审办法》修订工作。

贵州起草了《贵州省世居少数民族语言水平测试管理试行办法》《贵州省世居少数民族语言口语测试实施办法》《贵州省世居少数民族语言口语测试标准》《贵州省翻译系列民语专业技术职务任职资格申报评审条件（试行）》。

青海起草下发了青海省民宗委《关于加强藏语文社会用文规范与管理工作的意见》。

新疆做好《新疆维吾尔自治区语言文字工作条例》修订工作。

（二）濒危语言抢救

辽宁印发了《关于开展抢救保护满族语言文字工作的建议》和《关于抢救保护传承满族语言文字工作方案》，确保满族语言文字的抢救保护工作健康开展。在深入调研的基础上，形成了《辽宁省抢救保护满族语言文字工作情况调研报告》。

广西推进国家民委"建设中国少数民族濒危语言文字数据库"试点项目——广西少数民族语言资源有声数据库建设试点工作。在基本完成广西濒危语仡佬语的概况、实地记音、语料录入等前期工作的基础上，通过现代技术手段现场采集（录音、录像）词汇4600个和语法例句、长篇语料（传说、故事）若干。

新疆顺利实施"新疆濒危锡伯语有声数据库建设"项目。

（三）双语教育、培训和应用

吉林于11月在延边大学朝鲜-韩国学学院举办了首届东北三省法院系统朝汉双语人才培训班；同月，在中央民族大学举办了全国朝鲜语翻译骨干培训班，两次共培训80余人。

广西在崇左、横县、三江、靖西等市、县（市、区）分别举办壮语文基础知识培训班、农民(回乡青年)学壮文学科技培训班、壮族民间歌师歌手壮文学习班、侗文侗歌培训班、天琴舞球暨山歌培训班、农科技和清洁乡村培训班等,尤其是与广西城市职业学院联合举办大学生学习壮语文基础知识培训班。

贵州召开全省双语和谐环境推进会;4月,省民宗委和省教育厅在贵州民族大学召开全省双语和谐环境建设推进会,同时举办"贵州省双语和谐环境建设骨干培训班",共计100人次参加;7月中旬至8月底,与西南民族大学联合先后举办双语人才骨干培训班四期,共培训220名;与省教育厅协同培训双语教师300多人,支持基层开展各级培训600多人;5月23日在省教科院召开了本年度双语教材编写工作启动会;9月底,完成编写《苗汉语文》上册、《布依汉语文》上册、《侗汉语文》上册和《彝汉语文》第四册4本教材。

甘肃顺利实施了国培计划项目;7月,在西北师范大学举办了为期10天的少数民族地区双语教师普通话培训班,共培训100名教师。

(四)语言规范化、标准化和信息化

1. 语言规范化

辽宁推进"少数民族语言文字保护工程",分别建立了蒙古、朝鲜语言文字保护基地,切实推动蒙古语、朝鲜语文规范化工作。

吉林召开了中国朝鲜语规范委员会第二十六次业务会议,会上审议了300多条朝鲜语新词术语,讨论了朝鲜语文规范原则。

广西完成《壮汉词汇》修订工作,完成了全书约有160万字(字节)修订初稿,并根据区内外专家的意见对初稿进行反复修改和审校,召开专门会议组织专家审稿;组织编写《壮文社会用字规范手册》初稿。赴海西、黄南等地对少数民族文字交通标志标牌情况进行了实地调研,整治更换了2000多块民族文字交通标志标牌;翻译规范商标、广告、公章、牌匾等2000多枚(块)。

新疆继续做好少数民族语言文字正字正音培训测试工作。

2. 术语标准化

辽宁推进"少数民族语言文字保护工程",分别建立了蒙古、朝鲜语言文字保护基地,切实推动蒙古语、朝鲜语文标准化工作。

全国彝语术语标准化工作委员会在凉山州召开了第六次彝语术语审定会,确定从老彝文中遴选一部分字规范使用,满足云南、四川、贵州、广西不同方言区用字需求。

青海搜集、翻译、审定政治、经济、科技领域藏语新词术语 1000 多条，发布《藏语新词术语公报》4 期。

新疆规范审定了维吾尔、哈萨克、蒙古、柯尔克孜语种的名词术语。

3. 信息化

辽宁推进“少数民族语言文字保护工程”，分别建立了蒙古、朝鲜语言文字保护基地，切实推动蒙古语、朝鲜语文信息化工作。

吉林在延边大学建立了中国朝鲜语文信息化基地。

黑龙江设立网上办公信息交流平台，实现全省 32 家牌匾经营业户网络无缝对接，免费及时为全社会提供蒙古语文翻译服务，蒙古语文社会市面用语日翻译量达到 60 条，年翻译量达 1.8 万条。

新疆继续做好维吾尔、汉、哈萨克、蒙古、柯尔克孜语五种文版《语言与翻译》杂志出版发行和新疆双语网站建设工作。

4. 民族语文水平考试试点工作

广西完成了壮语文水平考试的语料库、书面考试（笔试）题库、考试大纲、复习参考书等课题研发工作；完成了考试网上报考系统研发工作；编制形成相关工作方案和实施方案，建立健全了政府统一领导，民语部门牵头负责，有关部门密切配合、社会力量广泛参与的工作机制；连续三年分别在南宁、南宁和百色、南宁和崇左成功组织试点考试，共有 1144 人参加了各相应等级考试；12 月 11 日，召开了壮语文水平考试试点工作总结评估会。

贵州协助省高院组织苗语、布依语、水语专家帮助完成 2014 年度贵州省招考双语法官民语口语测试；5 月 29 日，召开全省双语人才队伍建设暨民语测试机制保障学术研讨会；省招生委员会于 2014 年 5 月出台了高校预科双语生招录特殊政策，在贵州民族大学、黔南师院、凯里学院试办 3 个本科预科班，1274 名考生参加了少数民族口语测试，录取 150 名。

新疆协助生产建设兵团党委组织部做好基层干部双语水平测试工作，对两期培训班 140 名学习维吾尔语的兵团系统基层干部和政法干部进行笔试、口试。

（五）语言调查与执法

广西南宁市开展《南宁市壮文社会使用管理办法》执行情况专项检查，依法规范壮文在公共、司法、交通等领域的使用；河池市法定单位牌匾、社会团体公章 96% 能按要求规范使用壮汉两种文字。

四川阿坝、甘孜、凉山州和乐山市地方党委政府及有关部门对自治地方公共场所公共设施的名称、界牌、路标、交通标记、车辆门徽、门(吊)牌、商标及其他各种藏文、彝文社会用字进行全面查排;对查出的民族文字与汉文之间翻译不准确、民族文字书写不规范、民族文字书写不到位等问题进行严肃整改;省民族宗教委对甘孜、阿坝藏区和大小凉山彝区的社会用字情况进行了抽查,对工作进行了督导。

(六)民族翻译

广西完成瑶语(白裤瑶话)数字电影译制片《举起手来》的译配工作;毛南语数字电影译制片《刘老庄八十二壮士》的译配工作进展顺利。

中国民族语文翻译局壮语文室完成了 2014 年全国“两会”文件的壮文翻译和壮语同声传译工作;翻译审校《马恩文集》(第二、三卷)、《最新司法解释全书》(第三、四册)、《习近平总书记系列重要讲话读本》《之江新语》等图书。

四川完成了《四川省人民政府工作报告》《四川省 2013 年国民经济和社会发展计划执行情况及 2014 年计划草案的报告》《四川省人大常委会工作报告》《四川省高级人民法院工作报告》《四川省人民检察院工作报告》等 6 个文件的藏、彝文字笔译工作。完成了《四川省人民政府工作报告》《四川省人大常委会工作报告》《四川省高级人民法院工作报告》《四川省人民检察院工作报告》等 4 个文件的藏、彝语同声传译任务。

新疆把新出现的 6000 余条名词术语译写成规范的维吾尔、哈萨克文。

(七)词典编写修订

广西完成了《壮汉词汇》修订工作;编写了《壮文社会用字规范手册》初稿。

贵州于 3 月 7 日召开了《苗汉英大词典》主编工作会。

新疆编纂出版了《汉维、汉哈政治理论对照手册》《汉维英、汉哈英图解词典》等双语专业工具书,编辑审订了《汉维规范化名词术语词典(第五册)》《汉维成语大词典》《汉英维社会科学大词典》《汉哈新词语词典》《新疆蒙古语正字正音水平测试大纲》。

(周道娟、庹迎香、李强)

第四部分

领　域　篇

2014年语言文字依法管理新进展*

加强语言文字依法管理，是语言文字事业贯彻落实党的十八大和十八届三中、四中全会精神，实施依法治国方略，全面推进语言文字治理体系和治理能力现代化的迫切需要。2014年我国语言文字依法管理取得了新的重要进展。

一　语言文字立法工作新进展

国家新时期语言文字立法全面启动。行政法规《〈中华人民共和国国家通用语言文字法〉实施办法》、部门联合规章《信息技术产品语言文字使用管理规定》、部门规章《外国语言文字使用管理规定》列入教育部中长期立法计划。国家语委就各立法项目在全国范围开展了广泛的调研和论证。

地方语言文字立法全面完成。河南、青海两省分别于2月和7月颁布了本省实施《中华人民共和国国家通用语言文字法》（简称《国家通用语言文字法》）的地方政府规章。除了进一步细化普通话、规范汉字和汉语拼音的使用场合与使用要求，河南省地方规章中关于网络语言使用管理的规定引发了媒体和学者的关注与讨论，青海省地方规章则针对省情实际特别规定了不同民族要互相学习语言文字。至此，31个省（区、市）全部完成了语言文字地方立法，语言文字地方法规规章体系基本确立。

针对外国语言文字的立法取得重大突破。上海市于9月颁布了国内首部规范外文使用的省级政府规章《上海市公共场所外国文字使用规定》，其统筹兼顾“语言主权”和“语言服务”的立法原则、促进外文译写规范的立法目标，为国家层面确定外语使用政策做出了积极有益的探索。

* 本文得到国家语委“十二五”科研规划一般项目YB25-13“语言文字法律法规体系建设研究”，国家语委“十二五”科研规划重大项目ZDA125-10“母语的地位作用及和谐语言政策构建”，以及国家语委“十二五”科研规划重大项目ZDA125-20“国家安全中的语言战略研究”的资助。

国家语言文字法律法规体系进一步完善。截至2014年底，“中国法律检索系统”(北大法宝)中包含“语言、文字、汉语、中文、外语、普通话、方言、汉字、汉语拼音”等关键词的现行有效的法律法规共计2146部。从法律渊源的维度看：数量最多的是部门规范性文件和地方政府规范性文件，共1405项，约占66%，但绝大多数是操作性规定或工作通知；具有政策意义、对全社会普遍适用的宪法、法律、法规、规章以及国务院规范性文件共计631项，约占29%。从法律事项的维度看：立法事项专门针对语言文字问题的“专门法令”1237部，立法事项并不针对语言文字问题、但其中含有语言文字条文的“非专门法令”909部，前者略多于后者；但除了“部门规范性文件”和“地方政府规范性文件”中的专门法令极大地多于非专门法令，其余各层级上的非专门法令均多于专门法令，在“基本法律”和“行政法规”两个层级上，甚至没有专门法令。从法律部门的维度看：国家通用语言文字法律法规820部，内容包括推广和规范使用普通话、普通话水平测试及能力要求、推行和规范使用规范汉字、汉字应用水平测试及能力要求、推行和规范使用汉语拼音、汉语国际传播和对外汉语教学，以及关于汉语方言、繁体异体字使用场合的规定等；少数民族语言文字法律法规468部，内容包括少数民族语言文字的使用场合和要求、少数民族语言文字教育、民汉双语教育以及少数民族语言文字能力要求等；外国语言文字法律法规435部，内容包括外国语言文字的使用场合和要求、外语教育培训、人才培养和外语能力要求等；还有相当一部分则不特指上述任何一种语言文字，而是概括性、概念性地提到语言文字，或相关解释说明中以语言文字等为术语。此外，除教育和语言文字部门外，约有20余个行业主管部门制定了行业语言文字使用的规章或规范性文件，主要包括广播电视、新闻出版、工商管理、旅游、交通、商业、体育、卫生、金融、检察、人事、铁路、邮政、信息化、文化、民政、解放军、妇联、民族管理等部门。

二　语言文字依法管理新进展

新闻媒体语言文字使用的行业管理力度不断加大。国家新闻出版广电总局于1月和11月两次下发通知，要求广播电视规范使用国家通用语言文字。1月份下发的通知要求广播电视节目在推广普及普通话方面起到带头示范作用：播音员主持人除特殊需要外，一律使用标准普通话；不得模仿地域特点突出的发音和表达方式，不得使用对规范语言有损害的俚语俗词；用词造句要遵守现代汉语的语法规则，避免滥用生造词语和不规范网络用语；要规范使用外国语言文字，不在普通话中夹杂不必要的外文。11月份下发的通知要求广播电视节目和广告正确使用成语：应严格按照规范写法和标准含义使用国家通用语言文字的字、词、短语、成语等，不得随意更换文字、变动结构或曲解内涵，不得在成语中随意插入网络语言或外国语言文字，不得使用或介绍根据网络语言、仿照成语形式生造的词语。两份通知均要求各级广播电视行政管理部门要加大监管力度，对存在不规范、不准确使用国家通用语言文字的现象加强审查管理和排查整治。

公共场所语言文字使用的执法机制日趋完善。国家语委就公共场所招牌、广告、设施等用语用字依法管理问题，分片召开全国地方语委及相关职能部门调研座谈会，了解现状、梳理问题、探讨对策。同时，就企业名称中使用阿拉伯数字和外文字母的问题与国家工商总局进行了专题研究。地方语委结合各自实际积极探讨公共场所语言文字使用执法机制，如上海市语委根据《上海市实施〈中华人民共和国国家通用语言文字法〉办法》《上海市公共场所外国文字使用规定》的要求，进一步建立完善了公共场所招牌、设施用字监测执法制度，明确了语言文字部门负责监督监测、及时发现不规范现象，城市管理和市场管理部门负责依据语委的监测结果进行执法的依法管理体制，建成开通了接受社会投诉举报不规范现象的公共场所语言文字使用网络监测平台。

三　语言管理理论研究新进展

2014年，“中国知网”(CNKI)中收录的语言文字管理类研究文献共计52篇。其中：7篇文献是关于语言规范和语言管理的基础理论研究；2篇文献讨论国家通用语言文字法制建设问题；39篇文献探讨网络语言、字母词及其治理问题；4篇文献探讨少数民族语言文字法制建设问题。

在基本理论研究方面，有学者译介了国外最新的相关理论。“语言管理”理论认为任何语言管理活动都依存于一定的社会语言生态环境系统中，语言选择是语域内外因素共同作用的结果，这为语言规划提供了一个新的研究视角，对未来社会语言问题的探讨和解决起引导性作用。“语言景观”理论把语言标牌作为主要考察对象，以揭示语言规划机构、语言使用者、标牌读者之间的话语构建方式和过程，研究语言标牌除传递信息以外所包含的语言行为和象征意义，以了解一个地区的语言生态，透视某个地域范围内的语言权势与族群的社会身份和地位，相关实证数据可以为语言政策制定者提供参考。

在国家通用语言文字法制建设方面，有研究者探讨了语言文字规范化的实施困境与良法模式。认为，《国家通用语言文字法》的实施困境表现在三个方面：一是法律内容上，正义、秩序与效率价值彰显不够；二是法律形式上，法条的实在性、条款模式、结构安排和语言精密度方面有不合宜的地方；三是执法中缺乏相应的配套机制。同时提出语言文字的良法模式是：(1)实体要素方面，应该追求正义、秩序与效率价值；(2)形式要素方面，需要完善法的结构、条款模式、法律条文的实在性及语言表达；(3)配套机制方面，宜搞好宣传、执行和教育，开创公益司法模式。

在网络语言治理方面，研究者普遍认为网络语言有利有弊，不应该“一刀切”。有学者认为，网络流行语产生契合了时代的发展，是社会热点问题和态度的集中反映、民意的风向标，也是潜在的价值观引导者，反映了当下公众的社会价值选择呈现多元化趋势，且模糊性明显。也有学者认为，失范的网络语言对青少年成长造成了影响，学校应当对学生加强语言文字规范能力、网络伦理道德方面的教育。还有学者认为，词典收录新词的标准一要看是否在流传使用并稳定下来，二要看是否能进入群众的舆论生活、具有一定品位。

在少数民族语言文字法制建设方面，研究者主要探讨了少数民族语言文字立法问题。有学者认为，在行政法治框架内审视民族自治地方对少数民族语言权的立法保障问题，要突破现有体制和传统思维固有的局限性；民族自治地方在立法保障的路径选择上，要解决两个核心问题：一是民族自治立法建设，二是有关少数民族语言权行政活动的监督和救济机制。有学者认为，制定《少数民族语言文字法》应当坚持三个原则：一是语言文字平等原则，二是自愿选择原则，三是因地制宜原则。还有学者认为，自治区少数民族语言立法一要结合实际、突出民族特色和地方特点，二要增强法律条文的可操作性和可诉性，三要调整逻辑结构、完善法律责任规范及法律救济制度，四要明确规定执法机关和监督实施机关。

四　面临的困难和问题

语言文字立法存在的问题。第一，重要层级和部门的语言文字专门立法严

重缺失。从法律渊源看，在基本法律和行政法规两个层级上尚无关于语言文字的专门法令。从法律部门看，关于少数民族语言文字和外国语言文字的具有国家层面政策意义的专门法令缺失；关于国家通用语言文字的部门（联合）专门立法不足；而更为突出的问题是，统领国家通用语言文字法律法规、少数民族语言文字法律法规和外国语言文字法律法规三个子部门，保证各子部门法律法规价值一致、彼此协调的专门法令缺失。第二，语言文字良法模式尚未全面确立。我国当前的语言文字法律法规在彰显法律规范的正义价值、秩序价值与效率价值方面，在法条规定的实在性和语言精密度方面，都还存在不少问题。这些问题是导致语言文字法律法规知晓度和接受度低、“有法不依”情况严重、执法难度大、效率低下的重要原因。第三，与当前我国语言政策和语言生活的现实脱节。总体来看，现有语言文字法律法规集中体现了“规范国家通用语言文字使用”和“保障少数民族语言权利”的基本政策。而随着时代的发展，当前国家关于提高语言能力、维护语言安全、保护语言资源、完善语言服务、发展语言产业、保障全体公民语言权利、构建和谐语言生活的政策现实未能体现为法律规范，更需要进一步确立为语言文字法治原则。同时，当前极速发展变化的语言生活带来的一系列新情况、新问题，以及虚拟空间的网络语言生活等尚未纳入语言文字法律法规的规范内容。

语言文字依法管理面临的困难。一是认识不统一，在方言、外语、繁体异体字、网络语言、字母词、企业字号中含有阿拉伯数字或外文字母等系列问题上，不同价值理念冲突激烈，比如年初广电总局关于限制广播电视使用方言的通知遭到了南方方言区网民的“吐槽”。二是“软法”[①]性质面临的困境，一方面“法不刚则无威”，另一方面复杂的语言文字问题不宜也不可能通过简单的处罚就能彻底解决问题。三是执法资源严重不足，语言文字部门作为非常设机构，不具备执法主体资格、没有执法队伍，借助其他行政资源执法则面临法条理解和自由裁量存在分歧、执法能力有限等诸多问题。四是语言文字法制观念需要跟上时代步伐，在激发市场活力、鼓励市场创新、促进经济转型的大背景和新形势下，是否应当在语言文字使用方面对市场主体实施管控以及如何管控亟待加强研究。

---

① 语言文字法律法规对违法现象的法律责任设定主要是责令改正和警告，处罚力度小，故被称为“软法”。也有称作“宣传教育法”，强调处罚不是目的，宣传教育也是执法。

五 对策和建议

加强理论研究。全面有效地推进语言文字依法管理，需要加强包括语言、法律和公共政策等的跨学科、综合性研究，核心是科学制定“语言功能-政策规划”。语言具有工具和文化双重属性，语言文字依法管理应当重点规划好语言的工具职能。语言的工具职能服务于语言生活的需要，可以根据语言生活的公共性程度划分为由高到低的八个层次：(1)对外代表国家的语言；(2)各级党政机关的官方工作语言；(3)教育语言；(4)大众传媒使用的语言；(5)政府提供的公共服务使用的语言，如公共交通、市政公用设施、文化体育场馆、城市公示系统等中的用语用字；(6)社会提供的市场服务使用的语言，如商贸、旅游、餐饮、住宿、休闲、娱乐等用语用字；(7)公民日常社会交际使用的语言；(8)家庭内部使用的语言。语言管理应当区分不同层次采用不同的作为方式：第一、第二层次依法严格控制，第三、第四、第五层次依法刚性管理，第六层次柔性干预(包括宣传、教育、引导、服务)，第七层次以下不予干预。以往以国家机关、学校教育、新闻媒体和公共服务行业为四大重点的语言文字依法管理思路，已经体现出鲜明的层次特征；但在公共服务行业这一层次未能进一步区分是政府提供的公共服务，还是社会提供的市场服务，这是造成“软法”困境的根本原因。在理论层面，社会提供的市场服务(第六层次)属于“公域”还是“私域”，其用语用字应当统一还是允许多样，值得包括语言学、社会学、政治学、法律学的各界学者深入探讨；在实践层面，要对社会提供的市场服务(第六层次)的用语用字开展完全意义上的“有法必依、执法必严、违法必究”，相关的法律成本、执法资源需要精确计算，进而研判可能性和现实性。无论如何，建立层次分明的语言管理体系，有助于协调冲突、缓解矛盾、凝聚共识，也有助于解决“软法”性质面临的一系列困境问题。需要说明的是，现实空间语言生活的层次性，正完整投射到虚拟空间，对网络语言生活的管理同样应当区分功能层次。

完善语言文字依法管理体制。第一，加强新时期语言文字立法。遵照“社会、公民法无明令禁止皆可为”“政府法无明确授权不可为、法律规定必须为”的法理逻辑，明确“公民、社会语言文字使用的正面清单和负面清单”“政府各部门语言文字工作的权力清单和责任清单”，填补相关层级和领域的法律空白。第二，全面树立语言管理的层次观。进一步加强对第一至第五层次高层语用的刚

性管理，通过对违法现象加大处罚力度确立语言文字法律权威；同时，切实加强对第六及以下层次语言生活的宣传、引导与服务。第三，消除法律冲突。对现行有效的2000余部语言文字法律法规进行更为深入细致的盘点和梳理，按照现行法制原则，根据《国家通用语言文字法》等的基本规定，结合社会语言生活实际以及国家语言文字事业发展需求，制订包括“废”“改”“立”三方面内容的新时期语言文字立法工作计划，有效消除个别不同法律规定之间的矛盾与冲突。第四，密切关注并主动介入相关行业立法，充分调动并整合各方面的行政资源共同落实依法管理。比如，2014年10月31日国内各大媒体均报道国信办将出台互联网APP管理办法，语言文字部门应当主动协调在其中增加网络语言文字使用规范的规定，并明确监管责任主体。

（张日培）

色彩斑斓的全民阅读*

全民阅读，由“世界读书日”衍生而来。“世界读书日”全称“世界图书与版权日”（World Book and Copyright Day），又译作“世界图书日”，设立目的是推动更多的人阅读和写作。

早在1972年，联合国教科文组织倡导“走向阅读社会”，要求社会成员人人读书，让读书成为人们日常生活中不可或缺的部分。1995年，联合国教科文组织正式确定每年4月23日为“世界读书日”，此后每年的4月23日，世界100多个国家都会举办各种各样的庆祝和图书宣传活动，提倡全民阅读、建立阅读型社会已成为世界性的潮流。

一　政府倡导

世界主要发达国家都将全民阅读视为国家综合实力的核心要素之一，以国家战略的高度推进国民阅读，主要包括政府立法保障阅读、设立专门机构推动阅读、国家元首亲自倡导阅读等方面。我国政府积极参与了此项活动，全民阅读正受到越来越多的瞩目。

1997年1月，中央宣传部、文化部、国家教委、国家科委、广播影视部、新闻出版署、全国总工会、共青团中央、全国妇联九个部委共同发出了《关于在全国组织实施“知识工程”的通知》，提出了实施“倡导全民读书，建设阅读社会”的“知识工程”。

1999年开始，经新闻出版总署批准，中国新闻出版研究院组织实施“全国国民阅读调查”，每两年一次，主要了解全国国民阅读倾向、发展趋势与文化消费现状。调查结果在中国全民阅读网（www.cnreading.org）发布。

2000年，“全国知识工程领导小组”决定每年12月在全国开展“全民读书月”

* 本文涉及的数据主要来自各公益机构官网公布的数据和年报，在此说明并致谢。

活动。到了2004年,"全国知识工程领导小组"将"全民读书月"活动交由中国图书馆学会负责承办,在全国范围内举办大型读书活动。

2006年,中共中央宣传部、中央文明办、新闻出版总署、文化部、教育部、总政宣传部、全国总工会、共青团中央、全国妇联、中国科协、中国作协等11家部委联合发出《关于开展全民阅读活动的倡议书》,号召在2006年4月23日"世界读书日"前后,开展"爱读书,读好书"的全民阅读活动。

2012年2月,中共中央办公厅、国务院办公厅印发《国家"十二五"时期文化改革发展规划纲要》,明确提出要"深入开展全民阅读"。7月,国务院印发《国家基本公共服务体系"十二五"规划》,指出要"广泛开展全民阅读活动,逐步扩大基本免费或低收费阅读服务范围"。

2012年11月,党的十八大报告做出"开展全民阅读活动"的战略部署。2014年3月,国务院政府工作报告首次提出要"倡导全民阅读",体现了党中央、国务院对全民阅读工作的高度重视。

2014年11月,《湖北省全民阅读促进办法》经湖北省人民政府常务会议审议通过,《江苏省关于促进全民阅读的决定》经江苏省第十二届人民代表大会常务委员会第十三次会议审议通过,以地方立法的方式将全民阅读纳入本省发展战略,为中央层面的全民阅读立法工作做出了重要探索。

2014年3月,国家新闻出版广电总局下发通知,在多年倡导并组织开展建设"书香中国"的基础上,决定在2014年继续深入开展全民阅读活动。全国有以下几个比较有影响力的大型群众性读书文化活动。

(一)深圳读书月。深圳市委市政府于2000年创办,时间为每年的11月1—30日。15年来,深圳读书月以"阅读·进步·和谐"为总主题,创出了深圳读书论坛、年度十大好书、经典诗文朗诵会、亲子阅读论坛、中小学生现场作文大赛、绘本剧大赛、青工阳光阅读、手机阅读季、温馨阅读夜等品牌活动,荣获联合国教科文组织特别授予的"全球全民阅读典范城市"光荣称号。2014年"深圳读书月"的主题是"接力民族精神 创造文明生活",首次发布《2014年度深圳阅读指数报告》,正式挂牌成立"深圳市全民阅读研究与推广中心",召开《深圳经济特区全民阅读促进条例》专家座谈会,举办"数字图书与未来科技"国际研讨会,向全球发布了《2014深圳宣言》。

(二)北京阅读季。北京市委宣传部、市新闻出版局等成员单位于2011年共同发起,时间为每年的4月至12月。五年来,北京阅读季让阅读走进社区,走进人们的生活，初步形成“政府推动、专家指导、社会参与”的运作模式。2014年起，“北京阅读季”升格为全国首家国家级品牌的全民阅读活动，定名为“书香中国·北京阅读季”，以“共享全民阅读，同绘中国梦想”为主题，主要活动有：北京书市、书香中国万里行、北京市阅读指数调查及发布、领读者计划、百姓读书大讲堂、北京大学生读书节、北京少年读书节、亲子阅读、女性读书、“书香机关”公务员读书、“书香北京”系列评选等。

(三)南国书香节。广东省委宣传部、广东省新闻出版广电局、广州市委宣传部、广州市文化广电新闻出版局主办，始创于1993年。从2007年起，“南国书香节”与“羊城书展”进行资源整合，其展销内容、活动形式和参展群体呈现出多元化、多样化和国际化的特点，先后设立台湾馆、香港馆、马来西亚馆。目前，“南国书香节”已经由单一的图书交易活动，发展成为集出版成果展示、出版物展销、文化活动举办、出版文化交流、出版信息服务于一体的文化盛会，已经成为写书人、售书人、读书人、评书人、藏书人的盛大节日，成为深受南粤大地广大群众热切期待和共同参与的阅读嘉年华。

此外，“书香岭南”“书香荆楚”“书香八闽”“书香重庆”“书香八桂”“书香龙江”“江苏读书节”“三湘读书月”“天山读书节”“三秦书月”“苏州阅读节”“书香中国·上海周”等知名阅读活动品牌，为推动全民阅读、建设书香社会营造了浓厚的氛围。

二　民间参与

早在20世纪80年代末，一些民间公益组织就开始参与中国教育，侧重在希望小学捐建、贫困学生助学、残障儿童救助等方面。2008年以来，民间公益组织不约而同地选择校园阅读作为资助和策划项目的重点，各种类型和服务个性的民间阅读组织纷纷涌现。

(一)新阅读研究所。2010年由朱永新教授创办。其宗旨和使命是：通过研究和推广阅读，促进学校、家庭和社会重视阅读；通过倡导阅读的核心价值观，推广新阅读理念和阅读方法，促进人们阅读能力和阅读水平的提高；通过阅读研究项目和公益活动，营造全民阅读之风，使阅读成为人们的一种生活方式。自2010年起，“新教育实验”倡导“营造书香校园”，研制中国人基础阅读书目，策划编辑出版“新阅读文库”。2014年9月，新阅读研究所在京发布“中国中学生基础阅读书目”，并推出《中国人阅读书目》导读手册。

（二）亲近母语研究院。2003年由徐冬梅女士创办。在全国教育科学“十五”规划“亲近母语”课题实验的基础上发展起来，以“亲近母语，呵护童年”为理念，以“倡导儿童阅读，促进母语教育，营造精神家园”为宗旨，集研究、出版、推广于一体，致力于母语教育改革、儿童阅读推广、母语文化传播，为社会各团体、学校、家庭、个人提供儿童阅读与母语教育咨询服务。每年举办“中国儿童阅读论坛暨亲近母语教育研讨会”，成为国内和华语地区以促进儿童阅读为目标的研究和推广平台。

（三）全国中语会阅读推广中心。全国中语会和商务印书馆于2012年共同创办。其阅读理念是：把阅读从文学领域拓展到历史、科学、哲学、社科、艺术、博物等领域，倡导学生多读书，好读书，读好书，读整本的书，读一些暂时无用的书。中心成立以来，把“阅读”落实在“行动”上，如举办阅读行动论坛，打造阅读行动课例，编写阅读行动读本，开设阅读行动网站，从事阅读行动公益。2014年4月，在北京举办“中国教育报2013年度推动读书十大人物揭晓仪式”活动。7月，在青海西宁举办“为中国未来而读——2014阅读论坛”。

（四）出版界图书馆界全民阅读年会。2012年开始，年会以图书馆界、出版界和新华书店为基础，逐渐辐射到教育界、新闻界和文化界，力争打造一个全国范围内的阅读嘉年华。2014年11月，在湖南省图书馆举行出版界图书馆界全民阅读年会，主题为“全媒体时代下的各界合作共促阅读”，揭晓《全国图书馆推荐书目（2013年度）》及“全民阅读年会50种重点推荐图书”。

据民间阅读公益事业平台秘书长伍松粗略估计，2008年以来，重点从事儿童阅读推广的公益机构大约有200多家，比较活跃的有60—80家。[①]

有些民间阅读机构以公益资助为主，主要致力于推动其他公益机构开展阅读项目。例如“心平公益基金会”，倡导各类公益组织在儿童阅读领域开展合作，向农村和贫困地区的学校捐赠优质图书，协助这些地区持续推动和改善儿童阅读，已经成为我国最有影响的公益阅读资助和推动平台。又如“陈一心家族基金会”的“石头汤”悦读校园联盟项目，由本地骨干学校牵头策划并推动联盟学校共同成长，各联盟校建立了特有的图书阅读空间和阅读时间，举办与阅读有关的延

① 徐冬梅《2008年以来大陆民间阅读公益组织发展报告》，《中国教育发展报告（2014）》151—159页，社会科学文献出版社2014年版。

伸活动，从师生同读一本书开始，让教师体验深入童书回归天真的乐趣。

有些民间阅读机构，既有筹款功能，又直接开展阅读项目的运作。例如“上海真爱梦想公益基金会”，其核心项目有“梦想中心”“梦想课程”“梦想领路人”“梦想银行”，试图构建统一的、标准化的教育公益产品和服务。又如“担当者行动”，核心项目是“班班有个图书角”，在比较缺乏课外图书资源的乡村和打工子弟学校，每个班级教室中都建立一个标准化配置的图书角，不需要专门的场地和专人管理，孩子们可以在课间和放学后随时取阅。

还有些民间阅读机构，以策划和执行阅读项目为主，注重技术性和执行性。例如“北京天下溪教育咨询中心”的公益图书采购中盘项目，旨在联合基金会、企事业单位、图书出版发行机构、公益组织以及志愿者团体，为我国乡村图书室的建设搭建一个专业化、非营利的服务平台。又如“六和公益”致力于推动青少年阅读教育，促进身心成长，正在实施的“老家乡”乡土项目，收集、整理和开发乡土文化，体现了公益组织对乡土资源和母语文化的尊重。

三　两会提案

2003—2006年，全国政协委员朱永新连续四次在“两会”上提出“关于设立国家阅读节（日），推进全民阅读的建议”，并在其所发起的“新教育实验”中倡导“营造书香校园”，推广师生共读，在国内产生较大的影响。

2007年，全国政协委员聂震宁在“两会”上作为第一提案人，与邵华泽、于友先、桂晓风、周海婴、苏士澍等30位全国政协委员联名提出“开展全民阅读活动，设立国家读书节”的提案，引起了社会和媒体的热情关注。

2013年3月，全国政协委员邬书林作为第一提案人，与李卫红、周文彰、王涛、郝振省等全国政协委员联署的《关于制定实施国家全民阅读战略的提案》，得到了新闻出版、文艺、教育、社科、经济等多个界别政协委员的支持，葛剑雄、王明明、白岩松、王安忆、陈建功、何建明等115名在社会上有影响力的委员均在提案上联名，成为向该届大会提交的获得最多委员联名的提案之一。

委员们认为，我国自2006年倡导并开展的全民阅读工程，尽管已经取得优异成绩，但还存在四大问题亟须解决。一是缺乏国家法律法规保障，全民阅读工作还属于政府部门的自发活动，未能纳入到政府考核指标体系中，多数是由地区的组织机构和负责人自发倡导，缺乏长期、持续、深入开展的动力。二是没有国家层面常设的全民阅读组织领导机构，缺乏组织保障和专项经费支持，无法建立起长效机制。三是国民阅读能力总体不高，与国际社会尤其是发达国家相比存在着较大差距。四是特殊困难群体的基本阅读需求得不到有效满足。

从我国实际国情出发，提案建议制定实施国家全民阅读战略，并提出五项具体建议。一是成立国家全民阅读指导委员会，以加强领导，统筹协调各地各部门资源，形成合力；建立长效机制，形成国家长远战略；解决全民阅读工作中的重点难点问题。二是设立国家全民阅读节，将孔子诞辰日9月28日确定为全国阅读节。三是进行全民阅读立法，由全国人大制定《全民阅读法》、国务院制定《全民阅读条例》，以法律法规的形式将推动全民阅读工作纳入法制化轨道。四是制定全民阅读规划，作为开展全民阅读的指导性文件。五是建立国家阅读基金，建设全民阅读重点工程。

2013年3月，国家新闻出版广电总局正式启动《全民阅读促进条例》立法工作，该项目先后列入国务院立法工作计划、中宣部的文化领域立法五年规划，到2015年初，已完成草案第九稿。期待《全民阅读促进条例》和更多的地方阅读法规尽快出台。

四　相关思考

全民阅读是一件关乎国民素质、综合国力、民族未来的大事。开展全民阅读活动是我国构建公共文化服务体系的一项重要部署，对培育和践行社会主义核心价值观，提高国民思想道德素养和科学文化素质，建设社会主义文化强国，增强国家文化软实力，实现中华民族伟大复兴的中国梦具有重要意义。

（一）全民阅读的内涵

人们每当谈到阅读，往往立刻会想到个人的学习和修养。尽管阅读的目的各有不同，有的是为了改变命运，有的是为了道德传承，有的是为了个人修养，还有的只是以读书为人生乐趣和良好的生活方式，但概而言之，不外乎“学以致用”和“学以修为”两类，前者强调实际效用，是人类社会不断进取的动力；后者注重审美愉悦，是实现人的全面发展的需要。[①]

① 聂震宁《国民阅读的状况与全民阅读的意义》，《现代出版》2015年第1期。

遗憾的是，社会上一直对“全民阅读”意义的理解存在偏差，经常用“读书改变命运”来号召大众读书，用成功人士的读书实例去鼓舞大众读书，这并不符合全民阅读的主旨。联合国教科文组织在其“世界读书日”宣言中提出：“希望散居在全球各地的人们，无论你是年老还是年轻，无论你是贫穷还是富有，无论你是患病还是健康，都能享受阅读带来的乐趣，都能尊重和感谢为人类文明做出巨大贡献的文学、文化、科学思想大师们，都能保护知识产权。”

由此可见，倡导全民阅读最本质的意义在于要让更多的人读到书，享受到阅读的乐趣，进而提升全民族、全社会的整体素质，不断提高竞争力和影响力。正如朱永新先生所说：“一个人的精神发育史，就是他的阅读史；一个民族的精神境界，取决于这个民族的阅读水平。”

（二）数字阅读的挑战

现代人读手机、读短信、看微博、刷微信……数亿网民都在“读网”，离书好像越来越远，这引起了一些人士的忧虑。有人认为读书应该是一种完整、深度的阅读，而碎片化、浏览式的阅读是“肤浅”的，会影响思维能力的培养。

实际上，阅读本就是多样化的，对碎片化阅读不可一概而论。聂震宁举例说，《论语》就是碎片化的，是散点式的议论和思考，不少书籍也是由一篇篇散文联缀起来的，如何能说这种就是读书，那种就不叫读书呢？更何况，现在一些微信公众号发布的信息，不亚于一张报纸的精华部分，如“澎湃新闻”“罗辑思维”等，均有一定代表性，其能量和影响不容小觑。在时间被肢解得相当碎片化的都市生活中，移动阅读可以使碎片化的时间得到较好的利用，何乐不为？[①]

不可否认，在数字化时代，传统阅读提倡的整体性、深刻性、严肃性受到前所未有的挑战，仍然是一个不容忽视的问题。我们既要欣然接受数字技术带来的信息革命的正能量，也要坚守正确的传统阅读的价值观，国民素质的提升应当依靠阅读一定的经典作品打底子。可以预见，数字化传播将成为未来社会传播的主流，数字化阅读无疑将成为主要的阅读形式，如何在媒体融合的条件下更好地开展全民阅读的数字化阅读，亟待有关方面认真研究。

（李节、周洪波）

① 聂震宁《关于全民阅读的几点思考》，《新华文摘》2015年第8期。

近年中考写作试题要况

中考，常常被看作是国内高利害型教育评测方式，其试题命制依据为《义务教育语文课程标准》(2011 年版)[①]及“考试说明”，由全国各省市自治区自主命制。因此，与高考相比，中考语文试题更具测试内容丰富多样、测试形式灵活多变、测试材料个性鲜明的特征。

中考语文试卷一般由语言积累与运用、诗文默写、古诗文阅读、现代文阅读、名著阅读、口语交际、综合性学习、写作等板块组成，其中阅读与写作板块是试卷的核心评测领域。写作试题的分值占到整个试卷的 40%—42%。

为全面了解近年来国内中考写作试题的发展特征，我们搜集整理了北京、山西、浙江宁波、山东临沂等在内的 22 个省或地市[②] 2010—2014 年的中考写作试题，在测试内容、测试材料、测试形式等方面进行初步的统计和分析，力求展示近年来中考写作试题的变化趋势。

一　测试内容

总的来看，写作试题的测试内容贴近生活实际，侧重考查学生对现实生活的关注和思考、真情实感的表达，注重发展个性，鼓励有创意的表达，发挥情感态度价值观的导向作用，体现了中考作文试题对初中阶段学生在语文学习目标方面的发展状况的评测。

（一）精神成长

语文是关于语言文字应用的综合实践性课程，承载着民族文化传承、民族精

① 中华人民共和国教育部制定，《义务教育语文课程标准》(2011 年版)第 6 页，北京师范大学出版社 2012 年版。以下简称《课标》。

② 22 个省或地市包括北京、安徽、吉林、江西、山西、陕西、浙江宁波、福建福州、广东深圳、广西南宁、黑龙江哈尔滨、湖北黄冈、江苏南京、江苏无锡、辽宁大连、辽宁沈阳、山东临沂、山东潍坊、天津、重庆、上海、四川乐山。

神培育的重任。《课标》指出“吸收古今中外优秀文化，提高思想文化修养，促进自身精神成长”。对学生来说，关注生活、认识世界是外在需求，同时还应有促进自身的精神成长的内在需求。只有通过精神成长才能够不断化解自身的矛盾和冲突，力争达到身心的和谐一致，才能与外部世界形成良好的关系。

2011 年山东潍坊的“升起心中的太阳”、2012 年江西的“垒高自己”、2013 年山东临沂的“走在路上”、2014 年福建福州的“自律”，这些作文试题共同的关注点是“自我”，引导学生关注自身的成长经历，形成积极乐观的价值观念，不断自我完善。

阅读在人类精神成长中起着巨大的作用，人文素养也在很大程度上决定着个体所呈现的生命样态。以阅读素养、人文素养作为作文考查内容可以更为直接地评估考生在平日学习中是否具有丰富自身文化底蕴的意识。

近年来的写作试题，能够看到命题者关注阅读与写作的密切关联的尝试，阅读素养、人文素养的试题明显增多。2012 年的试题中就有江苏南京的“带一本书去旅行”，浙江宁波的“你是我的一本书”；2013 年有重庆的“阅读，真好”，山西太原的“我____书______”；2014 年江苏南京的试题为“只是因为____”，请学生从“那本书”“那个人”“那条路”中选择一个作为写作题目。

（二）实用性表达

教育的目标是培养合格的社会人，具备公民素养，学会如何根据生活需求规范地表达与呈现。因此，语文课程不仅注重引导学生表达个性化的审美体验，还重视实用性表达能力的培养。

近年来的试卷中，可以发现“微写作”成为写作领域命题的新趋势。此类试题题干篇幅短小，分值平均在 8—10 分；从测试内容来看，主要关注明确的表达目的与对象、固定的表达形式，考查学生是否能够以有限的文字呈现自己的观点与认识，这可以说是对传统长篇写作之外的探索与补充。2010—2013 年，命制“微写作”试题的省市仅有 1—2 个，而 2014 年便增加至 6 个省市，分别为北京市、山西省、内蒙古呼和浩特市、湖南长沙市、吉林长春市、江苏无锡市。

“微写作”形式引用材料指向明确，开放度较大，赋予学生更多的选择性，学生可结合生活经历、学习经历，展开写作；字数控制在 100 字左右，文本呈现要求严格，而这种严格的限定意味着学生的语言表达须更精简。

如果说大作文更多是指向生活、指向内心、指向思想，“微写作”则更倾向于

指向实用，强调语言表述的实践性。“微写作”的情境设定意在创设真实而自由的交流场域，引导学生完成真实的语言交流任务。

（三）鼓励想象与创造

写作是自我表达的过程，由于生活经历与认知视角的差异，不同的生命个体对事物的感知结果是丰富多样的。正因如此，语文新课程改革鼓励学生“多角度观察生活，发现生活的丰富多彩，能抓住事物特征，有自己的感受和认识，表达力求有创意”。

从历年的中考写作试题来看，命题者在不断探索激发学生想象力与创造力的测试形式。例如，2013 年广西壮族自治区南宁卷中的“十年后，与最好的自己相遇”（或“致十年后的自己”）；2014 年北京卷的“宜居城市”，在写作过程中，学生既要以说明文中的“宜居城市”为背景，又要构思一个合乎情理的故事。对于背景、故事的双重想象使得此题难度陡增。

二　测试材料

写作试题所使用的材料来源广泛，涵盖时政热点、广告杂志、诗词散文、寓言故事、卷内材料及自编材料等，内容具有鲜明的时代性，关注学习生活，注重引导学生展开理性思考，同时兼顾开放性，为学生提供了充分的表达空间。

（一）来源多元化

这五年间写作测试材料主要来源于自编材料和哲理故事。其中，自编材料最多，其次为哲理故事、寓言故事类作文材料。时政热点、词条释义测试材料比较少，样卷中未见漫画类材料。具体分布详见表 4—1。

表 4—1　2010—2014 年中考作文试题测试材料来源统计一览表

年份	试题数量及比例	自编材料	哲理故事	时政热点	词条释义	诗歌名言	语文教材
2010 年	作文材料数量	14	4	2	1	2	—
	所占比例	60.87%	17.39%	8.70%	4.35%	8.70%	—
2011 年	作文材料数量	13	2	2	—	3	1
	所占比例	61.90%	9.52%	9.52%	0%	14.29%	4.76%

（续表）

2012年	作文材料数量	11	5	2	2	3	—
	所占比例	47.83%	21.74%	8.70%	8.70%	13.04%	—
2013年	作文材料数量	15	6	1	2	2	—
	所占比例	57.69%	23.08%	3.85%	7.69%	7.69%	—
2014年	作文材料数量	17	4	1	—	—	—
	所占比例	77.27%	18.18%	4.55%	—	—	—

（二）激发写作兴趣

命题者精心设计了体现命题意图的背景文字，这些文字或思路开阔，或文采斐然，提示语的设置，易于调动考生的生活经验，展现写作能力。

2010年江苏无锡试卷中，测试材料为：生活中，许多时候、许多事情需要我们做出决定：一次赈灾活动，是否慷慨解囊；一次同学误会，是否有勇气说出消除隔阂的话语；别人遇到了生活的挫折，是否发去鼓舞对方勇敢面对的短信；自己面临新的机会，是否能够为自己“悍然”做主……一次次难忘的决定给我们留下了深刻的印象，成为我们永远值得珍藏的记忆。

命题者循循善诱，创设出生活中的诸多需要做出抉择的瞬间供学生思考，学生的思维受到启发，较容易联想起与自己生活经历贴合的瞬间。

2012年黑龙江哈尔滨的试题材料为“花开花谢，春去秋来。不经意间，我们发现自己在慢慢长大。回首逝去的岁月，总有一些人让我们心存感激：或许是相依相伴的家人、老师，或许是短暂相逢的同学、朋友，或许是擦肩而过的陌生人，他们体贴入微的照顾，严厉中善意的批评，看似平常的只言片语……都化作一份厚重的情感沉淀在心底，伴我们成长，让我们难忘。”生活片段的再现，引发学生思索“感激”的真意，探寻生命成长的力量。文辞优美的提示语使得审题难度降低，易于考生调动积累，发挥水平。

抒情、感悟是需要载体的，命题者在作文材料拟定中力求给学生一个跳板，注重引导学生在写作中“以小见大，寄情于物”。抒情感悟需要有明确的、典型的生发点，否则易流于泛泛而谈，或失于抽象刻板。

三 测试形式

各省市中考写作试题延续了全命题作文、半命题作文、话题作文、材料作文四种主要题型，没有出现新的测试形式。不同测试形式的考查功能各有侧重，命题作文侧重考查审题能力，话题作文侧重考查创新能力，材料作文侧重考查读写结合能力。在题干陈述方面，不同测试形式在保持原有形式的基础上，又相互借鉴与融合，旨在突出写作试题的导向性、限制性和提示性。

（一）总体情况

从五年的数据统计中，可以看出，中考写作试题的设置方式包括限题作文和选题作文两种。如图 4—1 所示，在所选的 22 个省或地市的中考试卷中，2010—2014 年，限题作文的设题方式都多于选题作文的设置方式，分别为 15∶7、16∶6、17∶5、15∶8、14∶8。

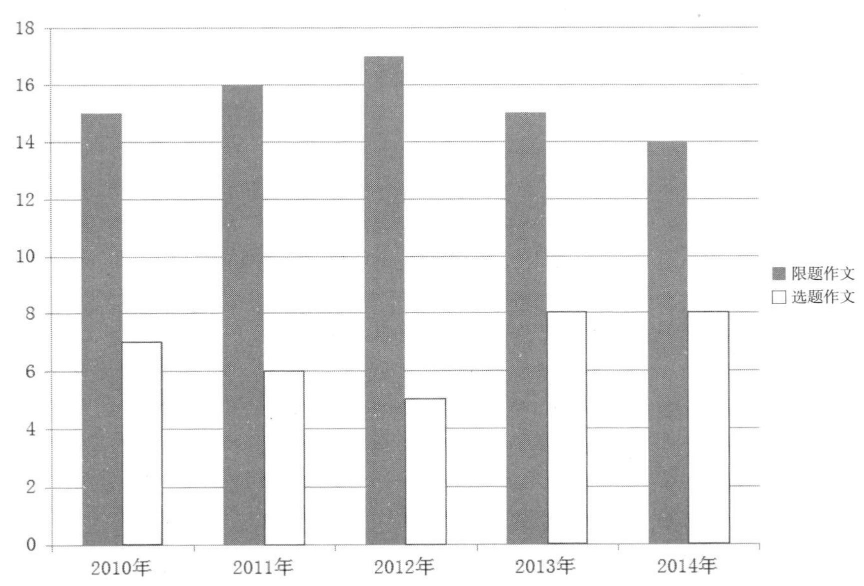

图 4—1　2010—2014 年写作试题设置方式的变化趋势图

从不同省市中考试卷的统计中可以看出，写作试题命题方式五年来稳中有变，全命题作文的主流地位依旧明显，话题作文与半命题作文所占比例下降，材料作文所占比例相对平稳，部分省市出现“小作文”考查。

表 4—2　2010—2014 年写作试题命题方式一览表

年份	命题方式								试题总数
	全命题作文		半命题作文		话题作文		材料作文		
	试题数	比例	试题数	比例	试题数	比例	试题数	比例	

（续表）

2010 年	10	32.26%	8	25.81%	5	16.13%	8	25.81%	31
2011 年	15	51.72%	8	27.59%	1	3.45%	5	17.24%	29
2012 年	16	53.33%	4	13.33%	3	10%	7	23.33%	30
2013 年	18	54.55%	5	15.15%	1	3.03%	9	27.27%	33
2014 年	17	56.67%	5	16.67%	2	6.67%	6	20%	30

（二）限题写作占主流

从命题方式看，全命题作文的主流地位愈加明显。全命题作文继 2008 年强势回归后，所占比例总体呈上升趋势，2010—2014 年的比例分别占当年样本试题总数的 32.26%、51.72%、53.33%、54.55%、56.67%。自 2011 年起，全命题作文的比例急剧增加，远远高于其他几种命题方式。

全命题作文是命题人完全给出作文题目的写作题型，要求学生根据既定的题目进行审题立意，构思布局。全命题作文一般具有题目唯一、题干简洁、指向明确等特点，同时选材范围受到较大的限制。

全命题作文的题目可以仅仅是一个词，也可以是一个短语或句子，命题者往往会在题目中巧用语法修辞知识对取材范围、立意等做出一定的限定。

（三）选题作文式微

这几年，话题作文所占比例下降趋势明显，这种命题方式开放性大，写作内容宽泛、写法手法灵活、文体选择自由，但也容易使考生无所适从，带来不必要的失误。这五年话题作文的比例分别为 16.13%、3.45%、10%、3.03%、6.67%，显示命题者对话题作文的命制比较谨慎。

半命题作文比例也呈现出总体下降趋势，这类试题既有一定的限定性，又有一定的开放度，给学生一定的自主选择的空间，比较利于一些有创造力的学生发挥，但并不适合所有考生。

材料作文所占比例相对平稳：材料作文作为四种命题方式中难度最大的一种，平稳中略有波动，除 2011 年占当年试题总数 17.24% 外，2010、2012、2013 和 2014 年分别占 25.81%、23.33%、27.27% 和 20%。

（李倩、郑国民、张媛、徐沙沙）

南京市小学生应用文学习状况调查

应用文是人们学习、工作、生活必不可少的工具性文体。教授应用文相关知识，培养应用文写作能力，是小学语文教学的一项重要任务。

为了解目前小学语文教学中应用文的教学状况，我们于 2013 年 12 月至 2014 年 1 月对南京市小学生应用文学习状况进行了抽样调查。

一 基本情况

（一）小学应用文教学目标与教材编排

《小学语文新课程标准》(2011 年版)在“课程总目标”中提出：“写作能力是语文素养的综合体现”，要“能具体明确、文从字顺地表述自己的意思”“能根据日常生活需要，运用常见的表达方式写作”。“阶段目标”中提出第二学段(三、四年级)要“能用简短的书信便条进行书面交际”，第三学段(五、六年级)要“学写读书笔记和常见应用文”。这里的“常见应用文”是指日常应用文，不是公务应用文和专业应用文。

南京市的小学语文教材在应用文教学内容的编排上涉及留言、请假条、广告词、日记、书信、建议、推荐文章、新闻报道、演讲稿、启事十类日常应用文，其中广告词、启事、演讲稿三类未提具体写作要求，具体见表 4—3。

表 4—3 小学语文教材应用文编排情况统计表

应用文编排	年级	应用文编排	年级
留言、请假条、广告词、日记(一)	三年级	新闻报道、启事、演讲稿	五年级
日记(二)、书信(一)、建议、推荐文章	四年级	书信(二)	六年级

（二）调查说明

1. 测试题目与访谈话题的设计

本调查分为对小学生进行应用文水平测试和对相关教师进行访谈两部分。

应用文测试，针对南京市语文教材与语文教学实际，选择四、五、六三个年级的学生进行。具体为：四年级测试“请假条”，五年级测试“观察日记”，六年级测试“书信”（测试题见附录）。

教师访谈围绕四个话题进行：(1)目前小学应用文教学的总体现状；(2)小学应用文教学应注意的问题；(3)所用教材中应用文教学内容的编写情况；(4)小学应用文教学改革的建议。

2. 调查对象的抽样

调查学校的抽取　采取分层抽样的方法，根据地域分布（城区、郊区、原郊县）和学校类型（知名小学、一般省级实验小学、中心小学）的不同，从鼓楼（城区）、玄武（城区）、栖霞（郊区）、江宁（原郊县）、溧水（原郊县）等五个区共抽取知名小学 2 所（下文称 M1、M2）、一般省级实验小学 3 所（下文称 S1、S2、S3）、中心小学 2 所（下文称 Z1、Z2），共 7 所小学。

测试学生的抽取　采取简单随机抽样的方法，在每所学校四、五、六年级各抽取 1 个班级开展测试，共测试学生 904 人，其中四年级 312 人、五年级 300 人、六年级 292 人。

访谈教师的选择　对从事四、五、六年级语文教学的教师开展访谈，每所学校每个年级一般任选 2 名教师，共计访谈 38 人。

二　学生测试情况

（一）评测标准

对学生应用文测试的评判主要分为四个评测项：

1. 格式要求　请假条分设“标题”“称谓问候”“祝颂语”和“落款”四个子项，每一子项又分别提出具体要求（见表 4—4）；观察日记分设“月日”“星期”“天气”“排序”等四个子项；书信分设“称谓问候”“祝颂语”“落款”三个子项，每一子项均提出具体要求（见表 4—5）。

2. 内容要求　请假条分设请假的“缘由”“时间”（起止时间）以及“转交”（转交情况）、“电话”（电话联系情况）和“批准”（请求批准）五个子项；观察日记分设“目的”（观察目的）、“全面”（观察全面）、“仔细”（观察仔细）、“线索”（观察线索）四个子项；书信分设“学习”（学习状况）、“寒假”（寒假安排）、“雾霾”（南京雾霾）、

“谢邀”(感谢奶奶的邀请)和“邀请”(邀请奶奶来宁)五个子项。

3. 语言要求 三类应用文均分设“遣词造句”与“语言表述”两个子项。“遣词造句”包括“用字”(不写错别字)、“用词”(用词正确)、“用句”(句法正确)和“标点”(标点正确)四项内容;“语言表述”包括“准确”(指表述事实要准确)、“得体”(指表述身份要恰当)、“简洁”(指表述语言要简明)三项内容。

4. 综合评价 用优、良、中、差四个等第来给学生的观察日记、书信做综合评价。鉴于请假条内容较为简单,故未做综合评价。

(二) 数据统计

“格式要求”“内容要求”“语言要求”三项统计的是不符合评测要求的数据,而“综合评价”项则统计的是获得不同等第的数据。具体见表 4—4、表 4—5、表 4—6、表 4—7、表 4—8。

表 4—4 请假条“格式要求”数据统计表

学校	人数	请假条											
		标题			称谓问候					祝颂语		落款	
		标题	顶部	正中	称呼	职务	顶格	冒号	问候	祝颂语	格式	署名	日期
M1	50	9	5	1	1	0	0	0	30	13	6	6	26
M2	45	1	0	0	0	0	1	0	18	3	21	2	15
S1	48	0	0	0	0	0	0	0	26	0	0	2	2
S2	35	0	0	0	0	0	0	0	31	35	0	0	1
S3	51	51	0	0	0	0	5	3	19	13	30	25	41
Z1	45	0	0	0	0	0	0	0	0	0	1	4	5
Z2	38	28	0	2	3	2	2	0	13	30	2	4	26
总计	312	89	5	3	4	2	8	3	137	94	60	43	116

表 4—5 观察日记和书信“格式要求”数据统计表

学校	观察日记					书信									
	人数	具体要求				人数	称谓问候					祝颂语		落款	
		月日	星期	天气	排序		昵语	称呼	顶格	冒号	问候	敬礼	祝福	署名	日期
M1	48	0	2	0	1	48	9	0	1	1	27	39	7	2	0
M2	40	0	1	1	4	42	8	0	0	1	23	32	20	5	4
S1	43	0	0	0	0	39	0	0	0	1	8	33	2	1	0
S2	34	8	8	7	1	41	8	0	1	1	18	41	12	4	3
S3	53	9	10	11	0	51	0	0	0	0	25	51	9	0	2
Z1	43	42	42	42	0	40	0	0	1	10	9	40	0	0	0
Z2	39	27	27	26	1	31	0	0	0	0	15	26	7	3	6
总计	300	86	90	87	7	292	25	0	3	14	125	262	57	15	15

表 4—6 “内容要求”数据统计表

学校	请假条						观察日记					书信					
	人数	请假内容					人数	观察要求				人数	书信内容				
		缘由	时间	转交	电话	批准		目的	全面	仔细	线索		学习	寒假	雾霾	谢邀	邀请
M1	50	0	14	40	35	5	48	8	9	11	7	48	2	9	0	28	5
M2	45	0	35	5	8	6	40	4	14	14	8	42	2	12	2	26	2
S1	48	0	12	46	7	3	43	6	0	0	4	39	1	6	1	35	3
S2	35	0	0	35	32	1	34	2	14	8	6	41	8	12	9	35	5
S3	51	0	34	43	32	29	53	8	9	15	6	51	0	7	0	39	7
Z1	45	0	2	41	37	28	43	11	15	27	9	40	1	10	2	8	0
Z2	38	0	23	31	18	18	39	17	18	21	4	31	2	6	2	27	2
总计	312	0	120	241	169	90	300	56	79	96	44	292	16	62	16	198	24

表 4—7 “语言要求”数据统计表

学校	请假条								观察日记								书信							
	人数	遣词造句				语言表述			人数	遣词造句				语言表述			人数	遣词造句				语言表述		
		用字	用词	用句	标点	准确	得体	简洁		用字	用词	用句	标点	准确	得体	简洁		用字	用词	用句	标点	准确	得体	简洁
M1	50	6	4	0	20	6	4	24	48	95	17	23	114	12	0	5	48	31	16	22	124	10	5	13
M2	45	12	4	14	31	15	0	31	40	89	9	33	69	4	0	2	42	59	28	41	107	13	3	17
S1	48	12	5	17	23	19	3	43	43	51	20	48	102	12	0	8	39	57	16	44	149	7	0	24
S2	35	3	3	8	7	8	0	30	34	68	11	27	180	4	2	11	41	70	21	30	180	15	3	11
S3	51	15	2	6	50	25	11	44	53	128	27	35	171	12	5	6	51	77	29	40	110	9	0	10
Z1	45	4	11	12	32	26	1	34	43	90	30	28	160	8	0	8	40	49	20	51	235	14	0	30
Z2	38	12	7	18	30	23	5	30	39	92	15	24	183	10	2	6	31	57	13	26	92	17	2	14
总计	312	64	36	75	193	122	24	236	300	613	129	218	979	62	9	46	292	400	143	254	997	85	13	119

表 4—8 “综合评价”数据统计表

学校	观察日记					书信				
	人数	等第划分				人数	等第划分			
		优	良	中	差		优	良	中	差
M1	48	7	23	11	7	48	12	24	11	1
M2	40	12	12	12	4	42	9	20	7	6
S1	43	18	18	7	0	39	10	22	7	0
S2	34	5	14	9	6	41	4	11	19	7
S3	53	12	25	13	3	51	20	20	8	3
Z1	43	8	9	17	9	40	8	20	9	3
Z2	39	4	7	15	13	31	5	11	13	2
总计	300	66	108	84	42	292	68	128	74	22

（三）结果分析

调查结果显示受访小学生通过课堂学习与平日训练，总体上对应用文的基本格式、表述方式等有了初步的认识并具有一定的应用文写作能力。

但不同类型学校差距比较大。将同一项目上三类学校的成绩依次分为“高、中、低”三种，那么，在 11 个比较项中，知名小学获得“高”6 项、“中”4 项、“低”1 项，一般省级实验小学获得“高”2 项、“中”6 项、“低”3 项，中心小学获得“高”3 项、“中”1 项、“低”7 项。总的来看，知名小学学生应用文的学习状况要明显好于一般省级实验小学和中心小学，一般省级实验小学则略好于中心小学。

表 4—9　不同类型学校的均分值与优良率比较表

学校	格式要求			内容要求			语言要求			综合评价	
	请假条	观察日记	书信	请假条	观察日记	书信	请假条	观察日记	书信	观察日记	书信
M	中	高	低	高	中	中	高	高	高	中	高
S	低	中	中	低	高	低	中	中	中	高	中
Z	高	低	高	中	低	高	低	低	低	低	低

在应用文具体使用中，问题仍比较突出。

1. 格式多误

虽然在称谓的运用上较好，但标题、问候语等方面问题很严重。如请假条，开头问候语有近 44% 的学生缺乏；落款时间有 37% 的人没写或写错。有一所学校（S3）的“标题”无一人书写，另一所学校（Z2）近 75% 的学生没有写。又如观察日记，“月日”“星期”“天气”未写或写错的学生分别占总人数的 29%、30%、29%。有一所学校（Z1）43 人中 42 人不符合要求。再如书信，有 42.8% 的学生开头未写问候语；有近 90% 的人没写“此致敬礼”。

2. 内容遗漏

一些测试结果遗漏了重要内容，如请假条除说明缘由外还需要说明请假的起止时间、转交情况、电话联系情况与请求批准等内容，从统计数据（参见表 4—6）来看，分别有 120 位（占 38.5%）、241 位（占 77.2%）、169 位（占 54.2%）和 90 位（占 28.8%）学生遗漏。

3. 语言差错多

整体上看，语言运用中存在的问题严重。从“遣词造句”（参见表 4—7）来看，其错字率、错词率、错句率、标点用错率，请假条分别达到人均 0.21 个、0.12 个、0.24 句和 0.62 个，观察日记分别达到人均 2.04 个、0.43 个、0.73 句和 3.26 个；书信分别达到人均 1.37 个、0.49 个、0.85 句和 3.41 个。“语言表述”的主要问题是表述不准确、不简洁。请假条有 122 人、观察日记有 62 人、书信有 85 人存在表述不准确问题，分别占总数的 39.1%、20.7% 和 29.1%；请假条有 236 人、观察日记有 46 人、书信有 119 人存在表述不简洁问题，分别占总数的 75.6%、15.3% 和 40.8%。

三 教师访谈情况

受访教师围绕小学应用文教学的总体现状、教学中应注意的问题、教材的编写情况与教学改革建议四方面谈了各自的看法。

1. 总体现状

受访教师普遍认为目前小学应用文教学的总体状况不是很乐观，主要体现在四方面：(1)思想认识不足。无论是一线教师还是教学管理者，对应用文教学的重要性认识不足，认为应用文写作难度不大，日常生活中使用率不高，学生学起来不难；(2)教师素质欠缺。教师自身应用文知识缺乏，部分教师不会写应用文或写得不好，很难起到示范作用；(3)重视程度不够。应用文在写作教学中所占比重极小，写作训练极少，考试与公开课中出现率极低；教师教学远没有像教课文那样做到精耕细作；(4)学习效果不佳。学生对应用文学习缺乏兴趣，应用文写作能力较弱，尤其是格式要求，掌握得很不理想。

2. 注意问题

受访教师就应用文教学提出四个应注意的问题：(1)要从学生的生活实际出发，创设应用情境，激发学习兴趣；(2)要关注格式、文体分类与文体表达三大教学重点；(3)及时训练并加大练习量，鼓励学生在日常生活中去运用，在运用中加以巩固；(4)要与语言表达能力的训练相结合。

3. 教材编写

受访教师提出所用教材中在应用文教学内容编写方面存在五大问题：(1)应用文在教材中所占比过小，未作为一个类型来进行安排；(2)无论是文体知识介绍还是写作训练均缺乏系统性，只是安排在练习中，而且也并非每册都有，连续性不强，课文与练习脱节；(3)缺乏“协议”“合同”“说明书”“研究报告”等实用性强的应用文，缺乏电子邮件、微博、电子贺卡等新出现的应用文类型；(4)比较重视书信，弱化了留言条、请假条、日记、倡议书、辩论稿等应用文类型的教学；(5)教材提供的范文数量少，学生学习无样本可借鉴；教材所提供的大都是低水平的样本，缺乏示范意义；范文与学生生活实际结合得不够紧密。

4. 改革建议

要提高对应用文重要性的认识；应用文教学要讲究系统性，不同年级要各有侧重；常用应用文要有选择地以课文的形式出现或融入课文中；应用文教学应与时代契合，适当增加新的应用文类型；强化实践，强化训练，学以致用，真正体现其技能性与应用性；教师要着力提高自身的应用文理论素养与写作能力。

四　问题与建议

从调查数据和教师访谈情况可以看出，目前南京市应用文教学的总体现状不容乐观，具体表现为：教学地位弱化、重视程度不高、教学效果欠佳、写作能力较弱。鉴于此，特提出以下三点建议。

1. 提高思想认识

要提高全社会应用文使用水平，必须从娃娃抓起。要着力提高教育管理者、教材编写者、教学实践与研究者对应用文在小学语文教学中重要性的认识，形成共识，制定政策措施，确立应对机制，推动应用文教学改革。

2. 改进教材编写

要注意应用文文体本身编排的系统性与学习年段知识点编排的系统性，形成连贯的应用文学习体系，避免出现断裂；可将应用文的例文作为课文出现，以提升应用文学习的关注度；要注意课文与练习之间的协调性，避免出现错位；要将应用文写作全部列入小学生写作训练序列并占有一定的份额；结合时代要求，适当增加“科学小报告”“调查报告”“协议”“合同”等既有一定专业性又有很强实用性的应用文教学内容。

3. 强化教学改革

要强化应用文格式的教学与训练；注意教学情境的设置，注意与学生生活实际的结合；注重应用文内容的考核；关注网络时代应用文变体（如“书信”的变体“电子邮件”）的教学；要将应用文教学纳入公开课、研究课所关注的范围，并加大其教学研究的力度；关注学生语言知识的积累与语言能力的训练；努力提高教师自身的应用文写作水平。

（郭骏）

新老农民工语言状况调查

新生代农民工，通常是指20世纪八九十年代出生，户籍在农村而在城镇就业的人群。据国家统计局公布的数据，截至2009年，全国外出农民工的数量已经达到14 533万人，其中新生代农民工就有8487万人，占全部外出农民工总数的58.4%，已经成为外出农民工的主体并且在整个经济社会中发挥越来越大的影响。① 而据国家统计局的最新数据，到2014年第3季度，全国外出农民工已增至17 561万。② 即使新生代农民工比例保持不变，其人数也已超过一亿。

本世纪以来，新生代农民工的社会和语言适应性问题引起各方面的关注。为此，我们利用2012—2013年寒暑假的时间，在上海、厦门等地做了“农民工社会认同和语言使用之问卷调查”，以揭示农民工语言的发展态势。

一　基本情况

这次调查共发放510余份问卷，收回497份，其中有效问卷483份，基本情况见表4—10。

表4—10　调查样本构成情况（N＝483）

样本类型		人数	百分比	样本类型		人数	百分比
性别	男	256	53.0	代际	新生代农民工	265	54.9
	女	227	47.0		老一代农民工	218	45.1
来源地	东部地区	71	14.7	职业	加工制造业	99	20.5
	中部地区	323	66.9		建筑业	87	18.0
	西部地区	89	18.4		住宿、餐饮业	75	15.5
文化程度	没读过书	55	11.4		批发、零售业	51	10.6
	小学	47	9.7		家政服务业	54	11.2
	初中	213	44.1		保安、物业管理	36	7.5
	高中	106	21.9		交通运输业	33	6.8
	职高/中专/技校	38	7.9		文化教育	7	1.4
	大专及以上	24	5.0		其他	41	8.5

① 新生代农民工基本情况研究课题组《新生代农民工的数量、结构和特点》，《数据》2011年第4期。

② 数据来源：中华人民共和国国家统计局网站（http://data.stats.gov.cn）。

表4—10显示，农民工男性多于女性，大多来自我国中部地区以及上海、厦门周边一带，如安徽、江西、河南、四川、江苏、浙江等地；文化程度以中学（包括初中和高中）为主，占65%；主要从事工作为加工制造、住宿餐饮、建筑等行业，三者占54%；新生代农民工占54.9%，比老一代农民工多了近10%。

调查对象年龄最大的64岁，最小的18岁。外出打工时间2年及以下的30人，3—5年的126人，6—10年的164人，11—15年的85人，16—20年的47人，21年及以上的31人。可见，大多数农民工在外务工的时间都在3—15年，约占77.4%。

总体而言，此次调查的样本是一个新生代农民工占主体、文化程度中等且主要在城市从事低端职业的群体。

二　语言能力

表4—11显示，新老农民工的语言能力存在诸多共同之处：

第一，新老农民工会说的语言主要是普通话与老家话，很少有人会说其他语言或方言。九成以上的人会说普通话或老家话，会说其他话的不到一成。

表4—11　农民工语言水平各项指标的分布情况及赋值（N＝483）①

语言习得变量		新生代农民工		老一代农民工	
名称	赋值②	人数	百分比	人数	百分比
会说的语言：					
普通话	1	254	95.8	206	94.5
老家话	2	251	95.0	212	97.2
其他话	3	23	8.7	21	9.6
普通话水平：					
一点也不会说	1	0	0.0	2	0.9
只会一点简单用语	2	9	3.4	11	5.0
一般	3	156	58.9	122	56.0
很熟练	4	100	37.7	83	38.1

① 本表所涉问题，有可能存在被试不按要求填写的情况。若此，该被试将不被计入该问题的被试总数。因此，本表各问题的被试总数往往会少于参与此次调查的总人数（新生代：265人，老一代：218人），且各问题的被试总数存在不一致的情况。后文其他表格也有类似情况，为节省篇幅，不再特别加注。

② 表中“会说的语言”项属于定类数据，其余属定序数据。

（续表）

老家话水平：					
一点也不会说	1	5	1.9	1	0.5
只会一点简单用语	2	12	4.5	5	2.3
一般	3	82	30.9	58	26.6
很熟练	4	166	62.7	154	70.6
打工所在地方言水平：					
一点也不会说	1	242	91.3	197	90.4
只会一点简单用语	2	12	4.5	10	4.6
一般	3	7	2.6	8	3.7
很熟练	4	2	1.6	3	1.3

第二，普通话虽然在农民工群体中较为普遍，但水平多为一般。表4—11显示，过半数的人普通话水平为“一般”，达到“很熟练”的不到40%。

第三，新老农民工基本上都会说老家话，且水平也比较高。表4—11显示，新老农民工绝大多数人达到了“很熟练”的水平。

不过，表4—11也显示，新老农民工的语言能力存在差异：(1)新生代比老一代会说普通话的人略多，而老一代则比新生代会说老家话的人略多；(2)对于老家话，新生代无论在总体上，还是在“很熟练”层次上都不如老一代；(3)对于打工所在地方言，老一代要比新生代稍强，有5%的人达到了“一般”与“很熟练”的水平。

但在数据上，新老农民工之间的这些差异都很小。下面是双样本平均差的z值检验结果（见表4—12）。

表4—12 新老农民工语言能力差异显著性检验结果

	会说的话		普通话水平		老家话水平		打工所在地方言水平	
	均值	方差	均值	方差	均值	方差	均值	方差
新生代农民工	3.12	0.96	3.34	0.29	3.55	0.43	1.12	0.21
老一代农民工	3.10	0.65	3.31	0.37	3.67	0.29	1.16	0.29
z值	0.19		0.59		−2.22*		−0.84	

注：显著水平* $p<0.05$。

表4—12显示，新老农民工只是在“老家话水平”上存在显著差异。在该变量，新老农民工的均值都在3.5以上，即都在“一般”及以上，其中老一代农民工

的均值又高于新生代，这说明新老农民工的“老家话水平”虽然总体情况良好，但新生代农民工的老家话水平已明显不如老一代，这反映了我国当前汉语方言的萎缩势态。

三　语言习得

新老农民工语言习得的共同之处有：

第一，他们的普通话基本上都是在学校和在城里学会的。表 4—13 显示，新老农民工都有 90% 以上的人是通过在学校的学习或在城市的工作、生活中自然而然学会普通话的，电视等大众传媒亦有一定的作用，家人等的作用则微乎其微。

表 4—13　新老农民工语言习得情况及赋值

语言习得变量			新生代农民工		老一代农民工	
问题	答案	赋值	人数	%	人数	%
A.您是如何学会普通话的？	在学校学会的	1	140	52.8	88	40.4
	在城里自然而然学会的	2	111	41.9	127	58.3
	通过电视等媒体学会的	3	17	6.4	13	10.2
	家人（如父母等）教的	4	6	2.3	0	0.0
	其他	5	4	1.5	0	0.0
B.您是如何学会老家话的？	在学校学会的	1	23	8.7	5	2.3
	在老家自然而然学会的	2	239	90.2	204	93.6
	通过电视等媒体学会的	3	0	0.0	0	0.0
	家人（如父母等）教的	4	38	14.3	51	23.4
	其他	5	11	4.2	4	1.8

第二，新老农民工的老家话基本上都是在老家学会的。表 4—13 显示，90% 以上的农民工都是在老家自然而然学会老家话的；父母等家人的教育也起到了不小的作用，不过，这一选项实际上可以涵盖在前者内，因为绝大多数农民工都有在老家的生活经历，他们与家人在一起时，受其影响而学会普通话是很正常的。学校以及电视等媒体的作用很有限，这可以理解，因为国家相关法律和有关机构一般都要求学校和广播电视等媒体使用普通话。

不过，新老农民工的语言习得也存在以下差别：

第一，新生代学习普通话的最主要途径是学校学习，而老一代则是通过城里的工作、生活自然而然学会的。由表 4—13 看，50% 多的新生代选择了在学校的学习，而近 60% 的老一代选择了在城里自然而然的学习。

第二，新生代比老一代学习普通话的途径更加多样。表 4—13 所列各项，新生代都有人选，而老一代对后两项则无人选。这或许意味着，新生代农民工的家人中，尤其是父母，出现了会说普通话的人，这为他们从小学说普通话提供了条件。

第三，新生代有更多的人在学校学会了老家话。由表 4—13 看，新生代有 8.7% 的人选择了从学校学的老家话，这比老一代多出 6.4% 。

第四，新生代在老家或从家人那里学习老家话的比例低于老一代。由表 4—13 看，虽然新老农民工都有九成以上的人是在老家自然而然学会老家话的，但新生代在这方面则比老一代少了 3.4% ；向家人学会老家话的比例，新生代则比老一代少了 9.1% 。

新老农民工之间的这些差异是否具有显著性需要进一步检验。从检验结果看，新老农民工在普通话习得方面存在差异（见表 4—14）。

表 4—14 新老农民工语言习得差异显著性检验结果

	普通话习得（A）		老家话习得（B）	
	均值	方差	均值	方差
新生代农民工	2.18	1.95	2.85	2.61
老一代农民工	1.89	1.39	3.07	3.01
z 值	2.41*		－1.43	

注：显著水平* $p<0.05$。

综上所述，新老农民工的语言能力及习得情况多有相同之处，他们一般都会说普通话与老家话；他们的普通话水平并不存在显著差异，但在普通话习得方式上存在显著差异；新生代的老家话水平略逊于老一代，但在老家话习得方式上并不存在显著差异。

四 语言使用

新老农民工在城市、农村的语言使用具有以下一些共同特征（相关数据见表 4—15）：

第一，他们一般在老家使用老家话，而在城里使用普通话。新老农民工中 94% 以上的人在老家时都会使用老家话，而在城里则有 90% 的人使用普通话。

第二，他们在城里遇到老乡时会更多地使用老家话。新老农民工分别有83.2%、77.1%的人会对自己的老乡使用老家话；他们中还有不少人在碰到老乡时会使用普通话，比例约在16%—23%之间。没有人会与老乡使用其他话。

第三，他们在工作时一般会使用普通话。新老农民工在工作时说普通话的比例，分别达到了97.3%、93.9%，这显然高于他们在城里使用普通话的总体比例。

第四，他们在城里的住处多数情况下会使用老家话。在城里的住处，新老农民工都有七成以上的人会使用老家话，有两成以上的人会使用普通话，没有人会使用其他话。

两相对比，新老农民工的语言使用非常相似。"在老家""在城里遇到老乡""在城里的住处"等三种情况大致属于内部交际，而"在城里""在城里工作"则属于外部交际，前者的交际圈往往都是关系较为熟悉、亲近的人，后者的交际圈则是关系较为陌生、疏远的人。很明显，无论是新生代，还是老一代，他们在内部交际时一般会使用老家话，而在外部交际时一般会使用普通话。

表4—15　新老农民工的语言使用情况及赋值

变量		新生代农民工		老一代农民工	
名称	赋值	人数	%	人数	%
1. 在老家一般使用：					
普通话	1	11	4.2	4	1.8
老家话	2	249	94.3	212	97.3
其他话	3	4	1.5	2	0.9
2. 在城里一般使用：					
普通话	1	237	89.4	198	90.8
老家话	2	22	8.3	16	7.3
其他话	3	6	2.3	4	1.9
3. 在城里遇到老乡时一般使用：					
普通话	1	42	16.8	47	22.9
老家话	2	208	83.2	158	77.1
其他话	3	0	0.0	0	0.0
4. 在城里工作时一般使用：					
普通话	1	248	97.3	201	93.9
老家话	2	5	2.0	13	6.1
其他话	3	2	0.7	0	0.0

（续表）

5. 在城里的住处一般使用：					
普通话	1	58	22.6	56	26.2
老家话	2	199	77.4	158	73.8
其他话	3	0	0.0	0	0.0

新老农民工的语言使用在各项数据上相差不多，基本都在 1%—4% 之间，只是在第三个变量上差距稍大，达到了 6.1%。从 z 值检验结果看，新老农民工的语言使用彼此不存在显著差异（见表 4—16）。

表 4—16　新老农民工语言使用差异显著性检验结果

	变量 1		变量 2		变量 3		变量 4		变量 5	
	均值	方差	均值	方差	均值	方差	均值	方差	均值	方差
新生代农民工	1.97	0.06	1.13	0.16	1.83	0.14	1.03	0.05	1.77	0.18
老一代农民工	1.99	0.03	1.11	0.14	1.77	0.18	1.06	0.06	1.74	0.19
z 值	－0.94		0.52		1.62		－1.18		0.90	

注：显著水平* $p<0.05$。

这一结果颇让人意外，因为与国内相关研究结论不同，如郭熙等在广州[①]、俞玮奇在南京和苏州等地[②]所做的调查都发现：普通话往往流行于年少者，而汉语方言则更流行于年长者。

五　原因分析

新生代农民工的语言状况之所以呈现以上特征，或许缘于以下几个原因：

第一，普通话作为我国全民通用语，具有更高的交际价值。新中国成立 60 多年来，普通话在全国的普及率已达到 54% 以上。[③] 普通话的迅速普及能够让不同地方的人更加自由地交流，对农民工来说，能够说普通话显然有利于他们在城市获得更好的工作和更方便的生活。有调查发现，农民工的普通话水平越高，其经济收入也越高。李强根据全国调研的数据计算，农民工的普通话水平每提高一级，收入便可增加 7.27%。[④] 秦广强在对进京农民工的调查中发现，普通话

① 郭熙、曾炜、刘正文《广州市语言文字使用情况调查报告》，《中国社会语言学》2005 年第 2 期。

② 俞玮奇《城市公共领域语言使用状况的社会差异》，《语言教学与研究》2012 年第 1 期。

③ 靳晓燕《普通话普及率全国超 54%》，《光明日报》2010 年 9 月 4 日。

④ 李强《转型时期的中国社会分层结构》，黑龙江人民出版社 2002 年版，第 253 页。

熟练者比不熟练者能够获得更高的经济回报并具有更好的城市适应能力。[①] 按语言经济学规律，人们只要有机会，就会选择学习并使用能带来更大交际便利的语言。

第二，汉语方言依旧是重要的地域标识，并因此具有潜在的声望。方言是一种重要的地域标识，往往是人们辨别“老乡”“同乡”或“异乡人”“外地人”的重要标准。方言的这一地域性使其具有了一项特殊的功能，即能够团结亲朋、密切乡邻，这就是社会语言学家们所说的方言的潜在声望。正因为如此，在与同乡的交际中，人们会更多地运用方言而非普通话，即便身在城市的农民工也不例外。

第三，新老农民工在普通话的习得上各有优势，或许拉平了在普通话水平上的差距。诸多调查发现，农民工学习普通话的方式主要有二：一是来城市后自然而然学会的，二是通过学校学会的。这两种方式很难说谁更有优势。然而，无论哪一种更具优势，都意味着：一个农民工，若在城市待得越久，或在学校待得越久，就越有可能学会、学好普通话。凑巧的是，新老农民工在这两种途径上各有优势。本次调查的老一代农民工，来城市的时间平均达到了 11.5 年，新生代只有 6.8 年；新生代在文化程度上总体超过老一代。或许如此，新老农民工的普通话水平才没有表现出明显的差距。

第四，老家话的习得方式较为单一，使得新老农民工的老家话水平呈现差异。新老农民工习得老家话的主要方式都是在老家自然而然学会的，这意味着谁在农村老家待得时间长，谁在农村老家融入的程度深，谁的老家话水平就高。在这方面，老一代农民工显然更占优势，他们基本上都是在农村出生并成长起来，成年以后才来到城市打工的。然而，新生代农民工有不少人很小的时候就随着父母来到城市，有的甚至就是在城市出生的，他们在农村待的时间自然要比父辈少，对农村老家的融入度也较浅。社会学诸多调查都证实了这一点，如全国总工会的一项调查显示，89.4% 的新生代农民工基本不会农活，且许多新生代农民工出生于城市，在农村没有土地等生产资料。[②]

第五，在城市化过程中，新老农民工都处于城市的边缘，相似的处境使得他们有着相似的语言使用。农民工虽然为中国的工业化、城市化和现代化建设做出了巨大贡献，但户籍制度等障碍使得他们带有“农民”身份而不能享受与城里

① 秦广强《进京进城务工人员的语言能力与城市融入》，《语言文字应用》2014 年第 3 期。

② 全国总工会新生代进城务工人员问题课题组《关于新生代进城务工人员问题的研究报告》，《工人日报》2010 年 6 月 21 日。

人一样的待遇。除了“农民”身份，农民工来到城市还兼有“外地人”的身份，而厌恶外地人是全世界普遍现象。[①] 有调查显示，共约55.63%的农民工感觉城里人对他们的评价比较负面，如“没文化、素质低下、道德低下”等。[②] 虽然近年来，一些地方的户籍等制度出现了松动，但原有制度的“惯性”作用并不能一下子解决所有问题，对于绝大多数农民工而言，要想落户并融入城市依旧相当困难，而这种困难并没有因为是新生代农民工就有所缓解。和老一代相比，新生代虽然有年轻、文化程度高的优势，但也有缺乏工作经验和吃苦耐劳精神的不足，所以他们融入城市的难度并不比老一代小。其实，中国农民工，无论新老，都没有被城市真正接纳，实际处于一种“非农非城”的状态，因而被视为“双重边缘人”。[③] 正因为有着如此相同的处境，新老农民工才会有着相似的语言使用：他们在城市说普通话，回到老家或见到老乡时说老家话，语言转换和语言选择都是出于他们的生存需要，前者方便他们与城里的陌生人打交道，获取相应的城市资源，后者方便他们与老乡联络感情，获得城市社会所没有的情感支持。

中国正处在传统农业社会向现代工业社会转型的时期，未来需要有大量农民转为市民。单就语言本身而言，农民工已为此做好了准备，他们大多能够自觉地运用普通话与老家话来进行内外交际。在语言能力上，他们高于农村的单一方言能力，也高于城市的单一普通话能力。然而，农民工在其市民化过程中存在着一定的语言障碍，还有户籍制度、身份歧视、心理认同等其他障碍，且这些障碍并不容易逾越。在城市，新老农民工有着几乎相同的生存困境，这决定了他们有着大体相同的语言状况，也决定了他们的市民化必将是一个长期而艰苦的过程。

（付义荣）

① 苏黛瑞《在中国城市中争取公民权》，浙江人民出版社2009年版，第108页。

② 郭星华《漂泊与寻根——流动人口的社会认同研究》，中国人民大学出版社2011年版，第134页。

③ 唐斌《“双重边缘人”：城市进城务工人员自我认同的形成及社会影响》，《中南民族大学学报》2002年第8期。

银行语言服务状况*

随着经济全球化的进程，越来越多的人成为金融消费者。金融理财、网上支付、信用卡消费等各种形式的金融产品和服务走进大众生活。从网点服务到网上业务、电话业务等金融服务，语言都扮演着重要的角色。本调查从语言服务视角，重点分析银行语言使用状况。

一　调查设计

本次调查主要选取三个有代表性的城市，分别是沿海大城市上海、东部中型城市江苏扬州和中部小城市安徽宣城。2014 年 12 月至 2015 年 1 月，分别对上述三个城市的 50 余家银行网点进行了问卷调查和部分访谈，包括国有银行、商业银行等不同类型的 21 家单位。

基于语言服务的双向特点，调查分为两部分：一部分为银行工作人员，即服务提供者（以下简称“员工”）；另一部分为前往银行办理业务的客户，即服务接受者（以下简称“客户”）。共发放问卷 647 份，回收有效问卷 614 份，其中员工问卷 312 份，客户问卷 302 份。同时，课题组还走访了多家银行，收集了他们的书面材料。根据问卷和书面材料中反映的问题，再与部分员工和客户进行了深入交流。在对上述调查数据分析的基础上形成了本报告。

二　调查结果

银行语言使用与语言服务涉及很多方面，本调查主要从语言服务意识、语言信息服务和特殊语言服务三方面分析银行语言服务状况。通过对比员工和客户

---

* 本研究为教育部人文社科研究青年项目“服务经济背景下的语言服务研究：语言资源观与语言经济学的视角（编号12YJC740050）”和国家社科基金青年项目“语言服务的价值与战略研究（编号14CYY010）”的阶段性成果之一。

的调查结果,分析其间的语言服务与语言使用状况及问题。

(一)语言服务意识

语言服务意识调查主要包括员工文明用语的使用及对语言服务必要性的认识。

1. 文明用语的使用

服务意识往往体现在服务行为中。调查显示(表4—17),57.4%的员工表示在办理业务时“每次都用”文明礼貌用语,如“您好”“谢谢”“请坐”等,35.9%的员工表示“经常使用”文明用语,另有6.7%的员工表示“有时用”。从客户角度看,32.1%受访客户认为员工在办理业务时“每次都用”文明礼貌用语;33.8%的客户认为员工“经常使用”文明用语;22.2%的客户认为员工“有时使用”文明用语,而另有11.9%的客户认为员工“很少使用”或“从不使用”。通过对比可以看出,员工的自我评价与客户的评价存在较大差异。

表4—17 员工文明礼貌用语的使用情况

文明礼貌用语	员工自评		客户评价	
	人数	比例(%)	人数	比例(%)
每次都用	179	57.4	97	32.1
经常使用	112	35.9	102	33.8
有时使用	21	6.7	67	22.2
很少使用	0	0	32	10.6
从不使用	0	0	4	1.3
合计	312	100	302	100

2. 对语言服务必要性的认识

从员工语言服务意识看,调查显示,88.1%的员工认为“很有必要”或“有必要”在提供金融服务的同时提供语言服务,仅有11.9%的员工认为“无所谓”或“没有必要”提供语言服务。

从客户角度看,调查显示(表4—18),83.2%的客户认为银行“很有必要”或“有必要”对员工进行语言技能培训,认为“无所谓”和“没必要”培训的分别占11.9%和4.6%。[①] 这一认识与上述员工的相关看法较为一致。调查同时显示,

① 另外,此处有“未选择”1人,表示问卷中的本题被调查者未做任何选择。为客观呈现调查数据,此处没有与其他选项合并,单独呈现。下同。

52.1%的客户认为银行的语言使用状况对客户选择营业网点"绝对有影响"或"有影响",认为"基本没影响"和"完全没影响"的占24.8%,持"无所谓"态度的受访客户占22.8%。

表4—18　客户对语言服务的认识

语言培训的必要性	人数	比例(%)	对网点选择的影响	人数	比例(%)
很有必要	114	37.8	绝对影响	32	10.7
有必要	137	45.4	有影响	125	41.4
无所谓	36	11.9	无所谓	69	22.8
基本没必要	11	3.6	基本没影响	61	20.2
完全没必要	3	1.0	完全没影响	14	4.6
未选择	1	0.3	未选择	1	0.3
合计	302	100	合计	302	100

(二)语言信息服务

作为金融系统的代表,银行的专业性很强。在业务办理过程中,银行员工与客户的交流互动包含大量的专业信息,这些信息多数由员工通过口语或书面语形式向客户传递,因而在此期间员工的语言使用表现为大量的专业信息服务。下面重点考察互动过程中通过语言服务所体现的专业信息服务状况。

1. 专业术语的使用

金融行业的专业性决定了业务办理过程中的沟通交流会涉及专业信息,因而交际双方会不同程度地使用专业术语。针对员工的调查显示(表4—19),员工在与客户交流时,员工"每次都用"和"经常使用"专业术语的占18.3%和40.1%,"有时用"专业术语的占31.4%,"很少用"和"从来不用"的占9.9%。从客户角度看,认为银行员工"每次都用"和"经常使用"专业术语的分别占12.3%和20.2%,认为"有时用"的占42.0%,"很少用"和"从来不用"的占24.2%。

通过对比可以发现,员工和客户专业术语频率的判断存在较明显的差异。员工自我判断使用专业术语的频率要明显高于客户的判断,尤其在"经常使用"这一类上差别明显。对此可能的解释是,客户已经较好地掌握了银行的部分专业知识。当然,这只是其中部分专业术语,下文的调查数据将进一步表明,金融专业术语的使用还是为员工和客户的交际带来了一定的障碍。

表 4—19 员工专业术语的使用情况

专业术语使用情况	员工自评		客户评价	
	人数	比例(%)	人数	比例(%)
每次都用	57	18.3	37	12.3
经常使用	125	40.1	61	20.2
有时使用	98	31.4	127	42.0
很少使用	27	8.6	63	20.9
从来不用	4	1.3	10	3.3
未选择	1	0.3	4	1.3
合计	312	100	302	100

2. 金融信息服务的详细程度

银行的语言服务承载着大量的金融专业信息。一些理财产品或金融服务需要员工做合适的解说，因此向客户提供详细的专业信息是银行语言服务质量高低的重要标准。表 4—20 显示，认为“经常”或者“每次”都能详细回答顾客提问的员工占 93%。从客户角度看，认为回答得“非常详细”和“比较详细”的分别占 21.2% 和 49.7%，认为详细程度“一般”的占 25.2%。可见，在员工看来，银行员工提供了足够详细的语言信息服务；而从客户角度看，员工的业务解释详细程度还有改善空间。

表 4—20 员工业务解释的详细情况

业务解释情况	员工自评		详细程度	客户评价	
	人数	比例(%)		人数	比例(%)
每次	144	46.2	非常详细	64	21.2
经常	146	46.8	比较详细	150	49.7
有时	17	5.4	一般	76	25.2
很少	2	0.6	不太详细	9	3.0
未选择	3	1.0	很不详细	2	0.7
			未选择	1	0.3
合计	312	100	合计	302	100

调查显示，针对客户听不明白员工业务解释的情况，“每次都有”和“经常有”听不明白的客户分别占 3.0% 和 7.3%，“有时有”听不明白的占 51.7%，“很少有”和“从来没有”听不明白的分别占 26.5% 和 11.5%。这一比例反映出员工与客户的交流还存在不少沟通问题。

进一步分析听不明白的原因，使用专业术语占 46.0%，语速过快占 21.5%，

音量过低占 17.9%，表述烦琐占 14.9%，条理不清占 11.9%，使用方言占 7.9%，使用外语简称占 6.6%，普通话不标准占 5.6%。还有一些其他原因，如（客户）不了解业务、（员工讲解）过于简单、条款太多等。

当客户听不明白员工业务解释时，56.6% 的客户会“要求工作人员详细解释，不断提出疑问，直到弄明白”，34.1% 的客户会“要求工作人员再解释一遍，如果还是不懂就不再询问”，也有 7.6% 的客户“不明白也不会问，直接在合同或单据上签名或填写”。另有 5 人（1.7%）未做选择。

3. 注意事项及业务风险的提醒告知

金融行业的专业性，使得客户在消费某种金融服务或产品时需要注意一些事项。在客户办理业务过程中，一些书面材料（如业务申请表、单据等）需要客户签字确认，如“客户须知”等。表 4—21 显示，78.2% 的员工认为会“主动告知”相关金融业务的“全部”注意事项，20.2% 的员工会“主动告知一部分”注意事项，只有 1.6% 的员工表示“不会主动告知”。从客户角度看，认为员工会“主动告知全部注意事项”的占 42.7%，认为会“主动告知一部分注意事项”的占 42.1%，而“不主动告知，追问时才全部告知”的占 13.2%。通过对比可以发现，在主动告知方面，无论是两项总和还是“主动告知全部”，员工的判断都与客户感受有较大的差距。由此可以推测，可能某些注意事项在员工看来已经不需告知，但是从客户角度看还是有必要提醒。这也为银行改进其业务服务提供了一定的参考。

表 4—21　员工对注意事项的告知情况

对注意事项的告知情况	员工自评		客户评价	
	人数	比例（%）	人数	比例（%）
主动告知全部	244	78.2	129	42.7
主动告知一部分	63	20.2	127	42.1
不主动告知，追问时全部告知	4	1.3	40	13.2
不主动告知，追问也不告知	1	0.3	3	1.0
未选择			3	1.0
合计	312	100	302	100

金融业务（如一些理财产品和服务）涉及资金往来，往往具有一定风险性，同时由于客户金融专业知识的缺失，因而需要员工对业务风险做适当提醒告知。调查显示，98.7% 的员工认为很有必要或有必要向客户告知业务风险。表 4—22 显示，91.6% 的员工认为会主动多次提醒客户可能存在的业务风险，个别员工认为不会主动提醒。从客户角度看，认为员工会“宣传收益的同时，也会主动反复提醒风险”的占 40.1%，认为“会明确提醒一次，其余只谈收益”的占 26.5%，而

"委婉提醒，重点介绍产品收益"的占 18.5%，"不会主动提醒风险，问起才会回答"的占 11.3%。对比可以发现，两者之间的感受与评价差距也较为明显。

表 4—22 员工对业务风险的提醒情况

对业务风险的提醒情况	员工自评		对业务风险的提醒情况	客户评价	
	人数	比例(%)		人数	比例(%)
主动、反复提醒	172	55.1	宣传收益的同时，也会主动反复提醒风险	121	40.1
主动提醒几次	114	36.5	会明确提醒一次，其余只谈收益	80	26.5
主动提醒一次即可	24	7.7	委婉提醒，重点介绍产品收益	56	18.5
不会主动提醒，客户问起会回答	2	0.6	不会主动提醒风险，问起才会回答	34	11.3
			不会主动提醒，问起也不回答	4	1.3
			未填	7	2.3
合计	312	100	合计	302	100

4. 金融业务援助与建议

员工提供专业信息服务还表现在必要时为客户提供专业援助和建议。表 4—23 显示，从员工角度看，79.2% 的员工认为在客户业务选择犹豫时能够"经常"给出建议，17.6% 认为"有时"会，而 2.6%"很少"会给出建议。从客户角度看，49% 的客户认为自己在办理业务犹豫时银行员工"经常"会或"每次"都会给出建议，34.8% 的认为员工"有时"会给出建议，15.5% 的认为员工"很少"或"从来不"会。通过对比可以发现，两者差距也较为明显，尤其是"每次都会""经常会"和"很少会"几种情况差距特别明显。看来客户对专业信息的需求是银行员工在提供语言服务时需要加以认真考虑的重要内容。

表 4—23 员工提供业务援助与建议的情况

业务援助提供情况	员工自评		客户评价	
	人数	比例(%)	人数	比例(%)
每次	107	34.3	33	10.9
经常	140	44.9	115	38.1
有时	55	17.6	105	34.8
很少	8	2.6	43	14.2
从来不	0	0	4	1.3
未选择	2	0.6	2	0.7
合计	312	100	302	100

5. 服务语言的通俗易懂程度

除上述柜台员工的语言服务外，我们还调查了客户对合同协议、客服热线、电子银行等不同情景下的语言通俗易懂程度的评价。

表4—24显示，认为协议合同“全部都是”通俗易懂的客户占8.6%，认为“大多数是”通俗易懂的占36.8%，而认为“部分是”或“很少是”通俗易懂的占48%。从收集的部分银行书面资料来看，有些合同协议单内容复杂，语言较难理解。一些语句结构复杂，并列成分或修饰限定成分较多，大量使用专业术语。对于在柜台现场办理业务的客户来说，短时间内很难准确理解其中的意义。

表4—24 客户对合同协议语言通俗易懂程度的评价情况

评价情况	人数	比例(%)	评价情况	人数	比例(%)
全部	26	8.6	很少是	33	10.9
大多数	111	36.8	全都不是	7	2.3
部分	112	37.1	未选择	13	4.3
			合计	302	100

表4—25显示，对于电子银行页面操作步骤的语言表述，34.1%的客户认为“简单易懂”，32.8%的客户表示“大多数懂”，认为“比较难懂”和“根本看不懂”的占5.3%。对于银行客服热线中的语音提示，9.3%的客户认为“非常烦琐，过于专业”，43%的客户认为“有点烦琐，比较专业”，认为“简单方便”的(包括“还算简单方便”和“非常简单方便”)占29.2%。相比较而言，在语言的通俗易懂方面，电子银行操作步骤中的语言表述要好于客服热线中的语音提示。

表4—25 客户对电子银行和客服热线中的语言通俗易懂程度的评价情况

电子银行操作步骤	人数	比例(%)	客服热线语音提示	人数	比例(%)
简单易懂	103	34.1	非常烦琐，过于专业	28	9.3
大多数懂	99	32.8	有点烦琐，比较专业	130	43.0
一般	70	23.2	有点烦琐，但不专业	13	4.3
比较难懂	10	3.3	有点专业，但不烦琐	9	3.0
根本看不懂	6	2.0	还算简单方便	60	19.9
没使用过	11	3.6	非常简单方便	28	9.3
未选择	3	1.0	没打过热线	30	9.9
			未选择	4	1.3
合计	302	100	合计	302	100

（三）特殊语言服务

我国有几千万的听力和视力残疾人，手语和盲文是他们使用的特殊语言文字。[①] 面对这一特殊群体的客户（以下简称"特殊人群"），金融行业也需要提供必要的特殊语言服务。

1. 特殊语言服务意识和服务能力

调查显示，68.3% 的员工认为"很有必要"或"有必要"设立特殊窗口提供特殊语言服务，而认为"无所谓"和"没有必要"的分别占 12.2% 和 19.5% 。同时，83.1% 的客户认为"很有必要"或"有必要"提供特殊语言服务，而认为"无所谓"和"没有必要"的分别占 10.9% 和 4.9% ，另有 3 人未做选择。

在特殊语言服务能力方面，8% 的员工认为"完全能够"为特殊人群提供特殊语言服务，32.1% 的员工认为"基本上能"提供特殊语言服务，而 59% 的员工认为"几乎不能"和"完全不能"，另有 3 人未做选择。

对比显示，认为有必要提供特殊语言服务的比例（无论是员工还是客户），远大于员工有能力提供特殊语言服务的比例。数据表明，有必要加强员工特殊语言服务能力方面的培训。

2. 银行特殊语言服务状况

调查显示，从银行管理角度看，45.2% 的员工认为本单位（银行）有特殊语言服务，为特殊人群提供了语言方面的特殊关照，30.8% 的员工认为本单位没有提供特殊语言服务，另有 24% 的员工不清楚是否提供。其中 45.2% 的比例与上文员工有能力提供特殊语言服务的比例（32.1% 与 8% ）较为接近，表明目前员工特殊语言服务能力与银行所提供的特殊语言服务基本匹配。

从对员工的培训来看，80.1% 的员工表示所在银行的业务培训中没有特殊语言服务技能方面的培训，18.9% 的员工认为业务培训中包含有一定的特殊语言服务技能培训。另有 3 人未做选择。看来银行需要大大加强对员工提供一定的特殊语言服务技能的培训。

三　思考与建议

1. 增强银行及员工的语言服务意识

作为服务行业的银行，提供金融服务的同时离不开语言服务。大量的信息

① 参见刘艳虹等《盲文使用状况调查》，《中国语言生活状况报告（2013）》第 153—159 页，商务印书馆 2013 年版。

沟通和传递需要通过语言来完成。整体上看,员工的语言服务意识较强,但是针对一些言语服务行为,如文明礼貌语言的使用,还有较大的完善空间。银行语言状况对客户选择营业网点的影响较大,银行管理者和员工在银行语言管理和语言服务过程中,需要增强客户观念,提升语言服务意识。

2. 提升银行专业信息服务的质量和效率

银行的核心服务是金融服务,具有很强的专业性。在办理业务的有限时间内,客户要做到对金融业务特点的快速准确理解,就需要员工提供高质量和高效率的语言信息服务。但在对专业术语使用、注意事项和业务风险的提醒告知、业务援助与建议等问题上,员工的自我评价和客户的感受差别较大,表明银行在提供专业信息服务方面要使客户满意,还需整体提升服务水平。

3. 关注特殊人群,提供必要的特殊语言服务

调查表明,当前银行提供特殊语言服务的能力和状况尚不令人满意。银行管理者应在业务培训中适当增加特殊语言服务技能培训,使更多员工具备基本的特殊语言服务能力,以满足特殊人群的特殊语言服务需要。

（李现乐、沈佩）

少数民族手语研究和使用状况调查

《国家中长期语言文字事业改革和发展规划纲要（2012—2020年）》提出："调查手语、盲文等特殊语言文字使用情况，为制订完善手语、盲文规范标准，提高特殊教育质量提供服务""根据需求，研究制定少数民族手语、盲文。加强手语、盲文推广运用。结合特殊教育学校课程改革，推广使用国家通用手语、盲文。"①

2006年全国第二次残疾人抽样调查数据显示，我国约有164万少数民族听力残疾人（以下简称聋人），他们中相当一部分需要使用手语，但是对这些少数民族的聋人手语使用情况，一直缺少全面的了解。为此，国家手语和盲文研究中心在2013—2014年对我国部分少数民族手语和盲文使用状况进行了首次调查。

一　调查方案

（一）调查地区与对象

我国55个少数民族使用着80种以上的民族语言，其中有22个民族有28种民族文字。本调查仅将蒙古族、藏族、维吾尔族、哈萨克族、朝鲜族、彝族、壮族作为对象，这样做是基于全国人大和全国政协会议使用蒙古族、藏族、维吾尔族、哈萨克族、朝鲜族、彝族、壮族7种民族语言文字作同声传译和翻译两会文件。

根据2010年全国第六次人口普查结果中有关蒙古族、藏族、维吾尔族、哈萨克族、朝鲜族、彝族、壮族人口统计数据，本调查选取内蒙古自治区呼和浩特市、通辽市、锡林郭勒盟，甘肃省甘南藏族自治州，青海省西宁市、黄南藏族自治州，四川省甘孜藏族自治州、凉山彝族自治州，西藏自治区拉萨市、日喀则市，新疆维吾尔自治区乌鲁木齐市、阿克苏地区、喀什地区、伊犁哈萨克族自治州，吉林省延

① 《国家中长期语言文字事业改革和发展规划纲要（2012—2020年）》，http://www.moe.edu.cn/publicfiles/business/htmlfiles/moe/s3127/index.html。

吉市，云南省昆明市、楚雄彝族自治州，广西壮族自治区南宁市、百色市、河池市等20个市、州作为调查地区。在这些地区确定了39个问卷调查单位和30个访谈调查单位。

（二）调查方法

访谈法：采用小组访谈与个别访谈相结合及半结构化访谈方式，共访谈残联机构相关领导、特殊教育学校负责人、少数民族教师、五年级以上少数民族聋生和已就业的少数民族成年聋人300多人次。了解访谈对象对本民族聋人使用手语的知晓情况、对少数民族手语工作的想法和对研制国家通用手语的态度。

问卷法：问卷内容包括使用手语的类别和手语使用过程中的主要困难两方面。调查对象为特殊教育学校中的少数民族教师、五年级以上的少数民族聋生，以及已就业的少数民族成年聋人。共发放调查问卷1400份，回收有效问卷1287份，回收率为92%。

文本分析法：运用文本分析方法对《常用藏族手语词典》和《中国手语》两本书收录的词目进行比对，并比较两书中相同词目的手势动作异同情况。

二　研究状况

据调查，七个少数民族中，蒙古族、哈萨克族、朝鲜族、彝族、壮族没有本民族语手语，只有藏族和维吾尔族有尚不完善的本民族语手语。

（一）藏语手语的研究

藏族聋人原本没有自成体系的手语。2001年始，在比利时发展基金会、卢森堡外交部以及加拿大基金会的资金支持下，西藏自治区残疾人联合会与国际助残组织开展藏语手语研究的合作项目，具体工作由自治区聋人协会组织进行。项目组先是成立了手语项目聋哑人俱乐部，由俱乐部成员深入到日喀则、山南、林芝、昌都、那曲农牧区、社区的聋人中收集了800多个手势。他们发现，那曲地区聋人表达牧业生产和牧区生活的手语比较多，而拉萨城内的聋人表达城市生活的手语比较多。俱乐部定期召开研讨会，用照片、录像、实物、哑剧等多种方式呈现所收集的手语单词内容，经与会所有聋人同意后，用绘画形式记录下来手语并附文字说明，编成《聋人手语藏语词典》三册，只在内部学习使用。2011年又做了补充修订，以《常用藏族手语词典》的名称正式出版。[①] 整个项目前后历经10年。

《常用藏族手语词典》收录反映社会生活、形容和描述、农作物与植物、地域国家民族景点名称、交通与方位、生理卫生、体育文化、教育、时间空间、宗教、天文地理、数字虚词等12个方面的手语词目1407个。同时，根据藏语字母研制了38个手指字母，见图4—2。

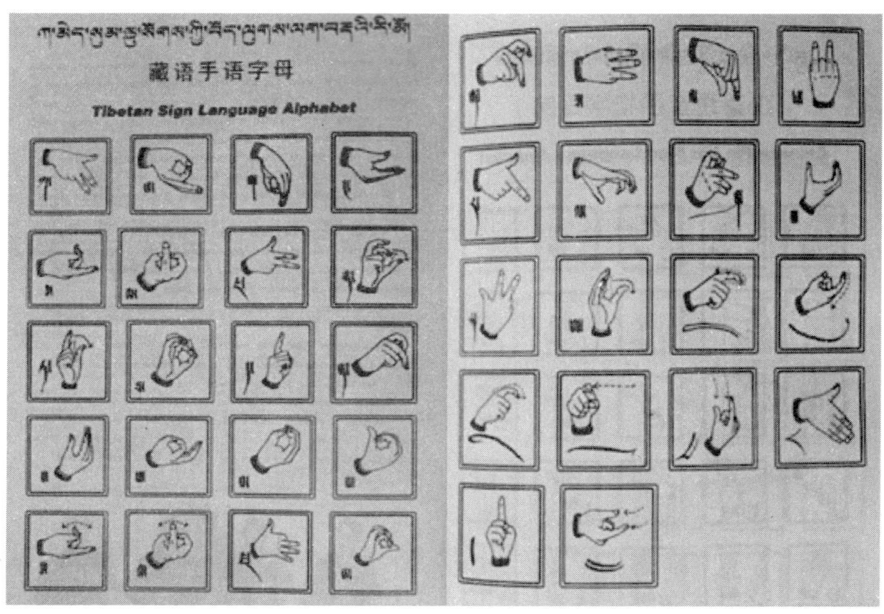

图4—2 藏语手语字母图

将《常用藏族手语词典》与《中国手语》(共收录5586个词目)进行对比，前者有418个词目没有在后者中出现，占29.7%；两书完全相同的词目有989个，占70.3%；两书完全相同的词目中手势动作异同情况见表4—26。

表4—26 《常用藏族手语词典》与《中国手语》相同词目的手势比较

	手势完全相同	手势部分相同	手势完全不同	总计
数量	227	177	585	989
百分比	23.0	17.9	59.1	100

① 拉姆次仁《常用藏族手语词典》，西藏人民出版社2011年版。

可以看出：(1)藏语手语的整理研究尚处于起步阶段，词典只收录了常用词；(2)常用词的选择与生活、文化背景相关，包括反映藏族同胞日常衣食住行和文化习俗等方面独有的词语；(3)表达完全相同的词目的手势动作与《中国手语》存在很大差异，手势动作完全相同的仅占 23%。

(二) 维吾尔语手语的研究

维吾尔语手语研究主要体现在手指字母方面。维吾尔语手指字母的发明人是古丽波斯坦·吾甫尔。她借用 25 个汉语手指字母指式来表达维吾尔语字母，又创造了维吾尔语独有的 7 个音标字母指式：ئە چ ق ئۆ ژ ھ غ，从而形成由 32 个字母指式构成的维吾尔语手指字母方案，见图 4—3。维吾尔语手指字母图的研究借鉴了汉语手指字母研究的经验，同时也有本民族语的特点。

在 20 世纪 90 年代初自治区残联委托编写的维吾尔语版学前聋童语言康复用书《看图说话》和 2000 年自治区教育厅组织翻译的维吾尔语版《中国手语》中列出了维吾尔语手指字母图。至今，这套维语手指字母一直在新疆的特殊学校中使用。

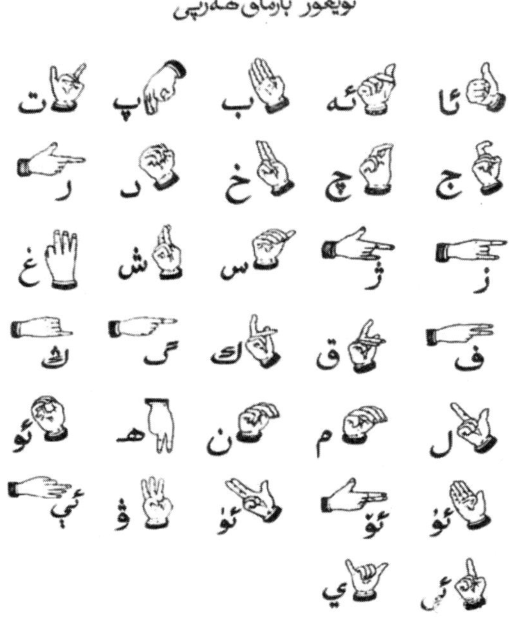

图 4—3　维吾尔语手指字母图

总体来说，七个少数民族手语自主研究薄弱，多数没有本民族语的手语。藏语和维吾尔语的手语研究历史很短，且成果非常有限，不能适应聋人日常生活和学习、工作需要。

三 使用状况

（一）藏族的手语使用

藏语手语产生后主要在西藏残联系统工作人员和社会上有兴趣的人士中学习使用。尽管也曾有手语项目聋哑人俱乐部工作人员到拉萨市特殊教育学校教藏族手语，但现在公办拉萨市特殊教育学校使用的是《中国手语》书中的手语。这说明藏语手语在西藏卫藏语区没有完全推行开，在西藏以外的藏族聋生中知道的人更少。如西宁市聋校的教师介绍说，曾有大学生志愿者到学校教藏语手语，但时间不长，所以尽管有的学生还记得部分藏语手语，但是并没有在生活中运用。

（二）维吾尔族的手语使用

据调查，新疆成立时间最早、规模最大的乌鲁木齐市盲聋哑学校（1958 年建校）"文化大革命"前使用中国盲人聋哑人协会编辑的《聋哑人通用手语草图》上的手势语进行教学。1979—1982 年，中国盲人聋哑人协会组织编辑了三本《聋哑人通用手语图》。1982 年，新疆维吾尔自治区和乌鲁木齐市盲聋哑人协会编译《维吾尔文聋哑人手语词统一手势动作》（三辑），经自治区民政厅、教育厅和民族语言文字工作委员会审定通过，自 11 月推广试行。[①] 1990 年和 1994 年，由中国残联和中国聋人协会编纂的《中国手语》首、续集出版。2000 年，新疆维吾尔自治区教育厅组织翻译维吾尔语版《中国手语》，2003 年 10 月正式出版。[②] 翻译者也是古丽波斯坦·吾甫尔。维吾尔语版《中国手语》书根据当地实际使用需要在内容上做了改编，共收录词汇 3330 个，较之汉语版减少了 2256 个，该书在新疆各聋校广泛使用。所以，维吾尔语没有独立完整的手势语体系，维吾尔族聋人和

① 新疆维吾尔自治区地方志编纂委员会《新疆通志》第二十四卷《民政志》，新疆人民出版社 1992 年版。

② 吾斯曼·努尔编译《中国手语》，新疆教育出版社 2003 年版。

新疆的聋教育使用着与内地一样的手势语。

（三）朝鲜族的手语使用

我国的朝鲜语与朝鲜民主主义人民共和国的朝鲜语、韩国的韩语同属一种语言。改革开放以来，境外手语对朝鲜族聋人和聋教育的手语使用产生了影响。1992年，延边朝鲜族自治州第一特殊教育学校获得了一本朝鲜出版的聋校教材《我们的语言学习》，内有朝鲜语手指字母图。朝鲜语手指字母共40个指式，其中声母指式19个、韵母指式21个，见图4—4、图4—5。这样，该校对朝鲜族聋生在汉语课程中使用《中国手语》书中的手语，在朝鲜语课程中使用了朝鲜的手指语。后来朝鲜族聋生数量减少，不再单独编班学习双语，朝鲜的手指语也随之停止使用。

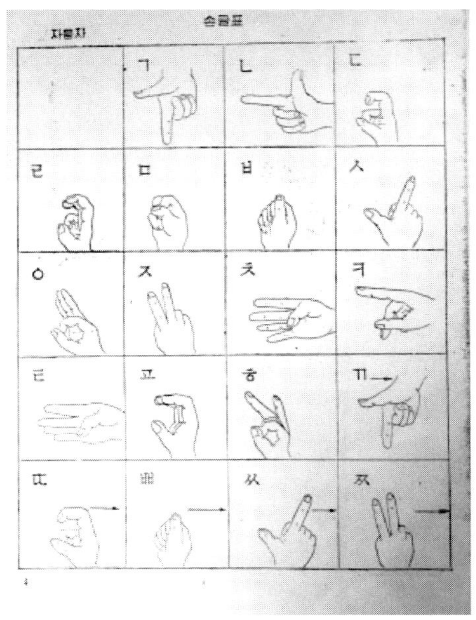

图4—4　朝鲜语声母手指字母图

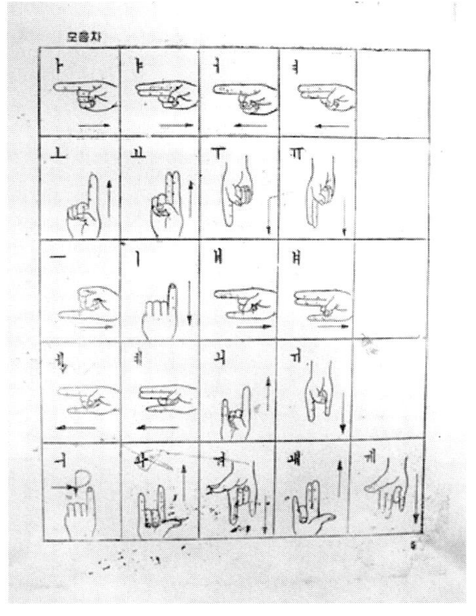

图4—5　朝鲜语韵母手指字母图

现在延边地区朝鲜族聋人与韩国聋人交往的机会多，不少人也会韩国手语。自治州残联教育就业部部长介绍说："当地聋人在与韩国聋人进行交流的时候发现很多韩国手势语简单、易懂，便把这些手语与汉语手语相结合，传播开来。"我们在访谈中也接触到会韩国手语的朝鲜族聋人，但在实际生活中朝鲜族聋人使用的仍然是我国的手语和当地聋人的自然手语。

（四）《中国手语》的使用

由于七个少数民族中多数没有本民族语的手语，藏语和维吾尔语即使有，也还不完善。因此，客观上属于通用手语的《中国手语》（以下简称“中国手语”）成为少数民族聋人和少数民族地区聋校教育使用最多的手语工具书。虽然本次调查能获取的少数民族对象样本量非常有限，但仍然能从有限的数据中反映出来这一特点。首先，除藏族成年聋人外，藏族、维吾尔族的其他群体使用中国手语的比例相对较高，见表4—27。其次，综合七个少数民族不同群体的数据，使用中国手语的比例，聋生为83.9%，教师为91.5%，成年聋人为60.3%。说明中国手语在我国少数民族地区已经有较高程度的普及。

表4—27　使用手语类别的人数和比例

民族	调查对象人数	少数民族手语 N(%)	中国手语 N(%)	其他 N(%)
藏族	聋生(233)	29(12.4)	193(82.8)	42(18.0)
	教师(64)	21(32.8)	64(100)	3(4.7)
	成年聋人(32)	30(93.8)	3(9.4)	0(0)
维吾尔族	聋生(170)	92(54.1)	139(81.8)	9(5.3)
	教师(45)	24(53.3)	45(100.0)	0(0.0)
	成年聋人(43)	30(69.8)	29(67.4)	15(34.9)

（五）聋生手语的使用困难

手语表达存在差异是正常的现象，但一个学校或地区内使用的手语存在大量明显的差异就会影响交流的顺畅性。本调查了解少数民族聋生对手语差异的认知，了解其对校内和校外手语使用中存在困难的看法。

对“你所在学校老师打的手语有差异吗”的问题，聋生中，44.6%认为“有些差异”，36.2%认为“基本无差异”，认为“不清楚”和“差异很大”的各占13.3%和6.0%，见表4—28。

表4—28　不同民族聋生对教师手语差异程度的认知

	差异很大 N(%)	有些差异 N(%)	基本无差异 N(%)	不清楚 N(%)
蒙古族(n=84)	7(8.3)	24(28.6)	44(52.4)	9(10.7)
藏族(n=222)	5(2.3)	90(40.5)	75(33.8)	52(23.4)

（续表）

维吾尔族（n=165）	14（8.5）	80（48.5）	65（39.4）	6（3.6）
哈萨克族（n=10）	0（0.0）	4（40.0）	4（40.0）	2（20.0）
朝鲜族（n=6）	0（0.0）	4（66.7）	2（33.3）	0（0.0）
彝族（n=76）	4（5.3）	36（47.4）	23（30.3）	13（17.1）
壮族（n=92）	9（9.8）	54（58.7）	24（26.1）	5（5.4）
共计（n=655）	39（6.0）	292（44.6）	237（36.2）	87（13.3）

对“生活老师、炊事员、卫生室医生与任课老师打的手语有差异吗”的问题，聋生选择“有些差异”和“基本无差异”的分别为53.0%和27.0%，9.1%选择“差异很大”，见表4—29。

表4—29　聋生认为的任课教师与后勤人员之间的手语差异程度（单选）

	差异很大 N（%）	有些差异 N（%）	基本无差异 N（%）	不清楚 N（%）
蒙古族（n=86）	3（3.5）	35（40.7）	45（52.3）	3（3.5）
藏族（n=229）	19（8.3）	105（45.9）	55（24.0）	50（21.8）
维吾尔族（n=161）	18（11.2）	98（60.9）	41（25.5）	4（2.5）
哈萨克族（n=10）	0（0.0）	9（90.0）	1（10.0）	0（0.0）
朝鲜族（n=6）	0（0.0）	3（50.0）	3（50.0）	0（0.0）
彝族（n=77）	10（13.0）	43（55.8）	16（20.8）	8（10.4）
壮族（n=91）	10（11.0）	57（62.6）	17（18.7）	7（7.7）
共计（n=660）	60（9.1）	350（53.0）	178（27.0）	72（10.9）

对“如果老师们打的手语不一致，你听课有困难吗”的问题，聋生选择“有一些”困难的比例为71.0%，11.0%的聋生认为“有很多”困难，见表4—30。

表4—30　教师的手语差异给聋生学习带来困难的程度（单选）

	有很多 N（%）	有一些 N（%）	没有 N（%）
蒙古族（n=84）	4（4.8）	47（56.0）	33（39.3）
藏族（n=215）	30（14.0）	144（67.0）	41（19.0）
维吾尔族（n=165）	19（11.5）	118（71.5）	28（17.0）
哈萨克族（n=10）	0（0.0）	10（100.0）	0（0.0）
朝鲜族（n=6）	0（0.0）	4（66.7）	2（33.3）
彝族（n=78）	11（14.1）	59（75.6）	8（10.3）
壮族（n=93）	8（8.6）	80（86.0）	5（5.4）
共计（n=651）	72（11.0）	462（71.0）	117（18.0）

对“当你与其他聋人交谈时，是否有手语动作不一致的情况”的问题，少数民族聋生选择“偶尔有”“经常有”的比例分别为 61.3%、26.5%，见表 4—31。

表 4—31　聋生与其他聋人手语动作不一致情况（单选）

	经常有 N（%）	偶尔有 N（%）	没有 N（%）
蒙古族（n=84）	9（10.7）	63（75.0）	12（14.3）
藏族（n=228）	59（25.9）	134（58.8）	35（15.4）
维吾尔族（n=165）	55（33.3）	91（55.2）	19（11.5）
哈萨克族（n=10）	2（20.0）	8（80.0）	0（0.0）
朝鲜族（n=6）	2（33.3）	4（66.7）	0（0.0）
彝族（n=79）	27（34.2）	44（55.7）	8（10.1）
壮族（n=92）	22（23.9）	63（68.5）	7（7.6）
共计（n=664）	176（26.5）	407（61.3）	81（12.2）

对“如果其他聋人的手语与你不同，你们交谈有困难吗”的问题，聋生选择“有些困难”的比例占 69.1%，选择“困难很大”的聋生比例为 11.4%，见表 4—32。

表 4—32　手语差异给聋生与其他聋人交流带来困难的程度（单选）

	困难很大 N（%）	有些困难 N（%）	没有困难 N（%）
蒙古族（n=83）	3（3.6）	52（62.7）	28（33.7）
藏族（n=224）	42（18.8）	135（60.3）	47（21.0）
维吾尔族（n=169）	18（10.7）	122（72.2）	29（17.2）
哈萨克族（n=10）	0（0.0）	10（100.0）	0（0.0）
朝鲜族（n=6）	0（0.0）	4（66.7）	2（33.3）
彝族（n=81）	3（3.7）	66（81.5）	12（14.8）
壮族（n=93）	10（10.8）	71（76.3）	12（12.9）
共计（n=666）	76（11.4）	460（69.1）	130（19.5）

调查说明，一个地区内的少数民族聋人和一个特殊教育学校内的少数民族教职员工使用的手语存在诸多差异，影响沟通的顺畅性和教育教学工作的质量。

四　意见和态度

（一）对制定本民族语手语的意见

接受访谈的七个少数民族的不同群体，对是否需要研制本民族语手语的意

见不统一。其中，成年聋人多为文盲、半文盲，手语表达能力非常有限，对此问题不理解也说不出具有倾向性的看法，在校学生和教师的意见则相对比较明确。

1. 认为没必要制定本民族语手语

在至今没有本民族语手语，且已经普遍学习使用汉语和中国手语的现状下，蒙古族、哈萨克族、朝鲜族、彝族、壮族的聋生、教师以及各地残联及教育部门工作者认识比较一致，认为没有必要再研制本民族手语。他们提出，如果再制定少数民族语的手语，不仅会增加聋生学习的负担，也增加师资培训的压力。

部分藏族、维吾尔族的教师也指出，公立特殊学校一直使用中国手语，藏语手语存有缺陷，使用的范围有限，并没有对藏族聋人的生活产生根本性的影响。所以也没有必要另行研制一套。如伊犁市康复中心学校的一位老师说："还是应该以国家的通用手语为标准，可以将哈萨克族、维吾尔族的特色手语编入词汇里面去，让它们同步存在，这样少数民族的文化也能存在，是很有意义的。少数民族的手语脱离不开中国手语的存在，如果单独研制会非常困难。将中国手语翻译成维文，贯彻中国手语就可以了。"

2. 认为需要制定本民族语手语

一些被访谈的维吾尔族聋生和教师认为，目前新疆一些偏远地区、南疆地区的维吾尔族聋生及其家长只会维吾尔语，聋生很难学习和理解基于汉语的中国手语。即使聋生学了中国手语，回家也无法与不会汉语的家长沟通。所以，需要研制维吾尔语手语。如喀什市一位手语教师说："我们应该研制维吾尔族手语。在少数民族地区，很多聋人和父母、朋友的交流都是用维吾尔语进行，我们使用的中国手语他们很难理解。"

显然，民族地区汉语及其中国手语推广使用的历史长短、普及程度，以及城乡差异等社会经济、文化、教育因素，都对是否需要制定当地少数民族语言的手语起制约作用。

（二）对制定国家通用手语的态度

受访的七个少数民族中的不同群体认为应该以目前的中国手语为基础，研制并推行在全国范围内使用的通用手语，方便少数民族聋人群体与汉族聋人群体，以及不同的少数民族聋人群体之间的交流。例如，朝鲜族成年聋人听说正在研制国家通用手语方案后竖起了大拇指，连连点头称赞。一位残联工作者说："从中国手语变成中国通用手语的最终目的就是帮助聋人和健听人交流，促进他们的正常生活。”

此外，部分教师和少数民族成年聋人对通用手语的研制提出了具体的建议。伊犁市特殊教育学校的教师建议“手势动作要简化，这样才能打得比较快，要补充新词手势”。有的希望在通用手语的研究过程中吸纳自然手语和地方手语。

五　思考与建议

（一）将少数民族手语研究和推广工作纳入政府主管部门工作

手语是聋人语言生活的权利的体现，在提升少数民族聋人素质，增进民族团结，维护祖国统一，反对民族分裂和极端宗教势力，抵制境外敌对势力渗透斗争中具有特殊意义。长期以来，少数民族手语研究缺乏政府主管部门的统一领导和管理，基本处于自生自灭的状态。这一状况必须尽快扭转。要明确政府主管部门在这一领域的职责，加大政府投入，牢牢掌握少数民族手语和盲文研究与推广工作的大方向及主动权。

（二）研究少数民族手语的分类指导政策

除已调查的七个少数民族外，还需把其他有语言文字的少数民族手语使用状况调查纳入国家语言文字研究规划，全面摸清情况。根据分类指导的原则，研究已在使用的少数民族语手语方案和制定民族语手语的诉求；研究少数民族聋生学习国家通用手语所面临的教学问题；研究境外手语对我国少数民族的影响，制定出符合我国不同民族地区实际的少数民族手语工作政策。

（三）培养复合知识结构的专业人才

少数民族手语研究涉及民族语言学、手语语言学、社会学、特殊教育学等多学科。目前，我国几乎没有这样的跨学科人才，致使这方面研究无法科学、持久地开展下去。要在国家层面组织相关学科共同攻关，联合培养高水平专业人才。

（刘艳虹、顾定倩、程黎、魏丹、程霞、霍文瑶）

央视《共同关注》节目手语理解调查

中央电视台新闻频道每天18—19点的《共同关注》节目是汉语—手语双语同步播报的。这是为聋人观众服务、实现信息无障碍的有效举措。为了解聋人对该节目手语翻译的理解程度及收视情况，我们做了调查测试。现对调查结果进行统计、分析和思考。

一　基本情况

（一）调查对象

以参加全国聋人教师培训班①的39名聋人教师为调查对象，其中研究生学历2人，本科和大专学历32人，高中学历1人，初中学历1人，3人未填。他们是聋人群体中文化水平较高的人群，具有一定的代表性，能基本反映出聋人群体对电视节目手语播报内容理解的情况。

（二）调查内容

调查内容分两部分，第一部分为测试聋人对节目中手语翻译的理解程度。我们截取了中央电视台《共同关注》节目中的两个片断：《揭秘太空生活》（40秒）和《抬车救人》（90秒）。两个片断内容是社会热点新闻，没有复杂的背景铺垫，没有生僻的专业词语，不会因此影响调查对象对内容的理解，不会使调查对象视觉疲劳影响记忆。第二部分是两道开放性问题：(1)你看中央电视台《共同关注》的手语播报吗？多长时间看一次？为什么？(2)你对电视节目中的手语播报有何改进建议？

---

① 2013年7月，南京爱德基金会在江苏苏州举办了全国聋人教师培训班，组织专家对在聋校工作的聋人教师进行专业培训，旨在提高他们教学理论和教学方法及手语语言学知识。

以下是两个片断的视频字幕及手语翻译内容。

片断一：

(视频字幕)揭秘太空生活，北京，结束隔离，神十航天员与媒体见面

(手语翻译)继续/关注/神/十/航天/员/经过/15/天/身体/恢复/以后/航天/员/3/人/今天/停止/医学/隔离/期/目前/3/航天/员/精神/状态/好/各项/正常/体重/恢复/今天/媒体/见面/回来/后/按照/医学/隔离/制度/隔离/今天/来/说/医学/隔离/停止/后期/更好/恢复/身体/素质/

我们将以上“手语翻译”内容切分成以下9个信息元，通过统计调查对象在答卷上记录的信息元数，评价其对手语翻译的理解程度。[①]

(1)继续关注

(2)关注神十航天员

(3)经过15天身体恢复

(4)3位航天员今天停止医学隔离

(5)精神状态好、各项(指标)正常、体重恢复

(6)今天与媒体见面

(7)回来后，按照医学隔离制度隔离

(8)今天医学隔离停止

(9)以后要更好恢复身体素质

片断二：

(视频字幕)抬车救人，新闻现场，浙江乐清，男孩卷入车底，众人抬车相救

(手语翻译)国内/发生/小孩/碰撞/情况/黑色/轿车/医院/门口/碾压/弯腰/系(鞋带)/男孩/群众/合力/抬车/救起/监控/拍摄/事情/完整/过程/拍摄/画面/看/黑/车/到/大门/停下/一会/男孩/画面/出现/跑(向大门口)/弯腰/系(鞋带)/黑/车/开/拐弯/撞倒/男孩/孩子卷/车底/群众/医院/保安/驾驶员/跑(过来)/救/男孩/抬车/救出/送/医院/了解/生命/危险/解除/后面/肉/损伤/严重/驾驶员/回忆/办完事/开车/离开/到/门口/发现/停车卡/找不到/排队/车/多/准备/开到/旁边/看不清/撞倒/男孩/驾驶员/全部/负责/赔偿/商量/

我们将片断二手语翻译内容切分成19个信息单元：

---

① 调查对象对新闻的理解有部分来自字幕和视频画面的提示。

(1)国内发生了小孩子被撞事故
(2)一辆黑色轿车停在医院门口
(3)碾压了弯腰系鞋带的男孩
(4)群众合力抬车将男孩救起
(5)监控拍摄了事故的完整过程
(6)从拍摄画面看到黑色轿车开到大门口停下
(7)一会儿男孩出现在画面中,他跑过来
(8)男孩弯腰系(鞋带)
(9)黑色轿车开来拐弯
(10)撞倒男孩,孩子卷到车底
(11)群众医院保安驾驶员跑(过来)救男孩
(12)抬起车救出男孩送到医院
(13)(据)了解(男孩)解除生命危险,(臀部)后面肉损伤严重
(14)驾驶员回忆,办完事开车离开
(15)到门口发现停车卡找不到
(16)排队车多,准备开到旁边
(17)看不清,撞倒男孩
(18)驾驶员负全部责任
(19)商量赔偿

(三)调查方法

调查采取看—写测试方法,被试者观看两个片断,每个片断播放3次,看完一个片断后即把理解的内容用汉字记录在问卷上,可按汉语语序或手语语序记录。

二　结果与分析

(一)测试结果与分析

1. 片断一的测试结果

表4—33　《揭秘太空生活》测试结果

信息单元数量	0	1	2	3	4	5	6	7	8	9
比例(%)		11.1	22.2	33.3	44.4	55.6	66.7	77.8	88.9	100

（续表）

获得人数	19	6	9	3	1	0	0	0	0	0
比例（%）	50.0	15.8	23.7	7.9	2.6					

注：39人中1人未参加片断一测试，实测38人。

表4—33显示，38名被测者中，19人（50%）没有记录任何信息元，他们或只字未写，或写“看不懂”“无语”，表明他们完全看不懂；6人（15.8%）记录了1个信息元，获得了11.1%的信息；9人（23.7%）记录了2个信息元，获得22.2%的信息；3人记录了3个信息元，获得33.3%的信息；1人记录了4个信息元，占信息总量的44.4%。

2. 片断二的测试结果

表4—34 《抬车救人》测试结果

信息单元数量	0	1	2	3	4	5	6	7	8	9
比例（%）		5.3	10.5	15.8	21.1	26.3	31.6	36.8	42.1	47.4
获得人数	10	2	10	3	9	5	0	0	0	0
比例（%）	25.6	5.1	25.6	7.7	23.1	12.8				
信息单元数量	10	11	12	13	14	15	16	17	18	19
比例（%）	52.6	57.9	63.2	68.4	73.7	78.9	84.2	89.5	94.7	100
获得人数	0	0	0	0	0	0	0	0	0	0
比例（%）										

表4—34显示，39名被测者中，10人（25.6%）没有信息记录，表明完全看不懂；2人（5.1%）记录了1个信息元，获得5.3%的信息；10人（25.6%）记录了2个信息元，获得10.5%的信息；3人（7.7%）记录了3个信息元，获得15.8%信息；9人（23.1%）记录了4个信息元，获得21.1%的信息；5人（12.8%）记录了5个信息元，获得26.3%的信息。

综合两个片断的测试情况，被测聋人对手语播报的理解程度不容乐观。有1/4到1/2的人完全看不懂，信息获取量为零。大多数人信息获得量在20%—30%。极少数人超过40%、不足50%。此外，片断二比片断一的信息获取情况要好，这可能是因为片断二的字幕信息相对较多，视频画面的情节性相对较强。这说明，被试者获取信息不完全来自手语翻译，还有字幕、画面的提示。个别残余听力较好并有效使用助听器的被试者从语音播报中也能获得部分信息。

（二）调查结果与分析

1. 在回答“你看中央电视台的《共同关注》手语播报吗？多长时间看一次？

为什么?”时,39人中有14人(36%)回答“不看”;18人(46%)回答“基本不看”;2人(5%)回答经常看;2人(5%)回答不知道有此节目;1人未作回答。

被试聋人“不看”和“基本不看”有两个主要原因:其一,手语翻译使用的是“手势汉语”,它“汉语拼音多”“是汉语语法”“与我们的手语太不一样”“不是聋人手语”,而且“手语不自然”“没有面部表情,死板,手势僵硬,枯燥”“不是自然手语,而是大多数聋人看不懂的手势,不喜欢这种手势”“不熟悉规范手语”;其二,手语视频画面小,“看得累,也看不清楚”。

2. 在回答“你对电视节目中的‘手语播报’有何改进建议?”时,主要建议有4条。

第一,要使用“自然手语”。手语翻译“要以聋人为本,按照聋人手语特点,而不是按手势汉语的结构一字一字地逐词翻译”“尽量促进聋人手语走入电视手语翻译事业,真正为聋人群体服务”。

第二,选用合适聋人做手语译员。手语是聋人母语,聋人打手语时表情生动、丰富、自然,表现力强。也有人建议,“手语翻译员得换个像聋人一样的、手语流畅的、有聋人文化气氛的手语翻译员”。还有人提议让成年聋人的健听子女(CODA,即 Children of Deaf Adults),做手语翻译,他们熟悉聋人文化,熟练掌握聋人手语,是平衡的双语使用者。

第三,要增加字幕。增加与手语同步的字幕,“字幕表达的意思清楚,不漏不缺,看得不吃力,能边看画面边看字幕”。

第四,要加大手语视频画面。因为手语是空间运动语言,有动作、位置、方向以及表情的变化,“手语图不要太小,使聋人无法看清”。

由此看来,影响被试聋人收看《共同关注》节目的主要原因在于手语问题。手语翻译使用的是“手势汉语”,不是聋人群体内使用的“自然手语”,聋人看不懂。“看不懂”与“不看或很少看”之间存在因果关系。要真正提高手语新闻播报节目的收视率,就要从实际出发,使用受聋人群众欢迎的手语。手语视频画面小是影响聋人收视的次要原因,这涉及相关技术及整体策略等问题。

三 思考与建议

(一)电视手语新闻应使用聋人手语

从语言学角度分析,“手语”(Sign Language)是聋人群体内使用的交际工具,是以手的形状、运动、方向、位置以及面部表情、体态等要素构成的符号系统，是一种非语音形式的语言。在我国，这种手语就是“中国手语”(Chinese Sign Language)，通常称为“自然手语”。

《共同关注》手语翻译使用的不是聋人手语，而是以汉语语法为基础、用手势动作来表达的“手势汉语”(Signed Chinese)。它缺少聋人手语形象、生动、简约的特征，缺少丰富的面部表情和体态信息。由于它不是语言学意义上的手语，因此聋人电视观众看不懂、看得累、不爱看。

电视手语新闻的受众是聋人群体，聋人的收视率是衡量手语报播效率的重要指标。聋人是否喜爱看、愿意看，取决于是否使用聋人手语。电视新闻中的手语播报要从聋人利益出发，切实考虑他们对电视新闻的理解需要，尊重聋人群体的语言权利和对手语的感情，使用“自然手语”作为翻译语言，则会最大程度地吸引聋人受众。电视手语新闻播报使用聋人手语，甚至让聋人来播报，这是许多国家和地区包括我国台湾地区电视手语节目的普遍做法。

(二) 科学开展手语规范化工作

有人认为，手语词汇贫乏，语法混乱，方言差别大，影响沟通。因此提出要对手语进行规范，要研究推广中国通用手语，要用汉语规范聋人手语。而手势汉语被认为是“规范的”，要在全国推广这种通用手语。电视手语新闻理当使用“规范的”手语，所以使用手势汉语，似乎也符合国家对电视媒体语言规范化的要求。

但是，从本次调查结果看，这里出现一种悖论，即“规范的”手势汉语，不被大多数聋人欢迎；聋人欢迎的是自己的“不规范”的自然手语。我们似乎在一厢情愿地为聋人规范手语。这涉及如何规范聋人手语的语言政策问题。

手语的规范化工作，应该深入到聋人群体，认识和研究手语结构，尊重手语语法，在保持手语语言独立性的基础上吸收汉语等外来成分，完善和发展手语语言体系。手语规范化工作还需要聋人的支持和参与，尊重聋人对手语的情感，保持手语语言中的聋人文化特征。这样，手语规范化工作才能得到聋人群体的支持，由此产生的“规范的手语”才能得到聋人群体的喜爱和推广。如果以“手势汉语”为“规范的手语”，强行在聋人群体中推广，这等于用汉语取代甚至是取消聋人手语。所以，一定要科学、谨慎地开展手语规范化工作。

(沈玉林、赵庆春)

北京、上海、广州城市公益广告语调查

公益广告是现代城市空间里最重要的一道人文景观，有的标有“公益广告”等字样，或显示发布者为公益团体，有的要根据广告语言和图片内容进行判定。

2014年10月至2015年2月，我们对北京、上海、广州三地的公交站、地铁站、汽车站、火车站、机场、道路、国家机关、旅游景区等主要场所的公益广告做了调查。

一　场所分布

这次调查共获得公益广告562则，其中北京128则，上海224则，广州210则。具体使用场所见表4—35。

表4—35　北京、上海、广州三地公益广告场所分布

城市	地铁站	火车站	汽车站	机场	公交站	道路	机关	景区	总数
北京	55	17	11	3	10	20	4	8	128
上海	93	12	13	4	22	57	4	19	224
广州	116	18	9	4	18	32	3	10	210
总数	264	47	33	11	50	109	11	37	562

表4—35显示，地铁站是公益广告最多的场所，其余依次是道路、公交站、火车站、景区和汽车站，最少的是机场和机关。可见道路交通等人员密集、流动性大的场所是公益广告的最常见场所。

二　内容类别

公益广告的内容主要有4大类别：政治宣传、美德弘扬、文明倡导、安全提示。具体分布见表4—36。

表 4—36 三地公益广告内容类别

内容类别	政治宣传	美德弘扬	文明倡导	安全提示	总计
数量	257	43	212	50	562
百分比	45.7	7.7	37.7	8.9	100

表 4—36 显示：

政治宣传类共 257 例，占 45.7%。其中，宣传社会主义价值观的最多，计 116 例，占总数的 20.6%；其次是宣传中国梦的，计 108 例，占 19.2%；再次是宣讲政策、制度的，计 33 例，占 5.9%。如“几间茅庐草舍　满装和谐乾坤”“中国梦　中国喜”“改革开放好　日子比蜜甜”“没有共产党就没有新中国”等。例图如下：

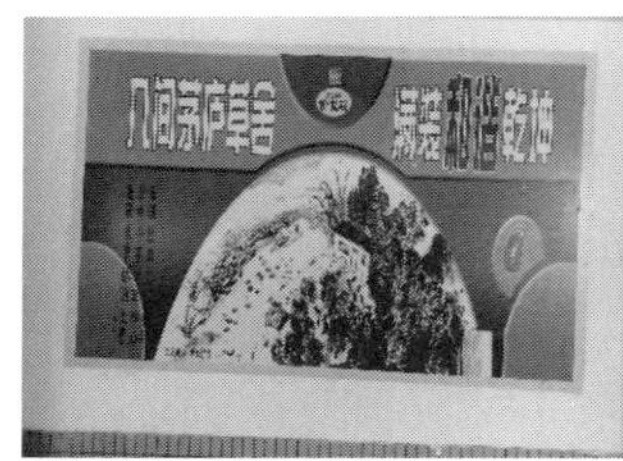

图 4—6 广州立交桥下

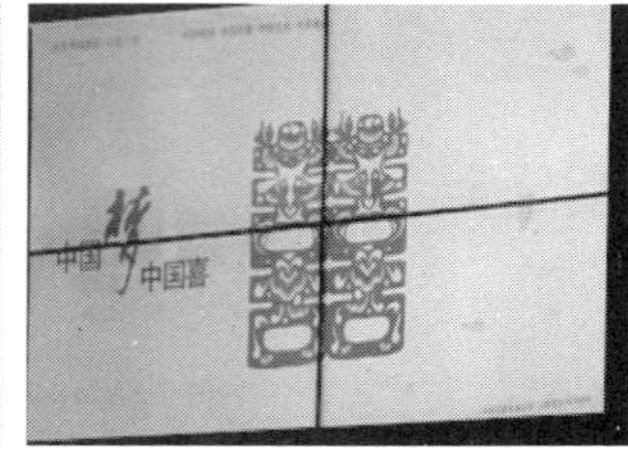
图 4—7 北京机场

图 4—8 上海徐家汇路

美德弘扬类共 43 例，占 7.7%。内容涉及勤劳、节俭、和气、孝顺、爱幼（如关爱未成年人、营造良好成长环境）以及献爱心（如学雷锋、献血捐钱）等，如“有德人　天地宽”“人敬老　己得福”“学雷锋　齐参与”等。例图如下：

图 4—9 上海环龙路

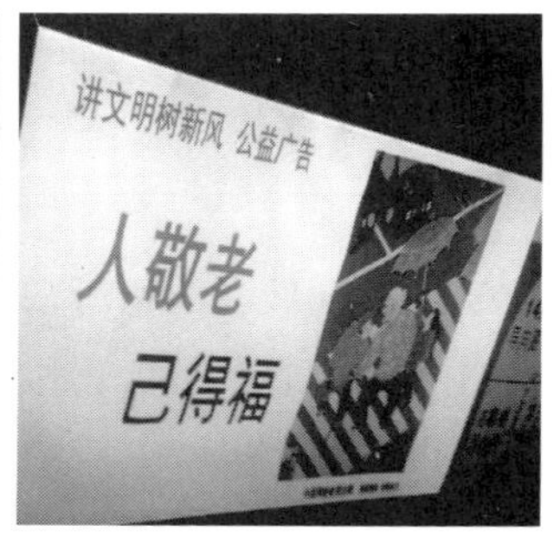

图 4—10 北京地铁站

图 4—11 广州地铁站

文明倡议类共 212 例，占 37.7%。内容涉及旅游出行、控烟、环保、交通、商业诚信、守法普法、建设文明城市等，如“携文明出行　扬北京精神”“生命长度掌握在你手中！”“保护知识产权——从自身做起”。例图如下：

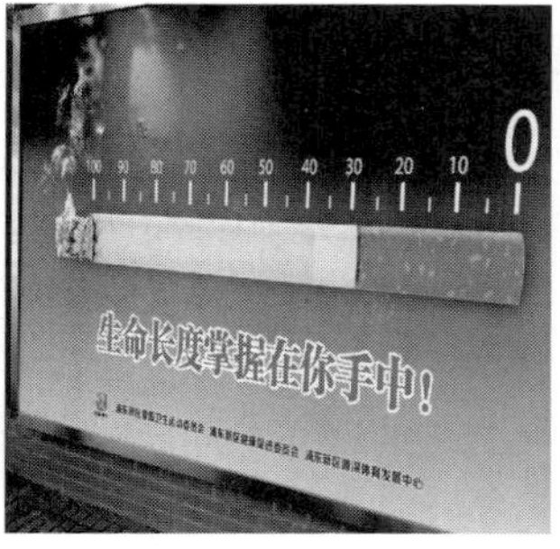

图 4—12　北京地铁站　　图 4—13　上海桃林路　　图 4—14　广州东站

安全提示类共 50 例，占 8.9%。内容涉及乘坐交通工具、防火防盗、防止诈骗等，如“爱护环境　安全用气　幸福和谐”“莫让‘黑车’毁了幸福”“防盗防骗专栏”等。

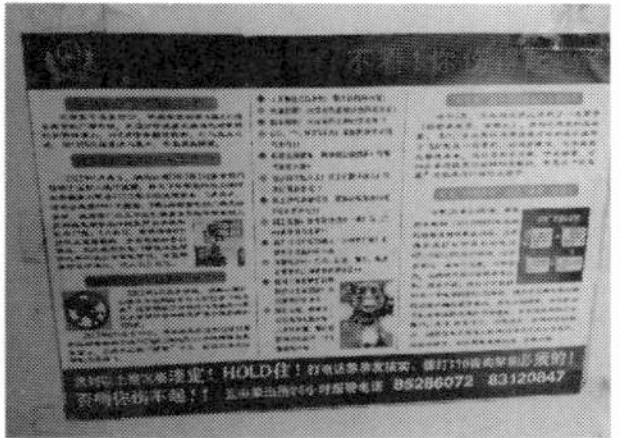

图 4—15　北京地铁站　　图 4—16　上海地铁站　　图 4—17　广州街道

需要说明的是，公益广告各类之间的界限并不是特别明晰，往往互有交叉。例如，归入“中国梦”的“中国梦　和为贵”“中国梦　人人都献出一点爱”的公益广告中，就含有道德倡议的内容。

此外，三地的公益广告也有自身的地域特色，如北京有防治沙漠、安全使用暖气的内容，上海多为健康生活、商业诚信等内容，广州有防控登革热等。

三　语言运用

我们对 562 则公益广告的语言运用做了统计分析，结果如下。

（一）高频使用“正能量”词语

公益广告中的高频词中，除了少数几个如“的”“我”外，大部分是具有积极意义的正能量词语。表 4—37 是三地公益广告中使用频率最高的前 10 个词。

表 4—37 使用频率最高的前 10 个词

城市	词语
北京	文明、的、和谐、社会主义、价值观、核心、安全、自由、我、诚信
上海	文明、中国、的、梦、我、诚信、友善、和谐、道德、树
广州	文明、的、中国、我、不是、你、和谐、在、诚信、爱国

表 4—37 显示，高频词在三地也略有差异，如北京有“安全、自由”，上海有“树(新风)”，广州有“爱国”。

(二) 多用委婉的陈述语气

562 则公益广告中，共有小句 1618 个，平均每则 2.9 个。每则广告取一个中心句来计算，统计结果见表 4—38。

表 4—38 句类使用统计

城市	陈述句		疑问句		祈使句		感叹句		合 计	
	数量	百分比	数量	百分比	数量	百分比	数量	百分比	数量	百分比
北京	82	64.0	6	4.7	28	21.9	12	9.4	128	100.0
上海	114	50.9	3	1.3	103	46.0	4	1.8	224	100.0
广州	152	72.4	2	0.9	46	21.9	10	4.8	210	100.0
合计	348	61.9	11	2.0	177	31.5	26	4.6	562	100.0

表 4—38 显示，陈述句在公益广告语中占据主流，祈使句次之，感叹句和疑问句最少。

从广告语的劝诫作用来看，表示指令语气的祈使句应该是它的常用句子类型；但指令语气往往是冷冰冰的，让人难以接受，所以公益广告就多用表述更为平和委婉的陈述句。例如，上海的公益广告“燃烧的是香烟，消耗的是生命”，就比“禁止吸烟”更易接受，劝诫效果更好；另一则广州的公益广告“文明是最美的风景”，就比“请文明出行旅游，不随地吐痰扔垃圾”能给人以更深的情感上的触动。

图 4—18 上海民生路

图 4—19 广州体育中心公交站

公益广告也不排除祈使句的使用，对那些不文明的行为，就应该使用“不、勿、莫、禁止、禁绝、切勿、切莫”等强制命令性的劝阻形式。如“火灾逃生命为先，切莫贪恋物和钱”“乘坐自动扶梯时请紧握扶手　左行右立　禁止奔跑　切勿推搡”“不随地吐痰　不损害文物　不乱刻乱画　不破坏绿化　不袒胸露背”等。例图如下：

图 4—20　北京地铁站

图 4—21　上海地铁站

图 4—22　广州天河北路

公益广告中也有使用疑问句的，一般疑问句语气没那么生硬，显得较为委婉，也容易吸引注意力。如广州的“你可以给我一点帮忙吗?”的广告语就显得情柔意曲，让人驻足而思。北京的“如此呼吸？大气污染，环境破坏，人类将如何生存?”广告语连用两个问句，引人深思。例图如下：

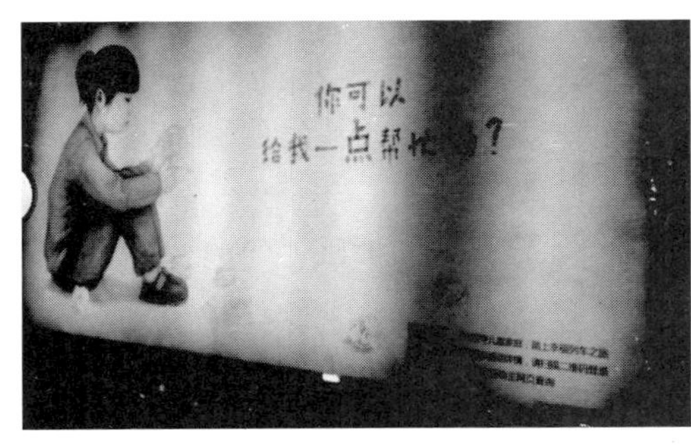

图 4—23　广州地铁站

图 4—24　北京公交站

(三) 常用整齐的对偶形式

公益广告作为一种语言艺术形式，很注意修辞格的使用。表 4—39 是对常见修辞格使用情况的统计。

表 4—39 修辞格使用情况

城市	对偶	比喻	排比	拟人	回环	反问	借代	设问
北京	44	2	1	9	0	4	0	0
上海	178	15	16	8	11	0	2	3
广州	129	11	5	4	2	2	2	0
总数	351	28	22	21	13	6	4	3

表 4—39 显示，对偶在三个城市公益广告语中占据绝对优势，显得形式对称、韵律和谐。例如："跟着共产党，奔向中国梦"这则政治宣传公益广告语，五字一句，并且前后句都是动宾结构。"诚在心　信在行　守信为荣　失信为耻"和"助人为乐　香在人间　与人为善　福在心头"，这两则美德弘扬公益广告语各包含四个小句，其中两两相对，结构一致。"小小烟头莫小看　随便乱扔留隐患""火场逃生身要低　逃生首选跑楼梯"这两则安全提示公益广告语，都是七言成句，2+2+3 音步格式，且尾字押韵，节奏整齐，容易识记。"束链遛狗　安全你我""文明你我他，和谐千万家"这两则文明倡议公益广告语，一方面将形容词"安全""和谐"活用为致使动词，另一方面选用了人称代词"你我""你我他"来指称文明行为的受益方"大家"，以达到前后音节一致且尾字押韵的效果。这就说明：为了造成韵律和谐，公益广告制作方会积极调配语言结构、选字遣词来形成对偶格。

公益广告也使用比喻、拟人、排比。如"爱护我们，是文明的体现"（北京）、"拥抱地球，拥抱绿色"（上海）、"草木绿，云儿笑，空气清新环境好！——保护环境就是保护自己"（广州），都使用了拟人手法。

有的公益广告同时使用几种修辞格。如献血广告语"献血的您　灵魂如虹　您献的血　生命涌动"既有对偶，也有比喻和回环，广告语结构形式优美，读来音韵和谐又回味无穷。

（四）使用其他语言要素

公益广告语也会使用当代流行语、常用口语、名言警句等语言要素。具体情况见表 4—40。

表 4—40 名言警句、口语、流行语的使用情况

城市	名言警句	口语	流行语
北京	8	1	1
上海	25	27	0
广州	19	6	9
总数	52	34	10

名言警句的使用能增加公益广告的文化品位，使经典贴近百姓的生活。如北京的自然环保公益广告语“万类霜天竞自由”，上海的文明倡导广告语“文明 文质彬彬　然后君子”，广州的弘扬美德广告语“上善若水常处下　至德本在百姓家”。

口语化句子会使得公益广告通俗直白，易于传播。如上海的关爱未成年人公益广告“爸爸，我想要个健康的家”（烟雾和孩子脸的图片）和“我的童年不想如此单调”（各种考试图片）；广州的“旅游有旅游样！走路有走路样！”“包包随身背，贼人没机会”。

网络流行语进入城市公益广告语，体现了虚拟语言生活对真实语言社会生活的渗透和影响。如北京的“冲撞安全门，后果很严重!”，仿用的是电影《天下无贼》台词“黎叔很生气，后果很严重!”；广州的如“给力垃圾分类，建设幸福广州”“防盗防骗专栏——不看，你伤得起吗?”这两则公益广告语里就出现了流行语“给力、伤得起”。例图如下：

图 4—25　北京地铁站　　　　图 4—26　广州艺景路

（五）英文、方言、繁体字的使用

公益广告语中有使用英文、方言和繁体字的情况。具体情况见表 4—41。

表 4—41　英文、方言、繁体字的使用情况

城市	英文	方言	繁体字
北京	6	0	4
上海	16	0	16
广州	8	4	33
总数	30	4	53

英文元素的使用有助于外国了解中国的时代价值观，也在一定程度上反映

了中国参与全球化的广度。以上海为例，224 则公益广告中，出现英文 16 次。

公益广告中的繁体字几乎都是书法字体，带有艺术字特征，以凸显广告语的主旨。如北京地铁站内的“中國夢公益广告　道义为质　德耀中华　義”，上海地铁站内的“禮之用　和為貴”“萬善孝為先”“鼎铸中華魂”，广州地铁站内的“患生於所忽，禍起於細微。”例图如下：

图 4—27　北京地铁站

图 4—28　上海地铁站

图 4—29　广州地铁 APM 线

方言的使用只出现在广州。如“小心河涌”“河涌危险　禁止下水”中的“河涌”（指“河汊”），“传递福分　留低蝠鲼”中的“留低”（指“留下”），“行快 D 啦”（指“快点走啦”）等，都是典型的粤方言词语。根据《广告语言文字管理暂行规定》要求，公益广告中应尽量不用或少用方言土语。

四　启发与思考

1. 公益广告要服务于社会主旋律。现有的公益广告内容多为实现中国梦、体现社会主义核心价值观，具有积极向上、鼓励人心、凝聚共识的作用。

2. 公益广告要加强整体规划。内容上可增加美德弘扬、安全提示等贴近民生的元素；场所方面宜增加机场、高铁站等人流聚集地的投放力度。

3. 公益广告可增加中英文对照形式。在北京、上海、广州等国际化大都市中，应更关注这类公益广告，以方便在中国生活或旅游的外国人了解有关信息。

4. 公益广告要尽量通俗易懂。尽可能避免使用方言，用语要做到好听、醒目、易记，以利于广告在更大范围的传播。

（祝晓宏、卢俊霖、罗晓春、陈秋月、吴翠芹）

皮书的语言使用调查

皮书指的是政府机构或社会组织就某一领域的重要问题而发表的重要文件或研究报告。皮书起源于英国，用于政府发布文告，后在世界各国普及。皮书按不同封面颜色可分为白皮书、蓝皮书、黄皮书、绿皮书等。从涉及的领域来看，白皮书多为国家发展的重大政治、国防、外交方面的问题，蓝皮书多为经济、社会、文化、产业类问题，黄皮书多为部分国别与地区类问题，绿皮书主要为农村、旅游、生态、环境、语言等问题。

在我国，规定了白皮书为全面准确地介绍中国政府在重大问题上的政策主张、原则立场和进展的官方文书。由国务院新闻办公室颁布，通过新闻媒体、出版社、网络媒体、大使馆等渠道发布。除了白皮书，其他各色皮书在适用领域上并没有严格的对应，或由政府业务部门，或由科研机构、社会组织发布，①本文统称为“彩色皮书”。

一　白皮书

（一）概况

我国第一本白皮书《中国的人权状况》于 1991 年发布，截至 2014 年，共发布白皮书 91 部，平均每年 3.8 部。每年发布数最少的为 1 部，最多的 9 部（2011 年）。② 统计如下：

表 4—42　政府白皮书年度发布量

年份	1991	1992	1993	1994	1995	1996	1997	1998	1999	2000	2001	2002
数量	1	2	1	2	3	3	3	3	2	7	3	2

① 新闻出版署 1998 年 9 月 10 日发布了《关于不得擅自出版政府白皮书的通知》，规定“不得擅自以‘白皮书’作为图书书名”。

② 数据来源：中华人民共和国国务院新闻办公室网站 http://www.scio.gov.cn/zfbps/。

（续表）

年份	2003	2004	2005	2006	2007	2008	2009	2010	2011	2012	2013	2014
数量	4	5	7	4	3	4	5	5	9	5	4	4

通常用汉语和英语发布。部分白皮书的内容涉及非英语国家或多语地区，会增加相应的语种版，如 2012 年的《钓鱼岛是中国的固有领土》还有日语版，2010 年的《中国与非洲的经贸合作》还有法语版。政府白皮书中文版由人民出版社出版发行，中外文对照版由外文出版社出版发行。

已发表的中国政府白皮书分为“国情”“外交”“国防”“人权”“地方问题”5 个方面。[①] 其数量详见表 4—43。

表 4—43 政府白皮书分类情况

类别	国情	人权	地方问题	国防	外交	总计
数量	47	14	12	12	6	91

第一类“国情”可视为综合类，包括社会发展的各个方面，如“司法改革”“稀土”“互联网”“气候变化”“减灾行动”“廉政建设”“和平发展”“人力资源”“劳动与社会保障”等。后四类是专题。“人权”类的达 14 部，延续时间最长，分量最重。其中除了 3 部是专论，另 11 部都是年度本。“国防”类有“军备控制与裁军”“防扩散”“钓鱼岛”等专论，超过一半的是年度本。“地方问题”类包括台湾问题 2 部，新疆问题 2 部，西藏问题 8 部，涉及西藏的诸多社会生活方面。

（二）话语功能

政府白皮书是以数据调查、量化统计分析的形式呈现的国家“话语”。具有报告功能、反驳功能、说明功能、宣示功能和说服功能等五种类型。报告功能是其基本功能，指中国政府就政治、经济、社会、文化等方面的重要议题，向全体国民、国际社会报告中国的状况，以促进其对中国的全面了解。其他功能都在这一功能的基础上发挥作用。1991 年发布的第一部政府白皮书《中国的人权状况》，反驳了有关中国人权问题的不实言论，具有典型的反驳功能。《中国的军备控制与裁军》向世界报告中国裁撤军队，积极推动军备控制的实践，具有典型说明功能；《钓鱼岛是中国的固有领土》白皮书揭露了日本窃取钓鱼岛的行径，宣示了中

① 分类来自中华人民共和国国务院新闻办公室网站 http://www.scio.gov.cn/zfbps/。

国对钓鱼岛拥有无可争辩的主权，具有典型宣示功能；《中国的和平发展》系统阐述了中国和平发展道路蓝图，向世界许诺“一个繁荣发展的中国，一个民主法治的中国，一个和谐稳定的中国，必将为世界作出更大贡献”，具有典型说服功能。①

政府白皮书的话语功能随着国际环境变化而发展，具有明显的时效性与针对性。2005 年发布的《中国的和平发展道路》认为“中国的发展离不开世界，同样世界的繁荣需要中国”，并表示“中国今天要走和平发展道路，将来强大了也要走和平发展道路”；2011 年发布的《中国的和平发展》的相关表述为“中国发展离不开世界，世界繁荣稳定也离不开中国”“中国取得的发展成就与世界各国友好合作密不可分，中国未来发展更需要国际社会理解和支持，我们衷心感谢所有理解、关心、支持、帮助中国发展的国家和人民”。前者《中国的和平发展道路》强调的是自己的态度，体现更多的是说明功能；后者《中国的和平发展》更多地体现出自信，宣示了开放包容的态度，意在说服国际社会支持中国的和平发展之路。

（三）语篇特点

政府白皮书作为政府重要文件，具有规整的篇章结构，表述上严谨准确，表达色彩上理性而有鲜明立场。经过二十多年的发展，政府白皮书形成了规整的篇章格式。政府白皮书通常采用的都是“前言—正文—结束语”的“总分总”篇章结构，必要时会有“附录”部分。如《中国与非洲的经贸合作（2013）》，“前言”提出了“发展经济和推动社会进步是中国与非洲共同面临的任务”这一主旨，简述了中非经贸合作的历史以及“南南合作”的背景。“正文”部分从“促进贸易平衡发展”“拓展相互投资领域”“重视基础设施建设”“加强发展能力建设”“帮助提升民生水准”“拓宽中非合作领域”“发挥中非合作论坛引领作用”七个方面详尽反映了中非经贸合作的发展状况。“结束语”中表明了政府一如既往地推动中非经贸发展的立场，提出了“中非经贸合作一定会向更大规模、更宽领域和更高层次不断发展”的美好愿景。“附录”中展现“中非经贸论坛”的资料。

① 《中国的和平发展》，中华人民共和国国务院新闻办公室网站：http://www.scio.gov.cn/zfbps/ndhf/2011/Document/1000032/1000032.htm。

政府白皮书作为官方文件，使用的是标准书面语，在表达上力求严谨准确，因而语句结构复杂，多长句。91 部政府白皮书共 157 万余字，有 27 702 句，平均句长 53.6 字。表达色彩做到理性又有鲜明立场。语言表达以叙述、说明、议论为主，少描写、抒情，多援引历史事实、大量真实数据、国际国内法律条文，论据引用扎实充分，观点提出充分而准确，论述阐释严密周全，具有浓厚的理性与逻辑力量。政府白皮书表达的是中国政府的立场与观点，态度鲜明，如《中国的人权状况》在叙述中“中国耕地只占世界耕地的 7%，人均占有量只有 1.3 亩，比美国的人均 12.16 亩和世界平均数 4.52 亩低得多，却养活了占世界人口 22% 的人”的事实作为证据，进而立场鲜明地驳斥道，“西方某些政治家曾经断言：中国没有一个政府能够解决人民的吃饭问题。但是，社会主义中国依靠自己的力量解决了这一历史难题。”

（四）词语使用

政府白皮书是政府向国际社会介绍中国的国情，反映的领域、层次、深度，都会在词汇使用上清楚地反映出来。91 部政府白皮书共 157 万余字，共 70 余万词，用词 18 738 个。前 100 个高频名词是：

中国、国家、西藏、政府、社会、经济、全国、地区、制度、国际、工作、人民、法律、民族、技术、问题、少数民族、组织、世界、地方、人、环境、人口、政策、资源、企业、文化、妇女、权利、体系、机构、水平、法、人员、生活、农村、中华人民共和国、自治区、军事、能力、领域、能源、国防、人权、重点、方面、联合国、公民、法规、机制、措施、新疆、部门、项目、工程、军队、事业、宗教、科技、原则、行政、条件、基础、部队、领导、关系、生态、政治、战略、装备、机关、条例、香港、规划、权益、儿童、任务、残疾人、情况、人民代表大会、案件、代表、市场、农业、设施、国务院、科学、宪法、会议、公约、气候、历史、资金、目标、社会主义、单位、武器、群众、食品、非洲

高频词中的“中国、国家、政府、人民、民族、少数民族、人、企业、公民”显示了白皮书中最常涉及的人物主体。“人、妇女、儿童、残疾人”反映出对弱势群体的关注。“社会、经济、制度、法律、技术、政策、资源、文化、权利、军事、能源、国防、人权、生态、宗教”等反映出国家生活的重要方面及人权关注的主要领域。“社会主义、人民代表大会、自治区、国务院”等反映出国家政治制度的性质。“农村、农业、基础、权益、食品”等反映了国家对民计民生的关注。

不同领域的白皮书有着不同的主题词高频词。即使是同一主题的白皮书，随着社会发展的变化和政府的关注重心，主题词高频词也会有明显变化，从中可以清楚观察到政府立场与执政重心。下面对11部年度人权白皮书的用词情况进行分析。它们总计使用汉字词6654个，见于11部的共用词342个，其中名词122个。这些名词反映出人权白皮书的普遍特点。如“中国、全国、国家、人权、权利、少数民族、社会、人民、政府、万人、公民、法律、经济、民族、人、工作、地区、制度、农村、生活”。共用词以外的是年度独用或若干年度的部分共用词，能反映出一年或若干年中政府在人权方面的关注重点。表4—44列出了每年的前20个高频名词。

表4—44　11部人权白皮书中年度独用或部分共用类高频名词

年度	题目	独用或部分共用类高频名词（前20个）
1991	《中国的人权状况》	残疾人、公约、领域、家庭、文盲、大会、罪犯、监狱、宪法、社会团体、条例、发展中国家、诉讼法、职业、民主党派、宗教、警察、代表团、行为、中华人民共和国
1995	《中国人权事业的进展》	律师、老年人、能力、刑事、文盲、村民、中西部、职业、最低工资、福利院、刑法、残疾儿童、国民经济、入学率、孤儿、规划、卫生、公安、速度、直辖市
1997	《1996年中国人权事业的进展》	女性、公约、村民、干部、领域、死亡率、文盲、小学、卫生、律师、美国、民主党派、入学率、法院、工资、刑事、宪法、村民委员会、政治权利、灾区
1999	《1998年中国人权事业的进展》	新中国、宗教、卫生、死亡率、道路、宪法、民主党派、文盲、粮食、宗教信仰、中华人民共和国、温饱、小学、入学率、无党派人士、社会主义、技术人员、女性、国家机关、律师
2000	《中国人权发展50年》	残疾人、罪犯、宗教、宪法、群众、卫生、新中国、社会主义、公约、中华人民共和国、财产、发展中国家、帝国主义、人民法院、行为、福利、宗教信仰、民主党派、个人、场所
2001	《2000年中国人权事业的进展》	公约、在校生、直辖市、民主党派、律师、领域、无党派人士、用户、干部、卫生、技术人员、诉讼、文盲、村民、国民经济、法院、入学率、工资、小学、体系
2004	《2003年中国人权事业的进展》	残疾人、艾滋病、宪法、卫生、人民群众、公约、疫情、女性、患者、干部、土地、工会、监狱、宗教、工资、信息、群众、用品、刑事、中华人民共和国
2005	《2004年中国人权事业的进展》	残疾人、宗教、群众、重点、工会、补贴、公约、环境、项目、家庭、律师、艾滋病、卫生、提案、领域、研讨会、住房、公安机关、团体

（续表）

2010	《2009年中国人权事业的进展》	残疾人、家庭、群众、公约、互联网、规范、机制、新疆、公安机关、卫生、民生、标准、补助、理事会、网站、律师、信息、直辖市、干部、新生
2013	《2012年中国人权事业的进展》	残疾人、环境、规划、生态、宗教、住房、群众、家庭、信息、社区、区域、文化遗产、社会主义、看守所、网络、死刑、医疗卫生、死亡率、图书馆、资源
2014	《2013年中国人权事业的进展》	残疾人、环境、新疆、信息、宗教、生态、障碍、网站、互联网、家庭、言论、力度、维吾尔、社区、公众、新闻、规划、人身、补助、犯罪嫌疑人

表4—44显示，"残疾人、公约、宗教、家庭"等问题一直是政府关注的对象，如"残疾人"一词在10部人权白皮书中出现，在所有词语中排在第24位。随着中国人权事业的进展有的问题得到了解决，有的高频词会表现出往低频词的变化，有的甚至不再出现。如"文盲"连续出现在前4部白皮书中，2000年之后就不再高频出现，反映出人民受教育的权利得到了满足。"电视机"在前几年也是高密度出现，最后一次出现是在2000年的报告，表现这一重要的家电及娱乐形式在现代生活中作用的急速下降。新事物新问题的出现则会反映出高频词从无到有或从低到高的变化，如"艾滋病、互联网、网络、信息、移动电话、犯罪嫌疑人"等。"移动电话"首现于2000年，之后在2009年、2012年、2013年都是高频出现，表明移动通信在现代社会生活中的日益普及，甚至成为国民经济的一大支柱产业。

二　彩色皮书

彩色皮书是在理论视野下有系统、有层次地对领域的重大问题进行全面深入的分析，对现状进行报告描述，对动态变化的现状及其原因条分缕析，进而得出结论并对未来的发展趋势做出预测，提出建议，大多为非政府的。

（一）概况

据初步统计，1986年至2014年共发布彩色皮书2152部。年度出版情况如下：

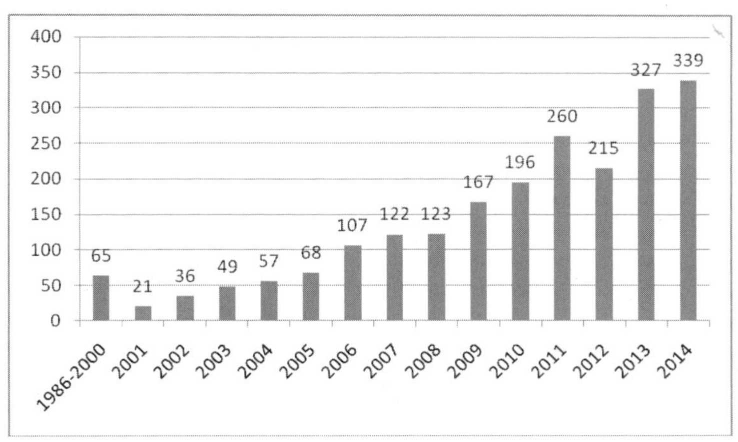

图 4—30　彩色皮书的年度发布量

彩色皮书 1986 年至 2000 年共发布 65 部，年均 4.3 部；2001 年至 2005 年大幅增加，年均 46.2 部。2006 年之后的几年，年均达 206 部，2014 年高达 339 部。出版单位有 160 余家，出版在 10 部以上的有 25 家，其中社会科学文献出版社出版 1405 部，占全部数量的 65.14%，排第二位的是云南大学出版社，出版 42 部。社会科学文献出版社高度重视皮书的出版与研究，召开了全国性研讨会，制定了一系列皮书规范，并大力推动中国皮书的海外发行和皮书数据库的建设。

彩色皮书覆盖面广，几乎涵盖了社会生活的各个方面，简要统计如下（图 4—31）。

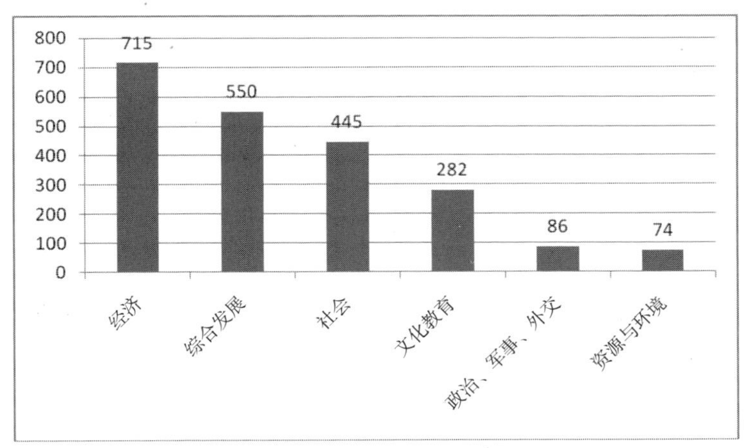

图 4—31　彩色皮书的领域分布情况[①]

① 分类体系参考了中国皮书网（http://www.pishu.cn/）的知识分类体系。

经济领域彩色皮书有715部，是分布数量最多的领域，全面涵盖了世界经济与中国经济、宏观经济与区域经济、产业经济、金融财政与加工贸易等子领域以及各行业领域。如《经济蓝皮书：中国经济形势分析与预测》。

综合发展领域是指对地区、省份或城市的发展进行综合研究，这样的皮书有550部。如《区域蓝皮书》《北京蓝皮书》《欧洲发展报告》。

社会领域有445部，涉及社会状况、社会构成、人口、就业、社保医疗、法律、公共安全等。如《社会蓝皮书：中国社会形势分析与预测》。

文化教育领域有282部，包括教育事业、科研科普、文化事业、新闻媒体、语言文字、文学艺术等。如《教育蓝皮书：中国教育发展报告》《文化蓝皮书：中国文化产业发展报告》。

政治、军事、外交领域和资源环境领域相对较少，分别为86部和74部。如《国际形势黄皮书：全球政治与安全报告》《环境绿皮书：中国环境发展报告》。

彩色皮书依托有关部门的学术机构、科研单位或课题组，采取团队组编、合作撰写的方式，体现了社会科学的理论研究成果向社会应用的转化。中国知网中以“经济蓝皮书”为参考文献的论文有1522篇、以“社会蓝皮书”为参考文献的论文有2624篇（截至2014年）。

（二）咨政资讯功能

彩色皮书不仅仅是纯粹的学术报告，而且是学术转化的产物。一方面彩色皮书为政府相关部门提供决策依据，具有咨政服务的功能；另一方面彩色皮书又是面向图书市场的出版物，为普遍读者提供信息资讯的功能。不论是咨政还是资讯，都提供了翔实准确全面的参考信息。

（三）语篇特点

作为严谨的学术报告，彩色皮书有着明显的学术著作语言规范和体例。皮书具有连续性，彩色皮书往往是系列丛书，每一个系列的皮书具有稳定的体例。彩色皮书一般都采用“总—分”结构，先综述论题和时间范围内总体的情况，再从不同的维度进行分述。不同领域和主题的皮书根据领域和主题的特点安排体例。以《经济蓝皮书》为例，系列中的每一部书均先对本书报告时间范围内的总体情况进行综述，对全国的经济走势和发展进行分析和预测，再分述；分述通常有政策、区域省份、行业、专题4个维度。如果是区域发展类蓝皮书则会在区域范围下从经济、社会、文化等方面分而论之，如《北京蓝皮书》系列下含有《北京经济发展报告》《北京社会发展报告》《北京文化发展报告》，还有以更具体的问题作为论域的，如《北京社会心态分析报告》《北京律师发展报告》《北京文化创意产业发展报告》等。经过多年的发展，彩色皮书已经形成严密的学术体系，有层次地覆盖了各领域、各区域和各个产业行业，反映了国家生活的各个方面。

彩色皮书多是由多篇报告按照体系组织在一起的，每一篇报告也是独立的一篇论文，具备学术论文的语篇结构。报告由标题（副标题）、作者、摘要、关键词、正文、参考文献和附录（英文摘要）组成。正文的典型结构是“现状描写——问题分析——预测展望（思考建议）”。由于各领域学科特性，有的皮书根据分析和模型进行预测和展望（经济类皮书多为此类），有的皮书则是在现状分析的基础上进行理论思考，给出政策建议（如《中国语言生活绿皮书》）。

语言层面上，彩色皮书具有鲜明的学术报告文体的特征。具体表现为：(1)使用最多的是陈述句和祈使句，直陈客观情况、统计数据、事件案例，不加文学修辞，强调精确性、专业性，具体表现为使用大量的术语、统计数字和图表；(2)使用大量的学科术语，经济类皮书中的“物价、GDP、内需、刚需、剩余劳动力、紧缩效应、CASS 指数”等，社会类皮书中的“社会结构、社会心态、舆情分析、城乡一体化”等，语言类皮书有“语言规划、语言冲突、汉语国际传播、流行语、语言社团”等；(3)主张用统计数据来“说话”，除了行文中随处可见的数字，还有大量的图表，以《2012 年中国经济形势分析与预测》为例，全书包含文章 32 篇，共有图表 119 幅，平均每篇文章用图表 3.7 幅。

特别值得注意的是，皮书中的概括性和预测性表达的精微，比如描述经济整体局势的常用词“高速增长，中高速增长，稳健增长，平稳快速，平稳较快，低速增长，增长缓中趋稳，趋缓，放缓，稳中略降，衰退，大幅下滑，缓慢复苏，复苏巩固，止跌回升，企稳向好，大幅回暖”等，这些词汇之间的语义差别很细微，反映出经济数据背后反映的形势变化的复杂。

（四）词语使用

彩色皮书的词语使用带有明显的领域词特色，即不同领域的皮书会使用到不同学科领域的专用术语。例如：

文化领域的高频独用词有“艺术品、影视、演艺、创意、版权、票房、出版业、数字化视听、音乐”；社会领域的高频独用词有“男性、初中、居委会、社区服务、入学、本科、宅基地、院校、劳动合同、打工”；环境领域的高频独用词有“流域、鄱阳湖、长白山、石化、自然保护区、淮河、污染物、污染源、水质、环保局”；经济领域的高频独用词有“国民收入、消费税、跌幅、储、税种、物价指数、特区政府、商品市场、增值税、负债”；政治领域的高频独用词有“难民、武装、恐怖主义、阿富汗、安理会、领土、经合组织、冷战、北约、攻击”。

彩色皮书的语篇与语言运用上的特点，显示了独特的资讯性文本的特点与价值，但也带来一些局限。全面翔实的资料、可靠的数据、扎实的理论、严谨的分析，使读者阅读门槛变高，需要一定的专业知识背景才能从中获取所需信息。彩色皮书对学术论述风格严谨全面的追求，也在一定程度上牺牲了皮书语言的精简性。大部分彩色皮书语言的学术性过浓，对咨政资讯功能实现得不够好。

三　思考与建议

皮书在近些年得到了快速发展，各级政府与社会管理部门，各个行业，各个地区，都十分重视皮书的撰写与发布，但也有一些值得思考的问题。

（一）加强对皮书的利用

皮书已成为社会读物中的重要一类，它以真实、具体、全面、准确的数据来反映社会生活的各个层面，对我们真实而翔实地了解当下社会生活的各个方面，对了解我们社会的管理者建设者的政策、态度、措施，都有着重要的认知作用，值得现代社会组织与个人充分利用。

（二）提高皮书语言的可读性

皮书承担着越来越重要的功能，研究者、写作者、出版者要高度重视皮书的写作，在谋篇布局、语体运用、遣词造句、数据呈现等方面多下功夫，提高语言的表达效力，使其更加通俗，更具可读性。

（苏新春、刘锐）

中国网络语象报告

2014年，中国迎来全功能接入国际互联网20周年。20年来，从轻敲键盘、点击鼠标，到滑动指尖，虚拟世界与现实世界并行，正在改变人类文明的存在形态。自2003年，中国互联网呈现爆发性的增长，网络应用日益多元化，网民数量不断攀升，截至2014年12月，我国网民规模已达6.49亿，手机网民更是达到5.57亿。①

伴随互联网的不断发展，社情民意的网络投射日趋明显，尤其近年来新媒体技术对舆论生态的格式化，使得网络渐成主流媒介平台。而每年诞生的大量网络流行语，则成为阶段时间内人群情绪的清晰投影，同时也影响到传统媒体和书刊，甚至成为公众生活中的交际用语。网络流行语的交替更迭，见证了中国社会的变革，记录着中国民情的冷暖，影响着社会的价值取向，甚至在某种程度上给民族文化、语言体系带来冲击。

一　流行语背后的网民心态

人民网舆情监测室根据新浪微博提及量，以及该监测室中文报刊系统的统计结果，选取前25个网络流行语进行2014中国网络语象分析，详见下表。

表4—45　2014网络流行语排行

排名	流行语	中文报刊检索结果（标题中使用）	微博提及量
1	萌萌哒	1410	214 720 184
2	逗比	276	150 043 492
3	我也是醉了	298	79 679 804
4	且行且珍惜	878	73 477 308

① 中国互联网信息中心：CNNIC发布第35次《中国互联网络发展状况统计报告》，http://cnnic.cn/gywm /xwzx/rdxw/2015/201502/t20150203_51631.htm。

（续表）

5	涨姿势	222	70 124 496
6	心塞	132	50 601 480
7	暖男	1455	50 564 364
8	买买买	247	41 685 392
9	也是蛮拼的	643	36 984 032
10	逼格	65	30 109 324
11	画面太美我不敢看	133	29 820 644
12	小鲜肉	808	20 879 812
13	那么问题来了	309	16 912 524
14	no zuo no die	99	16 792 928
15	脑洞大开	162	15 572 224
16	有钱就是任性	855	14 904 136
17	时间都去哪了	365	10 701 780
18	保证不打死你	7	8 124 280
19	我读书少你别骗我	25	7 282 984
20	习大大	325	6 161 256
21	上天台	58	4 379 688
22	什么仇什么怨	78	4 272 464
23	你家里人知道吗？	39	3 175 480
24	挖掘机技术哪家强	38	2 033 132
25	APEC 蓝	730	1 831 056

数据来源：新浪微博、人民网舆情监测室中文报刊系统。

数据截取日期：2014 年 1 月 1 日—12 月 31 日。

（一）词汇创意明显　语义仍为心态传接

网络流行语的呈现年年不同，但其核心仍是社会心态的传接。虽然公共话题在网络流行语占比不高，却反映出网民对国家公共议题的关注。例如环境问题方面，2014 年就催生了“APEC 蓝”。习近平在就百姓吐槽的“APEC 蓝”谈话中，将政府环境治理的决心传递给网友，这就使原本的调侃表达经历变奏，获得体制内的认可，同时也强化了网友对公共事务的参与感。

情感类话题的词语仍是网络流行语的主要组成部分，人们需要新词语用以活跃情感话题。从“小清新”“女汉子”到“小鲜肉”“暖男”，从“累觉不爱”到“且行且珍惜”，莫不如此。网络流行语不仅吐槽感情的无奈，也寄望感情的美好。至于那些能够在网络交流中表达时事态度、调侃伙伴的语句，如“什么仇什么怨”“我也是醉了”“也是蛮拼的”，一如往昔的“元芳，你怎么看”“躺着也中枪”和“你

幸福吗”,风靡网上和网下世界。由此可见,宏大的时代叙事与微观的生活体悟借由网民智慧的解构与重组,成为网络流行语用之不竭的源头活水,表现出社会心态的前后传接。

(二)流行语“排浪式消费”来去匆匆

从多个网络流行语的传播情况来看,将其传播趋势线重叠,可以形成明显的波浪形状。借用经济学“排浪式消费”①的概念,网络流行语的传播兴盛与式微淡出,也可视作一种网络语言产品的公众消费行为。

网络流行语的“排浪式消费”现象主要基于三方面原因。首先,网络流行语多基于网络热点事件,具有传播“爆炸式”的特征,同时受制于热点事件的传播周期,因此“什么仇什么怨”“挖掘机技术哪家强”等流行语的热络和淡出都十分迅速。其次,网络热点事件层出不穷,使新的网络流行语对原有流行语的使用形成分流和稀释。再次,如果网络流行语的表意不具有多种语境的普适性,如“且行且珍惜”“保证不打死你”等,则也较难被网民长时间应用于日常的网络表达中。

(三)网络表达趋同　线上共鸣超越线下阶层

根据对25个网络流行语使用人群年龄、性别等属性的分析发现,网络流行语的使用并无明显的人群属性。一线城市的中产人群可以在朋友圈晒高档餐厅的自拍,配以“萌萌哒”的描述;而一个三线城市的务工青年同样可以与街头卡通人物合影,陶醉在“萌萌哒”的表情里。社会上层、中产、低层,高中生、大学生与海归,在网络流行语的使用方面明显趋同。追求时尚、体味新潮、渴望引领流行的心态,以及现实社会的焦虑情绪,使得为房拼命的白领以及为工作奔波的农民工,在“也是蛮拼的”“心塞”生活体悟上获得共鸣。

由此可见,网络流行语对于个体生活话题的聚焦和情感抒发作用越发明显。作为人群心态共性的表现,相比线下社会阶层的差异性,网络流行语更容易获得普遍接受。

---

① 当一种新消费品一个人能买得起时,大多数人都已经到了能够买得起的阶段,进而迅速形成消费浪潮。

（四）“愤青心态”退隐“草根心态”凸显

“蚁族”的提出者廉思教授认为：“当代的青年处于一个中国历史上最复杂的时期，各种思潮，民粹主义、自由主义、新儒家、新左派等，都在围绕着他，在发挥作用。”①伴随着互联网而来的各种思潮冲击，稳定的价值观的形成出现困难，对现实生活有诸多无奈，但又无力改变，于是靠一种自我调侃而获得一时的解脱。

根据对2014年网络流行语的梳理，发现在网上“是中国人就顶”“不转不是中国人”这类言语正在减少，“有钱就是任性”等网络用语则更多表现出网民的自嘲、调侃或不满（当然其中不乏真“炫富”的行为）。“仇富”转型为“涮富”，将看似跋扈的“有钱”与娇嗔的“任性”使用得不亦乐乎；愤青的“怒火”似乎减少了，轻松诙谐的“吐槽”更多了。在宏大叙事日益难以进入网络话语体系的当下，“愤青心态”渐趋隐退，“草根心态”则相对凸显。

二　网络语言规范与文化沉积

（一）丰富汉语表达　记录社会变迁

在互联网发展过程中，社交网络的兴盛带来了大量的网络流行语，虽然我们已无法考证出哪一个是最早的流行语，但其原初目的都是要在有限的信息传送中表达准确而特殊的意义。回顾历史，在互联网诞生之前，流行语本已广泛存在。民国初期，“德先生”“赛先生”风起云涌；新中国成立之后，“三反五反”“调干生”“铁姑娘”则浓缩了时代的历史事件；改革开放以来，“蛤蟆镜”“打工仔”“农民工”“小资”等词语更记录了社会的生动变革。这些曾经的流行词语承载了我国社会、文化、思想等领域发生的巨大变化和历史信息。

互联网的出现和发展，使每一个网民都拥有了一定的话语权。官方语言与坊间评议的二元分立，在互联网上形成明显的语言对冲，社会表达不再表现为一元态势，而呈现出多元共存的特征。互联网带来的话语权平等、去中心化、权威解构，正是网络流行语层出不穷的最主要原因。随着社会的变化，语言是需要不

① 共识网《问学：廉思谈中国底层青年的生存困境和出路》，http://www.21ccom.net/articles/china/gqmq/20141113116139.html。

断发展创新的，网络流行语也是如此。当汉语原有的词语不足以表达某种新鲜的事物或态度时，网络流行语就应运而生了。

“囧”原本代表光明，但在网络上就被赋予了郁闷、无奈、悲伤的意义。在竹书纪年的时代，一个汉字往往就具有深邃的含义，今天的网络流行语虽然看似构词简单，但不应以浅薄视之。网络信息时代的语言不断丰富，正是在很大程度上吸收了网络流行语的营养。

从社会的发展角度看，网络流行语是一个阶段内社会多元文化的印证。以社会学、心理学梳理网络流行语，分析某一时段的社情民意时，网络流行语就更具有历史价值。尽管网民使用流行语时并不会去考究其原初内涵，只是基于某种语境激发的表达欲望，将其作为一种表达方式。比如“有钱就是任性”本是网民对宁波市一位老人遭遇电信诈骗而表现出的非理性做法的调侃，然而其具有的娇嗔、自嘲，无疑与当下社会中的个体生活现状形成共鸣，相比基于互联网炫富而产生的族群分裂和仇富心态，“有钱就是任性”或许就是公众个体对现实境遇一笑置之的回应。

网络流行语并非文化上的小道，网络对社会生活的全方位影响，已使网络流行语成为社会文化传播过程中不可忽视的存在，这是不争的事实。网络流行语对汉语表达的丰富，对社会变迁的记录，应该被正视、承认和尊重。

（二）肢解汉语组词　拉低文化氛围

网络与现实是社会的一体两面，文明健康是其基本的语言要求，然而与现实生活相似，粗鄙、低俗、恶俗现象在网络语言中同样存在，人们寄望网络流行语能够丰厚互联网文化土壤，而非无忌惮地泛滥污染互联网文化土层。语言的使用规范，是人类社会发展中约定俗成的，语言规范与场合、功能、使用者身份等有着明确的关联性。基于网络语言对现实文化的巨大影响，取其精华、弃其糟粕无疑是一种中肯而适合的态度。

不难发现，那些低俗词语本质上是现实语言的延伸，多为不文明用语的谐音或转化。例如“尼玛”“去年买了个表”等，部分网民认为如此表达较为婉转，甚至暗含优雅，然而明晰其意则实在粗鄙，更是在不经意间将“尼玛”（藏语意思为太阳）污秽化。当然，网络用语的更迭变化自然会进行过滤淘汰，不必对此进行细致入微的官方管制，民间的、专业团体的观察报告和文化批评对社会公众更具有警示作用，进而促成更具有治理弹性的网民自律。如果完全任由互联网上草根文化的滋长，则会降低我们的文化高度和文明品质。

此外，大量的网络自造词语，在彰显网民智慧的同时，也在一定程度上存在解构汉语严谨性的现象。如“人艰不拆”等（人生已经如此的艰难，有些事情就不要拆穿）四字新词语，形式上类似成语，内涵上却并非成语，恐怕也并非一般网民所能理解。而另一种网络造词，却不得不说显现出亚文化甚至反文化的恶俗趣味。例如“装逼”一词不仅产生了汉语拼音与英语混搭的 zhuangbility，更衍生出所谓装逼的格调——“逼格”。2014 年苹果公司 iPhone 6 广告语“biger than biger”（岂止于大）就被恶搞为“比逼格更逼格”。

作家余华曾经批评有些作者不描写内心而专描写内分泌，文学上的通俗与低俗分野同样适用于网络流行语。单纯为了追求娱乐性和博眼球，将“碉堡了”“蛋疼”“我随便起来不是人”等用得不亦乐乎，不仅粗俗轻佻，有损汉语的严谨与含蓄，更是在当下普遍拒绝黄段子的语言环境，形成了新的语言骚扰。

应该说，网络不会拒绝智慧的插科打诨，也不会隔绝流行语对社会现实的不满和发泄，但粗鄙化、低俗化、反文化理应受到严肃的文化批判，即使这种网络语言现象根植于社会现实，但其粗鄙低俗何以就具有正当性？而当这样的网络流行语与社会现实形成恶性的彼此裹挟，精神文化是走向精致风雅，还是走向粗鄙干涸，就不言而喻了。

（三）网络流行语与汉语规范

网络流行语的存在与发展，生动地反映了网络时代的社会现实，一些词语历经文化过滤沉淀为媒体和公众普遍接受，那些诙谐、睿智的网络流行语不断丰富着当代汉语文化，而网络流行语中的低俗、恶俗甚至反文化现象，也在解构汉语，拉低互联网的文化氛围。

从网民使用的角度而言，网络流行语显现出的消极情绪和烦躁心态，并非不可包容，因为公众思想素质和文化素养的提升不可能一蹴而就；互联网时代的话语权均等，更不可能要求网民“出口成章”。因此，网络流行语与汉语规范并不存在无法调和的矛盾。如何为网络流行语去粗取精，提升文化品位，《人民日报》2014 年 4 月 11 日的“记者观察”栏中提出，规范使用语言，“媒体是表率、公务员是龙头、服务业是窗口、学校是基础”。

媒体是网络流行语进入深广的社会空间的重要渠道，媒体语言使用应规范是国际通行的惯例，网络流行语的使用足可借鉴传统规范，之前的异形词整理与规范即是明证。

20世纪80年代艾滋病见诸报刊之时，曾经“艾滋”“爱滋”共存并用，为避免“爱”而“滋”病，当时的卫生部将名称规范为“艾滋病”，对2014年《人民日报》进行词频分析，“艾滋病”出现257次，“爱滋病”为0次。同样，网络流行语的使用，其核心要义仍不外乎达意准确、内涵清晰，“给力”“也是蛮拼的”都曾刊载在《人民日报》上，网络流行语的价值和生命力得到认同。

对于网络流行语的多样性和个性化，还是应更多地予以教育和引导。近年高校毕业典礼上，校长们致辞穿插使用网络流行语就表现出良好的亲和力，虽然教育界对此有所争议，但却无碍会场掌声雷动。有关高考作文是否接受网络用语的争议，想必支持者能够认同“给力”的使用，却未必能够理解和接受“酱紫”“碉堡了”的出现。由此可见，在教育教学中，对网络用语应以“谨慎而不轻率，宽容但有严苛”的态度对待。

时代的发展使我们不能无视网络流行语的存在，但不加规范地全盘接受，不加分辨地全盘拒绝，均不可取。作为我国语言规范标杆的《现代汉语词典》，自1978年出版以来，历经修订不断吸纳新词新语。2012年的第6版即收录了“宅”“山寨”“草根”“粉丝”“闪婚”等网络热词，同时也拒绝了“剩男”“剩女”等具有歧视色彩的词语。

虽然目前语言学界对语言纯洁性的认识已经超越1951年6月6日的《人民日报》社论，但汉语的美文传统仍代代相传。庞朴先生曾赞叹“汉语的每个字都是有灵魂的”。由此可见，传承汉语美文的传统，维护民族语言的规范，仍是现代化、全球化过程中，应予以保持的民族立身之基。

关于网络流行语与语言的规范性，近年来争论不断。层出不穷的流行语表达着网络社群的自我认知。与此同时，网络流行语伴生社会热点事件的排浪式消费，仅少数流行语经过语义沉淀，最终进入通用语言，而多数很难持久，更遑论对汉语文化的真正干扰了。

因此，我们不必将网络流行语视为断送中华文脉的洪水猛兽，宏观上无须过分干预，社会历史自然会对其进行公正而有效的筛选；微观应用方面却不可置之不理，媒体应用的规范、教育领域的节制、出版行业的谨慎，无疑是避免让部分网络流行语污染虚拟空间和现实世界，进而保持语言规范与文化健康的关键。

（陈晓冉、周亚琼、丁淑贤）

孔子学院发展状况

从2004年第一个孔子学院合作协议签署至2014年的10年间，孔子学院从无到有、从小到大，逐步成为中外文化交流的重要平台，成为增进世界各国人民之间的理解和友谊的桥梁。中国已在126个国家和地区建立了475所孔子学院、851个孔子课堂，累计注册学员345万人。①

一 十年庆典

2014年9月27日，为庆祝孔子学院成立10周年，首个全球"孔子学院日"启动仪式在北京举行。国务院副总理刘延东启动仪式上宣读了习近平、李克强的贺信并致辞，向全球孔子学院全体师生表示热烈祝贺和诚挚问候。② 习近平指出："孔子学院属于中国，也属于世界。"当天全球123个国家和地区，有近1200所孔子学院和孔子课堂同时举办各类中国语言文化体验活动共3000余场，孔子学院总部和各地孔子学院还开展了多种多样的系列庆祝活动，如书法大赛、主题(LOGO)摄影大赛、诗歌比赛等；总部还派出30余个团组，赴40个国家154所孔子学院及孔子课堂开展文艺巡演、文化巡展、专家巡讲。③

10年来，孔子学院和孔子课堂的数量，在最初的4年里快速增长，从2008年开始步入平稳增长时期。具体数据和分布见表4—46、表4—47。

---

① 刘延东《迈向孔子学院的新10年——在第九届孔子学院大会开幕式上的主旨演讲》，孔子学院总部/国家汉办网站，2014年12月8日，http://conference.chinesecio.com/?q= node/150。

② 赵婀娜《习近平致信祝贺全球孔子学院建立十周年暨首个全球"孔子学院日"》，《人民日报》2014年9月28日第01版。

③ 《2004—2014孔子学院日》，2004—2014孔子学院10周年专题网站，http://ciday.chinese.cn/online_activities。

表 4—46　全球孔子学院和孔子课堂数量(2004—2014 年)[①]

年份	孔子学院和孔子课堂		所在国家或地区	
	数量(所)	增幅(%)	数量(个)	增幅(%)
2004	6		6	
2005	35	483	21	250
2006	122	249	49	133
2007	226	85	66	35
2008	249	10	78	18
2009	282	13	88	13
2010	322	14	96	9
2011	358	11	105	9
2012	400	12	108	3
2013	440	10	120	11
2014	475	8	126	5

表 4—47　全球孔子学院和孔子课堂分布(2014 年)

	孔子学院		孔子课堂	
	国家和地区(个)	孔子学院(所)	国家和地区(个)	孔子课堂(个)
亚洲	32	103	17	79
非洲	29	42	13	18
欧洲	39	159	25	211
美洲	17	154	7	478
大洋洲	3	17	3	65
合计	120	475	65	851

数据来源:《关于孔子学院/课堂》,孔子学院总部/国家汉办网站,http://www.hanban.edu.cn/confuciousinstitutes/node_10961.htm。

截至 2014 年年底,先后共有 10 万名专兼职教师、志愿者和管理人员参与了孔子学院工作,为 100 多个国家培训本土教师 20 万人次,招收 2.5 万人来华攻读学位和研修;先后有 100 多个国家的 5052 名“孔子学院奖学金”留学生来华攻读汉语国际教育硕士,已毕业 3500 余人,大部分学生毕业后回国从事汉语教学工作。

开发国家汉办版权教材、读物、工具书等,形式涵盖纸质、音像、CD-ROM 等,共 3169 个品种。其中,9 种主干教材和工具书可提供 45 个语种的对照版;共有 73 个国家的 221 所孔子学院开发了适合当地教学大纲和考试标准的本土教

① 孔子学院总部/国家汉办 2006—2014 年度报告,孔子学院总部/国家汉办网站,http://www.hanban.edu.cn。

材648套、868册。

全球汉语考试考点已达875个，遍布114个国家和地区。汉语考试证书已成为申请来华留学奖学金的必备条件和学校教学评估的重要手段，并被越来越多国家的政府部门和跨国企业作为员工招聘、提薪和晋升的重要依据。

举办各种文化交流活动近10万场，受众5000万人；邀请120多国14万师生和大学校长等访华；100多个国家超过50万的大中小学生参加“汉语桥”比赛；还积极开展中医、武术、烹饪、职业技能培训等特色活动。

二 办学特色

孔子学院在坚持统一的章程、制度等的前提下，力图将自身优势与所在国家或地区的具体环境相结合，走出各自的特色之路。

（一）创立“中外企学合办型”模式

不同于以往的“中外大学合办型”模式，2014年，部分中外企业开始为相关大学的孔子学院建设提供资金支持，创立了“中外企学合办型”模式，践行了“坚持政府支持、民间运作”的孔子学院办学原则。2014年3月，孔子学院总部与安哥拉内图大学、中信建设有限责任公司分别签署了《安哥拉内图大学孔子学院合作协议》和《国际汉语推广战略合作协议》。安哥拉内图大学孔子学院是所在国的第一所孔子学院，也是第一家由当地中资企业参与建设的孔子学院。[①] 9月，孔子学院总部总干事、国家汉办主任许琳在“中资机构参与孔子学院建设座谈会”上表示，欢迎更多中资企业参与孔子学院建设。[②]

（二）成立了特色孔子学院和课堂

2014年，建于英国德蒙福特大学的创意技术孔子学院，将不仅仅局限于传播汉语和中国文化，同时也将利用创新技术实现学术、文化等方面的突破，为学

① 《孔子学院总部与安哥拉内图大学、中信建设签署合作协议》，孔子学院总部/国家汉办网站2014年3月11日，http://www.hanban.edu.cn/article/2014-03/11/content_527649.htm。

② 《中资机构参与孔子学院建设座谈会召开》，孔子学院总部/国家汉办网站2014年9月27日，http://www.hanban.edu.cn/article/2014-09/27/content_554243.htm。

生提供个性化的未来；[①]建于塞尔维亚诺维萨德大学的该国第二家孔子学院，首次以茶文化传播为特色；[②]世界首所科技型孔子学院在白俄罗斯成立。[③]

2014 年 5 月，澳大利亚新南威尔士大学孔子学院下设育文武女校孔子课堂，这是该院在悉尼地区设立的第一个非公立学校的孔子课堂。[④] 坦桑尼亚多多马大学孔子学院在该校设立了汉语专业，并在该校和莫罗戈罗穆斯林大学同时开设汉语选修课。此外，这所孔子学院还与坦桑尼亚教育部合作，计划 2015 年使汉语成为该国中学选修课和高考科目之一。[⑤]

三 师资培训

2014 年，全球孔子学院和孔子课堂有中外专、兼职教师 2.9 万人（其中各国本土教师占 70%），满足了各国民众学习汉语的需求。[⑥]

（一）院长培训

2014 年 7 月，来自全球 21 个国家的 40 名孔子学院外方院长汇聚厦门大学，进行为期 10 天的研修。研修班上，学员们研讨孔子学院中长期发展规划和提高孔子学院办学质量的新举措，分享交流办学经验，探讨目前孔子学院办学中所遇到的问题并寻求解决途径。8 月，孔子学院总部主办的孔子学院外方院长研修班在上海华东师范大学举行，来自 24 个国家和地区的 32 位孔子学院外方院长参加。[⑦]

---

① 《德蒙福特大学创意技术孔子学院举行揭牌仪式》，孔子学院总部/国家汉办网站 2014 年 4 月 11 日，http://www.hanban.edu.cn/article/2014-04/11/content_532018.htm。

② 汪慧《塞尔维亚诺维萨德大学孔子学院揭牌》，新华社 2014 年 5 月 28 日，http://news.xinhuanet.com/world/2014-05/28/c_1110896226.htm。

③ 陈俊锋、钟忠《世界首所科技型孔子学院在白俄罗斯成立》，新华网 2014 年 10 月 22 日，http://news.xinhuanet.com/world/2014-10/22/c_127126329.htm?aduin=75025995&adsession=1413957772&adtag=client.qq.5365_.0&adpubno=26405。

④ 《新南威尔士大学孔子学院下设育文武女校孔子课堂举行揭牌仪式》，孔子学院总部/国家汉办网站 2014 年 5 月 21 日，http://www.hanban.edu.cn/article/2014-05/21/content_537424.htm。

⑤ 毕淑霞《坦桑尼亚多多马大学孔子学院荣膺“中坦友好使者奖”》孔子学院总部/国家汉办网站 2014 年 11 月 17 日，http://www.hanban.edu.cn/article/2014-11/17/content_561781.htm。

⑥ 陈至立《对外汉语推广和中外文化交流的成功实践——写在孔子学院创建 10 周年之际》，《人民日报》2014 年 12 月 19 日第 12 版。

⑦ 《孔子学院外方院长在华研修班开班》，新华网 2014 年 8 月 20 日，http://news.xinhuanet.com/culture/2014-08/20/c_126893345.htm。

（二）教师培训

2014年7月，孔子学院总部/国家汉办、世界汉语教学学会主办，北京师范大学汉语文化学院承办的“文化与国际汉语教育可持续发展高级讲习班”在北京师范大学举行。该班邀请了许嘉璐、顾彬等汉语教学、汉学、文化学领域的中外知名专家发表专题演讲，旨在提高教师的中外文化比较和中华文化传播能力，国内有87所高校汉语国际教育专业的教师、研究生约300人参加。[①] 11月，中东欧汉语教师培训中心在匈牙利罗兰大学孔子学院设立，并成为国家汉办在海外成立的首个以培训本土汉语教师为主要目的区域性机构。

四　教学资源

2014年，孔子学院总部/国家汉办致力于开发多语种、多媒体汉语教学资源，形式涵盖纸质、音像、CD-ROM等。

（一）网络及数字教学资源

孔子学院总部/国家汉办推介的最新网络及数字汉语教学资源清单里，列举的网络资源有15个，如“（HaFala）情景式在线动漫汉语学习系统”“直播中国——熊猫频道”“（MyEChinese）新HSK模考备考系统”；App数字产品18个，如“舌尖上的节日”“中国传统艺术”“Hello Talk全球语言学习平台”。[②] 其中，有两个网络资源非常具有代表性。第一，孔子学院总部/国家汉办建设的“孔子学院数字图书馆”。该数字图书馆提供各类电子书、图片、报刊、影视等资源，并实现统一检索、统一导航、在线阅读和下载服务。第二，“国际汉语教材编写指南”网络应用平台。这是孔子学院总部/国家汉办组织海内外多位学者和专家，引入科学领域“分类标定”的研究方法，依托大数据和数字处理技术打造的大型实用网络应用平台。

① 《“文化与国际汉语教育可持续发展高级讲习班”在京开班》，孔子学院总部/国家汉办网站2014年7月18日，http://www.hanban.org/article/2014-07/18/content_545149.htm。

② 《最新网络及数字汉语教学资源推介》，孔子学院总部/国家汉办网站《教材资源通讯》2014年第12期，http://www.cltguides.com/external/newsletter/2014-12.htm。

(二)《国际汉语教学通用课程大纲》(修订版)

2014年《国际汉语教学通用课程大纲》(修订版)正式出版。[①] 该大纲对课程目标及语言技能、语言知识、策略和文化能力等进行分级分类描述,并将课程目标结构与汉语水平考试等级关联,使汉语课堂教学、教材编写、能力评价等工作有了相对统一、明确的参考依据。此外,大纲还提供了《汉语拼音声母、韵母与声调》《六级常用汉语字表》《汉语教学话题及内容建议表》等大量实用参考资料。

(三) 本土教材

2014年博洛尼亚大学孔子学院编纂的《当代汉语学习词典》(汉语意大利本)在意大利博洛尼亚大学出版社正式出版发行,由任职于该院的教学经验丰富的中外汉语教师集体编纂。[②]

五 汉语考试

2014年8月,孔子学院总部/国家汉办召开汉语考试海外考点工作会议,来自52个国家、147个考点的166位孔子学院院长、考点负责人等出席会议。会上,与会人员就开拓汉语考试市场、推动孔子学院和汉语国际推广事业发展做了交流,一批优秀考点获得表彰。

2014年12月,泰国普吉孔子学院2014年度汉语水平考试顺利收官,共计1539名考生参加考试。普吉孔子学院始终坚持"以考促教、以考促学、考教结合"的汉语水平考试推广理念,泰南地区大中小学生和社会各界人士参考人数逐年递增。[③] 西弗兰德大学孔子学院是目前比利时唯一一所设立汉语水平考试(HSK)的孔子学院,2014年6月成功举办了首次汉语水平考试,共有21名考生

---

① 孔子学院总部/国家汉办网站编《国际汉语教学通用课程大纲(修订版)》,北京语言大学出版社,2014年。

② 包银辉《博洛尼亚孔子学院出版意大利首部〈当代汉语学习词典〉》,孔子学院总部/国家汉办网站2014年5月14日,http://www.hanban.edu.cn/article/2014-05/14/content_536154.htm。

③ 张淼淼《泰普吉孔院2014年度HSK收官考试人数再次逾千》,中国新闻网2014年12月7日,http://finance.chinanews.com/gj/2014/12-07/6852704.shtml。

报名参加了一至四级4场考试。[①] 同月，意大利都灵大学孔子学院考点及下设各个汉语水平考试分考点举办了汉语水平考试，参加考试的人数达到380人，其中一、二级考生人数创造了同期考试人数的新纪录。[②] 10月，塔吉克斯坦民族大学孔子学院教学点国立语言学院为大学一年级学生举办汉语水平考试专项讲座，共有63名学生参加。这是塔吉克斯坦国立语言学院开展的首次汉语水平考试专项讲座。[③] 11月，泰国孔敬大学孔子学院分别在4个不同府的10个考点举行了2014年度首次中小学生汉语水平考试，参与考生多达1800余人，创造了该校孔子学院单次汉语考试人数的历史新高。[④] 12月，普吉中学孔子课堂首次举行汉语水平考试网络考试，80余名高中学生参加。[⑤]

六 学术会议

2014年，举办了第九届孔子学院大会、第四届世界汉学大会等汉语国际传播方面的学术研讨会议。

（一）第九届孔子学院大会

2014年12月，第九届孔子学院大会在厦门举行。大会主题是“迎接孔子学院新10年”。国务院副总理、孔子学院总部理事会主席刘延东对孔子学院未来发展提出四点希望：一是希望孔子学院加快推进本土化，促进融合发展；二是希望孔子学院不断强化质量建设，促进内涵发展；三是希望孔子学院拓展人文交流功能，促进多元发展；四是希望孔子学院创新办学模式，促进可持续发展。应邀出席大会的代表2000多名，包括126个国家和地区的孔子学院所在大学校长、孔子学院院长以及中方合作院校（机构）、有关省（区、市）教育厅（委）、驻外使领

---

① 肖余春《西弗兰德大学孔子学院成功举办首次HSK考试》，孔子学院总部/国家汉办网站2014年6月16日，http://www.hanban.edu.cn/article/2014-06/16/content_541154.htm。

② 王倩茹《意大利都灵大学孔院举办HSK笔考与网考》，孔子学院总部/国家汉办网站2014年6月25日，http://www.hanban.edu.cn/article/2014-06/25/content_542359.htm。

③ 尹小丽《塔吉克斯坦民族大学孔子学院教学点开展HSK考试专题讲座》，孔子学院总部/国家汉办网站，2014年10月20日，http://www.hanban.edu.cn/article/2014-10/20/content_557742.htm。

④ 张一凡《泰国孔敬大学孔子学院举行2014年首次YCT考试》，孔子学院总部/国家汉办网站2014年11月17日，http://www.hanban.edu.cn/article/2014-11/17/content_561775.htm。

⑤ 李楠、蔡英桂，《普吉中学孔子课堂举办首次HSK网络考试》，孔子学院总部/国家汉办网站2014年12月7号，http://www.hanban.edu.cn/article/2014-12/07/content_565252.htm。

馆、参与孔子学院建设的中资企业代表、外国驻华使节等。大会期间举办了7场校长论坛和7场院长论坛，还举行了国际汉语教材资源展、孔子学院10周年成就回顾展、首个全球“孔子学院日”贺信和图片展、孔子学院、总部项目咨询会等活动。

（二）第四届世界汉学大会

2014年9月，第四届“世界汉学大会”在北京举行，主题是“东学西学·四百年”。来自38个国家和地区的200多名专家学者参会，境外学者的规模和与会学者专业跨度均超过往届。会议设立了青年汉学博士生论坛，来自海外的60多名“孔子新汉学计划”学者与会交流。

（三）其他研讨会

2014年7月，由世界汉语教学学会、孔子学院总部/国家汉办主办的“文化与国际汉语教育可持续发展”国际研讨会暨世界汉语教学学会第九届常务理事会会议召开，来自多个国家的35位代表出席了会议。会议围绕孔子学院与跨文化交流、跨文化能力与教师发展、文化教学大纲及多元文化背景下的汉语教学进行研讨。同月，澳大利亚全澳中文教师联会（CATFA）第20届年会在墨尔本召开，来自澳大利亚各州近300名中文教师参会，围绕课堂教学与管理、教学资源探索发现、语言教学理论等议题展开探讨。10月，加拿大卡尔顿大学孔子学院举行了第二届中国研究论坛。12月，第三届“中法中文国际班研讨会”在法国蒙彼利埃举行，来自全法各学区的汉语和数学督学、中小学校长、中文国际班教师、中国设立法文国际班学校负责人等180名代表参加会议。

七　文化交流

2014年，举办了第七届“汉语桥”等比赛，以及新春庆祝活动。

（一）第七届“汉语桥”大赛

2014年10月，第七届“汉语桥”世界中学生中文比赛在昆明举办。这次大赛由孔子学院总部/国家汉办、云南省政府共同主办，来自76个国家92个海外预赛区的390名师生来华参加比赛，是历届“汉语桥”世界中学生中文比赛中参赛国家最多、参赛人数最多的一届。①

（二）其他竞赛

2014年2月，爱尔兰都柏林大学孔子学院与爱尔兰围棋协会联合主办了第三届“孔子杯”围棋锦标赛。3月，乌兹别克斯坦共和国塔什干孔子学院举办了以“我与孔子学院”为主题的中文写作比赛。5月，美国波特兰州立大学孔子学院大赛举行，大赛设立的项目包括毛笔和硬笔书法、中文作文、中文演讲、才艺表演、摄影和微电影。9月，孔子学院总部、全国汉语国际教育专业学位研究生教育指导委员会共同主办的“孔子学院杯”汉语国际教育专业硕士教学大赛在北京语言大学举行。

（三）新春庆祝活动

2014年1月，由苏格兰孔子学院和爱丁堡大学联手打造的“兵马俑灯展”在爱丁堡大学典雅的老学院中央广场举办。② 西班牙瓦伦西亚大学孔子学院汉语教师和中国留学生方队表演的中国秧歌和少数民族服饰展示首次亮相西班牙街头，数万观众将现场围得水泄不通。学院还发放了印有中国农历节气的中西台历、各种宣传纪念品以及孩子们喜欢的糖果、玩物等。③ 2月，由孔子学院总部/国家汉办主办，美国孟菲斯大学孔子学院和中国杭州师范大学联合承办的2014年“风从东方来”马年春节巡演活动。④

中国驻加拿大大使馆教育处公参杨新育认为：“孔子学院在发展过程中遇到的困难和挑战也促使各孔子学院思考未来如何在加快推进本土化、提高质量、拓展人文交流功能等方面不断创新，使孔子学院能够持续健康发展。”⑤

（郑梦娟、王慧、罗清平）

---

① 《第七届“汉语桥”世界中学生中文比赛落幕　德国队获总冠军》，新华网2014年11月2日，http://news.xinhuanet.com/overseas/2014-11/02/c_1113074623.htm。

② 《绚丽的兵马俑灯展点亮爱丁堡夜空》，孔子学院总部/国家汉办网站2014年2月11日，http://www.hanban.org/article/2014-02/11/content_523986.htm。

③ 《瓦伦西亚大学孔子学院举办庆新春街头民俗表演》，孔子学院总部/国家汉办网站2014年2月10日，http://www.hanban.org/article/2014-02/10/content_523883.htm。

④ 王泽凤、姚钰《“风从东方来”——孟菲斯大学孔子学院举办2014马年春节文艺表演》，孔子学院总部/国家汉办网站2014年2月12日，http://www.hanban.org/article/2014-02/12/content_524293.htm。

⑤ 徐长安《驻加使馆公参：不能因个别问题否定孔子学院在加发展》，人民网2015年1月21日，http://politics.people.com.cn/n/2015/0121/c70731-26419912.html。

台湾汉字使用状况

由于历史原因，海峡两岸在语言文字的使用习惯上有一定的差异，表现在字音、拼读系统、标点符号、书写系统、词汇、语法以及中文排写等方面。本文主要讨论两岸在书写系统方面（即汉字）的差异。

2013年，我们承担了教育部委托课题《简繁汉字智能转换系统》，从收集的大规模台湾语料入手，采用定性与定量相结合的研究方法，详析台湾汉字使用的特点，细数影响台湾汉字的各种因素，全面展现台湾汉字的全貌。我们发现，两岸汉字书写系统的差异并非简单的简体字与繁体字的关系，台湾所言“正体字”与古汉语的用字习惯存在诸多区别，台湾亦存在汉字简化的现象。

一 使用特点

虽然台湾使用繁体字（台湾官方称作“正体字”），即历史流传下来、目前仍在台湾香港等地区广泛使用的传统汉字，但是民间却广泛使用笔画较少的俗字。这里俗字是指民间约定俗成广泛使用的异体字，通常具有较简单的字形。因此，台湾正体字与异体字并存，造成台湾的汉字使用存在不规范现象。长期以来，部分正体字与异体字在不同语义中也存在一定分工，且有规律可循。这使得汉字使用中存在与大陆截然不同的特点：大陆是官方制定、采用简体字，台湾则是民间选择使用简笔俗字，这正是台湾汉字简化的特殊表现。下面详细说明。

（一）大量使用民间俗字

语料库的统计数据显示，台湾的民间俗字被大量使用。相比于“国字标准字体”[①]中收录的正体字，或台湾教育主管部门《重编国语辞典修订本》中规定的规范用字，台湾媒体在一些情况下更偏好民间的简笔俗字。这些字大部分和大陆

① “国字标准字体”主要包括《常用国字标准字体表》和《次常用国字标准字体表》。

的简化字相同，故下文直接用简体字来称呼这类字。

表4—48列举了媒体使用几个简体字的情况。其中，“台”本身是正字，但其作为正字的用法在现代文中极为少见①，大部分情况下，“台”是以“臺”的异体字的身份出现的（如“台灣”“台北”）。《标准行书范本》中，“銹”是“鏽”的手写简笔字，《重编国语辞典修订本》仅收录“鏽”而无“銹”，而《异体字字典》②认为“銹”为“鏽”之异体。但表4—48表明，“銹”在媒体中有相当的使用频率。类似的，“厘”是《标准行书范本》中“釐”的手写简笔字，从表中看出，“厘”在媒体中也有相当频率的使用（特别是用作“公厘”时）。

表4—48 部分简体字在媒体中出现的相对频率统计表③

简体字	所有相关字形	媒体中简体字出现的相对频率*		
		CNA	苹果日报	人间福报
台	台/臺/檯/颱/枱	96.734%	94.452%	97.539%
國立[台]灣大學	國立[台/臺]灣大學	96.624%	76.923%	90.446%
吧[台]	吧[台/臺/檯/枱]	48.571%	54.386%	79.817%
銹	銹/鏽/锈	36.700%	22.581%	30.034%
不[銹]鋼	不[銹/鏽/锈]鋼	28.879%	37.662%	33.784%
厘	厘/釐	3.455%	7.270%	24.145%
公[厘]	公[厘/釐]	25.279%	64.609%	32.115%

* 本表所称相对频率是指简体字出现的频次与所有相关字形出现的频次之比。

由上述分析可知，台湾媒体在用字上存在一定舍弃正体字而使用简笔俗字的现象。这种对简笔俗字的使用偏好正是台湾汉字简化的表现。大陆的汉字简化从形体和数量两方面对汉字进行精简④，被简化的繁体字不再使用；台湾的汉字简化主要是形体上的精简，而并无数量上的精简，大量使用简笔俗字的同时也仍然使用繁体字。这种源于简笔俗字的渐变的汉字简化，比较尊重传统语言文字和民间用字习惯，带有草根特色，符合语言发展固有的渐变性和规律性，但正异字并存的情况也造成了一些用字不规范的问题。

① 根据《重编国语辞典修订本》（http://dict.revised.moe.edu.tw/），“台”作正字时用于“台州”“天台山”等地名，或在古文中用作“怡”或“我”之义，或表疑问。

② 台湾教育主管部门《异体字字典》，http://dict2.variants.moe.edu.tw/variants/。

③ 本文所用语料，除特别说明外，均出自至善繁体汉语语料库（http://cloudtranslation.cc/corpus_tc.html）。

④ 《书同文：〈汉字简化方案〉制订始末》，新华网2008年6月3日，http://news.xinhuanet.com/theory/2008-06/03/content_8304343.htm。

（二）用字习惯存在混乱

简笔俗字的大量使用使得正体字与异体字并存，进而产生了相当数量的因异体字和正体字可互换而导致的意义相同的词，如“台灣”和“臺灣”，“發布”和“發佈”等。这样一组词我们称之为互用词。互用词的大量出现，也是台湾汉字简化的一种表现。

需要指出的是，有些互用词的用字情况较混乱，存在用字不规范的现象。

以“表”“錶”二字为例。大陆出版的《简化字繁体字对照字典》[①]认为“錶”只能用于钟表，而不能用于其他计量器。而《异体字字典》对“錶”的释义既包括“计时器”，也包括“可以显示使用量或其他项目之机械器具”，说明“錶”在台湾的用法扩大了。表4—49的统计数据显示，在“电表”一词中“錶”有相当比例的出现。

表4—49　MSN语料中“表”“錶”使用情况统计表

所在词语		频次	相对频率
仪表	儀表	99	86.842%
	儀錶	15	13.158%
电表	電表	77	60.156%
	電錶	51	39.844%
钟表	鐘表	40	13.468%
	鐘錶	257	86.532%

在用字习惯混乱的情况下，还出现了正体与异体倒置的现象。如根据《常用国字标准字体表》《重编国语辞典修订本》《异体字字典》，“晒”为正体，“曬”为异体，但根据表4—50的统计数据，无论是博客（无名小站语料）、媒体，还是官方（台湾政教语料），均倾向使用“曬”，尽管“晒”为正体且字形明显比“曬”简单。类似的情况还有“癡”与“痴”，“薦”与“荐”等。这种对繁难异体字的使用偏好，可能有两个方面的原因：其一，台湾社会对大陆简体字的排斥心理；其二，中文输入法的选字。

表4—50　语料库中“晒”“曬”使用情况统计表

语料库		CNA	台湾政教	无名小站	苹果日报	人间福报	msn	yahoo
频次	晒	34	72	2264	26	436	86	47
	曬	1557	162	38435	1914	5497	2461	1521
相对频率	晒	2.137%	30.769%	5.563%	1.340%	7.349%	3.377%	2.997%
	曬	97.863%	69.231%	94.437%	98.660%	92.651%	96.623%	97.003%

① 《简化字繁体字对照字典》第146页，上海辞书出版社2007年版。

（三）正体字与异体字存在分工

除了互用词，正体字与异体字也有在不同语义下分工的现象。

汉字固有的字义是这种分工现象的根本成因。对于字义上存在固有区别的一组正体字和异体字，在不同语义中常常存在明确分工，不可互换使用；对于字义上无明显区别的一组正体字和异体字，则存在可以互用的可能(但实际使用过程中还受其他因素影响)。以“采”“採”二字为例，根据字义，做动词表“摘取”“择取”“收集”之意时，可以通用；做名词表“神色”之意时，只可用“采”。图 4—32 的数据显示，字义上的区别导致二者在使用中的明确分工：与“神色”相关的词语中，只出现“采”；而用作动词时，二者都有出现(但更倾向使用“採”，“采风”一词除外)。

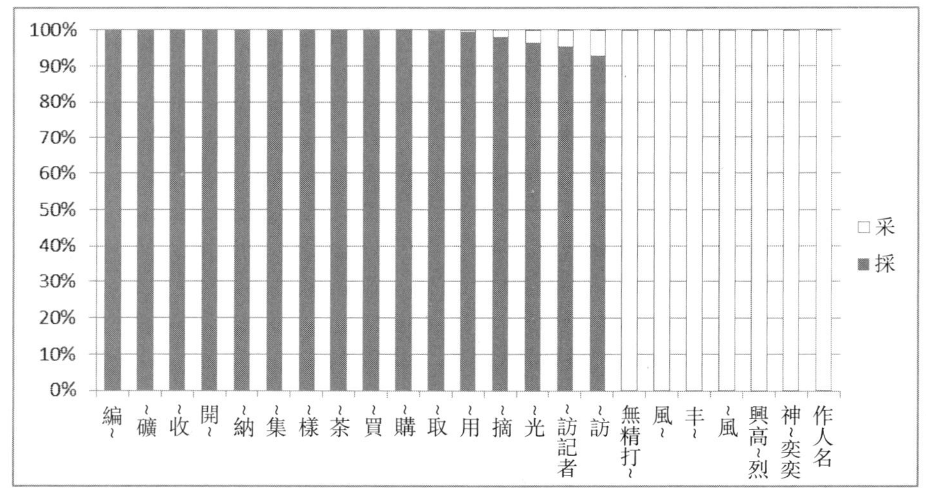

图 4—32 “采”“採”在语料中出现的相对频率统计图

台湾汉字的用字习惯还受到许多外部因素的影响(后文将对这些影响进行详细阐述)。这种影响主要表现为，对于原本字义基本相同的一组正体字和异体字，在长期使用过程中可能会形成一定分工，在不同语义中存在特定的用字倾向，形成一些不可互换的情形。例如，“杯”与“盃”二字的字义基本相同[①]。但图 4—33 数据显示，二者在实际使用中分工明确：与“奖杯”相关的词语多用“盃”；

① 根据台湾教育主管部门《异体字字典》，“杯”从“木”就其材质而造字，“盃”从“皿”就其器类而造字，故二者可以相通。

当表示用于盛水或用于饮用的杯子时，则多用“杯”。

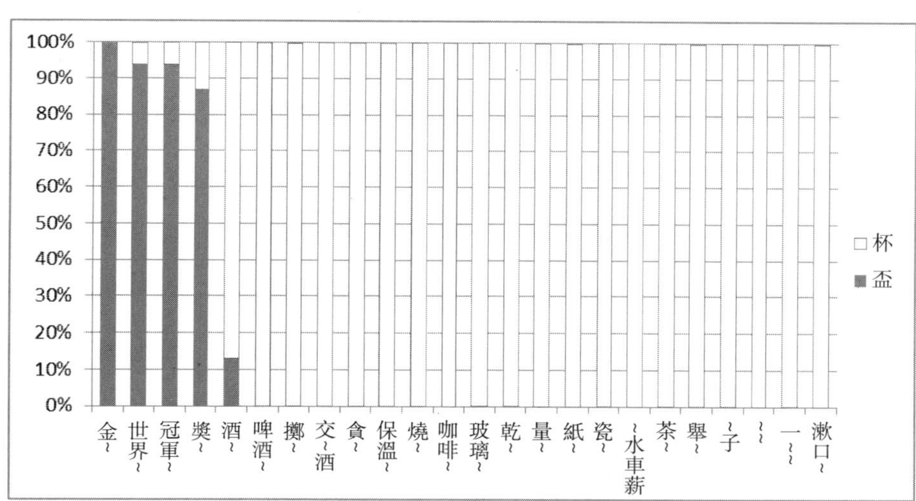

图 4—33 “杯”“盃”在语料中出现的相对频率统计图

二 影响因素

台湾汉字的字形和使用习惯受到外部因素的影响。包括官方态度、大陆简体字、其他汉字使用地区、汉字编码以及中文输入法。

（一）台湾官方

政府行政指令在大陆的汉字简化过程中起到了决定性作用。相比之下，台湾官方在汉字简化上则比较保守和消极。官方的态度也从一定程度上影响了台湾的汉字使用。

国民党政府曾于 20 世纪 30 年代和 50 年代两次研究制定汉字简化方案，但均因政界和学界保守势力的反对，最终无法施行①。到了 1979 年，台湾教育主管部门公布《常用国字标准字体表》和《标准行书范本》，前者为国字标准，后者为行书标准②。

① 《民国时及其后的台湾当局，三次试图进行的汉字简化》，熊哥作坊的博客，2012 年 2 月 27 日，http://blog.sina.com.cn/s/blog_5188d1380102dtiz.html。

② 但两字表均未强制推行，《常用国字标准字体表》主要用于规范教科书和正式出版物，《标准行书范本》主要用于规范国民教育的行书课程用字和民间手写字体。

“国字标准字体”的推广使得一部分过去民间使用的俗写字逐渐被遗弃，取而代之的是结构相对较繁的正体字。例如，正体“晉”“體”“腳”分别取代了俗写字“晋”“体”“脚”。

《标准行书范本》整理了大量民间通行的俗字，故与大陆简体字非常接近，据统计有 86.2% 的字形与《简体字总表》中的相同或相近①（另有统计数据为 81%②）。但由于台湾教育主管部门未进行大力推广，且其本身也只是手写行书规范（印刷品需采用国字标准），故《标准行书范本》只起到梳理民间手写简体字的作用，对推动汉字简化意义不大。

前文提到的媒体对民间简笔俗字的使用偏好，也影响到了台湾官方的用字。图 4—34 对比了“台灣”“台大”“台南”三个词语在台湾教育主管部门语料和人间福报语料中，简体“台”出现的相对频率。图 4—34 表明，台湾官方也会使用简体“台”来代替正字“臺”，且有相当比例。但与媒体相比，台湾官方对简体字的使用明显较为保守，这很可能与其强调推广“正字”或“国字”的主张有关。

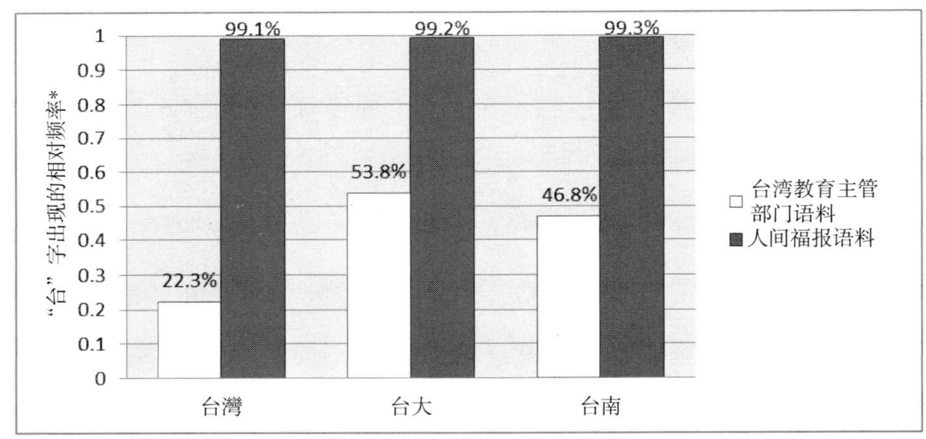

* 本图所称相对频率是指简体字出现的频次与所有相关字形出现的频次之比，如在“台灣”一词中，“台”出现的相对频率等于语料中“台灣”的频次除以“台灣”和“臺灣”的频次之和。

图 4—34　2012—2013 年语料库中“台”相对频率统计图③

① 邓章应、黄艳萍《台湾〈手写行书范本〉中的简体字研究》，《台湾研究》2012 年第 4 期。

② 王艾英、陈永舜《简论台湾〈标准行书范本〉的字形》，《华北电力大学学报（社会科学版）》1999 年第 2 期。

③ 图中所用台湾教育主管部门语料由台湾教育主管部门全球资讯网检索得到（http://www.edu.tw/search.aspx），人间福报语料出自至善繁体汉语语料库。

（二）大陆简体字

随着大陆世界影响力的与日俱增及海峡两岸经济文化交流的扩大，大陆简体字对台湾用字习惯的影响也日益加深。台湾一些旅游景点为吸引大陆游客，不少商家在宣传材料上使用简体字。[①] 这种影响体现在语料库的统计数据中，表 4—51 列举了一些大陆所用简体字在台湾语料中的出现情况，从一个侧面反映出大陆简体字对台湾用字习惯产生的影响。此外，台湾一些简笔俗字的使用范围有所扩大，与大陆的使用习惯趋同。例如，大陆简化字将“台”“臺”“檯”“颱”合并为“台”，而台湾原本的使用习惯中“台”为“臺”的简笔俗字，“檯”的简笔俗字为“枱”。但表 4—48 中的“吧台”一项即将“台”作为“檯”的简笔字，“梳妝檯”“寫字檯”等词也存在类似的情况。可见，受大陆汉字使用习惯的影响，台湾扩大了简笔俗字的使用范围。

表 4—51　部分简体汉字在台湾语料中出现情况统计表[②]

语料库		CNA	台湾政教	无名小站	苹果日报	人间福报	msn	yahoo	合计
繁体字	汚	0	1	31	4	0	3	5	44
	汙	3031	197	3088	1188	9060	5915	4224	26 703
简体字	污	12 751	9949	7452	5415	10 976	8573	7958	63 074
简体字相对频率		80.79%	98.05%	70.49%	81.96%	54.78%	59.16%	65.30%	70.22%
繁体字	阪	1664	184	18 031	975	1378	1796	800	24 828
简体字	坂	66	56	2959	187	126	273	127	3794
简体字相对频率		3.82%	23.33%	14.10%	16.09%	8.38%	13.19%	13.70%	13.26%
繁体字	羨	457	92	9709	502	3044	850	686	15 340
简体字	羡	33	6	358	25	347	85	74	928
简体字相对频率		6.73%	6.12%	3.56%	4.74%	10.23%	9.09%	9.74%	5.70%
繁体字	亙	55	18	359	10	460	51	71	1024
简体字	亘	0	7	101	284	13	4	9	418
简体字相对频率		0.00%	28.00%	21.96%	96.60%	2.75%	7.27%	11.25%	28.99%
繁体字	皰	86	13	372	47	214	180	101	1013
简体字	疱	62	35	70	72	82	176	107	604
简体字相对频率		41.89%	72.92%	15.84%	60.50%	27.70%	49.44%	51.44%	37.35%

① 《简体字在台湾：最能吸引大陆游客目光》，新华网 2009 年 7 月 19 日，http://news.xinhuanet.com/mrdx/2009-07/19/content_11731409.htm。

② 表中所选简体字均为大陆《通用规范汉字表》收录而台湾地区《重编国语辞典修订本》和“国字标准字体”未收录的汉字。

台湾社会对于大陆简化字的影响也出现了一种抵触心理，认为繁体字（即台湾所称正体字）代表中华传统文化，应尽量避免使用简体字，保护和推广繁体字。台湾领导人马英九多次强调“正体汉字”是“中华文化的精髓”，提倡使用正体汉字，“不要为了招揽（大陆）观光客，而在招牌或文宣上使用简体汉字”[①]。

（三）其他汉字使用地区

香港、澳门地区与大陆联系密切，受大陆用字习惯影响，存在一些不规范使用繁体字或简繁混用的情况，这也随着港澳与台湾的交流影响了台湾的用字情况。此外，香港政府颁布的“香港增补字符集”（HKSCS，含粤语汉字及部分异体字和简体字）亦对台湾产生了一定的影响。

新加坡和马来西亚地区的华人长期与台湾保持密切联系，且两地均采用与中国大陆基本一致的简体汉字，是大陆简化字影响台湾的一个重要途径。

其他汉字使用地区存在一些自制汉字，包括日本和制汉字、越南喃字。其中和制汉字很早就输出到中国，对中文汉字产生影响，例如“腺”“癌”“鳕”（台湾正体为“鱈”）以及台湾使用的“呎”等字均来自和制汉字。表4—52列举了部分日本汉字（包括部分和制汉字和部分极少在中文现代文中出现的异体字）在台湾语料中出现的频次。除“丼”“円”“気”分别被用来指称盖饭、日元、“氣”（均与日语中用法相同）之外，表中其余汉字多用于日本地名或人名。

表4—52 部分日本汉字在台湾语料中出现频次统计表[②]

日本汉字	CNA	台湾政教	无名小站	苹果日报	人间福报	msn	yahoo
丼	11	2	5388	28	24	94	55
円	6	75	4107	12	0	14	8
駅	0	0	3080	8	0	0	3
塩	6	14	1185	2	13	18	17
気	0	2	883	10	0	2	2
浜	2	26	718	8	13	8	1
辻	11	3	618	28	4	29	44
咲	11	1	595	45	2	31	17

（四）汉字编码

信息化时代，汉字编码是影响台湾汉字使用的一个重要因素。Big5码是过

① 《马英九出席汉字文化节：不应为招揽陆客使用简体字》，中国新闻网2014年1月2日，http://www.chinanews.com/tw/2014/01-02/5687464.shtml。

② 由于部分语料中夹杂着日文内容，故该表中数据存在一定误差。

去台湾地区最通行的计算机汉字编码方式，根据《常用国字标准字体表》《次常用国字标准字体表》等汇编而成，收录汉字 13 000 多个，但未能收录被视为异体字的部分民间俗字，如“着”“堃”“煊”“喆”“銹”等字，导致这些民间常用的俗字无法在计算机中正常显示。因此不少商家对 Big5 码进行了扩展，但各种扩展方案之间的差异又造成了乱码问题。

近年来，不少台湾软件改用字库规模更大的国际标准 Unicode 进行编码。但 Unicode 中的汉字编码亦存在问题。例如，图 4—35 中的汉字在 Unicode 中被认为是同一编码不同字体的差异，[①]而图 4—36 中的汉字却被认为是不同编码的差异。其实从字形来看，这两组字的差异都差不多。更有甚者，对比图 4—35、图 4—36 可以发现，Unicode 认为“奥奧”是不同编码，而“澳”却如图 4—35 中所示是同一编码在不同字体下的字形不同。这一问题的根本原因是两岸所采用的印刷字体（即官方所确定的规范印刷字体）在一些构字部件上存在差异。台湾的“国字标准字体”基本沿用古籍所用“旧字形”；而大陆在整理汉字时则依据“从俗从简”的原则，于 1965 年修订了《印刷通用汉字字形表》，称为“新字形”。这些字形差异已被误认为是简繁关系，错误地将其作为两个汉字来对待，而在Unicode 中赋予了不同的编码。但实际上，这种字形差异是同一汉字在不同字体下表现出的差异，应当赋予相同的编码。

呈 荏 差 茶 柴 澳 （宋体）
呈 荏 差 茶 柴 澳 （细明体）

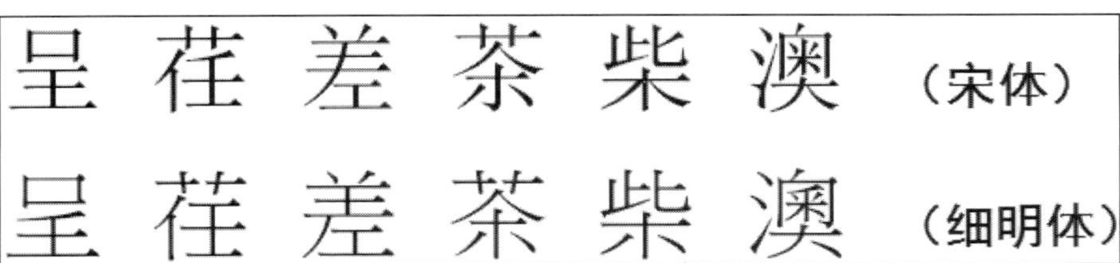

图 4—35　Unicode 中部分同码字在两岸具有不同字形的情况

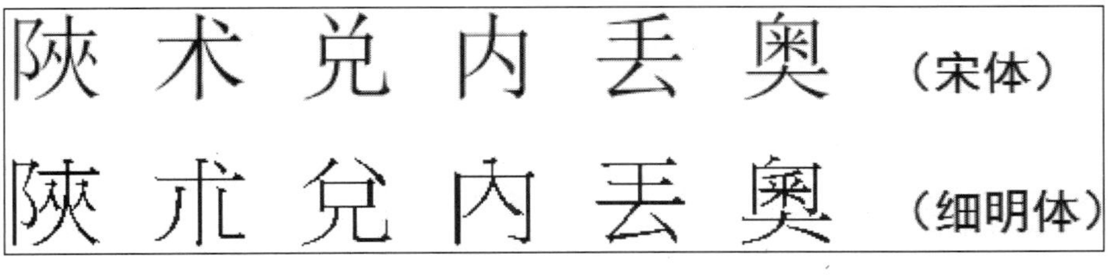

陕 术 兑 内 丢 奥 （宋体）
陝 朮 兌 內 丟 奧 （细明体）

图 4—36　Unicode 中部分异码字具有相近字形的情况

① 《中日韩汉字求同询异》，书同文汉字网 2009 年 7 月 16 日，http://hanzi.unihan.com.cn/CoolHanzi/。

（五）中文输入法

在信息化高度发达的今天，中文输入法也是影响台湾汉字字形的重要因素。目前台湾比较流行的输入法有仓颉输入法、注音输入法、新注音输入法、无虾米输入法等，其中新注音输入法的用户量接近五成①。仓颉输入法和无虾米输入法等为字形输入法②，而新注音输入法和注音输入法等为字音输入法③。

字音输入法中，同一音码对应的候选词的排列顺序对台湾汉字字形有一定影响。使用这类字音输入法时，对于一组同音通行词，用户通常会优先选择排序靠前者（通常是默认首选词）。表4—53为新注音输入法的连打功能对部分台湾通行词的输入情况。在拥有大量用户的情况下，新注音输入法的这种选词倾向将直接对台湾互联网的用字习惯产生影响。如表4—53所示，使用新注音输入法的用户就会出现“周邊”与“電腦週邊”倾向使用不同的“周”，“週六”与“周日”倾向使用不同“週”的混乱情况，使得同一意义下的用字习惯无规律可循。

表4—53 新注音输入法连打功能输入字形情况

简体词形	台湾通行词	新注音输入法 默认首选词形
台湾	台灣/臺灣	台灣
舞台	舞台/舞臺	舞台
平台	平台/平臺	平台
电视台	電視台/電視臺	電視台
周边	周邊/週邊	周邊
电脑周边	電腦週邊/電腦周邊	電腦週邊
周六	周六/週六	週六
周日	周日/週日	周日

三 几点结论

通过上述分析，本文得出以下结论：

① Pollster波仕特线上市调：七成以上民众使用注音输入法[R/OL]。（更新日期：2011-7-7）[引用日期：2014-1-26]。http://www.pollster.com.tw/Aboutlook/lookview_item.aspx? ms_sn= 1476。

② 字形输入法使用汉字的形码进行输入，大陆使用的五笔输入法和笔画输入法即属于字形输入法。

③ 字音输入法使用汉字的音码进行输入，大陆使用的拼音输入法即属于字音输入法。

(1)汉字简化在台湾地区呈现出与大陆截然不同的形态,表现为民间对简笔俗字的使用偏好,台湾地区主管部门则在汉字简化过程中扮演保守消极的角色;

(2)正体字与异体字并存的情况造成了一些用字不规范的问题,使得台湾的汉字使用呈现出一定的混乱现象;

(3)一部分正体字与异体字在一定语义下存在分工,这些用字习惯的根本成因是汉字的固有字义,同时也受到一些外部因素的影响;

(4)在两岸交流不断深入的背景下,大陆简体字对台湾汉字使用习惯造成的影响日益显著,也导致了台湾社会对大陆简体字存在一定的抵触心理;

(5)其他汉字使用地区与台湾的文化交流亦对台湾的汉字使用造成了一定的影响,以日本汉字最为明显;

(6)在信息化时代的背景下,汉字编码和中文输入法对台湾汉字使用具有一定程度的影响,因此不可忽视二者本身存在的一些不足;两岸在汉字标准化方面应该加强合作,避免各自为政,共同推进中国语言文字的信息化。

(史晓东、王博立)

华文教育发展状况

2014年，华文教育工作在国家侨务工作总体战略目标的指导下取得了重大进展。

一 国家高度重视华文教育

3月17日，全国政协召开双周会议，专题讨论推进海外华文教育发展问题，全国政协主席俞正声主持会议并讲话，全国政协副主席杜青林、张庆黎出席座谈会，全国政协副主席万钢、何厚铧、李海峰在座谈会上发言。国务院侨务办公室主任裘援平介绍了海外华文教育工作情况。外交部、教育部、中国侨联有关负责同志出席会议，与委员、专家学者们交流互动。与会者认为，海外华文教育是面向广大华侨华人，特别是华裔青少年群体系统开展民族语言学习和中华文化传承的一项重要工作，对于增强中华民族凝聚力、促进中外文化交流、增进友好关系、保持华侨华人的民族特性、提升国家软实力等具有深远意义。委员们围绕加强领导、建立健全支持海外华文教育的工作机制、按照华文教育自身特点和规律进行专项设计和规划、编写教材、培训师资、办好国际学校等发表意见，提出建议。

2014年12月7—8日，由国务院侨务办公室和中国海外交流协会主办的第三届世界华文教育大会在北京人民大会堂开幕。国务委员杨洁篪在金色大厅接见了来自50个国家和地区的500余位华文教育界参会代表。国务院侨务办公室主任裘援平开幕式上做了题为《发展华文教育 振兴华文学校》的主题报告，总结发展华文教育的历史经验与启示，介绍开展华文教育工作的新进展和目前面临的新形势、新情况以及国务院侨办支持华文教育发展的主要举措。指出今后3年，国务院侨办将紧紧围绕推动华文教育“转型升级”这一目标，努力建设有利于华文教育发展的“两大机制”，即建立与华侨华人所在国政府交流合作机制，为海外华文教育发展创造良好的政策环境；建立国内华文教育资源统筹协调机制，为海外华文教育发展提供更多支持。倾力打造支撑华文教育发展的涵盖施教、教材、培训、帮扶、支撑、体验等的“六大体系”，以全面提升华文教育发展水平。[①]我国各级侨务工作部门将动员一切力量，运用一切可能的手段，整合一切可用资源，推动华文教育转型升级和跨越式发展。

各级政府及相关职能部门对华文教育也日益重视。4月1日，广东省侨办、省教育厅签署《共建广东省华文教育培训学院备忘录》，利用广东省华侨职业技术学校的华文教育和职业教育的优势，充分利用广东侨务大省资源，发挥对外窗口优势，打造国际交流平台。8月14日，福建省侨办公布第三批海外华文教育基地，自2009年2月12日以来，福建全省共有52所华文教育基地校（厦门大学、华侨大学由国侨办确立）。广西钦州学院、北海华侨中学挂牌成立华文教育基地。浙江温州市第五批华文教育基地在温州市艺术中学挂牌。自2002年以来，温州市已有包括3个国侨办华文教育基地，5个省级华文教育基地，11个市级华文教育基地在内的共19个华文教育基地。

二　社会各界鼎力支持华文教育

2014年是中国华文教育基金会成立十周年，作为一家专门为海外华文教育事业服务的全国性公募基金会，十年来在海内外社会各界帮助下，资助建立了全面的学历教育体系，资助了逾5000名海外华裔学生和老师到中国求学。先后形成了华文师资培养工程、华裔青少年中华文化传承工程等系列华文教育项目，形成了华文教师大专学历、本科学历到研究生学历的培养资助体系；海外华裔青少年高（职）中、大专到本科的奖助体系；海外华裔青少年中国文化（海外）行及远程网络教育等品牌活动，惠及全球众多国家和地区的华文教育组织和华裔青少年。

2014年中国华文教育基金会继续资助华裔青少年。1月14日，来自印度尼西亚、泰国、蒙古、日本等国家的21位大专班华裔学生获中国华文教育基金会“金辉”奖学金。2月15日，国侨办向文莱中学捐赠教育发展基金10万元人民币。5月22日，中国华文教育基金会向昆明华文学校华裔初高中学生发放70万元奖助学金，来自泰国、缅甸、老挝的205名华裔学生获此资助。11月21日，由

① 《国侨办将打造“两机制”“六体系”推动华文教育发展》，中国新闻网2014年12月7日，http://www.chinanews.com/hr/2014/12-07/6852515.shtml。

中国华文教育基金会设立的“雅居乐奖学金”颁奖仪式在暨南大学华文学院举行，173名华文教育专业本科生获此殊荣。12月21日，海南省首次设立华文教育专项资金，首批资金将用于资助柬埔寨、泰国、缅甸和文莱的华文学校更新电脑设备、修缮校园设施、购置课桌椅和华文课外读物，同时支持海外社团开办华文培训班和资助贫困地区华裔青少年回国参加冬夏令营活动。①

三 各项工作取得新突破

（一）师资与管理人员培训

2014年，国内外各地新增了一些“华文教师培训班”，力图使国际汉语教师教育更加正规化、规范化、专业化。7月19日至8月5日，欧美28个国家的150余名华文教师参加了暨南大学华文学院承办的教师研习华文教育课程。8月16日，来自7国19所华校的31名教师在广西桂林参加了为期15天的欧亚华文教师培训班。8月23日，20位来自6所海外华校的校长和华文教师于温州海外华文教师培训班顺利结业。11月25日，来自5国的15位华文教师在宁夏进行了为期10天的培训，此次培训由中国华文基金会主办。

为了更好地培训和鼓励海外优秀华文教师，政府和各界也加大了对优秀华文教师的表彰。12月7日，在第三届世界华文教育大会上，国侨办表彰了1646名海外优秀华文教师和120名热心华教人士，并为38所海外华文教育示范学校颁授了牌匾，其中有18所海外华校被评为第四批“海外华文教育示范学校”。②

7月7—11日，来自全球五大洲32个国家的150多名华校校董及华文教育界的杰出人士齐聚暨南大学，开展2014“华文教育·华校校董/杰出人士华夏行”活动。活动期间，校董和杰出人士们共商华文教育事业发展，听取海内外华文教育工作及新理念的专题报告，并体验岭南文化之魅力，参观亚运后新广州市容市貌。

---

① 《海南省首设华文教育专项资金助学海外华校》，中国侨网12月21日，http://www.gqb.gov.cn/news/2014/1222/34678.shtml。

② 《18所华校获授第四批“海外华文教育示范学校”》，中国侨网2014年12月30日，http://www.chinaqw.com/hwjy/2014/12-30/31920.shtml。

（二）华文教师资格认证

暨南大学开展的“华文教师证书等级标准研制”自 2013 年 12 月通过国侨办组织的专家鉴定验收后，已在印度尼西亚、泰国、意大利、缅甸等国进行了调研与培训，累计培训人数约 1500 人。培训内容主要为国际汉语教学课程设置、教材教法、教学管理、教学技巧、现代教育技术以及文化常识等。华文教师证书考试题库建设已于 1 月 27 日正式启动，4 月 11 日立项，并召开了华文教师证书考试题库平台鉴定会。

（三）华文“本土化、国别化”教材编写

暨南大学 2013 年受国侨办委托，为柬埔寨华校编写《华文》（初中版）教材，于 2014 年年初开始在柬埔寨华校试用，于 1 月 21 日召开专家指导会。此套教材已通过专家审稿即将面世。2014 年，暨南大学澳大利亚高中《中文》教材编写工作也已启动，并已完成了实地调查，该教材旨在编写出一套适应澳大利亚华裔中文教学需要，具有 21 世纪新一代教材特点的本土化澳洲中学高年级中文教材。该教材由国侨办立项，编写已正式启动。

（四）华文水平测试

2012 年，暨南大学华文学院/华文教育研究院启动华文水平测试研发项目，2014 年 10 月 11 日与厦门大学国家语言资源监测与研究教育教材中心签订了“中小学教材词汇研究”的项目合作协议，11 月 19 日召开了“华文水平测试”专家论证会。该项目的研发，可填补对华族子弟华文水平评估的空白，对引领华文教育导向、建立海外华文教育标准、引导教学内容与方法等方面有重大意义。①

（五）冬夏令营

2014 年共有 32 个国家和地区约 4000 名华裔青少年在中国参加了包括“海丝情桑梓梦”、汉语考试、禅武文化、走进河源等主题在内的各类冬夏令营。营员们通过学习、参观、体验活动，亲身感受了中国传统文化的独特魅力，增进了对现

① 《暨南大学华文学院举行华文水平测试专家论证会》，中国侨网 2014 年 11 月 22 日，http://www.chinaqw.com/hwjy/2014/11-22/27050.shtml。

代化中国的了解。冬夏令营的举办使海外华裔青少年们深刻感受到中华文化的博大精深和强大的吸引力，促使他们追寻中华民族的血脉和文化之根。

（六）中华文化大乐园

"中华文化大乐园"自国务院侨办、中国海外交流协会2011年推出以来，已有600多位中华才艺教师奔赴六大洲的30多个国家、40多个城市，吸引了近两万多名营员。2014年，"中华文化大乐园"活动进一步拓展。国侨办及各省市侨办组织在斐济、意大利、厄瓜多尔、美国、柬埔寨、澳大利亚等国举办了"中华文化大乐园"，参加营员约2800人。"中华文化大乐园"通过"走亲戚"的形式到世界各地传播中华文化，效果显著，是广受支持和关注的活动，可以为广大华裔青少年打开一扇了解中华文化的窗户。

（七）第三届海外华裔青少年中华文化大赛

12月22日，由国务院侨办主办、华侨大学承办的第三届海外华裔青少年中华文化大赛演讲组决赛在厦门举行，来自于英国、德国、澳大利亚、菲律宾、法国、美国等16个国家的华裔青少年参赛。蒙古代表队在总决赛中获得冠军，澳大利亚队和巴西队分列亚军和季军。该活动自2012年以来在海内外引起强烈反响，对创新全球华文教育推广模式，激发各国华裔青少年学习中华文化起到了良好的示范效果。[①]

四 学科建设与学术研究

暨南大学华文教育已经形成从本科到博士完整的人才培养体系。2014年，暨南大学华文教育全日制奖学金本科毕业生共173位，华文教育远程教育本科毕业生106位；继续在新加坡招收华文教育方向兼读制硕士研究生，并在印度尼西亚巴淡新开兼读制硕士研究生班。招收全日制华文教育方向华裔博士留学生2名。2014年，华侨大学华文教育全日制奖学金本科毕业生51位。

学术研究与交流方面，大陆与台湾的华文教育研究都更加自觉，两岸学术交

① 《第三届海外华裔青少年中华文化大赛总决赛开赛》，中国侨网2014年12月25日，http://www.chinaqw.com/hwjy/2014/12-25/31344.shtml。

流成绩喜人。暨南大学华文教育研究院资助出版了《汉语文化词汇概论》[①]，获批国家社科基金项目和教育部社科规划项目各一项，省社科项目 2 项；6 月 5 日，由华侨大学华文教育研究编撰的《世界华文教育年鉴（2013）》一书由社会科学文献出版社出版发行。该书记录和反映了 2012 年世界华文教育领域各方面的重要发展，其主要内容包括综述、大事记、华教资讯、学术动态、论著选介、华教天地、重要文献等。[②]

5 月 12 日，由湖南师大国际汉语文化学院、文学院联合举办的“华文教育论坛”在至善楼学术讲堂隆重举行。此次“华文教育论坛”就国学与汉学的区别、国际汉语教育中文化教学的目标与内容、如何把第二语言教学与本体研究更好地结合起来等问题进行了深入交流，实现了华文教育界分享研究成果、思考自身学术的论坛目的。

8 月 22—26 日，台湾世界华语文学会与北京华文学院联合举办的“第四届两岸华文教师论坛”在北京华文学院举行，吸引了来自海外及两岸的 120 余位华文教学专业人士参会。国务院侨办副主任任启亮、世界华语文教育学会顾问任弘、秘书长董鹏程先生，以及北京语言大学李宇明教授、北京大学陆俭明教授等与会致辞或报告。此次论坛主题为“华文教学的理论和实践”，旨在为两岸华文教师提供分享教学经验，探讨教学问题，发表教学研究成果的交流平台。论坛就华文教学的理论与方法、教材编写、华文水平测试、华文教育政策等话题进行了分组讨论，在两岸华文教育领域合作达成一致意见。

2014 年 12 月，温州市侨办举办了首届华文教育理论研讨会。50 余位来自温州教育界有关专家学者、温州华文教育基地和侨务系统华文教育工作者，以海外华文教育为中心，从不同视角、不同研究领域进行了探讨交流，形成了一批学术成果，出版了温州首部华文教育论文集。[③] 上海华文教育研究中心召开 2014 年课题立项会，对《构建海外华文师资远程培训课程系统的研究》总课题及子课题进行专题立项说明。

华文教育学术合作也取得了一定成绩。1 月 22 日，暨南大学华文学院与泰

---

① 王衍军《汉语文化词汇概论》，清华大学出版社 2014 年版。

② 《中国首部〈世界华文教育年鉴〉出版发行》，中国新闻网 2014 年 6 月 5 日，http://huaren.haiwainet.cn/BIG5/n/2014/0605/c232657-20708026.html。

③ 《温州首部华文教育论文集问世展理论研究成果》，中国侨网 2015 年 1 月 19 日，http://www.gqb.gov.cn/news/2015/0119/34855.shtml。

国达拉萨姆学校汉语教学合作协议签订仪式在暨南大学举行。该协议包括双方合作编写适用于泰国本土学生的汉语教材、教辅材料，建设汉语教学资源库；双方合作举办汉语教学学术研讨会、冬夏令营；开展双方师生交流访问和各种文化交流活动。8月19日，暨南大学与阿根廷学校就开设全日制中西文双语学校，培养中西文公共翻译本科专业人才等事宜进行洽谈，并签订了有关合作协议。

五　海外华社领袖和华教工作者的建议

（一）重视对海外侨民的国民教育

近年来，越来越多的新生代华裔移居海外，但身份还是中国公民，属于新生代华侨。可对侨民的国民教育没跟上时代发展。国家应该对侨民提供国民序列教育服务，保障其作为中国公民的权益，同时也是培养熟悉所在国社会文化的中国公民的有效途径。呼吁国家通过建设侨民学校、开设国民教育序列课程等方式高度重视海外侨民教育，提高海外中国人的生存能力和国民素质。

（二）建立国内外华文教育资源协作体系与运作模式

目前国内能提供华文教育相关服务的机构和资源相对丰富，国外华文教育机构对国内资源的需求也十分迫切。建议由国家侨务主管部门牵头，摸清国内华文教育资源家底与海外华文教育需求情况，搭建国内外华文教育资源共享、协作工作平台，建立涵盖国内外不同华文教育机构、不同华文教育资源的多层次、多类型的多维立体的国内外华文教育资源协作体系，做好顶层设计，实现国内外华文教育资源的合理配置，实现资源效益最大化。

（三）大力开发多类型、多模态华文教材

海外华人社会在华文水平、华文教育生态等方面具有多样性，不同国家或地区，甚至同一国家的不同地区，华文教育都存在着显著差别。建议开发具有针对性的华文教材，如国别化、地区化、对象化教材，以及纸媒教材、电子教材、电视教材、课外读物等，满足不同层次和类型华裔学习者的需要。

（杨万兵）

第五部分

热　点　篇

牵动人心的高考外语改革

据人民网舆情频道“中文报刊监测系统”对2014年全年有关媒体关注“高考改革方案”状况的监测，该年度涉及全国“高考改革方案”的内容有10 350项，发文量达7400篇。如何进一步深化高考外语改革，成为2014年牵动人心的热门话题。

一　事件回放

2013年1月，网上传出所谓教育部“1号文件”《关于2013年深化教育领域综合改革的意见》，其中首次明确提出，将研究提出高考英语科目一年多次考试实施办法。此后各种“外语降分”“退出高考”的传言四处兴起。

据人民网舆情监测室观察，2014年5月8日起，“中高考改革方案落地：英语正式退出”的帖子在网上广泛传播。当天相关话题的网络新闻超过400篇，相关微博超过9万条。[①] 5月10日，北京市教委回应称此帖为不实消息。教育部新闻发言人续梅也否认这一说法，称教育部正紧锣密鼓地研究制定和完善高考改革方案。5月17日，有关“中国教育学会会长顾明远称高考改革方案2017年实施，英语将退出统考”的报道，让“英语退出高考”话题又一次成为舆论关注热点。

有关外语退出高考的传言，也引起海外媒体关注。5月20日《华尔街日报》刊登《学英语必要吗？中国就高考是否应该测试英语发起了辩论》一文，指出：“截至周一下午，通过社交媒体平台参加投票的89 000名微博用户中，有55%的用户表示支持英语退出高考。是因为中国学生厌恶英语学习了，还是因为他们只是对语言技能测试感到厌倦了？关于英语是否会退出高考的辩论是英语在中

---

① 《今日舆情解读：高考英语改革在质疑中前行》，人民网2014年5月20日，http://yuqing.people.com.cn/n/2014/0520/c209043-25039117.html。

国可能会逐渐失去吸引力的又一征兆。”

2013年10月，北京市发布了《2014—2016年高考高招改革框架方案》（征求意见稿），引发社会广泛关注。2014年上半年，部分省市先后出台了改革方案。例如，江苏省的外语“一年两考”并以等级形式计入高考成绩，山东省的取消英语听力考试，安徽省和海南省的英语“一年多考”等，使外语高考改革问题再度成为舆论焦点。

2014年2月，有媒体以“上海版高考改革方案曝光”为题，报道“上海的高考改革方案”，称“英语退出只考语数”[①]，引发舆论关注。随后，上海市教委在官方微博辟谣，称其内容是“不完整、不准确”[②]的。3月，官方辟谣“网传浙江出台2017年高考改革方案”。[③] 6月，参与制定“高考改革总体方案”的专家放出风声，称“教育部高考改革总体方案基本已经定稿，上海、浙江将率先成为试点地区”。[④] 9月，《国务院关于深化考试招生制度改革的实施意见》发布后，上海、浙江被正式确定为高考改革试点省份，其改革方案备受关注。

2014年9月4日，国务院正式出台了《国务院关于深化考试招生制度改革的实施意见》（国发〔2014〕35号），揭开了高考改革的面纱：“考生总成绩由统一高考的语文、数学、外语3个科目成绩和高中学业水平考试3个科目成绩组成。保持统一高考的语文、数学、外语科目不变、分值不变，不分文理科，外语科目提供两次考试机会。”“外语退出高考”传言自此也烟消云散。

随后，作为首次试点省份的上海和浙江，相继出台《上海市深化高等学校考试招生综合改革实施方案》和《浙江省深化高校考试招生制度综合改革试点方案》，以及配套的改革实施细则。

高考改革正式方案公布之前，各种外语降分，退出高考，实现社会化考试的寒流直袭培训市场。很多培训机构表示，此举是个利好消息，社会化英语培训机构将更火爆。沪上教育培训机构“海风教育”负责人称，家长、考生、补课机构对于英语的热度不降反升，学生给予英语学科补课的关注更多，补课时间反而相对

---

① 《上海高考改革最早2017年实施 英语退出只考语数》，搜狐教育2014年2月13日，http://learning.sohu.com/20140213/n394933112.shtml? qq-pf-to= pcqq.c2c。

② 《上海教委回应：“沪版高考改革方案”不实》，新民网2014年2月13日，http://shanghai.xinmin.cn/msrx/2014/02/13/23497579.html。

③ 《网上热传浙江高考方案公布，将有四方面改革 省教育考试院：此消息失实》，《青年时报》2014年3月21日。

④ 《高考改革总体方案初定 上海浙江或先行试点》，《中国经营报》2014年6月16日。

提前[①];扬州马力英语分校负责人则很有信心地称英语改革并不会淡化学英语的热情,英语不会就此被拉下“神坛”[②];还有一些教育机构称“改革的形式越是多元,越是给补课机构创造了机会”。[③] 但仍有些地区的暑假英语培训降温明显,如:湖北武汉[④]、山东宁阳[⑤]。

《新闻晨报》6月推出大型调查:若高考英语改革,暑假你还会给孩子报名参加英语培训班吗?结果显示:“近一半家长原本就打算给孩子报英语培训班,以锻炼口语为目的。被调查者中,幼儿园与小学的家长居多,56%的家长选择报少儿英语培训班,仅17%的学生会选择报英语培训考试班。22%的家长是以提高分数为目的,21%的家长给孩子报暑期夏令营,让孩子在一个轻松的氛围下,既玩得开心,又学习了英语。”[⑥]

二　热议话题

1. 高考外语是否需要改革?

中国青年报社会调查中心通过民意中国网和问卷网,对3514人进行的一项网络调查结果显示,74.7%的受访者赞同现行的英语高考方式需要改革,65.6%的受访者支持英语高考社会化。[⑦]

宁夏回族自治区银川市某名牌中学高二学生张阳阳称自己英语成绩不错,但不太会用,老师只是一味地采用题海战术,认为高考英语需要改革,应侧重对实用英语的考察。但一些“学霸”则“强烈反对高考英语改革”。[⑧]

河北省邯郸市第四中学资深英语教师王瑞军认为,目前的英语教育过分重视对学生进行知识传授和应试能力培养,忽视语言运用能力的培养,导致很多学生高分低能,赞成改革。福田区一所中学的张老师表示:“学生们从幼儿园就开

① 《高考英语改革,补课班的春天?》,《文汇报》2014年8月12日。

② 《高考英语改革在即 培训市场反升温》,《扬州时报》2014年2月25日。

③ 同注①。

④ 《今年暑假跟着考试“风向”转——语文取代英语成培优最热科目》,《长江日报》2014年7月23日。

⑤ 《高考英语改革成热议话题,英语辅导班小受影响》,《泰山晚报》2014年4月4日。

⑥ 《英语退出高考风波续:暑期培训5成人练口语》,《新闻晨报》2014年7月3日。

⑦ 《高考英语社会化:65.6%受访者支持　15.%反对》,《中国青年报》2014年6月12日。

⑧ 《高考英语改革遭“学霸”强烈反对》,中国教育在线2014年1月7日,http://gaokao.eol.cn/kuai_xun_3075/20140107/t20140107_1061914.shtml。

始接触英语，以此计算，高考前深圳的高三学生已经学了15年英语。但有些学生的英语能力还停留在考试成绩上，也就是俗称的‘哑巴’英语。”[①]并称这种低效的英语教学，很大程度上因应试教育导致。

高考志愿填报指导专家梁挺福认为：“高考外语改革势在必行，英语在各级学科的学习中所占教育比例过大，国家对于英语学习太过重视，大量占用了教育资源。英语的教学在一定程度上浪费了国家的教育资源。目前我国的英语教育多为应试教育，‘哑巴英语’。”[②]中国教育在线执行总编辑任蕾在接受专访时表示：“英语一年多考是一种必然的趋势。”[③]中国教育在线高考频道主编吴付平认为：“现行的英语考试制度，阻碍了对专业人才的选拔。”[④]北师大教育培训中心英语教研员王婷婷认为：“高考外语改革有利于将英语从应试科目中解脱出来逐步回归语言工具，回归对语用能力的培养。”[⑤]新东方俞敏洪肯定高考改革，称“对全体高考学生来说，英语考试改革是一种福音”。[⑥]

2. 高考外语应该怎样改革？

2013年10月，北京市向社会公布中高考改革框架方案的征求意见稿，各大媒体连续刊登文章，相关部门先后组织各种研讨会，有关机构专设高峰论坛[⑦]等，专门讨论高考外语改革问题。

《中国青年报》社会调查中心民意中国网和问卷网对3514人进行的一项网络调查结果显示，受访者最青睐的改革方式是“降低英语高考分值”（44.3%），其次是“一年多考，选最好成绩”（35.5%），“考试方式不变，但要侧重英语的实用性”（29.3%），“增加口语考察”（28.4%）。“增加阅读、写作分值”（18.4%）、“减少或取消词汇、语法等选择题”（18.2%）、“减少或取消听力”（13.6%）等。[⑧]

---

① 《关注高考改革：社会化英语培训机构将更火爆》，凤凰网2014年5月23日，http://edu.ifeng.com/news/detail_2014_06/05/36669236_0.shtml。

② 《梁挺福：英语不该占用太多的教育资源》，中国教育在线2013年10月10日，http://gaokao.eol.cn/kuai_xun_3075/20131010/t20131010_1026542.shtml。

③ 《任蕾：英语一年多考昭示高考改革方向》，中国教育在线2013年10月10日，http://gaokao.eol.cn/kuai_xun_3075/20131010/t20131010_1026541.shtml。

④ 《吴付平：英语地位过高　有碍专业人才的选拔》，中国教育在线2013年10月10日，http://gaokao.eol.cn/kuai_xun_3075/20131010/t20131010_1026545.shtml。

⑤ 《王婷婷：英语改革后的考核方式不能只是形式上的变化》，中国教育在线2013年10月10日，http://gaokao.eol.cn/kuai_xun_3075/20131010/t20131010_1026535.shtml。

⑥ 《俞敏洪谈高考英语改革：是一种福音　对改革有信心》，《钱江晚报》2014年6月9日。

⑦ 《中山大学剑桥A-level开放日暨国家中高考英语改革论坛》，《羊城晚报》2014年5月29日。

⑧ 《高考英语社会化：65.6%受访者支持　15.%反对》，《中国青年报》2014年6月12日。

专家们则亮出外语高考改革红色警戒线："不能、避免、应该"。

不能：《工人日报》上发表的《高考英语改革不能闭门造车》一文指出，关于外语怎么改，不能只是组织专家、学者研讨方案，闭门造车，应聚焦民意，广泛听取各方意见，公开、民主、科学论证高考英语改革方案。①

避免：高考英语改革要避免"一刀切"，可交由招生高校根据其培养目标和各专业要求自主决定，采取"达标式"报考模式，考生的英语水平达到一定等级或分数的要求即可。②

应该：高考外语改革应该"去难度化、去应考化"，让英语学习找回趣味，回归语言本位；英语考试应该与国际接轨，借鉴"托福、雅思"命题逻辑，测试考生是否具备进入西方语境，使用西方思维的能力；③高考外语改革应该让英语教育回归应用化；④中国教育学会外语教学专业委员会理事长龚亚夫认为，英语教育的价值不仅仅是教学生一种工具，更重要的是培养人的思维能力，提升人的包容性、国际视野；⑤东佳国际英语教学总监 Shire Song 认为，高考英语改革要从根本测评体系上进行，我国现行的高考英语测试模式主要以选择题为主，这种测评体系直接导致教学模式和学习方式的偏差，而西方的测评体系拥有特别强大的测试题库，能较准确地反映出考生的英语运用能力。⑥

3. 外语一年两考是加压还是减负？

2014 年上半年，许多省份陆续放出研制改革初定方案的风声，对外语实行"一年多考，社会化考试"展开舆论调研。如：河北省高考改革新方案，家长支持英语"一年多考"；⑦昆明记者随机采访了十几个初三的学生发现，英语一年考两次，英语成绩较好的学生非常欢迎这样的改革，觉得多一次机会说不定可以"刷"

---

① 《高考英语改革不能"闭门造车"》，《工人日报》2014 年 5 月 23 日。

② 《高考英语改革要避免"一刀切"》，《中国社会科学报》2014 年 1 月 24 日。

③ 《让英语学习回归语言本位　高考改革应接轨国际》，凤凰网陕西 2014 年 3 月 5 日，http://sn.ifeng.com/jiaoyu/gaokao/detail_2014_03/05/1936146_0.shtml。

④ 《高考英语改革　让英语教育回归应用化》，《长春晚报》2014 年 3 月 5 日。

⑤ 《龚亚夫：先明确英语教育价值，再讨论高考改革》，光明网 2014 年 5 月 27 日，http://edu.gmw.cn/2014-05/27/content_11435746.htm。

⑥ 《Shire Song：高考英语改革要从根本测评体系上进行》，凤凰网陕西 2014 年 3 月 20 日，http://sn.ifeng.com/jiaoyu/gaokao/detail_2014_03/20/2013139_0.shtml。

⑦ 《聚焦高考改革：2018 年河北高考实施新方案　外语实行一年多考，文理不分科　家长、培训机构反应不一》，《承德晚报》2014 年 3 月 11 日。

一个更好的成绩出来，而成绩一般的学生则感到压力翻倍；[①]《南方都市报》记者开展的问卷调查表明，123人中逾六成的受访者表示赞成一年多考；[②]安徽省则将推动"外语一年多考"改革。[③]

9月19日改革方案正式公布，外语实行一年两考，且只提供两次考试机会。"一年两考"加压还是减负？考试难度能否保持一致性？是否会影响考试的公平性？

赞成理由：(1)突破了"一考定终身"的传统高考制度。"英语实行一年两考"，使得学生能够在整个高中阶段有两次机会刷新高考英语分数，这样，一能分散学习压力，二能分散心理压力，让学生有机会多次挑战。[④] 凤凰网网友@"爱讲话的小鸟"为英语考试机会增多而感到开心，"仿佛对高考更有信心了"。[⑤](2)增加英语学科的学习实用性。北京新东方学校优能中学部陶然老师称，英语考试改为一年两考，一方面有利于缓解学生的考试压力，另一方面也有利于增加英语这个学科的学习实用性。[⑥] (3)可以将精力留给其他学科。高一学生吴佳怡："如果高一就能考个理想的成绩，剩下的时间就可以用在其他科目上了。"[⑦]

反对理由：(1)增加了学生的考试压力。新东方在线高考英语李辉老师认为，这个政策的转变将带来的结果是：孩子在高中阶段的英语学习将有两条主线，一是日常学校教学所关注的"课本主线"，二是从高一便开始发力冲刺高考的"应试主线"。既然国家允许学生从高一就开始参加英语高考，那么肯定大部分学生都愿意从高一开始发力"刷分"，增加了考试的压力。[⑧] 部分网友也表达了对学业负担加重的担忧：人民网网友@"江离"说："既然一年可以考两次，那考一次绝对不甘心，大部分学生还是会刷分，而且英语总分并没有降低，不知道这是更重视

---

① 《高考改革：英语一年考两次　昆明部分高中生压力翻倍》，云南网2014年9月5日，http://yn.yunnan.cn/html/2014-09/05/content_3355569.htm。

② 《高考英语改革　逾六成受访者赞成一年多考》，《南方都市报》2014年6月4日。

③ 《省教育厅：明年推动"英语一年多考"改革》，《安徽商报》2014年8月23日。

④ 《评高考改革：英语一年两考　刷分成必然》，搜狐教育2014年9月5日，http://learning.sohu.com/20140905/n404098136.shtml。

⑤ 《网友关注高考不分文理　期待高中开设职业规划课程》，《中国青年报》2014年10月9日。

⑥ 《名师解读：英语一年两考对学生的影响》，新浪教育2014年9月5日，http://edu.sina.com.cn/gaokao/2014-09-05/1721432913.shtml。

⑦ 《英语高考改革　究竟是减负还是加压?》，中国教育在线2014年9月24日，http://edu.qq.com/a/20140924/017598.htm。

⑧ 《从高考英语改革及2014真题看高中英语学习》，新东方在线2014年7月16日，http://gaokao.xdf.cn/201407/10111549.html。

还是更不重视。”@“离弦的箭”是一名家长，他担心英语一年两考使高考就只剩下数学和语文了，可能会导致“得数学者得天下”的情况。[①] (2)并未切实改变一考定终身的局面。辅仁高级中学华爱珍老师表示，改革的初衷是“减负”，但“一年两考”选择最好成绩分数计入总分的方式，学生依旧是跟分数“死磕”，而且这种“死磕”比之前还多了一次。[②] 上海师范大学党委书记、上海跨文化交际研究会会长陆建非认为一次性压力变成持续性折腾。[③] (3)不符合语言学习规律。北京外国语大学曹文教授认为语言的学习需要长期持续性，反复学习使用，如果一个学生在高一就通过了优秀等级，在高二高三暂停英语学习，那么这两年学习的缺失有可能让他的英语水平退到起点。[④] (4)考试的公平性有待质疑。北京外国语大学文秋芳教授认为一年两考，两张试卷之间的难易度也很难做到绝对一样，这也不利于确保考试公平。[⑤]

三　思考

外语高考改革不是简简单单的一个入学考试的问题，它关系到国家语言能力以及国民综合语言能力问题，应纳入国家语言战略，做好顶层设计。

外语能力作为国家语言能力而言，还要充分考虑培养不同语种的外语人才。我国目前的外语教育仍然是大范围的英语教育，中小学能开设的外语语种仅限于英语、俄语、日语、德语、西班牙语。中国有3亿外语学习者，但99%都是英语学习者。而日本中小学共开设英语、汉语、法语、德语、西班牙语、韩语、俄语、意大利语、葡萄牙语等23种外语，其中英语最盛行。

我们应该从中国实际出发，制定适合我国国情的语言教育总体规划。外语教学应该在提高应用性、语言能力上多下功夫。此外，外语不能只改高考，大学外语教学也应配套改革。

（冯学锋、姜露）

① 《网友关注高考不分文理　期待高中开设职业规划课程》，《中国青年报》2014年10月9日。

② 《2017年江苏高考英语改革引热议　“一年两考”是“减负”还是“加压”?》，《江南晚报》2014年5月26日。

③ 《英语走下“神坛”　语文能否“称王”》，《瞭望东方周刊》2014年第21期。

④ 《北外教授曹文：英语高考形式变化难解“哑巴英语”》，光明教育2014年5月20日，http://edu.gmw.cn/2014-05/20/content_11367362.htm。

⑤ 《世语会代表说外语改革　高考英语不宜一年两考》，《苏州日报》2014年6月7日。

你"拆"我"猜"的成语大会

2013年引发全民汉字热的"听写大会"余温尚在，2014年4月18日晚，又一档全新的、原创形态的文化类节目《中国成语大会》（以下简称"成语大会"）在央视科教频道首秀。"成语大会"共十三期，总决赛十二场，历时三个月。与"听写大会"相比，"成语大会"的开局有些慢热，节目从第5期开始逐渐获得广泛关注，吸引了一批忠实粉丝，全球的猜词游戏形式与古今同用、百代甄选的"活化石"——成语激情相拥，再度将"语言冷门"变成了"文化热点"。

一　猜词游戏文化经典

猜词，本是一种古老的、至今仍流行于各国民间的游戏，在世界各国千年不衰，专门的猜词游戏也常常占据着大型电视节目的舞台。我国的电视屏幕上，从《幸运52》开始就多次使用猜词游戏作为某一环节的重要手段，它的娱乐效果非常明显。但将整个节目以猜词游戏的形式来呈现，"成语大会"则是首创。

（一）旧瓶旧酒　历久弥新

"成语大会"巧妙地将中国传统文化精髓融合在猜词竞技中，以全新的竞赛形式，承载中华民族悠久历史文化传播的使命。在节目赛制上，进行了"更符合电视形态"的设定，不仅设计了目标计时对抗赛、限时限猜对抗赛、双音节同题对抗赛等"更吊胃口"的竞赛方式，还将团队赛事与个人竞赛混合编排。全国有超过三万人报名参赛，而最终只有36位选手进入总决赛，被分为春秋、国风、尔雅三支队伍，捉对决杀，再现三国厮杀扣人心弦的场面。旧瓶装旧酒不但不陈旧，反而是历久弥新，使成语竞猜成为一种时尚。

"成语大会"在央视科教频道播出时，共有2.11亿人次收看；央视综合频道播出时，收看人次更是高达3.48亿，两者相加共拥有5.59亿人次的观众。5—13期在央视—索福瑞统计的34城平均收视率为1.26，单期最高收视率达到1.47，同时段最高，排名全国第一位。播出期间，百度搜索“成语大会”主题词达 5200 多万条。其中，平面媒体聚焦报道量超过 200 篇，网络媒体跟踪报道及转载量逾 40 多万篇。①

值得关注的是，“成语大会”受到了具有较高教育背景观众群的欢迎，大学学历以上的观众与同期其他在播节目相比，高出 152%。② 这主要源于“成语大会”参赛选手的开放性和广泛性，只要你喜欢成语，喜欢成语类游戏，自信成语知识丰厚并能够玩转成语的皆可参加；各个年龄段、各个地区、各个民族的选手，皆可入围。与捷报频传的收视报告相比，年轻人对成语热情的持续高涨更令节目总导演关正文感到振奋。节目播出后，网络上就催生了多种成语爱好者社团。一位“90 后”网友“1000Kevin”自建了名为“《中国成语大会》交流”的 QQ 群，24 小时讨论节目中的题目、选手以及嘉宾点评，还自发采用节目中的猜词手法玩成语游戏，形成了不小的影响力。显而易见的是，比赛中那些博学睿智、谈吐非凡、协作精神极强的年轻选手们，为时下的年轻观众做出了很好的表率。此外，在节目播出期间全国很多机关单位、高校、文化单位、百姓社区、城市中心集散地也举办了形式多样的成语大赛。

（二）旧瓶新酒　别出心裁

节目首创猜词题面半公开的形式，观众、选手一起“猜”。“在国外，猜词节目是一个完整的模式，而不是像国内，经常是作为简单的游戏环节出现。”③“成语大会”节目组看准了国内尚无成熟猜词节目的契机，建立了第一个专业化的猜词节目。总导演关正文表示，节目组在专业规则、对抗形式以及节奏控制上都做了精心设计，为提高观众的参与度，还专门开创了“不完全题面”的播出方式。因此，“成语大会”一改猜词游戏预先公布题面的惯例，同步给观众被猜词语的一个字，既满足了观众对猜词内容了解的欲望，也保证了与场上选手一起互动竞猜的节奏。

中国网络电视台台网联动中心总监陈剑英揭秘成语大会台网联合的创新之举：“双屏滚动”的设计，吸引了 1295 万人次参与，在社会上引发了成语热；手机

---

① 《5.59 亿人观看首届〈中国成语大会〉》，央视网复兴论坛，http://bbs.cntv.cn/thread-27007855-1-1.html。

② 同注①。

③ 李夏至《看不全题面，观众跟选手一起猜》，《北京日报》2014 年 4 月 17 日，http://bjrb.bjd.com.cn/html/2014-04/17/content_170905.htm。

“摇一摇”与选手投票反响非凡；邀请选手到网站参与访谈与粉丝聊天，观众参与热情特别高；成语积木组合、成语填空等游戏，吸引了很多观众，尤其是年轻人的参与。[①]

二　你“拆”我“猜”智者胜

成语大会是对选手成语释义能力的极致考验，是选手根据语义、正确找到成语的速度比拼。四种赛制形式、一项基本规则，比赛选手人人如履薄冰。这项基本规则是：描述者只能用释义对所猜成语进行提示，描述过程中不得出现成语中的任何一个字（俗称“犯字”），直到猜词者猜中为止，贯穿四种赛制形式。精准释义展示成语文化内涵，速度比拼攸关生死。当精准释义遇上速度比拼，我们的选手又会何去何从？

（一）浑身解数“拆”成语

节目在赛制设置上注重全方位考验参赛选手的能力，想要在36位高手中脱颖而出，不仅要是一个猜词高手，也要是一个描述高手。“你”来描述，“我”来猜，时时轮换选手角色，这对选手的语言表达能力、应急反应能力，以及成语储备情况都是极致考验。

正如评论嘉宾郦波老师所说，一个选手要取得好的成绩要具备三方面能力：掌握正确的成语释义、了解文史典故、合理创设语境。一字一字地凑齐四字成语不但拖慢了竞猜速度，也与成语大会传递成语之美的宗旨相悖。每当这个时候，猜词者急了，主持人急了，评审嘉宾急了，台下的观众也急了。频频出现的拆解成语现象引发了不少网友吐槽，认为不让“犯字”的规则逼得选手逐字解释成语，造成成语释义支离破碎。为了让成语免受拆解之痛，不少网友认为应该在比赛中明确规定不准逐字释义抑或是规定只有一次逐字提示目标成语的机会。为此，网友“朕乃 xizizi”将描述者使出浑身解数的释义方式归结为八小类。

① 新浪：侠之大者的微博，http://weibo.com/1262716254/BeCfjBVnQ? sudaref= www.baidu.com&type=comment。

表 5—1 网友总结出的成语描述方法

序号	方法	描述者	猜词者
1	出处和历史典故	王戎和他老婆	卿卿我我
2	情景带入	你太厉害了,我对你佩服得……	五体投地
3	解释喻意	比喻只占极小的比例	九牛一毛
4	直接解释词义	捂着听觉器官去偷一件叮当作响的器物	掩耳盗铃
5	提示反义词或近义词	和恩将仇报的意思很近	以怨报德
6	逐个拆字解释	第一个字是瓦特发明的什么汽机,前两个是叠字;第三个是太阳;第四字是下的反义	蒸蒸日上
7	成语接龙	兴致什么,后两个叠字 继续	勃勃 勃勃生机
8	引用其他	郭芙蓉常用的那招	排山倒海

一些网友认为前五种方法才是正道,尤其是历史典故和情景带入最显功力,也最能体现成语的魅力。后两种都是取巧的方法,拆字解释只有到万般无奈的地步才该使用。

例如“源远流长”,标准释义是:源头很远,流程很长。形容历史悠久。比赛中,描述者为了避免“犯字”是这样解释的:头特别的不近,水特别的不短。猜词者第一次答出:山高水长。描述者继续描述:江河有什么头,以提示目标成语的首字“源”,同时进一步用“不短”来提示目标成语的“长”字,最终猜词者顺利猜出目标成语。

随着比赛的深入,选手们开始尽量减少逐字释义的描述方式,而变换不同的手法,其中“自创暗号”就是典型的例子。选手王帆在描述“叶公好龙”时首次以“神兽”代表“龙”,据此衍生出“小神兽”代表蛇,“母神兽”代表凤。例如“攀龙附凤”则被描述为:比喻嫁到了一个好人家,像抓住了神兽和母神兽。“自创暗号”比逐字释义的描述方式更加高效,而且笑点频发,但都不是从成语之用的角度出发,所描述的意思常常与目标成语实际含义相去甚远。

(二)搜肠刮肚“猜”成语

你知道大妈跳的是什么舞吗?如果不知道广场舞,很难联想到目标成语是“广开言路”;你又知道“在我的肚子里百度一下”猜的是成语“搜肠刮肚”吗?

猜词者要猜中目标成语,除了要根据描述者的释义在脑海中快速搜索目标词语,还要会“猜”描述者的体态语,也许一颦一笑、一个眼神都暗藏玄机。最暗藏玄机的眼神,要数选手李凡在描述“电光石火”时用自己发光且伴有快速“放电”的眼神提示猜词者，仅仅凭借“迅速”一词就猜中了。

除了搭档选手之间要互猜，在双音节同题对抗赛环节不同的小组间也要互猜，以防被对手带入陷阱而不自知。不仅如此，要猜测己方描述者提示词的用意，还要猜测对手描述者提示词所隐含的信息，综合考量更利于快速猜中目标成语。在双音节同题对抗赛环节，最理想的状态当然是“一词杀”（即只通过一个提示词语，就能猜中成语），例如王帆以“根上”猜中“拔本塞源”；唐蕊以“扔子儿”，猜中“投石问路”；高瀛以“随流”，猜中“和光同尘”等，这一过程充分展现了选手们较为深厚的文化底蕴和语言智慧。但多数情况下，猜词者还是需要凭借己方和对手提供的信息来定位目标成语。

三 赞与疑

（一）点赞

历时3个多月的“成语大会”自开播以来，收视率节节攀升，网络热议指数多次冲击新浪微话题电视节目排行榜；《人民日报》《光明日报》《环球时报》《北京日报》等平面媒体和新浪、腾讯、搜狐、凤凰等网络媒体持续聚焦报道，誉其“指向经典，达到了让大众仰视母语的目的”[①]。许多观众通过节目领略成语之美，频频发出中华文化博大精深的感慨，充分肯定了节目的价值，纷纷表示希望看到更多类似的高质量的节目。谈成语、说典故也在年轻观众中逐渐成为一种时尚。

节目播出过程中，许多成语爱好者自发为自己所喜爱的选手发帖点赞，王帆是公认最善于创设语境的描述高手，比如她说“我赐你一把……”，队友即刻答出“尚方宝剑”，以32秒的速度险胜对手的34秒，连主持人都直呼上苍及时赐予了你们一把“尚方宝剑”；同一场比赛，王帆又巧设语境，凭借“就是命啊！”让队友及时猜出“造化弄人”，同样她的搭档凭借“珍珠港”，让她顺利秒杀“不宣而战”。每期节目从选手表现到比赛赛题，从嘉宾点评到主持人的一举手一投足都是网友们热议的话题，“中国成语大会吧”更是成为了成语爱好者们的俱乐部。网友“真情真美的幸福”曾留言：中国成语大会提供了一个平台，让喜欢成语，甚至

① 《央视〈中国成语大会〉传承中国智慧》，光明网2014年7月11日，http://culture.gmw.cn/2014-07/11/content_11928920.htm。

是喜欢历史文化的朋友们能聚在一起彼此切磋交流。整个节目充满了积极向上的正能量；网友“lsylala”说：成语大会结束了，但它带给我们的感动回忆酸甜苦辣还在，它的激昂，振奋，带领中国古典文化攀上高峰，期待下一届选手的表现。①

（二）质疑

与此同时，“成语大会”也招致网友的各种质疑。有观众对成语大会的受众面提出疑问，认为成语这样的传统文化的普及应着眼于全民，包括孩子、学生，而不是遴选出社会文化精英参赛；网友王祥更引用总导演关正文接受采访时所说“成语一直被人们忽视，现代人对不起成语”，称“与其说现代人‘对不起’成语，不如说《中国成语大会》更对不起成语，更应面对成语做最虔诚的反思”。②

还有网友质疑考题用词比较生僻。节目主持人张腾岳受访时对质疑进行了回应，他称选手很优秀，所以考题必须难度加码，“拿简单的成语来考他们的话，那到底是侮辱观众的智商呢，还是侮辱选手的学习水平呢？所以我们肯定有一些大家都不知道的词。”③张腾岳认为这恰恰说明了我们还要加强大众的汉语言学习。

对于竞赛过程中频频出现的拆解成语的现象，一些网友认为选手在场上任意肢解成语的时候，对成语来讲是一种负罪，一方面觉得逐字拆解成语听起来很别扭很累；另一方面在拆解成语的过程中糟蹋了成语，让成语丧失了原有的韵味，并希望在下一届成语大会中可以得到改善。作为兼职小学语文老师的参赛选手达吾力江担心，拆解成语的描述方式会给学生带来不好的影响。随着比赛深入，达吾力江与搭档不约而同地把精力放在了探究成语原出处和典故上，他们希望不仅以最精准的解释让对手一语中的，更把成语深广的含义呈现给观众。

---

① 《〈中国成语大会〉研讨会举行　传承中国智慧彰显媒体责任》，人民网2014年7月10日，http://media.people.com.cn/n/2014/0710/c14677-25265112.html。

② 《中国成语大会为何冷遇》，光明网2014年7月9日，http://meiwen.gmw.cn/2014-07/09/content_11891012.htm。

③ 《“成语大会”被指考题生僻　主持人：因选手优秀》，新华网2014年6月29日，http://news.xinhuanet.com/local/2014-06/29/c_1111366310.htm。

四 思考与启示

2014年7月10日，中央电视台科教频道和中央电视台发展研究中心共同主办的“中国成语文化传播论坛——国家电视台的文化责任”[①]大型学术研讨活动在梅地亚召开，业界人士、语言学者、专业人士及多家媒体共同品评“成语大会”对文化传承的作用，探讨语言文化类节目如何保持长久的生命力，以及于此体现出的国家媒体责任。同时，来自官方媒体以及草根网民的热议也值得我们深思。

（一）创设传播平台，有效实现语言文化的现代传承

目前，我们正处在一个以互联网为基本特征的“颠覆性的创新时代”[②]，日新月异的互联网文化与传统文化的碰撞充斥着生活的各个领域，因此，如何有效地实现祖国语言文化的现代传承，如何提升我们的文化创造力是摆在知识界和文化界面前的重要课题，而“成语大会”的成功举办，无疑提供了一个很好的平台，在保护语言多样性与继承语言遗产方面树立一个样板。

（二）娱乐性及知识性完美结合，是文化类节目生命力之所在

成语是具有表里二重性的特殊词汇现象，其所要表达的意义往往不是字面意思简单相加所形成的能指，而是因历史相承延用所形成引申义的特殊所指，“选手对成语的领悟和运用能力，不单单是对成语字面意思的理解，更要求选手对成语运用场合和情境的理解。”成语大会“促使大家关注成语、传统文化，但偏重在‘知’而忽略了‘用’”。节目形态的设置偏重娱乐，总的来说节奏很快，固然有诸多笑点，但一连串的成语纷至沓来，观众能够记住几个？同时，为了达到快速猜中目标成语、战胜对手的终极目的，选手们有时会不顾成语自身特点，任性地拆解、描述成语，比如将“含笑九泉”描述为“你死了还翘着嘴”，引起哄堂大笑，也让主持人张腾岳忍不住调侃“斯文扫地”。

（汪磊、陈思）

① 本节内容在没有特别说明的情况下，均提炼自央视网《国家电视台的文化责任——中国成语文化传播论坛》，http://kejiao.cntv.cn/2014zgcydh/yth/index.shtml。

② 冷默《百亿级新兴专业市场将是未来发展重点》，《新闻晨报》2014年6月12日。

网络语言规范引热议

2014，是中国正式接入国际互联网的第20个年头。网络语境中孕育出的网络语言在汲取传统汉语营养的基础上，成为汉语语言系统中最活跃的一部分，也伴随着是是非非，备受社会各方的关注，成为媒体热议的话题。

中国传媒大学国家语言资源监测与研究有声媒体中心研制的语言文字舆情监测系统CUClpoms，2014年共监测得到有关网络语言的新闻报道1103篇，涉及的主要问题是"网络语言规范"，有613篇。图5—1中的四个峰值大致对应四个最热议的话题，按时间先后依次是：网络语言是否进入教科书、词典该不该拒收网络新词、抵制粗鄙网络语言是否必要、广播电视节目该不该禁用网络语言。

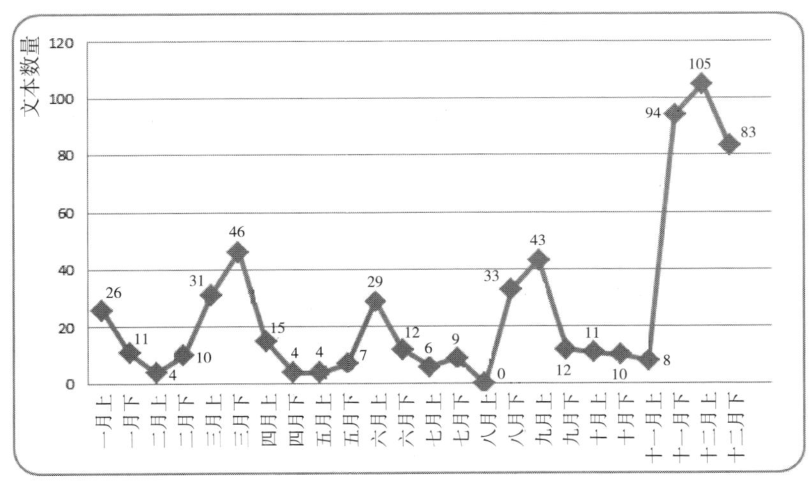

图5—1　2014年网络语言规范问题文本分布图

一　广播电视节目该不该禁用网络语言

2014年11月27日国家新闻出版广电总局发出《关于广播电视节目和广告中规范使用国家通用语言文字的通知》。《通知》规定，把"尽善尽美"改为"晋善晋美”，把“刻不容缓”改为“咳不容缓”等做法不符合《国家通用语言文字法》《广播电视管理条例》等法律法规的基本要求。各类广播电视节目和广告应严格按照规范写法和标准含义使用国家通用语言文字的字、词、短语、成语等，不得随意更换文字、变动结构或曲解内涵，不得在成语中随意插入网络语言或外国语言文字，不得使用或介绍根据网络语言、仿照成语形式生造的词语，如“十动然拒”“人艰不拆”，等等。这个《通知》究竟是捍卫语言规范，还是压制语言创新？一时众说纷纭。

反对者说：不能用僵硬、保守的态度压制语言的创新使用与发展。

“咳不容缓”是语言活用。华东师范大学传播学院王晓玉教授认为，维护语言纯洁性确有必要，但不能否定语言的流变。她说：“广告算是艺术，在广告用语中使用一些同音异义的词应该是允许的。”“咳不容缓”从字面上就可以看出它想表示咳嗽了不要小看，需要马上去治好。大家都知道这不是成语，只是借用，并不是改变。不会因为有人卖咳嗽药水用了“咳不容缓”，今后人们就把刻不容缓改成“咳不容缓”了。① 郭元鹏也认为“这只是对成语的一种灵活运用而已”，“请出版广电总局在规范节目语言文字使用的过程中，不要全部开刀问斩”，“还请‘刀下留词’”。②

对于禁止使用“十动然拒”等网络词语，网友“悄悄 Dream”认为这是“扼杀网络文化”，并提出质问“词语为什么就不能创新？”③网友“坚果灰松”也说：“刻意去遏制一些自然形成的东西，是一种文化上的强迫和控制。”④中国传媒大学电视与新闻学院副教授唐远清则认为，对于网络热词不能搞“一刀切”，因为“有许多网络热词所表达的含义，在正统语言体系中，还真的没有合适的字词来代替”⑤。毛旭松也说“网络是公众表达意见的重要舆论平台，许多新闻事件正是因网络热议而成为社会焦点”，因此，网络语言中有“最原生态的民声民意”⑥。@网友“骨朵肖肖”说：“老一辈听不懂网络用语可以理解，但是不能阻碍时代的发展啊。等我们老的时候，这些网络用语估计都是‘谚语’了。如果古代也这样，

---

① 《广电总局禁网络词语上广播电视 专家网友看法不一》，人民网 http://media.people.com.cn/n/2014/1128/c40606-26109229.html。

② 郭元鹏《规范语言文字还请“刀下留词”》，人民网 http://opinion.people.com.cn/n/2014/1130/c159301-26118923.html。

③ 同注①。

④ 同注①。

⑤ 唐远清《使用要规范，不能滥用字词》，《华西都市报》2014 年 12 月 13 日第 A9 版。

⑥ 毛旭松《怎能少了网络热词？》，《深圳商报》2014 年 12 月 18 日第 C2 版。

现代就没有成语了！”①

语言系统可以自我净化。网络语言的去留应交给它的使用者人民群众来决定，不要急于用行政手段下定论。朱星光撰文说，如果当年英国殖民地遍布全球的时候，为了保证英语的“纯洁”和规范，发起净化运动，非得把美式、印式、澳式各种不“规范”或是“大不列颠广播电视总局”们听不懂的词汇禁止掉，英语是否还会成为一门世界语言？如果当年提倡白话文，“国民政府广播电视总局”们也如临大敌，出台各种文件禁止白话文词汇，那今天的我们，是不是还在“之乎者也”？② 网友“一千龄蝉”也说：“人艰不拆”这些词现在已经很少出现了，这就证明它们是时代的文化落后品。文化是可以自我净化的，而净化者就是使用这个文化的人们，他们会决定什么该留，什么被淘汰。③ 网友张玉胜则直接在文中对“这种以行政之手的强制叫停能否真正实现令行禁止的规范效力”表示了怀疑。④

赞成者说：禁得好！千年文化被搅得不伦不类了！

很多网友为《通知》点赞，认为“咳不容缓”等篡改成语的做法是对成语的伤害和破坏，“人艰不拆”之类会造成汉语系统功能紊乱，“严重污染了母语的纯正与优美”⑤。网友“鸿鹄飞不过瀚海”说：“禁得好！千年文化被搅得不伦不类了！”网友“浩笑的好嗨”认为：要知道电视节目在百姓或者小朋友心中是有导向作用的，曲解成语给社会、给学生甚至给中国文化都带来极其恶劣的影响。网友“Xi -李晓曦- YoHoO”也说：“现在不少小孩对母语的掌握就不太好，从小受这种网络流行语的洗脑，对于经典词语的运用会越来越弱。恶搞词语真该好好管理了。”⑥四川师范大学文学院苗笑武老师指出，这种网络流行语是部分人群生造并在网络中传播的一种即兴语词，属于“快餐文化”的一种。它们具有随意性和偶然性，其娱乐功能强于实用功能，并不具备推广价值。⑦ “网络词汇不管怎么流行和朗朗上口，也只是民间词汇或者口语的一种形式，难登煌煌汉文化的大雅

① 《篡改乱用成语被禁　网友观点褒贬不一》，中国网 http://www.china.com.cn/guoqing/2014-12/02/content_34205553.htm。

② 朱星光《语言自有净化，不必主动阉割》，中国网 http://opinion.china.com.cn/opinion_46_116546.html。

③ 同注①。

④ 张玉胜《网络语言规范宜疏不宜堵》，《东南快报》2014 年 11 月 28 日。

⑤ 周一凡《规范语言造就“曲以载道”》，中国社会科学网 http://indi.cssn.cn/yyx/yyx_gsjj/201412/t20141202_1426007.shtml。

⑥ 同注①。

⑦ 田静《网络用语禁上广播电视惹争议》，《人民日报海外版》2014 年 12 月 8 日第 6 版。

之堂。"[①]

针对部分网民认为禁令可能会影响语言创新的担忧,《咬文嚼字》执行主编黄安靖表示,"禁用"的是不符合语言结构规律的部分,并不是把所有的网络语言都"一棍子打死"。对不合规律的东西进行干预,是为了促使语言更加健康地发展,不仅不影响"创新",反而有利于"创新"。[②]

至于语言的自我净化机制,西北师范大学文学院任遂虎指出:"网络语言的确有自我净化机制,以及社会选择认同的过程。在这个过程中,我们需要做分析、判断和引导,这是十分必要的。"[③]

还有网友赞同《通知》,但认为对所有网络语言"一刀切"不合适,对所有广播电视节目"一刀切"也不合适。不可否认网络语言中存在着"你妹""傻B""尼玛"等糟粕,但也存在着"宅男""蚁族""点赞"等大量精华,用一纸禁令封杀全部网络语言不合适;要求所有节目禁止使用网络语言的做法也太过极端,广播电视节目本来就应丰富多彩,作为新鲜与时尚元素,网络语言出现在综艺娱乐节目中未尝不可。

二　网络语言该不该进入教科书

2014年3月下旬河南省政府法制办推出《河南省实施〈中华人民共和国国家通用语言文字法〉办法》,并在2014年4月1日起施行。《办法》规定"国家机关公文、教科书不得使用不符合现代汉语词汇和语法规范的网络词汇",旨在科学规范地引导青少年使用网络语言。但在施行前夕却引来各方热议,社会舆论褒贬不一。

中央人民广播电台"中国之声"就此论题对微博和微信网友做了一项调查,四成网友支持网络热词不能出现在政府的红头文件和教科书中,四成网友则认为对这些新生事物应当积极接受,另有两成网友持中立态度。[④]

支持者说:网络语言难登大雅之堂,会把学生带偏。

身为在校大学生的广州网友"F"认为,"网络词汇的热潮是一种对我们传统

---

① 方童《网络用语如何规范才能"扬抑有度"》,《乐山日报》2014年12月14日第2版。

② 《专家:广播电视"禁用网词"不是"一棍子打死"》,人民网,http://edu.people.com.cn/n/2014/1129/c1053-26117781.html。

③ 张薇《网络语言是新意迭出还是汉语危机》,《光明日报》2014年12月30日。

④ 《河南禁将网络热词写入教科书调查:四成网友赞同》,中国广播网 http://china.cnr.cn/xwwgf/201403/ t20140326_515163853.shtml。

文化的别样扭曲，确实难登大雅之堂”，网友“阿强”表示，使用网络词汇“会有损于文件的严肃性和严谨性”，网友“大漠胡杨”则认为，“网络词汇不能准确表达文字含义，不利于汉语的传承”。[①] 宁波语文教师徐赛儿提醒说，网络用语不能成为一种风气，随意、普遍地使用网络语言、网络符号，会让人忘记汉语言的纯正典雅[②]。杭州清泰实验学校和采荷一小的语文老师们也不赞同学生在作文里使用网络热词，理由是：网络热词负面的词比正面的多，对传统文化的流逝影响很大，对学生的作文语言形成具有不规范的引导性。学生家长吴女士直接认为“网络成语”会把她正在读高二的儿子小亮“带偏了”。[③] 一位语文老师在批改学生作文时，面对满纸的网络词汇，血压升高，呼吸困难，不由得发出呐喊：“孩子，咱还能好好说话吗？”[④]

反对者说：网络词语可入外国词典，为何进教科书不行？

网友“牛奶”说：网络词语代表的是这个时代的特色，它们是这个时代的文化产物。不让用的话，后人怎么研究我们这个时代的历史？网友“金城”认为：语言最大的功能是交流，既然网络语言能够盛行，就有其独特的时代魅力，只要不粗俗，就可以使用。对新生事物应该接受，舶来词汇能接受，为何网络热词不行？王军荣也认为：教科书如果吸纳一些有生命力的网络语言，会让学生感受到时代的气息，反而会更吸引学生的眼光。[⑤]网友“什锦”更是直截了当：“大妈、土豪”什么的都入外国词典了，为什么却不能进自己的教科书？

也有一些人认为：不要将所有网络词汇“一棍子打死”。网络语言的传播力和影响力再大，也有优劣之分，也有该用不该用之别。大部分“网络词汇，注定不会恒久地存在于网络，随着时间的流逝，有些可能会消失，有些可能会成为人们日常语言的一部分”。[⑥]

---

① 《广电总局禁网络词语上广播电视　专家网友看法不一》，人民网 http://media.people.com.cn/n/2014/1128/c40606-26109229/html。

② 成良田《学生用网络语言搞晕语文老师》，《宁波晚报》2014 年 10 月 10 日。

③ 孙学新《80 后、90 后爱用网络语言　家长担心孩子“跑偏”》，《南国都市报》，2014 年 1 月 6 日。

④ 《一位语文老师的呐喊：孩子，咱还能好好说话吗？》，儿童资源网 http://www.tom61.com/yuerdaquan/yuerzhihuijingxuan/2014-11-21/54467.html。

⑤ 王军荣《机关公文和教科书也应接纳有生命力的网络语言》，齐鲁网 2014 年 3 月 26 日，http://pinglun.iqilu.com/yuanchuang/2014/0326/1925187.shtml。

⑥ 惠铭生《新华网评：如何理解“公文教科书禁用网络词汇”》，新华网 2014 年 3 月 26 日，http://news.xinhuanet.com/comments/2014-03/26/c_119939294.html。

三 词典该不该拒收网络新词

2014年8月26日，《现代汉语规范词典》推出第3版，发布后引发社会关注。媒体和公众关注的焦点主要集中在词典对互联网新词的收录和释义方面。网络词语“正能量”“吐槽”“拍砖”“微信”等收入其中，而同是网络出身的“屌丝”“白富美”“神马”“剩女”“杯具”“童鞋”等，却被拒之门外。有网友认为这些词语遭遇了区别对待，为其大呼不平。对此，该词典主编、国家语言文字工作委员会咨询委员李行健给出了词典收词的标准：一是看这些词语是否在流传使用并稳定下来，二是看是否能进入群众的生活，同时具有一定品位格调。一些用法尚不稳定的新词，此次就未被收入。而对于网络多字格“喜大普奔”等，他说：“预计这些词的使用‘寿命’不会很长，且不属于全民范围中使用，只是网民使用频率较高，所以也没有录入新版《词典》中。”[①]

反对者：收“土豪”“拍砖”不收“屌丝”“白富美”是歧视。

孙仲在中国青年网发表评论说：既然“微信”“失联”“正能量”“吐槽”等词语能录入《现代汉语规范词典》这样的工具书，那么“屌丝”“白富美”“剩男”“剩女”，包括“超女”“快男”等词语也应该能录入，否则就是欠缺，甚至是歧视。词语本身也许确实有差异，有的品位高，有的品位低。但作为工具书性质的《现代汉语规范词典》，则不应设立双重收录标准。他还认为，“需求即是存在的理由。既然人们已摆脱不了‘屌丝’‘白富美’之类的新词语，需要了解它们的含义及用法，就应该被《现代汉语规范词典》之类的工具书录入。”[②]网友“小哥-旭”也说：“词汇是客观存在的东西，不要被道德绑架，存在就该收录。”

赞成者：词典收词就该有标准，需谨慎。

支持者认为，新版《规范词典》弃“白富美、喜大普奔”选“土豪”，“恰恰体现了修订者严谨审慎的考量”。[③] 杨兰撰文说：“词典是促进国家语言文字规范标准全面推广与普及的有效载体，像自然人一样承载着社会责任，也对社会的主流价值观起着导向、指引的作用，而对学生群体其承载着更为重大的教育意义，任何新词新语的录入都得仔细斟酌。”“如果词典将品位格调较低的网络流行语‘兼收

① 《吐槽等新词收入新版汉语词典》，新华网 http://news.xinhuanet.com/2014-08/28/c_126926784.htm。

② 孙仲《词归词，典归典》，中国青年网 http://pinglun.youth.cn/wztt/201408/t20140829_5687053.htm。

③ 侯坤《流行语入词典展现文化包容性》，《海南日报》2014年9月18日。

并蓄’，恐怕会给社会，尤其是学生群体，一种不良的娱乐、负面导向。”[1]江苏大学退休副教授吴宗海也认为，语言的规范是历史发展到一定时期的产物，要尊重语言发展自身的规律。如果把网络热词过早编入词典规范下来，反而会影响到语言的自我淘汰与发展。[2]

另外，“有钱没文化”，这一“土豪”新解也使得不少网友不淡定了。网友“我的名字叫小芹”表示，自己严重怀疑“土豪”解释是否准确。更有网友自嘲，以后谁喊自己“土豪”跟谁急。网友“正夕”建议，“我觉得人们日常生活中说‘土豪’只是一种调侃行为，和文化水平没有必然联系。词典里这样一说，就成了贬义词，感觉不太好。我觉得解释为‘家境富裕且出手阔绰的人’就可以。”[3]

四　抵制粗鄙网络语言有无必要

2014年8月21日和9月8日，中国网络传播学会理事杜红超先后在微信（参见图5—2）、微博发声，呼吁抵制“草泥马”“逼格”“屌丝”等粗鄙网络语言。《人民日报》官微、《光明日报》《羊城晚报》等多家媒体纷纷对此事进行报道与评论。从之前的抵制“屌丝”个案，升级到抵制全部粗鄙网络语言，有人拍手称赞，认为早该如此；有人则认为小题大做，言过其实。

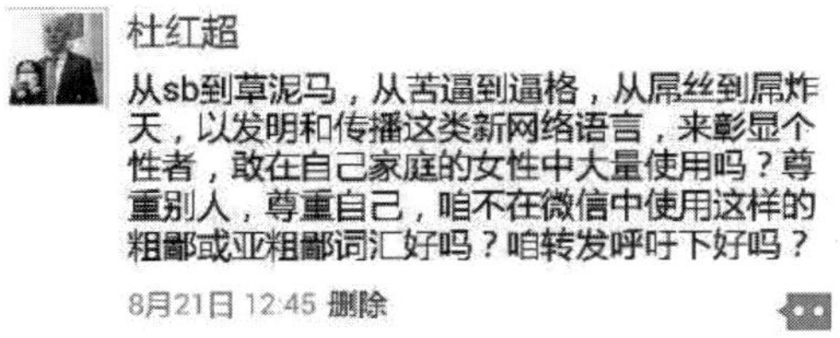

资料来源：《网络红人呼吁抵制粗鄙网络词语 停用“你妹”“蛋疼”》，中新网，http://www.gd.chinanews.com/dg/zw/2014/2014-09-09/137/2820.shtml。

图5—2　杜红超微信呼吁抵制粗鄙网络语言

① 杨兰《新词典弃“屌丝”选“土豪”，无须苛责》，长江网 http://news.cjn.cn/cjsp/rd/201408/t2529699.htm。

② 《“潮味十足”的新版词典，你怎么看？》，金山网 http://www.jsw.com.cn/zjnews/2014-08/27/content_3128777. htm。

③ 周和平《第三版〈现代汉语规范词典〉增补新词“土豪”新解引热议》，《长沙晚报》2014年8月29日。

反对者：粗鄙语言是一种亚文化，是一种自我疗伤的表达，不必大惊小怪。

一些反对者认为，粗鄙语言是人类语言和文化的正常现象。即便没有这些新兴的粗鄙网络词汇，人们同样会使用“他妈的”等“国骂”。粗鄙是一种亚文化，无论主流文化有多高雅，粗鄙文化一定存在，有粗鄙文化，就有粗鄙语言，就有粗鄙的流行词。[①] 说脏话虽然不文明，却也是百姓的一个权利，你可以不喜欢，但必须尊重人家这样说话的权利，这才是对待网络文明的文明态度。

网友“大漠鱼”分析：“屌丝”之类，是生活在社会底层的民众“对自己卑微身份和不尽人意生活状况的自我嘲讽”，“是息事宁人、自我疗伤的一种表达”。在诸多的生活重压之下，这些人自嘲“屌丝”舒缓一下心中的怨气，这些许权利也要被剥夺吗？[②] 陈清华也认为，底层民众的权力资源极少，所以“粗话成为他们抗议和泄愤的一种手段”。[③]

《羊城晚报》首席评论员何龙则认为，网络粗鄙词汇已对“粗鄙”做了弱化处理：“你妹”省去了前面的动词，并且骂人的级别由母亲降到妹妹，也算是对长辈的尊重；“蛋疼”以“蛋”曲指男性的生殖器官；“碉堡”是取粗鄙语词的谐音……这些都避免了赤裸裸的粗鄙表达，应该算为“进化的粗鄙”，中国语言文字中本来就有形形色色的婉词，我们对此不必过于大惊小怪。[④]

赞成者：说话有权利，也要有底线，污言秽语就是语言暴力。

网友“西安时评”发表评论：赞同抵制，目前很多网络用语太没有底线！

网友王付强在分析了“婉词”与“粗口”的区别后指出，“你妹”这类词语“只能让人想起黄色和暴力”。“从‘出生’的那一刻起就透着病态，即使‘换个马甲’也不招人待见”。“如果任由‘粗鄙词语’滋生蔓延，将会造成网络社会里语言暴力横行，势必会积聚越来越多的戾气，最终将会回溯至现实社会，严重影响公共道德建设。”[⑤]网络属于公共空间，网民有在网络中发言的权利，但要遵守国家法律法规，要讲公共道德，不能没有底线。

说到这些“粗鄙词语”的宣泄功能，王付强认为：“那就更令人不敢苟同。有

① 朱迅垚《理性看待作为亚文化的“粗鄙”》，《南方日报》2014年9月10日第2版。

② 大漠鱼《“屌丝威胁论”背后的未尽之意是什么？》，博客中国 http://wzan00001.blogchina.com/2102119.html。

③ 麦嘈《该不该抵制“网络粗鄙词”》，《南方都市报》2014年9月8日第A2版。

④ 何龙《对网络“粗鄙词语”不必大惊小怪》，《羊城晚报》2014年9月9日第2版。

⑤ 王付强《网络社会里不能放纵语言暴力横行》，大河网 http://opinion.dahe.cn/2014/09-11/103462532.html。

什么样的委屈，非要靠在网上骂人才能得到疏解？如果一个人在现实生活中连个倾诉的对象都找不来，是不是应该深刻反思一下自己的人生观和价值观已经远远偏离了正确轨道？大事靠法律，小事找亲朋，一切事务最终还要在现实社会中才能得以彻底解决，除非他的立场和诉求本身就站不住脚，他知道即使说出口也不会被接受”。

至于“文化”，教育部语言文字应用研究所苏金智研究员明确表示，“在网络这一公众平台滥用粗鄙语言‘泄愤’，这与我国优秀的传统文化大不相容”“使用网络粗鄙语言，会伤害人们纯洁美好的心灵，损害民族语言的美感”。①

德州手机报记者张倩倩看到，网络词汇不只局限于网络世界，类似“你妹”“蛋疼”等粗鄙的网络热词，早已成为很多人的口头禅，其中不乏未成年人。2014年9月9日中午，德州107路公交车上，“我勒个去”“你妹的”……张倩倩被几个小学生的满口脏话吓了一大跳，询问得知，这些粗鄙的网络词语在他们中间非常流行，甚至是不少人的口头禅。“我说得最多的就是‘尼玛’‘我勒个去’，也没别的意思，就是好玩。”11岁的李贝说。在李贝的妈妈王燕看来，这些网络词汇显然属于脏话。“这么小的孩子，根本不知道意思，只是跟着学，说过他很多次，可就是改不了。”儿子的“不懂事”，让王燕很是无奈。②

五 思考与建议

持续一年多的网络语言讨论沸沸扬扬，不断碰撞出的思想火花令人欣喜，可以看出网民们的语言意识在不断增强，但下面几个问题也令人担忧，说明社会上语言知识普及得还不够。在这些方面，语言工作者要有声音，我们的教育还需着力。

（一）语言问题不宜“一刀切”

在语言问题上，政府是可以有所作为的，对语言发展的趋向，人是可以控制的。语言可控，但如何去控，大有文章。首先，语言有自己的发展规律，必须在尊

① 苏金智《莫给网络用语粗鄙化披上“创新”外衣》，光明网 http://www.gmw.cn/content/2014-09/16/content_13254844.htm。

② 张倩倩《不少网络用语成人们口头禅　拒绝脏话还语言一片净土》，德州新闻网 http://www.dezhoudaily.com/news /dezhou/folder1389/2014/09/2014-09-12719487.html。

重、遵循语言规律的前提下去控制；其次，要注意控制的手段和方法。语言作为交际的工具，是维系社会生存的纽带，也是历史积淀的结果，这就注定它必然是一个复杂的系统。所以，对语言问题不宜采用说一不二的刚性政策，也不能将复杂问题简单化，采用一刀切的办法。对大众，宜采用柔性的政策，要引导，要疏通；在具有窗口、导向作用的关键行业内部，如大众媒体、教材出版等，则可在尊重语言发展规律的基础上，制定严格一些的规则标准，但要具体化，具有可操作性，否则，就是一纸空文。

（二）网络语言粗鄙化需治理

语言是人的第二张脸，也是一个民族的标牌，需要健康发展。一个满嘴脏话的人也许体魄强壮，但精神注定不健康；一个民族如果在公众场合脏话满篇，即使经济再发达，也肯定站不到世界民族之林的文明高地。所以，无论是为了个人、民族，还是语言的健康发展，网络语言粗鄙化倾向都必须治理。

哪些属于粗鄙网络语言呢？粗鄙网语包括两类：1.脏话，也叫粗口。即那些为受话者或周边聆听者感到被羞辱或冒犯的用字遣词。如“你妹、蛋疼、尼玛”之类。2.低俗词语。这里的低俗，指造词格调不高，而不是指词语所含的意义不好。如“小三、二奶”所指之人为社会不齿，但这两个词语本身没什么不好。然而“屌丝、逼格”就不同了，这两个词词义所指没什么不好，但造词所用的材料是不雅字眼，所以词语格调低俗，品位不高。值得注意的是 2014 年产生的一系列这类词如“逗比/逗逼、逗 B 舞、撕逼”等不仅在网络上使用，也出现在报纸、广播电视中，“逗比/逗逼”在国家语言监测语料库中竟然出现了 1117 次，频次比火爆的“微信红包（932 次）”还要高；“逼格”也在 160 个文本中使用了 242 次。也许有人会说，在使用中这些字眼已经变了，人们已经感觉不到它的原来的意思了，如果真的是这样，那就更可怕，造成的结果就会像中国社会科学院语言研究所词典编辑室副主任程荣所说的“伤了汉语的数千年根基”[①]，使千年流传下来的中华文明变了味儿。

此外，“人艰不拆、喜大普奔、童鞋”之类，算不上粗鄙，只是造词不太合规范，或者仅是谐音戏谑，使用场合受限而已。像“山寨、给力、秒杀、点赞”之类，是很好的网络新词，一般来说，使用应该不受限制，只要得体就好。至于生命力是否

---

① 张晓丽《对话程荣——任由新词泛滥会伤了汉语的数千年根基》，《辽宁日报》2015 年 1 月 10 日。

能够长久，那就要靠时间来检验了。

要从根本上消除网络语言粗鄙化倾向，关键在于治理它生存的社会文化环境。如果现实社会对说脏话实现了“零容忍”，也许一个清明的网络环境就离我们不远了。

（三）语言纯洁性问题需正确看待

语言是人们用来进行交际的工具，它要为整个社会的所有人群服务，社会在发展，人群在变化，他们不纯洁，语言就注定不会纯洁，它要不断发展、变化以适应社会的需求。“以语言纯洁性为宗旨的‘语言纯洁主义’是（自我感觉）处于弱势的群体通过封闭来保护自我、维护群体认同的手段。尽管这种社会现象时有发生，但是还没有过成功维护语言‘纯洁性’的先例。”[①]在这方面，要特别警惕那些打着维护“语言纯洁性”旗号，利用人们朴素的民族感情，混淆视听、扰乱秩序的做法。

（侯敏、周红照、刘鹏、程南昌）

① 郭熙等《推进字母词“汉语化”研究》，《中国语言生活要况（2013）》，商务印书馆 2013 年版。

英语俚语中的那些“汉语腔”

2014年，“no zuo no die”（不作死就不会死）等一批汉语“热词”“热语”（网络流行语）作为汉源俚语被收入美国在线俚语词典*Urban Dictionary*（《城市词典》），这些具有“汉语腔”的英语俚语引起世界各大媒体广泛关注。

一　汉源词语进入美国在线俚语词典

（一）美国在线俚语词典中的汉源“热语”

“不作死就不会死”是东北地区方言，“作死”意为“找死”，“不作死就不会死”是“自作孽，不可活”的口语说法。在美国在线俚语词典上，“no zuo no die”词条是这样解释的：This phrase is of Chinglish origin. Means if you don't do stupid things, they won't come back and bite you in the ass. (But if you do, they most certainly will.) Zuo /zwo/ is a Chinese character meaning ‘act silly or daring (for attention)’。大意是：这条短语源自中式英语，意思是你如果不干蠢事，蠢事就不会反过来害你（但如果你干了，百分之百要出来还的）。Zuo是中文汉字，意思就是“找死（故意的）”。

收入该词典的除了“no zuo no die（不作死就不会死）”以外，汉源“热语”还有“you can you up（你行你上啊）”“no can no BB（不行就别嚷嚷）”“people mountain people sea（人山人海）”等。

美国在线俚语词典是1999年由加州州立理工大学计算机科学专业的一名学生建立的，是一个解释英语俚语词汇的在线词典。目前该网站已有772万多条词语义，这些都是由志愿者通过注册该网站后编辑提交的，内容涵盖俚语、流行词汇、亚文化词汇及其相关现象的界定，其中有很多当代西方文化中的流行俚语、俗语等。网站的注册用户可以对新上传的词进行投票，当赞成的票数多于反对的票数之后，这个词条及其释义才会出现在该网站上。对于出现在网站上的词，任何浏览者都可以用“Up”（赞）或“Down”（弹）的方式做评定。据网站搜索结果，“no zuo no die”创建于2014年1

月 15 日，到目前为止，共收到 5500 多个点赞，十分火爆。

（二）美国在线俚语词典中的汉源“热词”

美国在线俚语词典收录了很多常规词典里面查不到的流行俚语、俗语，除了“no zuo no die”等汉源“热语”以外，还有一些汉语“热词”也赫然出现在美国在线俚语词典中，如：

（1）antizen：ant（蚂蚁）+citizen（公民）= 蚁民。

（2）chengguan：城管。

（3）departyment：department（部门）+Party（政府）= 政府有关部门。

（4）erbility：二逼（汉语拼音 erbi+名词后缀-lity）。

（5）gelivable：给力（汉语拼音 geli+形容词后缀-vable）。

（6）niubility：牛逼（汉语拼音 niubi+名词后缀-lity）。

（7）sexretary：sex（性）+secretary（秘书）= 女秘书。

（8）shability：傻逼（汉语拼音 shabi+名词后缀-lity）。

（9）shenbility：神逼（汉语拼音 shenbi+名词后缀-lity）。

（10）shitizen：shit（屁）+citizen（公民）= 屁民。

（11）smilence：smile（笑）+silence（沉默）= 笑而不语。

（12）suihide：suicide（自杀）+hide（躲）= 躲猫猫。

（13）taikonaut：taikong（太空）+astronaut（宇航员）= 中国宇航员。

（14）togayther：together（一起）+gay（同性恋者）= 终成眷属。

（15）tuhao：土豪。

（16）zhuangbility：装逼（汉语拼音 zhuangbi+名词后缀-lity）。

（17）Z-turn：折腾。

一时间，大量汉源词语走进英语俚语，这是互联网时代的产物，不同国家和地区的超语言的文化交流，提高了语言接触的速度与频率，语言间的相互影响和渗透成为常态。值得注意的是，一些不登大雅之堂的粗鄙词语，如 zhuangbility 装逼等，也被裹挟着走出国门，堂而皇之地进入了美国《城市词典》。

二　汉源词语活跃在英语网络媒体

除了上述已经进入美国俚语在线词典的那些汉源“热语热词”外，还有不少汉源词语也作为“俚语”活跃在英语网络媒体，暂时还未通过“资格认证”。

（一）活跃在英语媒体上的汉源“热语”

（1）American Chinese not enough：美中不足。

（2）As far as you go to die：有多远，死多远。

（3）Dragon born dragon，chicken born chicken，mouse's son can make hole！龙生龙，凤生凤，老鼠的儿子会打洞！

（4）Good good study，day day up：好好学习，天天向上。

（5）heart flower angry open：心花怒放。

（6）How are you? How old are you? 怎么是你，怎么老是你？

（7）If you want money，I have no. If you want life，I have one！要钱没有，要命一条。

（8）I give you face you don't wanna face，you lose your face，I turn my face：给你脸你不要脸，你丢脸，我翻脸。

（9）Know is know noknow is noknow：知之为知之，不知为不知。

（10）watch sister：表妹。

（11）We two who and who？咱俩谁跟谁啊？

（12）You give me stop！你给我站住！

（13）You have two down son：你有两下子。

（14）You me you me：彼此彼此。

（二）活跃在英语媒体上的汉源“热词”

（1）divoice：divorce（离婚）+voice（发言）= 离婚宣言，voice 与-vorce 发音相似。

（2）don'train：don't（不要）+train（火车）= 动车。

（3）emotionormal：emotion（情绪）+normal（正常）= 情绪稳定。

（4）vegeteal：vegetable（蔬菜）+steal（偷）= 偷菜。

（5）chinsumer：Chinese（中国的）+consumer（消费者）= 在国外疯狂购物的中国人。

（6）faceblock：face（脸）+block（阻塞）= 被封的脸书（影射 facebook 等社交工具在中国因为遭当局封杀而无法正常使用，block 与 book 发音相似）。

(7) faketography:fake(假的)+photography(摄影术)= 正龙拍虎。

(8) foulsball:fouls(肮脏的、污秽的)+ball(球)= 黑球(指中国足球打黑风暴打出的惊人黑幕),fouls 与 foot 发音相似。

(9) freedman:freedom(自由)+damn(可恶的)= 中国式自由,-dom 与 damn 发音相似。

(10) harmany:harm(伤害)+many(很多)= harmony 河蟹/和谐,many 和-mony 发音相似。

(11) livelihard:livelihood(生活)+hard(艰难的)= 苦活,hard 和-hood 发音相似。

(12) propoorty:proerty(房地产)+poor(贫穷的)= 房地产,poor 和 property 中的-per 发音相似。

(13) stuck market:stuck(不能动的,被卡住的)+market(市场)= stock(股票)+market(市场)= 股市,stuck 与 stock 的发音相似。

(14) stupig:stupid(笨的)+pig(猪)= 笨猪,pig 与 stupid 后半部分-pid 的发音相似。

(15) togayther:together(一起)+gay(同性恋)= 终成眷属(暗指新一代对同性恋的包容),gay 与 together 中-ge-的发音相似。

(16) corpspend:corpse(尸体)+spend(花费)= 捞尸费。

(17) tragedead:tragedy+dead= 杯具(悲剧)。

(18) circusee:circus(圆形的马戏场,暗合了中文中的“围”)+see(看)= 围观。

(19) conferensleeping:conference(会议)+sleep(睡眠)= 开会睡眠(影射中国官员开会时睡觉)。

这些汉源词语,因其特殊的构成而弥漫着生动、幽默的意味,常常活跃于英语网络媒体,有时赫然写上标题,以吸引眼球。这类汉源词语多为“零翻译”或“硬译”的方式,其生命力如何,有待进一步观察。

三　英语俚语中的那些资深汉源词语

其实汉语词进入英语俚语词典也不是什么新鲜事,经查找,早前已有少量的汉语“老资格”词语已经进入英语的俚语词典,如我们熟知的 long time no see(长久不见了)、lose face(丢脸)等。从这些词语的关系来看,有的分属不同使用领域或语义范围,各自为阵;有的同属一个语义范畴,构成系列。

(一)各自为阵的汉源词语

英语是最开放的语言之一,从汉语中吸收了大量词语,其中不少汉语借词语已经进入英语的权威词典,同时也被英语俚语词典收录,成为了英语俚语中的"老资格":

(1) ding how:顶好,好极了。

(2) gow:①鸦片;②麻醉药物;③大麻烟;④使用麻醉药物后所产生的效果;⑤为吸引购买者注意,用作封面、包装等的具有挑逗性姿态的漂亮女性图画或照片。

(3) gowed-up, gowed up:处于麻醉药物影响之下的,兴奋的。

(4) gowster:大麻烟吸食者。

(5) kowtow:磕头,叩头。

(6) long time no see:长久不见了。

(7) lose face:丢脸。

(8) no can do:我做不到;不愿意做。

(9) paper tiger:纸老虎(意思是外强中干)。

(10) peke:小狮子狗。

(11) pong:①中国人或中国人的后裔;②气味,臭味。

(13) red tape:烦琐和拖拉的工作作风,烦琐的日常事务。

(14) rice-belly:中国人或有中国血统的人。

(15) save face:顾全面子。

(16) Shangri La:香格里拉,世外桃源,人间天堂。

(17) yen:①"瘾",热情,渴望;②习惯。

(18) yen-hok:烟签子。

(19) yen-shee:①鸦片;②海洛因。

(20) yen-yen:强烈的毒瘾,烟瘾。

(21) Lah:比如说,你知道(该词源于中国方言,但使用这一表达方式的人,则一定是新加坡人或马来西亚人)。

(22) chin chin:你好;再见。

（23）cumshaw：小费；赏金；礼物、礼品。

（24）joss：佛像；神像；偶像。

（25）chop-chop：①快些，以令人觉得满意的态度，迅速而正确地做某件事；②食物，吃或与两者有关的任何事物。

（26）chow：①食物；用餐时间；②吃。

（27）chow-chow：①碎肉；②腌渍品。

（28）chow down：用餐，吃。

（29）chow hall：用餐的场所，餐厅。

（30）chow chow shop：中国的食杂店。

（31）chow time：开饭时间。

（32）morning chow：早餐。

（33）shanghai：①用麻醉剂把某人麻醉后劫往自己船上当水手；②强行拘留；③诱拐；④弹弓。

进入英语俚语的这些汉源词语词，集中体现了当时中国南部沿海城市的语言生活的一个侧面，即洋泾浜英语现象。它犹如历史的一面镜子，折射出中国当时社会的政治、文化及其经济发展的面貌。

（二）构成系列的汉源词语

这类词语中，以体现"茶文化"的词语比较典型。

（1）Cha［英］：茶。

（2）Char［英］：（汉语茶的音译）茶。

（3）all the tea in China：中国的全部茶叶，代表巨大财富，无法估量。

（4）tea and sympathy：对不幸者的安慰与同情。

（5）tea：①大麻；②大麻烟卷；③刺激性的药物。

（6）tea party：吸毒者吸食大麻、毒品的聚会。

（7）tea pad：吸毒者吸食大麻的地方，吸毒窟；妓女窝。

（8）tea room：同性恋聚会场所。

（9）tea-stick：大麻烟卷。

（10）teaed up：中大麻毒的；昏迷的。

（11）cup of tea：令人喜爱的东西；正中某人下怀。

17世纪初期，茶刚刚传入英国时，其价值犹如黄金般贵重，所以在俚语 all

the tea in China 中有“巨大财富”的意思。茶是饮料，也是良药。茶有诸多功能，不断被人们发现和利用。如英语俚语 tea and sympathy，将茶与同情、安慰并列，可见一斑。

（三）英语俚语中的文化敏感汉源词语

（1）chinaman：①商船上在洗衣房工作的船员；②保护人，后台；③爱尔兰人。

（2）chink：①钱；②中国人。

（3）chinee：①某种娱乐表演的免费票，体育活动招待券；②中国佬。

（4）celestial：中国人。

（5）Chinaman's chance：渺茫的机会；毫无希望。

（6）Chinese fire drill：极端混乱，使人糊涂的事情。

（7）Chinese slavery：中国苦力。

（8）Chinese puzzle：最复杂难懂的事物。

（9）Chinese Red：海洛因。

（10）Chinese white：优质海洛因。

（11）Chinese restaurant syndrome：中国餐馆综合征（因吃进大量含谷氨酸钠的味精而导致的头晕、心跳加速等症状）。

（12）Chinese burn：扎痛；火辣感。

（13）bull in a China shop：笨手笨脚动辄闯祸的人；行动或说话鲁莽的人。

以上含有“中国”（Chinese）的英语俚语多含贬义。它反映了落后的旧中国在外国人心中的形象。本来一个常用短语，如“Fire drill”意为“消防演习”，如果加上“Chinese”，即构成“Chinese fire drill”后，就变成“极端混乱，使人糊涂的事情”了。

2006年11月，美国著名主持人伊穆斯在节目中谈及一则关于中国人肥胖问题时，他问嘉宾有没有见过“肥胖的中国佬”，有广播员提醒伊穆斯应当用“中国人”（Chinese），但他置之不理，且不断重复“Chinaman”一词，在美国华人社区引发强烈抗议。

（冯学锋、陈熹）

耗时36年的《普什图语汉语词典》

普什图语是阿富汗的官方语言之一，主要在阿富汗和巴基斯坦地区使用。据不完全统计，目前全世界使用该语言的人口约3000余万，而中国掌握普什图语的只有近百人，长期使用的也就三十多人，是名副其实的"小语种"，多年来国内一直缺少普什图语的工具书。

2014年12月，我国第一部《普什图语汉语词典》出版。随后，商务印书馆举行《普什图语汉语词典》出版座谈会，与会嘉宾回忆了《普什图语汉语词典》从立项至付梓的艰辛历程，赞叹两代学者前后36年的辛勤付出，不仅是中阿两国60年友谊的贺礼，更为学术领域填补了空白，成为一座记载学者精神的丰碑。

实际上，从2014年初开始，各大媒体就开始陆续关注车洪才主编《普什图语汉语词典》的故事，给予了相关报道。仅电视媒体就有央视新闻频道"走基层"栏目、"面对面"栏目、科教频道"讲述"栏目等。在百度输入关键字"车洪才"，即可搜索到2万余条相关信息。

一 国家任务

20世纪七八十年代，国内图书市场书目稀缺，辞书类图书几近成荒。1975年5月，经国务院批准，教育部和国家出版局在广州召开了"中外语文词典编写出版规划座谈会"。会议制订了《1975年至1985年中外语文词典编写出版规划》（草案），计划出版中外语文辞书160部，其中《普什图语汉语词典》被列入国家任务，属于非通用语种词典，由商务印书馆负责出版。

1978年，商务印书馆找到当时的北京广播电台，正巧车洪才教授从北京广播学院外语系借调到广播电台普什图语组，车洪才接下了这个任务。没多久，他带着编词典的任务回到广播学院，找了学生宋强民当助手。随后在广播学院一间办公室里开始了最初的编纂工作。

到1981年，车洪才已经整理了10万张卡片，足足装了30多箱子。新的教学任务迫使编纂中断。1984年调研回来后，车洪才发现因为办公室装修，造成资料卡片大量丢失。从那以后，幸存下来的卡片落户在他的家里，并随他搬家多次。

1989年，车洪才被外交部借调，2000年，已到退休年龄的他又被学校返聘。虽然工作繁忙，但他只要能腾出时间，就会继续编纂工作。直到2008年，72岁的车洪才停止了教书的工作，他叫上老同学张敏，两人全力编纂词典。普什图语非常复杂，一个圈点的差别就完全是两个字，非常考验眼力。做了两次眼科手术的车洪才一直坚持在案边工作。

2012年4月，车洪才带着《普什图语汉语词典》书稿去商务印书馆交付。5.2万个词条，200多万字，历时36年，成就了一部世界上规模最大的普什图语汉语词典。

编这本词典，车洪才没从国家拿过一分钱，“我心里有底，我编的东西的分量我知道。”车洪才说，“词典是后世之师，至少影响两三代人。现在物质的东西被提得很露骨，干什么都要讨价还价，在我看来，能为国家做点事，就算没白活。”

二　艰辛编纂

普什图语是一种古老的语言，这种语言是印度和伊朗诸语言间相互影响最早发生语变的典型，为历史比较语言学提供了有价值的佐证。普通语言学将普什图语划归在印欧语系伊朗语族。现代普什图语含有50个基本音素，其中元音17个，辅音33个。文字脱胎于阿拉伯语字形，较阿拉伯语多12个字母，共40个字母，从右向左书写。

编写词典首先要搜集语料，购置卡片。当时记词条用的卡片很贵，又没有经费。好在宋强民母亲在街道工作，街道有个印刷厂，通过她把厂里的下脚料切成15×10厘米的卡片，不要钱。办公室也没有卡片柜，他们把资料柜上下两层的横条钉上竖格，改成卡片柜。每编完一沓，就插进柜里，上锁。

参考资料稀缺，也很困扰编者。车洪才现在还清晰记得，辽宁大学多位俄语老师参与了一部《普什图语俄语词典》的翻译，为词典的编写提供了内容丰富的原始素材。后来发现，一些俄语翻译没有准确反映普什图语词汇的意思，蓝本只能当做参考资料，不能直接使用。车洪才又找来普什图语波斯语、波斯语英语、普什图语乌尔都语等词典，每个词的释义都尽量通过原文词典和几部双语词典互校来确定。

编排上，在本词后加了拉丁字母注音，标出了外来语源，注出了该词的语法属性和范围，在用法方面特别注意到词的搭配，列出了大量的例证，其中包含了相当数量的成语、习语和谚语，还收集了转义用法作独立例证，便于为翻译、教学与科研服务。

这本词典虽然不是百科性词典，但由于语言背景比较特殊，一些涉及历史人物、风俗习惯及与宗教有关的词条，也用简单的文字略加介绍，免得读者无处查询。

编词典，不是一个字对一个字，翻译一下就行了。好多历史、文化、民族、宗教等背景不清楚翻译不出来，就得查资料。查找也是自我提升的过程。这样，对编词典慢慢培养出感情来了。

车洪才很有感慨地说："出版界老前辈陈原说过一句话'编词典工作不是人干的，是圣人干的'圣人不敢想象，但不是人干的，我有体会。很苦，很单调。有时候，一天搞不出一个词。站在窗前，看着对面正在施工新楼像搭积木似的，很快起来了。我们呢，一个词一个词地抠，几年不见成果。"

三　文化担当

商务印书馆是中国现代出版的发源地，百多年来始终以"昌明教育、开启民智"为己任，商务出版的大量双语工具书为国人学习外语、引入西学发挥了重大作用，被誉为"工具书的王国"。近些年来，商务印书馆更是加大了非通用语种工具书的出版，在明知销量极为有限的情况下，出版了诸如乌尔都语、僧伽罗语、泰米尔语、豪萨语等双语工具书。《普什图语汉语词典》的出版，是商务印书馆和学者们文化担当的具体体现。

当年词典上马时，商务印书馆外语编辑室的孙敦汉先生就与编者密切联络，第一编辑室主任朱谱萱老先生，专门到国际台以座谈的形式，仔细向编者传授词典怎么编、体例怎么搞，编写中应注意哪些问题，领编者入门了。

词典交稿后，商务印书馆迅速组成了一支精干的编辑团队，四名成员各有侧重，对书稿进行了全面细致的编辑加工。汉语从左往右写，普什图语则是从右往左书写，两种语言截然不同的书写方式给排版带来了极大的困难。因为时间紧急，外语编辑室确定了流水作业的工作方式，边排边校。为确保时间和书稿安全，项目组委派编辑为车洪才和张敏两位老师递送稿件，光稿件往返，就先后跑了三十多趟。

该书的封面设计端庄、典雅，图案花团锦簇，凸显伊斯兰风格，采用极为繁复的复烫工艺，书芯特意增加滚金工艺，使整本书看上去精美、大气、庄重；函套内侧细心地添加了一层防蹭绒布，增设推拉槽，方便读者使用。

出版过程中，四个编辑同心协力，对书稿质量进行全方位的把关。编辑们凭借多年的经验，虽然不懂普什图语，却从汉语的角度提出了不少合理性建议，使书稿更臻完美。

2014年12月，商务印书馆按照预期时间出版了《普什图语汉语词典》，并在第一时间将样书交到车洪才和张敏两位编者手中。车洪才在拿到装帧精美的样书时激动地表示："商务印书馆，信守承诺。"

2015年1月20日晚，阿富汗总统加尼在总统府举行仪式，向中国传媒大学普什图语教授车洪才颁发"萨义德·贾马鲁丁·阿富汗"杰出贡献勋章，以表彰其用了36年时间编撰首部《普什图语汉语词典》，为推动两国文化交流、促进两国人民友谊所做的贡献。

（周洪波）

第六部分

字　词　语　篇

2014，年度字词为历史留影

2014年12月19日，国家语言资源监测与研究中心、商务印书馆、人民网联合举办的“汉语盘点2014”揭晓：“法”“反腐”“失”“马航”分别当选年度国内字、国内词、国际字、国际词。

一　网络票选

“2014年度字词”评选活动，拓展了网络吸纳流行字词的渠道，更加贴近新媒体语境。人民网首次参与主办，发挥了主流人群中的强大影响力；新浪微博和央视新闻公众微信参与协办，扩展了汉语盘点的民意覆盖面；清华大学新媒体指数大数据平台全程跟踪、监测、管理相关数据，增强了“互联网+ ”时代大数据的客观性。

数据显示，今年的网络评选活动共收到网友推荐字词7000余条；央视新闻推送的微信主题，两小时便收到回复超过1万条，微信页面累计阅读量69 648次；相关的四条微博推荐，单条最高转发1.4万次，网友点赞8300多次；微话题“2014汉语盘点”阅读量6627.9万，网友讨论达1.7万条。新浪微博为本次活动组织专门团队研发的填字模块，可以更好地提高用户与话题的互动性，增强了话题的传播。短短二十余天，新浪微博上“汉语盘点”的相关话题阅读量达2.3亿次，网友发言达3.8万条。

国内字（前10名）：法、廉、赞、网、醉、霾、萌、拼、涨、治

国内词（前10名）：习大大、反腐、中国梦、新常态、电商、APEC蓝、依法治国、暖男、萌萌哒、雾霾

国际字（前10名）：跌、失、坠、和、打、新、乱、恐、平、难（nàn）

国际词（前10名）：马航、普京、埃博拉、中国高铁、冰桶挑战、“伊斯兰国”（ISIS）、颜色革命、乌克兰冲突、弗格森、出柜

由此可见，得益于互联网和数字平台的亲和力，2014年的“年度字词”充分

吸纳民众广泛参与，为语言文化接上了深广的民意地气，也有助于引导网民对过去一年进行自觉的梳理和理性的思考。

二　字词解读

国内字：法

改革三十多年来，执政党以法治为主要议题的中央全会还是第一次。全面深化改革，有众多急迫的经济社会问题需解决，但法治列入首轮议程，确保各项改革“在法治轨道上推进”；反腐败斗争，“把权力关进制度的笼子里”。新一轮改革大潮，目标锁定“国家治理体系和治理能力的现代化”，法治是其中最重要、核心的内容。

国内词：反腐

2014反腐鼙鼓阵阵，打虎拍蝇，中央纪委监察部网站成为互联网上最大的正能量。从周永康案、徐才厚案，到违反“八项规定”的基层小吏，从治理裸官到海外追逃，“打虎上无禁区，拍蝇下无死角”，反腐的规模、力度呈现出前所未有的高强态势，大幅消减腐败存量，极大地提振了人民对政府和体制的信心。

国际字：失

“失”本多意，皆可归为“不得”。2014年，“失”字频现，马航失联、阿航失联、金正恩“失踪”、选美小姐“失踪”、乌克兰“失控”、中东“失手”、奥巴马“失信”……凡此种种，不一而足。天灾固可惧，人祸更可恨。但愿世上多一份安宁，少一些争斗。唯此方能，失之东隅，收之桑榆。

国际词：马航

这个名不见经传的航空公司在2014年备受关注，一年内两架客机失事，原因却扑朔迷离。第一次是MH370失联，至今下落不明，令国人悲伤；第二次是MH17遭袭坠毁，无法断定肇事方，全世界为之悲愤。马航两起空难事发蹊跷，内情错综复杂，有太多的纠葛，而生命却永远值得敬畏。

三　域外掠影

1. 日本：“税”字反映世态民情

2014年12月12日，日本汉字能力检定协会宣布，最能反映2014年世态民情的汉字为“税”。据日本汉字能力检定协会介绍,2014年收到的投票总数为167 613票,“税”字获得了8679票;列在“税”之后的依次是“热、嘘(意为谎言)、灾、雪、泣、喷、增、伪、妖”。

2. 新加坡:“乱”字呼唤社会有序

2014年12月15日,新加坡《联合早报》发布该报“字述一年”的年度汉字票选结果,读者选择最多的汉字是“乱”字。主办方提出了10个与过去一年热门新闻事件联系较多的汉字供读者选择,共收到7.3万余张回复,其中以“乱”字来代表过去一年感受的读者占了近四分之一。与“乱”字得票率较接近的是“难”和“恐”。

3. 马来西亚:“航”字充满悲情色彩

2014年12月19日,马来西亚年度汉字揭晓,“航”字以17.7%的得票率当选,反映了马来西亚国民对于年内两起马航客机事件的关注。评选活动由马来西亚中华大会堂总会和马来西亚汉文化中心联合主办,有1万多人参与投票。与“航”字得票率接近的汉字依次为“难、税、涨、马、愁、苦、贪、迷、失”。

4. 台湾:“黑”字反映郁闷心情

2014年12月3日,台湾《联合报》与远东集团徐元智先生纪念基金会合办的“台湾2014代表字大选”结果揭晓:历经21天的电话投票,共收到62 607票,“黑”字在60个候选字中以12 489票当选,占近五分之一票数,反映了民众郁闷又躁动的心绪;与“黑”字得票率接近的依序为“馊、油、怒、食、假、伪、混、怨、崩”,均与负面事件有关。

5. 海峡两岸:“转”字期待良性互动

2014年12月18日,“2014海峡两岸年度汉字评选”结果出炉,两岸民众选了“转”字来总结今年政经情势和对来年的期待。“转”字当选,其背景是2014年岛内波澜迭起的政治风云,向左转还是向右转,是逆转还是推进,从民意的角度来说,已不再是个问题。不过,两岸关系能否一路往前、平顺深入,还需要两岸更多的耐心和细心。两岸关系除了能谈愿景和框架,更需要用智慧来化解问题及冲突。人们期待各种因子转动起来,转好起来,增加更多的动能,在2015年“转”出好运。

(刘兰)

2014，新词语里的社会热点

年度新词语是这一年语言变化的集中体现，也是这一年社会变化的记录仪和显微镜。我们在国家语言资源监测语料库117万个文本、12亿字次基础上，经过层层筛选，共提取新词语424条。[①] 这些新词语真实记录了2014年度中国出现的新事物、新概念、新状况，以及这一年中百姓心理、观念上悄然发生的变化。

一 "十大新词语"解读

2014年12月19日，国家语言资源监测与研究中心和商务印书馆等联合发布了"2014年度中国媒体十大新词语"：

> 新常态、沪港通、占中、一带一路、冰桶挑战、APEC蓝、深改、小官巨腐、微信红包、抗埃

这十大新词语是424条中使用频次相对较高的，从中可以看出2014年中国社会生活中的重大事件，以及媒体和百姓关注的热点。

（一）"新常态"：显示中国发展进入新阶段

"新"，意味着不同以往；"常"，意味着相对稳定。以"新常态"来定义当前中国经济的特征，并将其上升到战略高度，表明中央政府对当前中国经济局势成竹在胸，对经济增长阶段变化规律有着清醒的认识，有着十足的把握，它将决定下一步宏观政策的选择，将对行业企业的转型升级产生方向性的重大影响。经济新常态必然要与政治新常态结伴同行，政治新常态的核心特征则是依法治国、从严治党，实现国家治理的现代化。

（二）"沪港通"：培育内地股市走向国际的温室

"沪港通"通的是沪港股票市场，南向的港股通让内地老百姓日渐鼓起的钱

---

① （详见本书所附光盘《2014年度媒体新词语表》）。

包有了新的投资选择，北向的沪股通则给上交所里众多的 A 股企业直面国际金融资本的机会。看似两个股票市场交易的小规模互联互通，实质是给内地股市设置了一个走出中国特色的温室，是一次中国资本市场与全球接轨，进而深化央企、国企改革进程的大胆尝试。

（三）考验香港与中国政府智慧的“占中”

“占中”即“占领中环”。2014 年 9 月发生并持续数月的非法占领中环，不仅仅堵住了香港的政治及商业中心，也分化和撕裂了香港社会，更破坏了香港作为法制社会的核心价值。民主和法治互为基础，“占中”考验着香港作为法制社会的底线，也考验着中央政府的政治智慧，更加考验着民主化进程中民众应当如何合理地表达自身诉求。最终，民心、法律将裁定一切！

（四）开启中国与沿线国互惠之窗的“一带一路”

人们常说，眼界决定境界，思路决定出路。“一带一路”跨越历史将张骞曾经出使过的西域与郑和曾经造访的西洋系联在一起。从经济发展的角度而言，“一带一路”的横空出世绝非高歌猛进下无关痛痒的锦上添花，而是中国经济新常态下爬坡过坎、转危为机的一大助推器，同时，也是沿线各国的共同需求，为其互利互补、互惠共赢开启了一扇新的机遇之窗。

（五）“冰桶挑战”：全球性的慈善派对

起于 2014 年盛夏的“冰桶挑战”实为一场全球性的慈善派对。人们大可不必去计较是真慈善还是名人秀，也无须质疑挑战者的动机。我们相信，相比于募捐的初衷，随着“冰桶”病毒式的接力传播，佶屈聱牙的“肌肉萎缩性侧索硬化症”逐渐为大众所熟知，而“渐冻人”这一特殊群体也走入了主流媒体的视野。“冰桶挑战”以其特殊的方式，使原本不为人熟悉的疾病获得一次科普的机会，甚至推动医疗观念和体制的改变，这样的结果无疑更具慈善意义。

（六）“APEC 蓝”：何时能把你变成永久的蓝

当雾霾成为一种会呼吸的痛，“APEC 蓝”无疑告诉人们，无需北风猛吹，不必暴雨洗刷，蓝天也是可以回来的。至于怎样让马拉松式的雾霾不再长留，让转瞬即逝的 APEC 蓝永驻，除了要把政府的非常规手段变成常态化的制度，还要把单纯的政府行为变成全社会的共同行为，变成每一个老百姓自觉参与的全民行动。

（七）令人瞠目结舌的“小官巨腐”

小官巨腐，因其“小”而直接关系着底层百姓的日常生活，又以其“巨”而损害了千家万户的切身利益。1.2 亿元现金，37 公斤黄金，68 套房产——小小“苍蝇”竟有如此胃口，让“猛虎”们都瞠目结舌！在反腐的大战役里，一场场打虎好戏自然大快人心，但在将老虎关进制度笼子的同时，如何让更具隐蔽性的苍蝇们也钻不出制度的网眼，在一定程度上决定着反腐战役的成败。我们在为反腐“上无禁区”拍手称好时，也期待着反腐能“下无死角”。

（八）推动互联网金融的“微信红包”

当手机购物、打车、缴费、充值已然成为一种新的生活方式时，移动支付入口也自然成了抢手的香饽饽。微信红包一夜之间替微信绑定了上千万的移动支付用户，占据了移动支付的先机，推动了互联网金融的创新和崛起。只是，当人人拜年用短信、红包用微信的时候，亲口道一声“恭喜发财”，面对面地送上祝福，仿佛更加弥足珍贵。

（九）直面破冰与涉险的“深改”

2014 年被称为“深改元年”。这一年，中国的发展不再仅仅停留于“摸着石头过河”，而是“敢破敢立、敢创敢试”，除了继续优化“顶层设计”，中央政府直面“改革深水区”的利益调整，以“问题为导向”推出了一系列大刀阔斧的“破冰”之举，让人们感受到的不仅有改革“涉险啃硬”的魄力，更有顺民意、暖民心的温度，这种“魄力”和“温度”给中国社会注入了更多的动力和正能量。

（十）全人类共同参与的“抗埃”

埃博拉，对人类危害最严重的病毒之一，2014 年 2 月在西非爆发。西非，确实距离我们很遥远，但任何一场生物病毒的疯狂传播，都不只是对某个人、某个国家或者某些地区的伤害，而是对整个人类世界的挑战。在 2014 年的“抗埃”战役中，包括中国在内的各国医疗工作者，博上了一切，包括宝贵的生命，让我们真诚地说一声：“谢谢你们，白衣天使！谢谢你们，最勇敢的人！”

二 社会热点纵览

如果说语言是社会的一面镜子，那么新词语就是当下社会生活的万花筒。透过一簇簇新词语，我们可以更清楚地看到2014年里一个个色彩斑斓的社会热点。

（一）领袖引潮

在语言使用的大潮中，总有那么一些弄潮儿会引领、推动着新词语的产生和发展。自互联网成为中国百姓追求民主、抒发民意的平台以来，一些智慧的网民就承担了这种语言弄潮儿的角色。“躲猫猫”“山寨”“雷人”“给力”“粉丝”“暖男”“女汉子”“土豪”，这些新词语，哪一个不是网民的创造？哪一个不是借助互联网来传播？但较之以往，2014年却有所不同，“领袖引潮”成为新特点。试看，“新常态”“亚太梦”“抓常”“一带一路”“金砖梦”，这些词语一经习近平提出，立刻变得家喻户晓，甚至响遍世界；“APEC蓝”“蛮拼的”“点赞”虽不是习近平原创，但经习近平使用后立刻红遍大江南北，使用频率迅速攀升。习近平8月22日在蒙古国发表的“欢迎大家搭乘中国发展的列车”的“搭车论”也反映了他作为大国元首的高境界、大胸襟。

“领袖引潮”这一特点，其实前两年就已见端倪，2012年的“中国梦”，2013年的“老虎苍蝇一起打”等，也都是习近平提出后成为媒体和百姓口中的热词。言语，往往是发乎心、止乎情。能够做到“领袖引潮”，显然与习大大那通俗易懂、有情怀、接地气的语言风格以及高瞻远瞩、有责任、有担当的人格魅力有关，是人民群众对他执政以来观点理念、所作所为的认可。

（二）依法治国

在“汉语盘点2014”中，列于“中国媒体十大流行语”之首的就是“依法治国”。依法治国，是党领导人民治理国家的基本方略，是中国迈向富强、民主、文明的社会主义现代化国家的必然选择，也是实现国家治理体系和治理能力现代化的根本要求。2014年体现出“依法治国”精神的新词语遍布各个领域：

行政领域，任用干部必须参加“法考”，不懂法律知识的不能任职；中组部发布的“禁读令”引发了领导干部退学潮；基层党组织要对照“三严三实”要求，在为民办事上真正打通“最后一公里”，走好“最后一步路”。

反腐领域，公务接待发出“五星禁令”，会议场所“限星”，公职人员有“限礼金令”，党员干部子女结婚有“限桌令、限客令”，以致有人说现在抓反腐是“逢节必令”。

经济领域，作为“共和国长子”的央企，要依法决策、依法竞争、依法发展，建设“法治央企、阳光央企”；作为中国最大电商，为保障消费者权益，打击假货，淘宝正在从“实名认证”向“实人认证”迈进。

文化领域，封杀劣迹艺人的“劣迹令”、加强网上境外影视剧管理的“限外令”、针对广场舞噪音扰民的“降噪令”，都在一定程度上治理了文化和生活环境。

教育领域，为教育公平、学生减负，教育部发出了小升初特长生的“减招令”；针对中小学教师的“红六条”、针对高校教师的“红七条”，都成为教师不可触碰的“师德红线”。

司法领域，“减假暂”审理程序规定正式施行，人民法院审理此类案件须在立案后5日内向社会公示；“呼格案”平冤，“念斌案”宣布原告无罪，“叔侄强奸案”定为错案平反，相关人员追责，从个案正义到制度正义，最终将促进我国司法的进步。

食品领域，国家卫生计生委、质检总局等五部门发出“禁铝令”，公安部门将增加一个新警种：食药警察，百姓的餐桌安全多了一道防线。

网络社交领域，国家互联网信息办公室推出了“微信十条”；还有为弘扬宪法精神，建设法治中国，全国人大常委会设立了中国第一个“国家宪法日”和“国家公祭日”。

（三）反腐风暴

作为2013年主旋律的反腐败，2014年唱得更响，已然成为中国反腐的高峰年，世界为之侧目，也出现了一大批相关的新词语。继2013年的“房腐、证腐”之后，“车腐、智腐”也出来了；还有“雅赠、暗腐败、呆腐败、亲缘腐败、烟草腐败、人情贪腐、崩塌式腐败”等形形色色的腐败行为在2014年一一浮出水面；在“打虎灭蝇”的斗争中，2014年共查处了42名副省部级以上干部[①]，其中既包括国家级

① 《人民日报：2014这一年　纪委很忙很辛苦》，中共中央纪律检查委员会、中华人民共和国监察部官网 http://www.ccdi.gov.cn/yw/201412/t20141230_49373.html。

的“大老虎”、解放军系统的“军老虎”、退休的“老老虎”、退居二线的“下山虎”，也有60后年轻的“上山虎”，还有身为纪检监察系统内部人员的“自家虎”，这充分显示了党中央反腐无禁区的决心和铁腕；与此同时，“小官巨腐”的事件也频频爆出，“虎蝇”指的是职级如“蝇”，贪腐如“虎”的官员，一个副处级干部竟贪腐了上亿！这些“巨蝇”“蝇贪”的事实告诉我们，绝不能再“纵蝇为害”；2014年中国反腐还延伸至国外，国际追赃追逃的“猎狐2014”行动，半年便斩获数百名外逃经济犯罪嫌疑人；干部岗位要求“零裸官”，大批裸官遭清理，从任用制度上封堵了贪官的后路；“断崖式降级”则挡住了那些被处理官员复出的机会；对责任人员实行了“双移送”：将违法犯罪的移送司法机关，将违纪的移送纪检监察机关；此外，收受礼金的“收礼罪”有望入刑，若获通过，必将进一步推动社会法治建设。

（四）宝宝军团

2013年6月，“余额宝”横空出世，满月即吸金破百亿，客户超四百万，可谓大红大紫。在余额宝及其“宝粉”的带动下，2014年互联网理财大幕开启，各类网络理财“宝宝”蜂拥而来，形成了蔚为壮观的“宝宝军团”：有集收款、缴费和销售为一体、具有返利功能的“捷诚宝”，零散资金增值服务、用户能随时消费和转出资金的“零钱宝”，自动申购、赎回并可直接在自动取款机上取现或刷卡消费的“添金宝”，支持微信端客户的货币基金产品“微钱宝”，既实现货币基金的收益同时又享受支付功能的“薪金宝、薪金煲”。有些产品还带有明显的领域特点，如提供黄金买卖、投资服务的“存金宝”，通过支付买车定金获得现金收益的“订车宝”，通过房产增值让投资者获得利润的“房宝宝”，通过互联网定制私人农场以获取收益的“耕地宝”，预存话费可产生收益的“话费宝”，通过做任务兑换流量币的“流量宝”，借助微信的卖房营销平台“微销宝”，提供互联网证券服务的“佣金宝”，以及“旅游宝、活钱宝、定活宝、浦发宝、携程宝”等等。一些不带“宝”字的金融产品可编为“宝宝军团”的特种部队，如面向个人消费者提供网购消费信贷的“花呗”，提供金融服务却不收取交易费用的“零佣通”，提供移动支付服务的“壹钱包”，根据企业纳税证明及纳税信用纪录就可提供贷款的“税务贷”，为帮助创业青年解决融资瓶颈实施小额贷款的“助青贷”，以及“快溢通、逸品贷、乐惠存、搜易贷、贷生金”等等，琳琅满目，火爆十足。但还不到2014年年底，大多“宝宝”们的收益率已成下滑之势，未来互联网金融市场将向何处去，这些“新词语”寿命有多长，我们拭目以待。

（五）奇葩保险

继 2013 年的奇葩险种“赏月险、脱光险、熊孩子险、老人摔倒险”后，2014 年险种再度“创新”，夺人眼球。保险公司集中瞄准了 4 个领域：春运、世界杯、情人节、天气。与春运有关的是“春运险、吃货险、鞭炮险”，与巴西世界杯有关的则是“喝高险、肠胃险、夜猫子险、足球流氓险、世界杯遗憾险”，针对情人节推出的是“爱情险、意外怀孕险”，针对气候推出的是“雾霾险、高温险”。此外，还有“买房降价险、手机碎屏险、学雷锋险、摇号险”。自然，这“奇葩险”也不是中国独有，据说荷兰就有“绿帽子险”，如果丈夫投保后发现妻子“红杏出墙”，可获赔 500 欧元，美国还有“外星人绑架险”，如果被保险人遭到来自不明飞行物的外星人的绑架，则可获赔 1000 万美元①，保费只有 9.95 美元，估计保险公司也会认定这是只赚不赔的买卖。不过，2014 年也不是所有新险种都那么奇葩，如针对商家推出的“奶粉险”和“食强险”。如果消费者在店铺中购买的奶粉被责令召回和下架，将可以获得每罐奶粉 2000 元的保险赔偿；“食强险”是针对食品、药品业的食品安全责任强制保险，这两个险种都能倒逼相关企业完善机制，可以说是实现了社会、企业和消费者的多方共赢。

（六）学子众相

教育乃百年大计，学习经历人人都有，学习成绩自然也分三六九等。成绩优秀者可冠以“学霸”，成绩落后者则自称“学渣”。然而 2014 年，分类更加系统，标签更加细致：“学霸”之上还有了“学神”，他们天资聪慧、相貌出众、学习高效、能力超强，是同学们崇拜的偶像；那些看起来并不用功，但考试时总能拿到高分的叫做“学糕”，就像切糕，表面酥脆，内里却无比坚硬；与他们相似，上课睡觉，下课玩闹，但学习成绩仍然很好的叫“学痞”；在某个学科上超乎常人，具有鬼怪之才的自然是“学鬼”；学习走火入魔，处于癫狂状态的叫“学魔”；学习成绩平平的芸芸众生只能是“学民”；还有两类最值得同情：学习极其刻苦，但成绩很差的叫“学残”，因他们的学习能力貌似有残缺；那些没日没夜地学习，身体虚弱，不堪重负的叫“学弱”，表面很强，一碰就成渣的是“学酥”，比“学渣”还差的是“学沫”“学

① 《看看各国的奇葩保险》，深圳新闻网 http://www.sznews.com/rollnews/barb/2013-09/06/content_922807578.html。

水”，每临期末，很多学生都称自己得了“学癌”。其实，每个人都有自己的特长和兴趣，什么时候能真正做到“因人施教”，每一个学生都能成为自己心中的“学神”，其余的那些词都消失了，我们的教育也就成功了。

（七）卖萌时代

随着2009年日本动漫中“萌”的传入，中国也慢慢进入了一个“卖萌”的时代，人们的价值观也随之发生变化，“看脸社会”就是一个明证，“颜值”甚至已成为招聘的重要依据。与前两年主要是用于他称的“萌女孩、萌爸、萌娃、萌相、萌军、萌妹子”不同，2014年的“萌萌哒”更是一种自我卖萌，而且卖萌的程度可以用指数来衡量，因此有了“萌值”；此外，不仅要“萌”，还要“贱”，无论“萌贱”还是“贱萌”，现在都已没有贬义，都表示“可爱、讨喜”的意思；“萌”对现代人这样重要，以至于推动GDP，形成了“萌经济”。毋庸讳言，“萌”已成了现代社会调节人际关系的润滑剂。细分起来，“萌”与“颜”并不同，“萌”更多体现为内在的、后天的，是内心的单纯反映到外表的可爱，而“颜”则是外在的、先天的，是拜父母所赐的容颜相貌。如果我们的社会能更看重“萌值”，降低“颜值”，或许会更公平、更美好。

2014年成为历史，渐行渐远，但记录了2014年脚步的新词语，却可供后人随时检视。

（侯敏、梁琳琳、邹煜、滕永林）

2014，流行语里的中国与世界

“2014年度中国媒体十大流行语”记录了年度媒体最关注、最想传递的信息，这些信息体现了波澜壮阔的国际风云、万众聚焦的国内时政、引领话题的热门人物，也描述着油盐酱醋的民计民生。通过这些流行语，可以读懂媒体话语里的中国与世界。

这十大流行语是基于国家语言监测语料库，利用语言信息处理技术，结合人工后期整理而获得。语料来源于国内18家报纸、26家电台电视台以及两个门户网站，约12亿字次。

一　时光琥珀——十大流行语

2014年12月19日，国家语言资源监测与研究中心和商务印书馆等联合发布了“2014年度中国媒体十大流行语”：

依法治国、失联、北京APEC、埃博拉、一带一路、巴西世界杯、沪港通、占中、国家公祭日、嫦娥五号

媒体用语言书写着中国与世界，从这些语言中提取出的综合类十大流行语，如同一块块珍贵的琥珀，将时代的印记浓缩其中。仔细观察、用心思考，我们能触摸到中国的脉搏和世界的心跳。

（一）依法治国

2014年10月，备受瞩目的中国共产党第十八届中央委员会第四次全体会议在京召开，首次将“依法治国”作为会议主题，审议并通过了《中共中央关于全面推进依法治国若干重大问题的决定》，彰显出中共全面推进依法治国的决心和力度。围绕依法治国，全国媒体热议不断，表达了当下中国对法制的追求与期待。“依法治国”毫无悬念地成为本年度国内最重要的政治热点。

图 6—1　2013—2014 年度“依法治国”使用情况

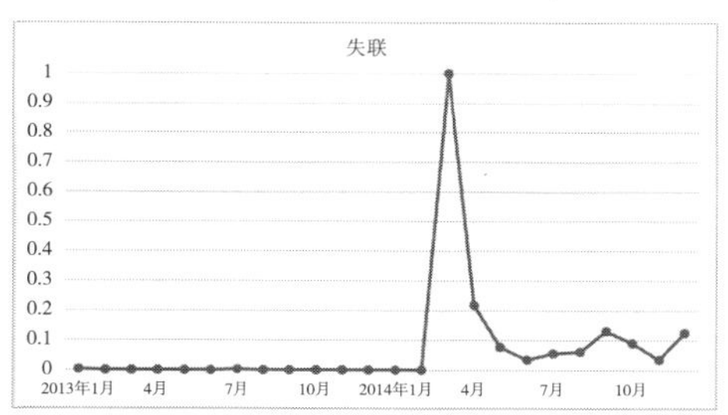

图 6—2　2013—2014 年度“失联”使用情况

（二）失联

即失去联系、失去联络的简称，起于马航飞机的失事。2014 年 3 月 8 日凌晨，由吉隆坡飞往北京的马来西亚航空 MH370 航班起飞后与地面失去联系，经国际社会多方搜救未果。此次事件之后，“失联”一词被媒体广泛用以各种失踪事件。8 月秋季开学前后，我国接连发生了多起女大学生失踪、遇害案件，媒体也频频使用“失联”一词进行报道。“失联”成为本年度媒体所使用的高频词汇。

（三）北京 APEC

2014 年 APEC 会议是继 2001 年在上海成功举办后，时隔 13 年重回中国，会议主题是共建面向未来的亚太伙伴关系。本届峰会邀请 APEC 各经济体领导人、亚太地区工商界领袖和知名学者共约 1500 人集聚北京，为亚太地区经济增长注入新的思想动力。“北京 APEC”的媒体使用率于 11 月达到峰值，并衍生出“APEC 蓝”等流行词语，是年末政治、社会生活等领域最受关注的话题之一。

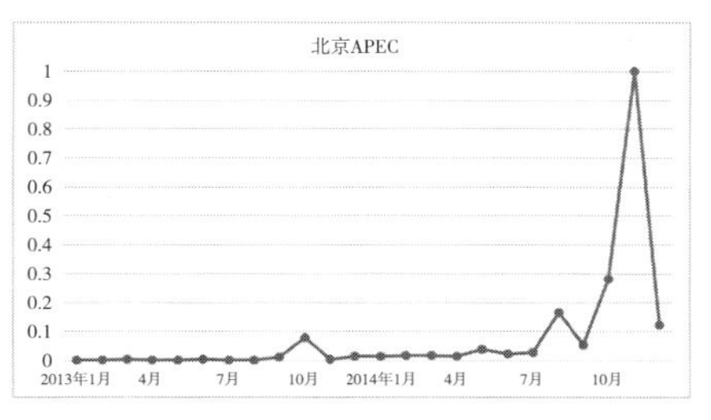

图 6—3　2013—2014 年度“北京 APEC”使用情况

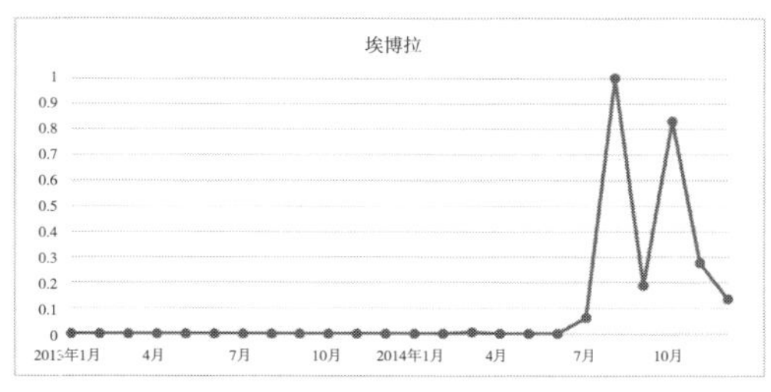

图 6—4　2013—2014 年度“埃博拉”使用情况

（四）埃博拉

2014年公共卫生领域被全世界媒体提及最多的名词，非"埃博拉"莫属。从当年2月罕见传染病——埃博拉出血热在西非重现，到年中疫情"走出非洲"，在欧美、印度等地零星现身，直至岁末，经过疫区国家和国际社会的共同努力，疫情缓解。与"有史以来最严重"埃博拉疫情的搏斗，几乎贯穿了整个2014年。

（五）一带一路

"一带一路"是"丝绸之路经济带"和"21世纪海上丝绸之路"战略的简称。2014年两会期间，李克强总理在《政府工作报告》中明确提出，抓紧规划建设"一带一路"。北京APEC会议上，"一带一路"作为热点话题被广泛关注和讨论。"一带一路"的媒体使用率也在APEC会议后达到一个峰值。为共建"一带一路"付出实实在在的努力，中国秉持的共同发展理念终将被更多人理解，兼容并蓄、海纳百川的中华文明在复兴进程中也将收获更多的掌声。

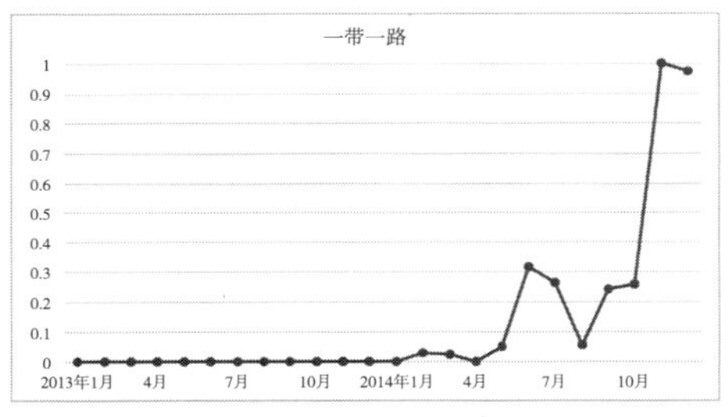

图6—5　2013—2014年度"一带一路"使用情况

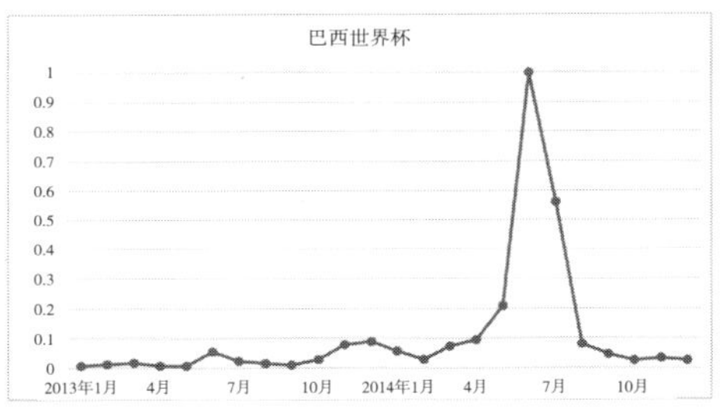

图6—6　2013—2014年度"巴西世界杯"使用情况

（六）巴西世界杯

2014年国际足联巴西世界杯于6月12日至7月13日在巴西12座城市里的12座足球场举行，来自世界各地的32支球队参与赛事，进行64场比赛。最终，德国队在决赛加时击败阿根廷队，夺得冠军，成为了史上第一支在美洲国家举办的世界杯上夺冠的欧洲国家足球队。作为2014年最受关注的体坛盛宴，"巴西世界杯"毫无疑问地成为2014年的流行语。

（七）沪港通

上海证券交易所、香港证券交易所、中国证券登记结算有限责任公司及香港中央结算有限公司联合开展的沪港股票市场交易互联互通机制试点，简称“沪港通”。沪港通于2014年11月17日开通，随即成为经济领域最受媒体关注的热点。沪港通在地域上联通了上海与香港，在资本市场上联通了中国与世界。由此，一个相对封闭的中国资本市场一去不返，一个具备面向国际市场的底气与活力的资本市场形象更为清晰。

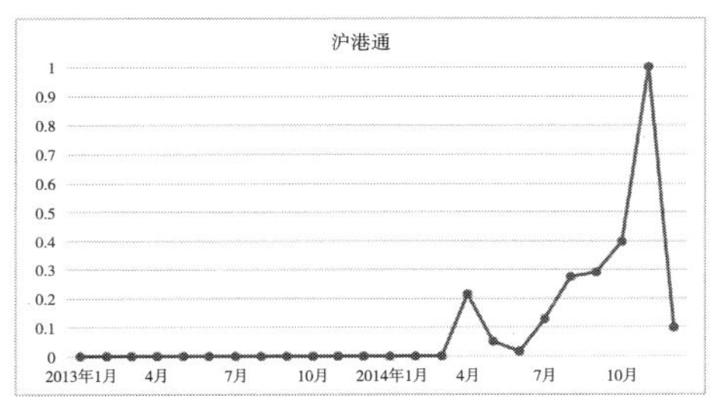

图6—7　2013—2014年度“沪港通”使用情况

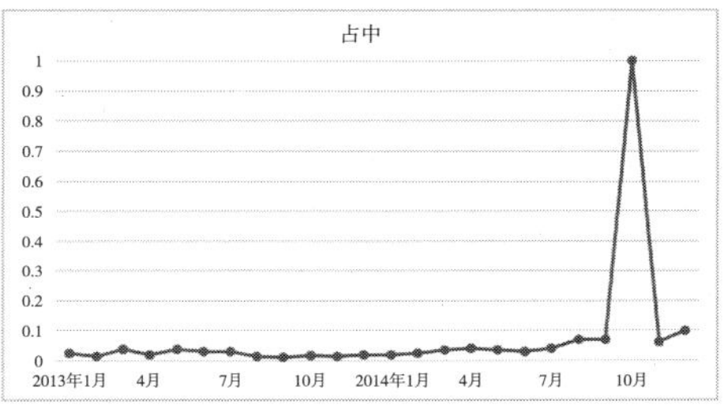

图6—8　2013—2014年度“占中”使用情况

（八）占中

“占中”即非法占领中环的简称。2014年9月28日开始，参与者采取占领香港金融区中环的交通要道的方式，表达其政治诉求。占中行动无视基本法，扰乱香港人民正常生活秩序，造成巨额经济损失，造成社会撕裂与分化，最终在12月15日以铜锣湾占领区及立法会示威区被香港警方清场作为结束。“占中”一词的媒体使用率自9月底持续走高，至12月清场行动结束后回落，逐渐淡出舆论焦点。

（九）国家公祭日

2014年2月27日，十二届全国人大常委会第七次会议经表决通过，决定将12月13日设立为“南京大屠杀死难者国家公祭日”。国家公祭日的设立是缅怀过去，更是抚慰民心、顺应民意的举措，同时也是在向全世界传递中华民族对于人权和文明的态度，向全世界表达我们热爱和平、维护和平的决心与责任。2014

年 12 月 13 日，中国迎来首个国家公祭日，国内媒体进行了广泛而严肃的报道。

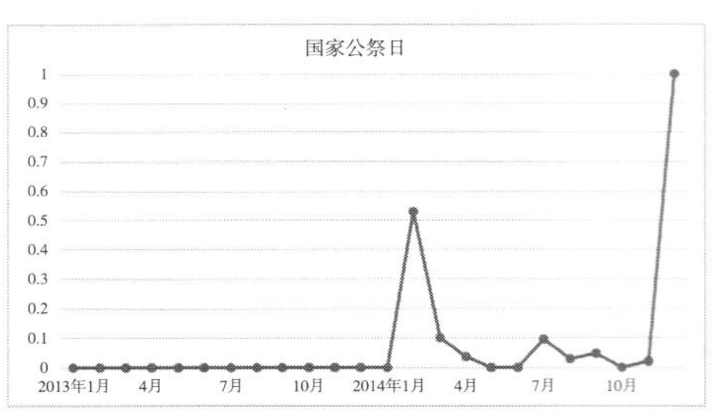

图 6—9　2013—2014 年度“国家公祭日”使用情况

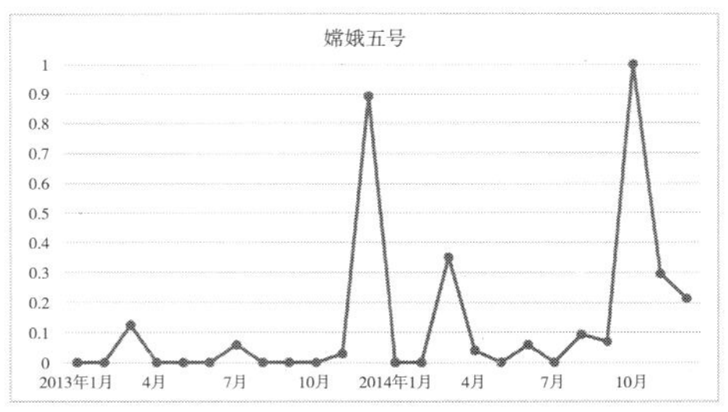

图 6—10　2013—2014 年度“嫦娥五号”使用情况

（十）嫦娥五号

2014 年 10 月 24 日，被誉为嫦娥五号“探路尖兵”的再入返回飞行试验器在西昌卫星发射中心成功发射，经过为期八天的地月之旅，于 11 月 1 日顺利返回地球，宣告我国探月工程首次再入返回飞行实验圆满成功，为嫦娥五号探测器的正式发射积累了宝贵经验。

二　领域导航图——分类流行语

从大规模语料中自动提取出来的“年度媒体流行语”，每年都有百余条，根据内容，将其划分为政治、经济、科技、娱乐、社会生活等不同领域这更便于流行语的认知、分析与传播。各类流行语犹如一张张精准而简洁的导航图，引领我们从不同的领域出发，读懂媒体上的中国与世界。

（一）国内时政类十大流行语

十八届四中全会、核心价值观、新常态、三张清单、巡视组、国家宪法日、落马、京津冀一体化、追逃追赃、深改

2014 年，中央巡视组肩负着民众的深切期待，“打虎拍蝇”，腐败官员纷纷落马；中央政府敢破敢立，推出一系列大刀阔斧的破冰之举，开启深改元年；习近平总书记提出“新常态”，透视中国宏观政策未来的选择，体现着民心所向，意味着风清气正，代表着发展大势；李克强总理给出“三张清单”，让法无禁止皆可为，使

法无授权不可为，令法定职责必须为；国家宪法日，全国深入开展法制教育，塑造全民共同的宪法意志；追逃追赃向违法乱纪者布下天罗地网，京津冀一体化进入实质性提速阶段……这一年，我们喜迎十八届四中全会，这一年，我们继续践行社会主义核心价值观……

（二）国际时政类十大流行语

亚太自贸区、“伊斯兰国”（ISIS）、日本解禁集体自卫权、苏格兰公投、乌克兰局势、岁月号、马航、莫迪上任、亚洲安全观、哈马斯

2014年，亚洲安全观的提出，向世界阐明了中国对新的世界秩序的理解；亚太自贸区的启动，为亚太经济增长注入新的活力；日本解禁集体自卫权，在蔑视宪法、否定历史的道路上愈行愈远；“伊斯兰国”（ISIS）迅速扩张，哈马斯与以色列针锋相对，中东的和平与稳定依旧道阻且长；岁月号沉入海底，马航消失天际；苏格兰公投尘埃落定，“格子裙”决定留在女王身边；莫迪上任，中印关系能否翻开新的一页；乌克兰局势动荡，克里米亚究竟路在何方……

（三）经济类十大流行语

互联互通、马云、微企、众筹、定向降准、混合所有制改革、跨境电商、亚投行、薪酬改革、移动互联网时代

2014年，首届世界互联网大会在乌镇举行，无处不在的网络裹挟着你我，进入移动互联网时代；在这时代大潮的推动下，众筹打破了传统融资模式，微企逐步走进大众生活；阿里巴巴上市，马云登顶中国富豪排行榜，这位中国电商帝国的缔造者正面临着跨境电商的机遇与挑战；聚焦国内，央行连续定向降准，促进经济结构调整；混合所有制改革，增强企业竞争力；公务员薪酬改革，工资分配更加合理；放眼亚洲，亚投行正式成立，亚洲互联互通的进程再添动力……

（四）科技类十大流行语

世界互联网大会、再入返回、充电桩、移动支付、罗塞塔号、月宫一号、猎户座、C919大型客机、可穿戴设备、工业4.0

2014年，欧洲航天局的“罗塞塔号”经过漫长的飞行进入彗星轨道，成为第一个登陆彗星的人类探测器；美国宇航局的猎户座飞船安全返回，掀开了人类进入“火星时代”的帷幕；我国的月宫一号试验成功，再入返回实验首战告捷，嫦娥

登月的神话一步步变为现实；全球网络界的领军人物汇集中国的乌镇，出席首届世界互联网大会，共商发展大计；借着网络的东风，工业 4.0 直指新工业革命；可穿戴设备成为一股风潮，让时尚有了科技范儿；移动支付进入大年，令你我的生活“尽在掌握”；充电桩建设破除地方保护，再次引发对新能源车的关注热潮；C919 大型客机研制工作捷报频传，不久的将来，中国自己的大型客机将在天空翱翔……

（五）文化教育类十大流行语

文艺工作座谈会、中华优秀传统文化、一河一路、焦裕禄精神、高考新政、烈士纪念日、夺刀少年、青岛世园会、红七条、就近入学

2014 年，热议多年的高考新政终于出台，文理不再分科，“一考定终身”的局面也将一去不复返；夺刀少年面对歹徒挺身而出，树立了 90 后的道德标杆；就近入学政策解决了千万家长与学子入学难的困境；红七条的颁布为高校教师师德建设提供了新的规范；文艺工作座谈会振聋发聩、润物扬帆，深刻指出文艺工作肩负的时代重担；中国优秀传统文化是涵养社会主义核心价值观的重要源泉，让我们铭记文化是民族的血脉与灵魂；烈士纪念日的设立，激发中华儿女实现中华民族伟大复兴的精神动力；弘扬焦裕禄精神，焕发新时代党员干部的新形象；一河一路申遗成功，成为我国传承文明、保护古老文化的新起点；青岛世园会胜利举办，让生活走进自然……

（六）体育娱乐类十大流行语

索契冬奥会、仁川亚运会、南京青奥会、李娜、来自星星的你、蓝翔体、暖男、任性、也是醉了、萌萌哒

2014 年，索契冬奥会、南京青奥会、仁川亚运会相继举办，中国军团以傲人的成绩向全世界彰显了中国向体育强国迈进的决心；亚洲首位大满贯女单冠军得主李娜正式宣布退役，用实力书写了一段属于中国的网坛传奇；年初，一部《来自星星的你》创造了收视奇迹；年末，蓝翔体红遍网络，“挖掘机技术哪家强”被网友戏称为“世纪之问”；这一年，有一种感觉叫“萌萌哒”，有一种无奈叫“也是醉了”，有一种挥霍叫“任性”，还有一种温馨是“暖男”带来的……

（七）社会生活类十大流行语

APEC蓝、登革热、去哪儿、暴恐、冰桶挑战、台风威马逊、鲁甸地震、点赞、小苹果、微信红包

2014年，一首《小苹果》红遍大江南北，微信红包在青年人群中风靡；台风威马逊强势来袭，鲁甸地震、广州登革热牵动人心，暴恐挑战着人类文明的共同底线；时间去哪儿、爸爸去哪儿、马航去哪儿，"去哪儿"虽仅区区三字，各种滋味却值得体会；炎炎夏日里，冰桶挑战引发慈善创意的蝴蝶效应，我们不禁为每一个心怀关爱的人点赞；凛凛冬日中，"APEC蓝"不仅彰显了政府的治霾决心，也燃起了民众对美好环境的期盼……

（八）民生专题类十大流行语

治霾、单独二孩、不动产登记、居住证、最强禁烟令、舌尖上的安全、净网行动、最美家庭、扶贫日、公众号

2014年，净网行动强势展开，向网络黄毒宣战，还网络一片绿色；治霾吹响号角，生态统领、标本兼治，消除百姓的"心肺之患"；农业部用最严的监管守护舌尖上的安全；中央办公厅、国务院办公厅印发最强禁烟令，以法控烟，提升社会健康文明的意识；国土资源部上报不动产登记条例，让房姐房叔无处遁形；各种各样的公众号总被人们津津乐道，释放着新媒体的勃勃生机；单独二孩、居住证等新政惠及民生；扶贫日的设立，汇集扶贫的社会力量；沧海百年，民生不息，着力推进以民生为重点的社会建设，中国必将涌现越来越多的最美家庭……

流行语，是一个社会的缩影、一个时代的烙印、一面生活的反光镜。2014年度流行语真实地记录了媒体视野中的世界万象和社会百态，客观地反映了国内外政治、经济、文化、教育、科技等各个领域的焦点和热点，勾勒出媒体视界中的世事民情、社会生活。在这里，你能读懂媒体话语里的中国和世界。

（杨尔弘、张肯、郭璟璇）

2014，网络用语中的草根百态

网络用语往往源于草根，借互联网而流行，以一种诙谐幽默的方式表达人们的生活态度。我们在国家语言资源监测语料库万个文本、亿字次的网络语料中提取出了2014年高频的网络用语，反映了这一年中的网络热点及草根心态。

一 “十大网络用语”解读

2014年12月19日，国家语言资源监测与研究中心和商务印书馆等联合发布了“2014年度十大网络用语”：

> 我也是醉了；有钱就是任性；蛮拼的；挖掘机技术哪家强；保证不打死你；萌萌哒；时间都去哪了；我读书少，你别骗我；画面太美我不敢看；且行且珍惜

这十个耳熟能详的网络用语，代表了2014年度网民在网络语言使用上的鲜明特征，也大致勾画出网络民意的关注点。

（一）我也是醉了

最早源自电脑游戏解说，后出现在微博评论，并从7月份开始在微博上快速传播，进而在网络扩散开来（图6—11）。它是一种对无奈、郁闷、无语情绪的轻微表达方式，通常表示对人或事物无法理喻、无法交流和无力吐槽，有些情况下也表示轻微的不满。常用的组合“我也是醉了，也是不多说”有发展成固定语句的趋势。

（二）有钱就是任性

始于网友对一起诈骗事件的调侃，后在各大网络平台渐火，使用度跃升很快（图6—12）。本意是嘲讽有钱人的做事风格，现今多用于好友间的调侃。

“任性体”也随之流行，例如“成绩好就是任性”“长得帅就是任性”“年轻就是任性”等。“有钱就是任性”这类语句迅速火爆的原因主要有三大因素：一是结构短，简单上口，类似俗语“有钱就是大爷”；二是媒介传播的助力；三是有其适合的社会环境。

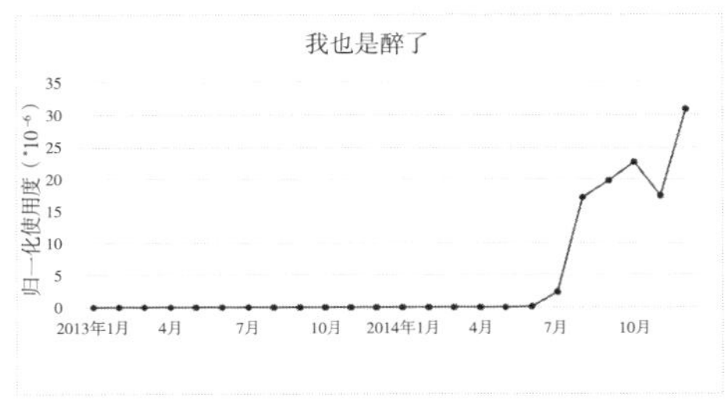

图 6—11　2013—2014 年度“我也是醉了”使用情况

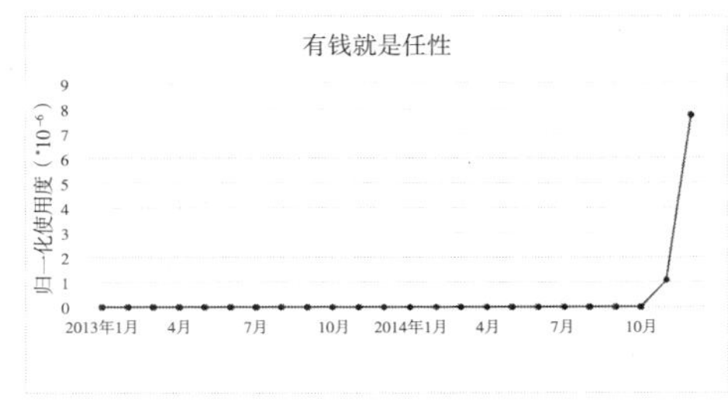

图 6—12　2013—2014 年度“有钱就是任性”使用情况

（三）蛮拼的

从字面上解读，就是挺努力的意思，因在《爸爸去哪儿 2》节目中被歌星曹格多次提及而引发关注，从 7 月份开始使用度逐渐上升，到 9 月份左右达到全年最高点（图 6—13）。起初主要用来表达一些说话者对其所说事件或任务的嘲讽、嘲笑或者鄙夷，后来主要取其“努力”这层含义。习近平在元旦致辞中使用“蛮拼的”这个高度大众化的网络词语表述一年来干部的基本工作状态，既接地气、形象生动，又时髦贴切，同时也使这个词语进入了社会语言生活。

（四）挖掘机技术哪家强

源于著名演员唐国强为山东蓝翔高级技工学校代言的广告。由于蓝翔技校 2014 年 9 月后出现了各种负面新闻，网民智慧喷涌而出，通常是先一本正经地讲述一个故事，然后在故事的结尾引导到“挖掘”“挖坑”“埋了”等相关词语，紧接着问一句“挖掘机技术哪家强”，随后又演变为“那么问题来了”，使得这个词语的使用场合更加广泛。词语的使用度在 10 月份达到全年高点，但随后呈现出逐步下降的趋势，可谓流行迅猛但后劲不足（图 6—14）。

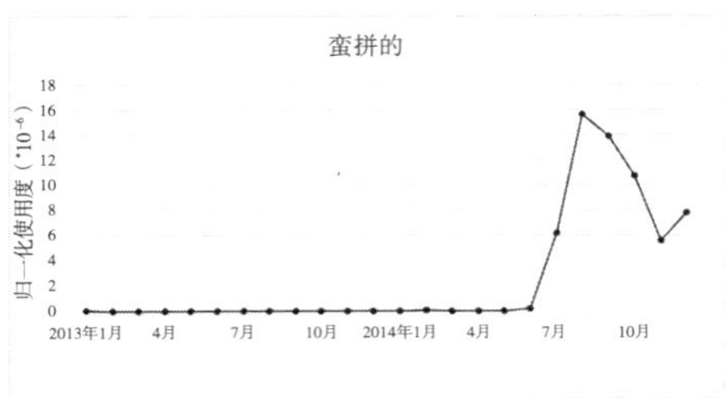

图 6—13　2013—2014 年度“蛮拼的”使用情况

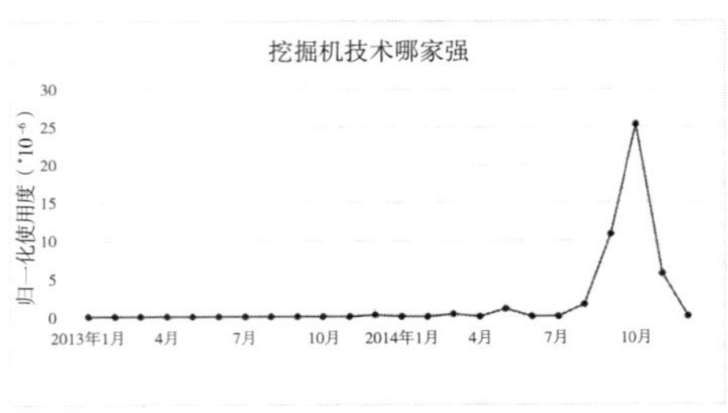

图 6—14　2013—2014 年度“挖掘机技术哪家强”使用情况

（五）保证不打死你

“宝宝你过来，爸爸保证不打死你”是吴镇宇在《爸爸去哪儿 2》中的一句口头禅。由于口气太过严厉，被网友恶搞成“你过来我保证不打死你”，意思就是只要你敢过来，我就打得你只剩一口气。这个词语主要用法是，网友吐槽坑过自己的人时，最后带上这一句表示对此人的不满。随着电视节目的热播，该词语在 8 月份使用度跃升到全年的顶点（图 6—15），随后在高使用度上维持了较长时间，年底衰落。

（六）萌萌哒

受日本萌系文化影响演变而来。一般用来诙谐地形容自己的萌化形象。该词语最早由豆瓣小组使用，有网友发帖称“今天出来没吃药，感觉整个人都萌萌哒”。“萌萌哒”正确的表述是“萌萌的”，其中“哒”常用于卖萌的句末语气词，比如“好哒”“是哒”等。该词语在 2014 年下半年的使用度居高不下，热度非常持久（图 6—16）。

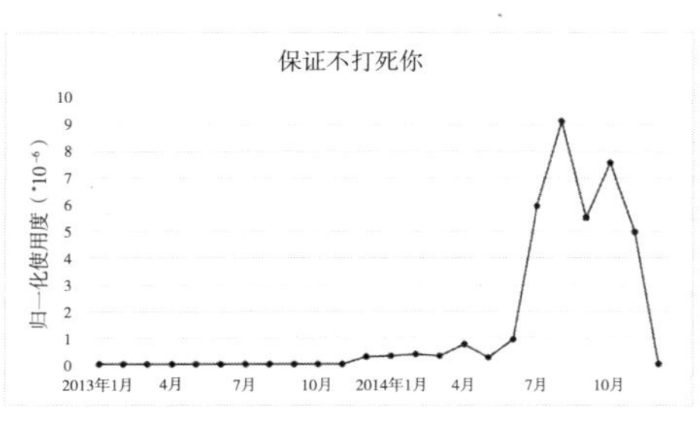

图 6—15　2013—2014 年度“保证不打死你”使用情况

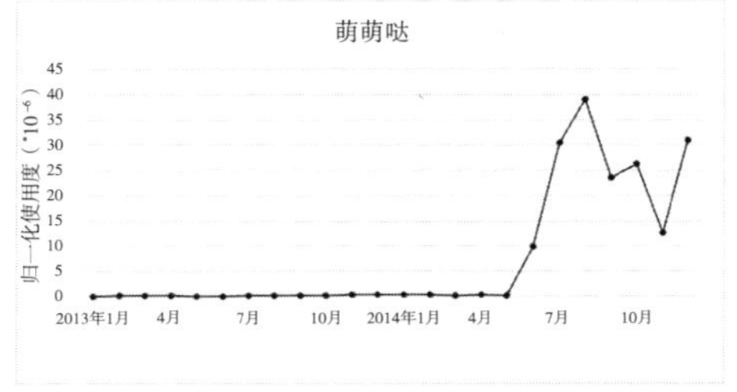

图 6—16　2013—2014 年度“萌萌哒”使用情况

（七）时间都去哪儿了

歌曲《时间都去哪儿了》自从登上中央电视台马年春晚，便迅速在民间传唱，“时间都去哪儿了”作为流行语也热了起来。2014 年 2 月 7 日，习近平在接受俄罗斯电视台专访时提到这首歌，引发了以“时间都去哪儿了”为话题的全民大讨论，促成了该词语持续的使用热度。这个流行语通常表达人们对时光流逝的感叹与无奈，这种感觉在年底尤为明显，所以又出现了一个使用高峰（图 6—17）。

（八）我读书少，你别骗我

这是《精武门》电影中，李小龙所饰演的陈真说的一句台词，2012 年马伯庸为其新书起名时特意选用了这句话，也反复运用在书中的对白里。2013 年年底热播的迷你剧《报告老板》第一集中“临时工陈真”引用了《精武门》中陈真的这句台词，这也直接导致该词在 2014 年年初迅速走红（图 6—18）。这个词语起初用来表示知道真相后一时难以接受的无奈与不解，后被广泛用到网络交际中的调侃，表示不要欺负老实人。

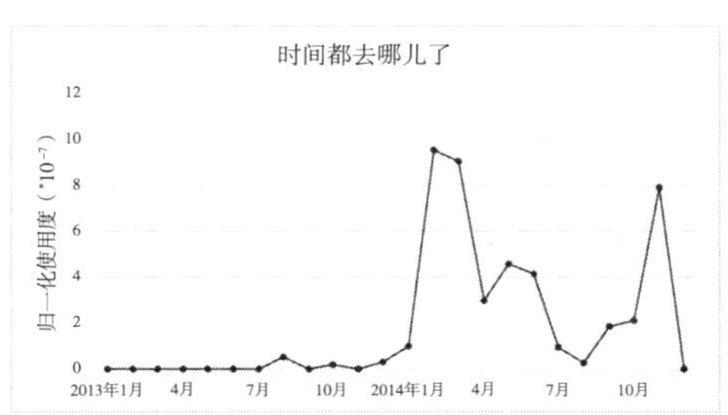

图 6—17　2013—2014 年度“时间都去哪儿了”使用情况

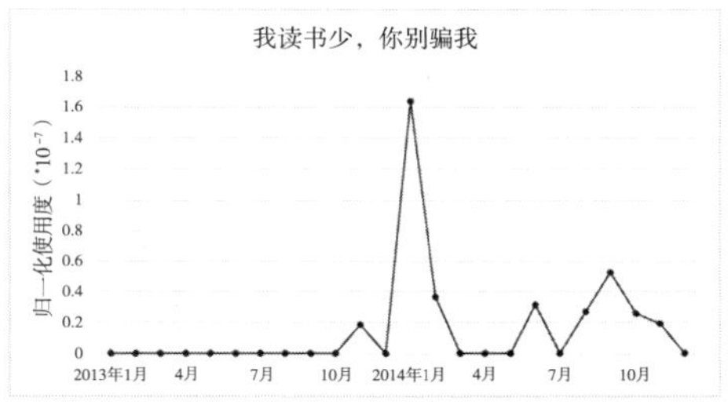

图 6—18　2013—2014 年度“我读书少，你别骗我”使用情况

（九）画面太美我不敢看

这句话出自蔡依林的《布拉格广场》歌词，“在布拉格黄昏的广场，在许愿池投下了希望，那群白鸽背对着夕阳，那画面太美我不敢看……”，后被网友用来表示对出乎意料的画面的调侃，比如一张图片很雷人，就可以用“那画面太美我不敢看”来形容它，表达看到这张图片所带来的视觉或心理冲击。互联网上出现的大量新奇、雷人的信息，使得该词语的适用范围很广泛，在相当长一段时间内都

维持了较高的使用度(图 6—19)。

(十) 且行且珍惜

2014 年上半年微博热炒文章出轨事件,文章的妻子马伊琍曾在微博上回应“恋爱虽易,婚姻不易,且行且珍惜”。“且行且珍惜”一语触碰了网民的神经,一时间风靡开来,互联网上的使用度迅速爬升(图 6—20)。“且行且珍惜”意指不要忘记一起走过的日子,不管走了多远,都要珍惜曾经一起度过的岁月。后来网友模仿马伊琍的句式大量造句,各种版本的“马伊琍体”铺天盖地涌来,如“上课虽易,考试不易,且行且珍惜”“吃饭虽易,减肥不易,且吃且珍惜”等。

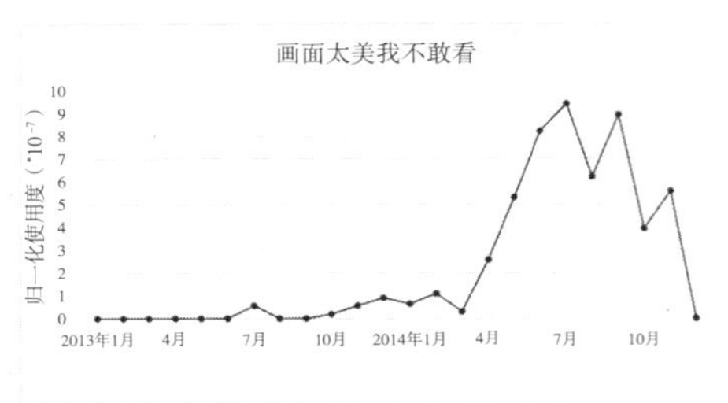

图 6—19 2013—2014 年度“画面太美我不敢看”使用情况

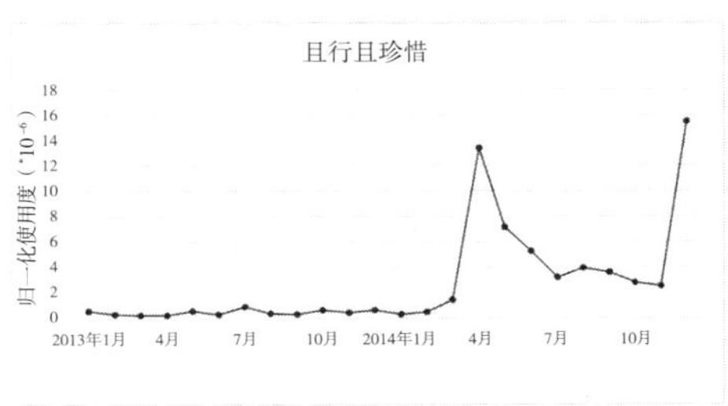

图 6—20 2013—2014 年度“且行且珍惜”使用情况

二 网络流行语里的草根百态

网络流行语从表面上看所呈现的是网民语言使用上的创造力,但其所反映的深层次意义远远超出了语言本身。通过网络用语形成的原因分析,可以生动地展示社会生活中普通人的关心与关注,以简单明了的方式呈现草根百态。

(一) 时政、民生

新常态、习大大、彭麻麻、APEC 蓝

这类词语多与当下的时事政治有关。“新常态”一词的广泛使用,源于中共中央总书记“习大大”在 2014 年 5 月在河南考察时的讲话:从当前经济发展的阶段性特征出发,适应新常态,保持战略上的平常心态。与“习大大”相应的称呼“彭麻麻”叫起来特别亲切,也很符合“彭妈妈”的形象,因此被网民广为使用。2014 年 11 月北京 APEC 会议期间,京津冀实施道路限行和污染企业停工等措施，北京空气质量达到优良级别，出现了短暂的蓝天，网络热议将这样弥足珍贵的蓝天称为“APEC 蓝”，希望这种美好的时光可以再多停留一段时间。

键盘侠、时间都去哪了

“键盘侠”为什么可以“脱颖而出”，就是因为现实中太多路人“勇而不为”，“键盘侠”中透出讥讽，用一种冷幽默表达了对冷漠自保的抗议。“时间都去哪儿了，还没好好感受年轻就老了……”，歌曲《时间都去哪儿了》唱出了平凡人的朴素情感：每个人都要面对时间的流逝，所以无论大人小孩，谁听了都会有感慨。正是这种接地气的主题，让这首歌超越年龄、性别、地位甚至国别的界限，引发了广泛的对时间流逝的感叹。

（二）卖萌、调侃

伐开心、心塞、萌萌哒、我宣你，你造吗、不能愉快地玩耍了

这一类是时下最热门的卖萌用语。“伐开心”是上网时心情不好，倍感“心塞”，郁闷欲发泄，仿佛在情人面前发嗲求安慰，求抱抱求心疼，已悄然流行成为呆萌卖腐的新宠，显得说话人“萌萌哒”。最近比较流行的台湾腔据说用来卖萌表白成功率高达 90%，而“宣”在台湾话中是喜欢的意思，“造”在台湾话里是知道的意思。“我宣你，你造吗”就是“我喜欢你，你知道吗”的意思。连这都听不懂，还能不能愉快地玩耍了？

买买买、有钱就是任性、喝酸奶不舔盖、霸道总裁爱上我、画面太美我不敢看、逗比、我也是醉了、逼格、懒癌、直男癌

这一类多用来调侃自己的所见所闻。“买买买”最初是网民调侃国民老公王思聪和爸爸王健林的对话：“王思聪：爸，这个……王健林：买买买！”以前仇恨“喝酸奶不舔盖”的土豪，发现没用，还不如调侃一下让自己快乐一下，反而有益身体健康。后来因为阿里巴巴的十年账单让世界上最动人的三字情话不再是“我爱你”，而是“买买买”“有钱就是任性”啊！无论时代怎么变化，解决无房无车问题、搞定丈母娘的最佳方案还是“买买买”，所以当下还是希望“霸道总裁爱上我”。“画面太美我不敢看”被网友引申为对奇葩事物的形容；如果遇见的是个“逗比”人物做了奇葩的事情，网友当然也可以用“我也是醉了”来表达自己无力吐槽。而每当下定决心干正事时恰逢“懒癌”发作，还是先去打杯水、吃点零食、逛会淘宝或刷会微博吧。患了“直男癌”的男人永远活在自己的世界观、价值观、审美观里，看似“逼格”很高，实则言行中流露出对他人的苛责、打压以及种种的不顺眼，

并略带有大男子主义的特征。

一百块都不给我、我项链两千多、我跟你什么仇什么怨

靠近岁末，年度网络最热视频三部曲重磅来袭，个个都很搞笑。2014 年 11 月，两名男同性恋在街头吵架，戴着小红帽的男子控诉黑衣男子与其发生关系后不给补偿："他把我玩了，一百块都不给我。"其后，一段名为"哈尔滨女汉子取款机前上演中国功夫"的视频走红微博：取款女子与长时间占着取款机当梳妆台的女子发生冲突，并上演中国功夫，梳妆女子两次大喊"我项链两千多"。苏州公交车上，瓜子哥被另一身穿西装的男子卡脖推搡，随后瓜子哥重复了数十遍"我跟你什么仇什么怨"，还阻止男子下车。最终西装男子突然爆发连环出拳，之后整个世界就安静了。这些反映社会畸形心理的事件频频爆出，与其相关的社会问题确实应该引起我们深思。

（三）影视、综艺

蛮拼的、我保证不打死你、搞 siao（笑）、做个安静的美男子、想想还有点小激动呢、倍儿爽、我读书少，你别骗我、不作死就不会死、奔跑吧兄弟

这一类词语多与电影、电视综艺节目相关。"蛮拼的"最早出自爱奇艺热播剧《白衣校花与大长腿》，后来在家喻户晓的亲子节目《爸爸去哪儿 2》里为曹格反复使用，就把"蛮拼的"给发扬光大了。同一节目中，吴镇宇的一句"宝宝你过来，爸爸保证不打死你"、黄多多之口的"爸爸'搞 siao（笑）'"皆因为幽默诙谐而迅速流传开来。"做个安静的美男子"出自《万万没想到》第二季第一集中，是"叫兽易小星"扮演的唐僧挂在嘴边的口头禅，后来成了段子写手们的至爱；另外一句台词"想想还有点小激动呢"更是因为喜感十足，听后"倍儿爽"而广泛流传。"不作死就不会死"原引自动漫《机动战士高达》中的一句台词："不反抗就不会死，为什么就是不明白？"后被网友发扬光大接了地气，也缩简成"不作不死"。明星真人秀节目《奔跑吧兄弟》在欢乐的气氛中传递出积极向上的正能量，节目中的许多情境更是"将观众的目光从娱乐至上拉回对人生的思考"。

凡此种种，都不失时机地为中国网民带来一场又一场语言的狂欢，也为我们描绘了当下芸芸众生的草根百态。

（何婷婷）

强势来袭的“失联”

2014年3月8日凌晨2时40分（马来西亚当地时间），马来西亚航空公司称一架载有239人的波音777-200型飞机与管制中心失去联系。这架飞机的航班号为MH370，“MH370航班”由此登上互动百科“月度十大热词”榜首。与此同时，有一个词也迅速占据了各种媒体，强烈地冲击着满怀期待的人们的视觉、听觉，它就是——失联。

一 “失联”曾失联

1.1 “失联”一词缘起马航？

“失联”，即“失去联系”之意。当“失联”在2014年的那段时间里，频繁出现在各种媒体上时，很多人都自然而然地以为，它是由马航370的失联而诞生的一个新词。事实果真如此吗？

实际上，早在2011年3月29日就有网友在“百度知道”上提问：“失联什么意思”，热心网友的回答是极具娱乐精神的：就是情侣每天要保持联系，不能见面就要打电话，不能失去联络。[①] 在马航失联前一年的2013年6月8日，网友“dengle22”在百度百科上创建“失联”词条，仅有区区6个字“失去联系简称”；当天，另一网友增加了8个字“为台湾地区常用语”[②]。随后，2013年9月8日，网友“メ轻/描”在好搜百科上也创建“失联”词条：“失去联系，失去联络的简称。原为台湾地区常用语。”[③]

而就在马航失联的前一天，2014年3月7日，网友“老男人”又在搜狗百科上创建了“失联”词条：“失去联系简称。为台湾地区常用语。”[④]共14个字。显而

① 《失联是什么意思》，百度知道，http://zhidao.baidu.com/question/244895785.html。

② 《“失联”历史版本》，百度百科，http://baike.baidu.com/history/43810292。

③ 《“失联”历史版本》，好搜百科（360百科），http://baike.haosou.com/doc/history/id/1891499。

④ 《“失联”历史版本》，搜狗百科，http://baike.sogou.com/h66889574.htm? sp= Sprev&sp= 185524832。

易见，后两个词条与百度百科词条，并无二致。

上述三家百科，无不在马航事件之后，补充了“失联”词条，又无独有偶地都指向了马航事件：因马航失联事件，这个词成为中国大陆的新名词。

图 6—21 马航失联示意图①

通过以上简要的梳理，“失联”是否为缘起 2014 年马航事件的新名词，就不言自明了。人们之所以会普遍认为“失联”是个新名词，最简单的原因就是以前很少见到、没有用过。那么，“失联”大致又是从什么时候开始出现、使用的呢？

1.2 搜寻曾经失联的“失联”

查找 2012 年修订的第 6 版《现代汉语词典》，以及 2014 年 6 月第 3 版《现代汉语规范词典》，正文中均未收录“失联”词条；而后者在“补编（二）复音条目”中列有“失联”词条：失去联系或联络 ▷飞机～。② 从时间上来判断，应该是与马航失联事件存在一定的关联。

我们利用中国知网对“失联”在文献中的使用情况进行了搜索，分别对所有文献及报纸做不限年度的“全文”和“篇名”（题名）检索，结果如下：

图 6—22 中国知网“失联”全文检索结果截图③

① 图片来自百度图片“失联”，http://image.baidu.com/i? tn= baiduimage&ct= 201326592&lm= -1&cl= 2&word= % CA% A7% C1% AA&fr= ala&ori_query= % E5% A4% B1% E8% 81% 94&ala= 0&alatpl= sp&pos = 0。

② 李行健主编《现代汉语规范词典》，外语教学与研究出版社、语文出版社，2014 年 6 月，第 1794 页。

③ 中国知网：“失联”全文检索结果，http://epub.cnki.net/kns/brief/default_result.aspx。

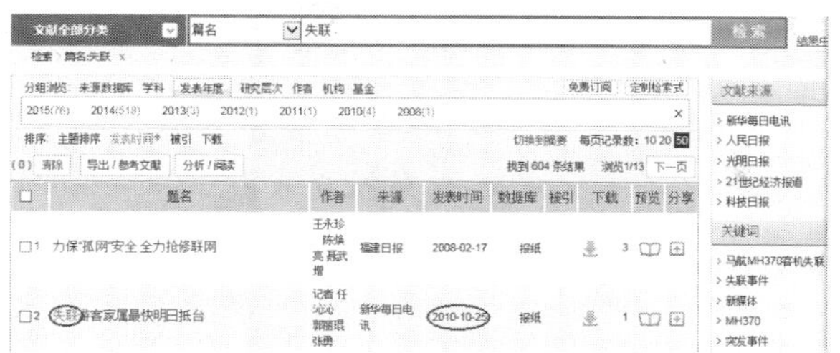

图 6—23　中国知网“失联”篇名检索结果截图[①]

人工排除文字识别、跨词等现象造成的误检，结果发现：与现在的意义基本相同的“失联”一词，最早可查的记录，出现在全文中的是 1985 年，出现在标题（篇名）中的相对较晚，为 2010 年。

1985 年 3 月一篇题为《死信复苏成佳话》的文章，写到河南省安阳县邮递员王福生收到一封寄自美国佛罗里达州的信，其中有这样一段话：“慈母中华，良人万众，福生贤弟，您跑千家走万户，为我寻查失联三十九载之胞弟，实为感慨万分。文明中国，能死信复苏；炎黄子孙，皆同胞手足也。”[②]这篇不足六百字的报道中，“失联”一词出现了两次，其意显然为：失去联系或失去联络（参见图 6—24）。

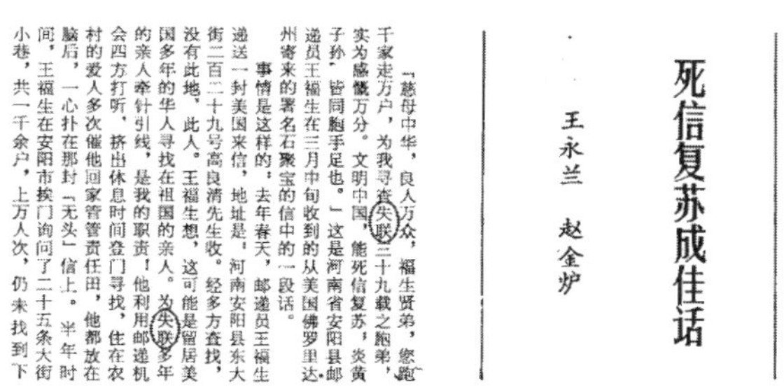
死信复苏成佳话

王永兰　赵金炉

「慈母中华，良人万众，福生贤弟，您跑千家走万户，为我寻查失联三十九载之胞弟，实为感慨万分。文明中国，能死信复苏；炎黄子孙，皆同胞手足也。」这是河南省安阳县邮递员王福生在三月中旬收到的从美国佛罗里达州寄来的署名石聚宝的信中的一段话。

事情是这样的：去年春天，邮递员王福生递送一封美国来信，地址是：河南安阳县东大街二百二十九号高良清先生收。经多方查找，没有此地，此人。王福生想，这可能是留居美国多年的华人寻找在祖国的亲人。为失联多年的亲人牵针引线，是我的职责！他利用邮递机会四方打听，挤出休息时间登门寻找，住在农村的爱人多次催他回家管管责任田，他都放在脑后，一心扑在那封「无头」信上。半年时间，王福生在安阳市挨门询问了二十五条大街小巷，共一千余户，上万人次，仍未找到下

图 6—24　《瞭望周刊》1985 年第 14 期文章截图

而“失联”出现在标题之中，最早则是在 2010 年 10 月 25 日新闻报道《失联游客家属最快明日抵台》，全文六百余字，“失去联系”与“失联”共现，都使用了 3 次，如“台湾创意旅行社 24 日表示，已在搜集失去联系的大陆游客家属身份资料，赶办入台证件，40 余名失联大陆游客家属及有关工作人员有望在 26、27 日抵

① 中国知网：“失联”篇名检索结果，http://epub.cnki.net/kns/brief/default_result.aspx。

② 王永兰、赵金炉《死信复苏成佳话》，《瞭望周刊》1985 年第 14 期。着重号为本报告作者所加。

台”。[1] 不无巧合的是，这些文章的内容大都与台湾岛的生活有着千丝万缕的联系。

以上中国知网的检索结果显示，从1985年到2014年之前的近三十年时间里，各年出现“失联”一词的篇章数量似呈渐次增长的趋势，而“失联”的意义除指人与人失去联系，则更多地用于事物、系统间失去关联或中断，如“脑造影呈现同侧小脑失联”[2]“两状态非单调失联系统”[3]“失联的荀学论述”[4]；人与物品、人与团体或组织之间失去关联或联系，如“品牌好像与消费者失联”[5]“失联党团员和进步力量”[6]，等等。

二 “失联”强势来袭

2.1 “失联”的爆炸式传播

从以上中国知网的检索结果来看，文章中出现“失联”一词的篇数从2013年的43篇，陡增至2014年的近2500篇，增长了50余倍（参见图6—22）；标题中出现“失联”一词的文章数量，更是从2013年的3篇，暴增至518篇，增长超过170倍（参见图6—25）。这种爆炸式的传播与流行，不能不说与“马航事件”有着必然的联系——2014年3月8日开始，“失联”一词充斥于各种媒体，使用频率出现暴涨。

关于这一点，我们还可以通过百度指数的检索结果来佐证。百度指数是以百度海量网民行为数据为基础的数据分享平台，其中的“搜索指数”是以网民在百度的搜索量为数据基础，以关键词为统计对象，科学分析并计算出各个关键词在百度网页搜索中搜索频次的加权和；媒体指数是以各大互联网媒体报道的新闻中，与关键词相关的，被百度新闻频道收录的数量，采用新闻标题包含关键词的统计标准。[7] 二者均能反映一个词在一段时间内的使用情况。

---

① 任沁沁、郭丽琨《失联游客家属近日抵台》，《新华每日电讯》2010年10月25日。着重号为本报告作者所加。

② 张幸初、樊裕明《脑造影呈现同侧小脑失联》，《核子医学杂志》2005年第3期。

③ 周苏明《两状态非单调失联系统可靠度研究》，《电子产品可靠性与环境试验》1995年第4期。

④ 刘又铭《荀子的哲学典范及其在后代的变迁转移》，《汉学研究集刊》2006年第3期。

⑤ 《天下杂志》编辑部《行销2.0制造创意接触点》，《天下杂志》2007年总第370期。

⑥ 刘敏《抗战中的福州文化界救亡协会》，《理论学习月刊》1990年第2期。

⑦ 百度指数：产品简介，http://index.baidu.com/Helper/? tpl= help&word= %CA%A7%C1%AA。

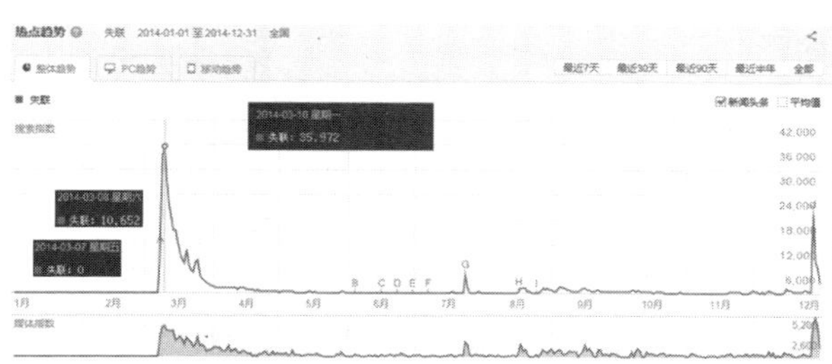

图 6—25 “失联”年度指数检索结果①

百度指数检索的起始时间为 2011 年，我们分别进行了 2011 年 1 月 1 日至 2014 年 12 月 31 日的跨年度检索，以及 2014 年 1 月 1 日至 2014 年 12 月 31 日的当年度检索。整体趋势曲线显示：从 2014 年 1 月 1 日至 3 月 7 日，“失联”的搜索指数为零，而在 2014 年 3 月 8 日搜索指数和媒体指数都出现了激增，其中搜索指数陡升为 10 652，并在 2014 年 3 月 10 日达到全年指数的最高峰 35 972；2014 年 3 月 9 日到 3 月 15 日的周平均值为 24 037，同样也是全年的最高峰（参见图 6—25）。

从“新闻头条”的检索结果来看，A 点上（见图 6—26 红圈）2014 年 3 月 8 日新闻标题是《独家：直击马航客机失联事件》，其中使用了“失联”一词，其后是一路攀升；2014 年内“失联”搜索指数和媒体指数的另外两个小高峰，即 2014 年 7 月 24 日和 2014 年 12 月 28 日，新闻标题分别是《外媒：阿尔及利亚航空失联　航班上约载 110 名乘客》《亚洲航空：已就客机失联事件展开搜救行动》（参见下图 6—26），均出现了“失联”一词，“失联”俨然成为有关飞机失事报道的专属词语。

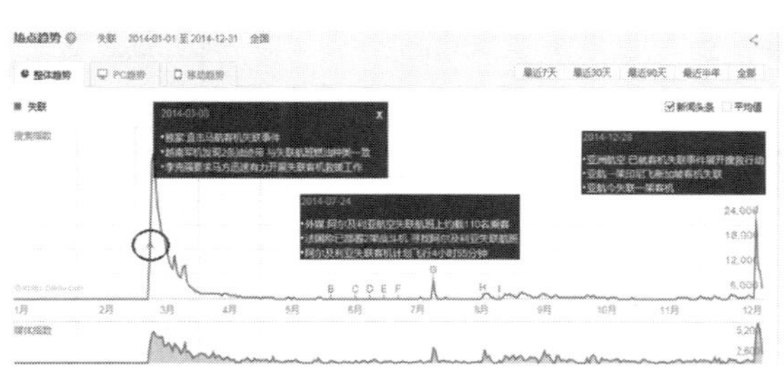

图 6—26 “失联”年度新闻头条搜索指数检索结果②

① 来源于百度指数，并根据 2014 年度“失联”的年度检索结果合成，http://index.baidu.com/? tpl=trend&type= 0&area= 0&time= 20140101% 7C20141231&word= % CA% A7% C1% AA。

② 来源于百度指数，并根据 2014 年度“失联”的年度检索结果合成，http://index.baidu.com/? tpl=trend&type= 0&area= 0&time= 20140101% 7C20141231&word= % CA% A7% C1% AA。

2.2 “失联”的泛化与词化

如果说2014年3月8日之前，“失联”还是一个似有似无、使用频率很低且不稳定的一个“词”，那么，马航失联终使其为世人所熟知。

在最初的马航事件报道中，有的用“坠毁”，有的用“劫持”，有的用“爆炸”，也有的用“失踪”，种种说法无不牵扯各方人士的担忧、焦虑、担忧、悲伤、痛苦、恐惧乃至责任，但各国海空力量大搜寻的结果却表明没有确凿的证据能够支持以上的任何一种说法。而此时，只叙其事而避其因、言其状而避其果的“失联”一词，就显得较为“客观”与“中立”，并让人们存有希望，因为那只是“失去联系或联络”，自然就可能是暂时的，因此更能为各方面所接受。“失联”由此普遍使用开来，成为一个名副其实的热词。

社会生活中各种“失去联系”“失去联络”或“失踪”的热门事件，都可用“失联”一言以蔽之，如身份各异的人员的“失踪”、各级各类的贪腐分子的“隔离”或“外逃”、嫌犯的“收押”、老板的“跑路”或“消失”，等等。“失联”迅速完成了由专指到通用，由单一指称到多义转指的泛化过程，并后来居上，超越与其意义相近的“失踪”“消失”(参见下图6—27)。

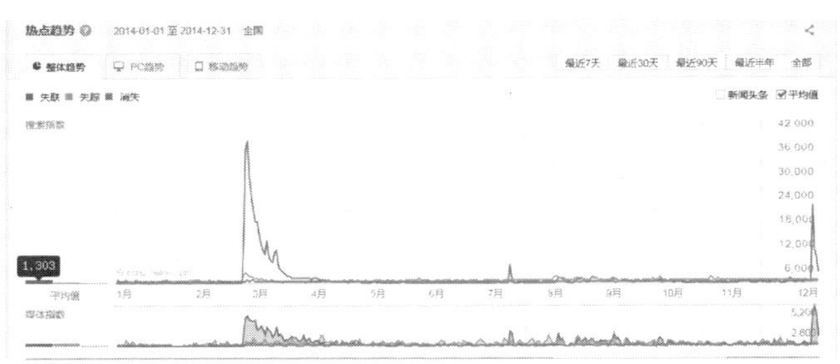

图6—27 失联、失踪、消失三词年度搜索指数平均值①

通过逐年检索发现，2011—2013年，“失联”一词的搜索指数为零，而“失踪”在逐年增长，“消失”则相对稳定；而在2014年，虽然“失踪”“消失”也有20%左右的增长幅度，但“失联”却是0到1303的飞跃(参见下表6—1)。

① 百度指数，“失联”“失踪”“消失”年度检索，http://index.baidu.com/? tpl= trend&type= 0&area= 0&time= 20140101% 7C20141231&word= % CA% A7% C1% AA% 2C% CA% A7% D7% D9% 2C% CF% FB% CA% A7。

表6—1 失联、失踪、消失三词跨年搜索指数平均值①

关键词	2011	2012	2013	2014
失联	0	0	0	1303
失踪	554	715	827	951
消失	403	418	416	512

在这种间歇喷泉般的使用过程中，"失联"也完成了短语词化的华丽转身：

人们在使用过程中，出于语言经济原则的需要，提取了"失去联系""失去联络"这两个动宾短语中共有的核心语素"失"与"联"，简缩为"失联"，其意义明确而且同样是动宾结构，因此，"失联"曾与"失去联系""失去联络"有过一段并行的过程。而马航事件最终将其完全激活，在短时、高频的使用之下，其"词"的身份为当代汉语所接受，最终稳定下来并完成词化过程，《现代汉语规范词典》的收录，即是一个明证。

如果说马航事件是"失联"一词由"潜"到"显"并为世人所接受的直接诱因的话，那么，当下的信息时代则是"失联"被广泛接受并用于社会生活各个领域的决定性因素：在移动互联网无所不在、人手一机的现实环境中，既往的"失踪""消失"与"踪迹全无"等，大都首先表现为你无法与对方即时联系，而在没有得到最终消息之前，"失联"只是一个表征，如马航370航班！

（郑萍、汪磊）

① 百度指数，"失联""失踪""消失"年度检索，http://index.baidu.com/? tpl= trend&type= 0&area= 0&time= 20140101% 7C20141231&word= % CA% A7% C1% AA% 2C% CA% A7% D7% D9% 2C% CF% FB% CA% A7。

近年“表情”发生变化的那些词

随着社会的发展变化，词语也会产生一些变化。有的表现为情态色彩的变化，有的表现为理性意义的变化，有的是两者兼而有之。这里的“表情”变化指与词语的情态色彩有关的变化，如“教授、干爹、中国大妈、文青”，“同志、小姐、土豪”等。下面主要从五个方面分析引起词语感情色彩义变化的动因。

一　与影响较大的新闻事件有关

（一）（中国）大妈、土豪与干爹

长久以来，“大妈”都是一个亲属称谓，北方地区也用于尊称中老年女性。2013年4月，“中国大妈”因疯狂抢购黄金并引起世界金价变动而一战成名，《华尔街日报》甚至专创英文单词“dama”来指称“中国大妈”；此后，更因在国外抢购房产和广场舞事件而家喻户晓。如今“大妈”更多是一种调侃的称呼，指那些有钱有闲、热衷理财健身的中老年妇女，多少含有那么点儿贬义。

“土豪”，为中国人所熟知，与土改和革命时期的口号“打土豪，分田地”有关，指在乡里凭借财势横行霸道的坏人，常与“劣绅”并称“土豪劣绅”，是乡间罪大恶极的人物。那时“土豪”是一个贬义词，包含憎恨与敌对的情态色彩。近年来出现于网络的“土豪”，常常指财大气粗、爱炫耀、没品位的有钱人，多用于调侃，包含鄙视，甚至有时略含对其财势的羡慕，因此有流行语“土豪，我们做朋友吧”，其情态色彩有所上升。有时简写为一个字“壕”。

“（中国）大妈”和“土豪”不仅进入2013年网络流行语的榜单，还被高大上的《牛津英语词典》纳入法眼。

“干爹”原本也只是一个普通的亲属称谓，指“没有血缘关系、拜认的父亲”，又叫“义父”。但历经一系列女明星与其干爹们的绯闻，尤其是引起巨大轰动的郭美美事件，“干爹”一词起了变化，常用来指有钱有势、因钱（权）色交易而充当他人(多为年轻貌美的女性)靠山的人,贬义味道十足。

(二)教授、公知和专家

“教授”本是高校教师职称的最高等级,历来饱含敬意,是个尊称,所指人群是学识超群、富有正义感和责任感的社会精英人物。但近年来因为大学教师队伍中走出了少数道德败坏者,人们把这种人叫做“教兽”,即师德败坏、禽兽不如的教师,也写作“叫兽”,贬义无疑。此“教兽”和彼“叫兽”使“教授”一词的尊敬色彩大打折扣。

“公知”即公共知识分子的简称,指具有专业学术背景并积极参与社会公共事务评议、引领社会舆论的学者。起初是个褒义词,指那些具有批判精神和社会责任感的优秀知识分子。后来随着公知在某些社会事件上造成的不良社会影响,“公知”也渐渐带有了贬义,指道貌岸然、水平不高而到处对社会公共事务乱加评点的人,多用于网络名人。

“专家”本来指在某一方面有较高造诣的人,是尊称。如今与“教授”“公知”一样,“专家”一词的情态色彩渐渐起了变化,在特定语境下(如网络语言)可用作贬义词,指那些借助于某种身份吓唬人、指手画脚而实际水平不高,或为着某些团体的利益故意忽悠的人。这是一种讽刺的用法,通常写作“砖家”。

现在玩笑话中的“教授”“公知”“专家”都可以作为骂人话,所以才会有“你才是教授,你们全家都是教授”这样的句子。可以说,它们是近些年正在被慢慢毁掉的词语。

(三)-门

“门”本是一个指物的中性词,但自从美国前总统尼克松的政治丑闻“水门事件”(Watergate scandal)以后,“门”的用法开始发生变化。人们按照“水门”的构词方式仿造出了一系列的词语,如:“伊朗门”“情报门”“虐囚门”“拉链门”“电话门”“艳照门”等。以“-门”为准后缀构成的词语就用来表示任何能引起公众广泛关注和兴趣的事件(丑闻或新闻),“-门”明显具有贬义。

(四)任性

“任性”原义是“放任自己的性子,不加约束”,是一种不太受欢迎的性格或行为,是个贬义词,但贬的意味又不是很浓。但近年在网络语言中“任性”一词的用法出现了变化，其表情色彩出现了方向迥异的两种变化：一是贬义加重，一是变成褒义。如2015年两会中的两句名言就代表了这两种用法："有权不能任性"中"任性"指胡作非为、无所顾忌，较重的贬义；"反腐就是要任性"中的"任性"意为按原有计划坚持到底，含肯定的意味。经过两会新闻的集中报道，这两种新用法迅速地普及开来。

二　与新出现的特殊社会群体有关

（一）第三者/小三、老二/小二（子）

"第三者"原泛指一切事务中除当事双方之外的第三方，是个中性词；后用来特指"插足于他人家庭、跟夫妇中的一方有不正当男女关系的一方"，这是一个不光彩的角色，当然"第三者"一词就有较浓的贬义。现在提到"第三者"，人们首先想到的多是后一种用法。

"小三"原本是对家庭中排行第三的孩子的昵称，现在口语中多为"第三者"的简略用法，完全是一个蔑称。

"老二/小二（子）"这两个词原本都泛指排行第二的人或事，"小二（子）"还有较浓的亲昵色彩。现在都有了新用法："老二"用来指"二奶"（与妻子"老大"相对），"小二（子）"用来指私生子（与婚内子女相对，因年龄常小于婚内子女）。这两个词的新用法表情色彩较复杂，有调侃、暧昧、轻蔑的意味。

（二）小秘（小蜜）、小姐

"小秘"（小蜜）原指年轻的秘书，中性词。因有些年轻貌美的女秘书与男上司之间有暧昧的男女关系，现在常指陪伴在男上司身边、与上司有暧昧男女关系的年轻女性，贬义。

"小姐" 原本是对年轻女性的尊称，后来特指从事色情服务的年轻女性。因为联想作用，即使用于尊称也容易让人产生误会，给人不快的感觉，因此一般的公共场合人们尽量避免使用"小姐"这一称呼，尤其是在容易产生误会的娱乐场所、宾馆饭店，只在非常正式的交际场合还保留"小姐"尊称的用法。

（三）情人、红颜/蓝颜

“情人”一词的表情色彩变化可谓一波三折。最初“情人”泛指一切有情之人，所谓“情人眼里出西施”，褒义；八九十年代随着“婚姻解放”“性解放”思潮，社会上出现了大量婚外恋情，“情人”被用来特指婚姻关系之外的男女恋情中的一方，所谓“地下情人”就是这种用法，带有贬义；但近年来随着情人节的普及以及对西方情人节的深度了解，“情人”一词又有变化的趋势，有回归一切有情男女的趋势，“情人”即“情侣”。

在源远流长的中华文化中，原只有“红颜”一词，指漂亮的女性，但常用作贬义，如“红颜薄命”“红颜祸水”。近年来，仿“红颜”造了“蓝颜”，与“红颜知己”相对，有了“蓝颜知己”，通常用来称呼女性的男性知己，可褒可贬，时褒时贬，随具体情况和不同使用者而变。

（四）鸡/鸭

鸡/鸭，我们再熟悉不过，指两种家禽，中性词。后因谐音，“鸡”成了“妓（女）”的代称，再用与“鸡”对应的词“鸭”作为男妓的代称。这种用法的“鸡、鸭”是完全的蔑称。

三　与新出现的社会现象有关

（一）绿色与山寨

“绿色”和“山寨”都曾经属于中性词。

“绿色”原指一种颜色，在重视环保的时代，代表生命与和平的“绿色”成了环保的代名词，常用作定语，如“绿色革命、绿色产品、绿色设计、绿色技术、绿色产业、绿色消费”等，“绿色”无疑是个褒义词。

“山寨”原指旧时绿林好汉占据的山中营寨，后泛指山村。但在前些年盗版、仿造盛行的时候，“山寨”有了“仿造的、不地道的、假冒的、草根的”等新的意义，有明显的贬义，常用作定语，如“山寨工厂、山寨货、山寨机、山寨春晚、山寨鸟巢、山寨名牌、山寨包包”等。“山寨”的新用法最先起因于广东的IT业小作坊，他们大量快速地盗版仿制手机、游戏机等，其产品叫“山寨机”，此后“山寨”被用于各个方面。

（二）炒、宅、牛

“炒”是一种烹饪方式，中性词。后产生了“炒作”义，一指“对人或事物反复夸大宣传以达到某种目的”，如“炒歌星、炒新闻、炒某某事件”；一指“频繁买进卖出，从中牟利”，如“炒股票、炒房子、炒地皮”。由于这两种行为都是出于某种私利，所以“炒”带有贬义，尤其是第一种意义。

“宅”就是房子，是个名词、中性词。现在起于网络用语的新用法是形容词性的，如“宅男、宅女、他很宅”，指“工作之余喜欢待在家里不喜欢室外活动和交际的”；也可作动词如“宅在家里”，略含贬义，用于自己时，带有自嘲。

“牛”，我们都熟悉的一种家畜，名词，也是中性词。因股市有“牛市”，“牛”的形容词用法也就产生了，如“很牛”“太牛了”，夸赞用语，“强”的意思，常用于口语。

（三）秀和黑

“秀”来自英语“show”的音译，“演出、展示”的意思，最初是中性词，如“时装秀、真人秀”等。但后来增添了“炫耀”的意思，如“秀恩爱、爱秀”，就有了贬义。

“黑”本是最常见的颜色，但自“黑客（hacker）”进来以后，“黑”可以作为动词用，一指“用非法手段侵入攻击别人的计算机系统”，如“黑了这个网站”；一指“用话语诋毁别人名誉”，如“他特别喜欢黑别人”。这两个意义都是贬义。

四　与社会的价值观变化有关

（一）同志和师傅

在很长的时间里，“同志”与“师傅”都是尊称。

“同志”原指“为共同理想、事业而奋斗的人，特指同一个政党的人”，这是一个崇高的尊称，大革命时期能被称为“同志”，会令人激动万分；新中国成立后，“同志”成了人与人之间普通的称呼，如“张同志”“小李同志”等。这些年随着社会生活的变化，这个政治色彩较强的称呼，一般不再作为人与人之间的普通称呼。近年来，“同志”被用来指称同性恋者，因为目前我国社会对同性恋的认同度不高，这个意义的"同志"是有贬义的。连带的，用于人与人普通称呼的"同志"也多少受到了影响，成了人们尽量避免的一种称呼。

"师傅"曾经指传授技艺的人，多见于工商界。新中国成立后，劳动人民当家做主，"师傅"成为一个尊称、社会化的泛称广泛用于各领域。但到今天，我国的社会阶层已发生了明显的变化，"师傅"仅限于称呼体力劳动者，用来尊称非体力劳动者是不受欢迎的了。

（二）小资与文青

"小资"即"小资产阶级"，在20世纪50—70年代，"小资"是敌对的阶级，"小资情调"是被改造的生活方式，"小资"一词的贬义色彩很浓。但到了90年代，人们开始重视生活质量，"小资情调"成了刚刚萌芽的中产阶级推崇的一种生活方式，"小资"也就翻身成了褒义词。

"文青"即"文学青年"，指热爱文学艺术的青年。20世纪八九十年代，文学青年是指一群有理想有抱负有才华的青年，是褒义词。但伴随市场经济和互联网经济的大潮，文学青年被边缘化，成了"不切实际、情绪化、故作清高甚至矫情的人"，"文青"的标签带有些许的贬义，调侃、讽刺的意味更浓。近年"文青"又指"文艺青年"，经常与"普通青年""二逼青年"并称，进行行为对比，极尽调侃讽刺之能事。

此外，"酷、潮、呆、萌"等，随着社会时尚的变化，这些行为特征都成了社会肯定的方式，这几个词的情态色彩都有提升，时褒时贬。

五　与新的社会用语风格有关

近些年来，在网络语言的影响下，社会用语的风格越来越趋于随意和幽默，表现为俯拾即是地故意地串用词语——褒词贬用、贬词褒用、错域使用等，久而久之，形成了习惯，就会引起词语表情色彩的变化。

（一）褒词贬用

"奇葩"原指奇特而美丽的花朵，是褒义词。但现在常用来指"怪异而让人难以忍受的人或事"，如"奇葩男友""奇葩遭遇"成了一个地地道道的贬义词。

（二）贬词褒用

“猪猪”“笨”这两个原本是骂人话，但现在成了恋人之间互用的昵称。“-货”指人时，原是表示贬义的，如“蠢货、傻货”。“吃货”起初也是贬义的，但在近年的流行过程，意义起了变化，不只是指“爱吃的人”，同时还是“懂吃、对吃有研究的人”，包含一定的肯定意味、亲昵态度。

“霸”原本是贬义词，“帝”是中性词。但近年出现了新用法，“-霸”“-帝”都指某一方面的佼佼者，褒义，含有调侃的意味，如“面霸、学霸、考霸、麦霸”，“表情帝、数学帝、真相帝、解释帝”。而“-霸”和“-帝”也有一定的区别，出现在“-霸”前面的通常是单音节形式，“-帝”前面通常是双音节形式。

（三）错域使用

错域使用就是把原本适用于甲语域的词用到乙语域，常会出现调侃、轻松的意味。

“亲”原是用于恋人之间的昵称，最初在淘宝网上被移用于店家和顾客之间，后进一步泛用于各种场合，甚至出现在某些政府部门不太正式的用语中，体现一种轻松随意的语言态度。“哥/姐”本是亲属称谓，“-哥”“-姐”式称呼则常见于黑社会，有江湖气。而近年出现的以“-哥”“-姐”构成的词，大多是指具有某一特征的网络红人，有调侃意味，如“犀利哥、烟卷哥、低碳哥、大衣哥、地铁哥、凤姐、草帽姐”。与此相似的还有“-姐姐”“-妹妹”，构成的词有“芙蓉姐姐、奶茶妹妹”等。

以上分析可以看出：近年词语的“表情”变化，“向下”变化的居多，“向上”变化的较少，即由褒义变成贬义或中性、由中性变成贬义的较多，而反向变化的较少；“表情”变化的词语中，表称谓的名词（包括一些名词性准词缀）居多，动词、形容词较少。词语的“表情”变化与社会变化密切相关，尤其是社会的价值观变化，一些影响较大的社会事件会影响人们对某一群体或事物的价值评判，从而影响相关词语的情态色彩。

（盛林）

第七部分

港　澳　台　篇

香港中小学语文教育

香港中小学中国语文教育一共分为四个学习阶段，小一至小三为第一阶段、小四至小六为第二阶段、中一至中三为第三阶段、中四至中六为第四阶段。中国语文教育定位如下：

“语文教育的主要任务是要提高学生运用语言的能力，要学生掌握规范的书面语，能说流利而得体的粤语和普通话，同时感受语言文字之美，培养语文学习的兴趣，发展高层次思维能力和良好思维素质，得到审美、品德的培养和文化的熏陶，以美化人格，促进全人发展。”①

一　语文教育的学习范畴

香港教育局《小学中国语文建议学习重点（试用）》（2008）②及《中学中国语文建议学习重点（试用）》（2007）③等文件指出，中国语文教育建议的学习内容，主要包括“阅读、写作、聆听、说话、文学、中华文化、品德情意、思维和语文自学”九个学习范畴。香港的中国语文教育，以这九方面的学习为主要任务。在课程设计及教材编写上，结合语文学习基础知识，以阅读、写作、聆听和说话为主导，文学、中华文化、品德情意、思维和语文自学等学习范畴则渗透在阅读、写作、聆听和说话中。下面从几个方面进行说明。

（一）语文学习基础知识

所谓“语文学习基础知识”，指的是让学生在各个阶段的学习中，掌握语文学习基础知识中关于字、词、句、标点符号、遣词用字、篇章、常用工具书等范畴的知

① 课程发展中的有关中国语文教育学习领域定位的描述，参见香港教育局网页 http://www.edb.gov.hk/cd/chi。

② 课程发展议会《小学中国语文建议学习重点（试用）》（2008），香港教育局。

③ 课程发展议会《中学中国语文建议学习重点（试用）》（2007），香港教育局。

识。香港教育局《中学中国语文建议学习重点(试用)》(2007)及《小学中国语文建议学习重点(试用)》(2008)等文件均指出香港中文教育中的重点学习内容主要包括“语文学习基础知识”和“读、写、听、说”两个主要的部分,可见其重要性。

1. 字和词

学生须在小学阶段掌握基本数量的字词,然后透过读和写,不断积累、运用,丰富语汇,促进学习。字和词的学习主要从汉字的形音义、词语和句子三方面着手。笔画、笔顺和字形方面的学习,香港教师和出版社一般会以教育局课程发展处中国语文教育组于2009年发行的《中英对照香港学校中文学习基础字词》《点画流形》汉字学习软件和2012年发行的《常用字字形表》(2007年重排本)①为主要参考资料。

2009年发行的《中英对照香港学校中文学习基础字词》共列出了3171字,9706个词语,为便于教师和家长使用,字表和词表分学习阶段按笔画列出,当中第一学习阶段(小一至小三)共2169字、4914个词语,第二学习阶段(小四至小六)共1002字、4792个词语。《中英对照香港学校中文学习基础字词》中并附上四字词语、多字熟语、文言词语、专名术语、音译外来词语、人名地名用字六个附表,提供繁体字和简化字字形,粤语和普通话读音资料。

为配合国际上汉语学习的发展,并顾及本地较熟悉英语的非华语学生的需要,字词附加了简单的英文解释,为非华语学生在学习中文的初期提供一些过渡性的辅助参考,帮助他们学习基础字词。至于异体字的处理手法,书册中编排体例部分中指出“字音、字义、用法完全相同的异体字如‘線、綫’‘线、线’,并列字形。”

教师、家长和学生可通过网站使用书册电子版。只需在网上打出需要搜寻的单字,网站能实时显示该字的部首、总笔画数、粤语和普通话读音和拼音、繁体字和简化字字形、该字于第一及第二学习阶段中出现的词语、四字词语和多字熟语的搭配。为便于使用者掌握该字的笔顺和体会汉字之美,网站还提供网格线和实时动画。

词语学习方面,除认识不同的词类外,第一学习阶段主要让学生认识反义词、同义词、近义词、多义词,以及口语和书面语词汇的不同。第二学习阶段主要让学生认识词语的搭配以及词语的褒贬义色彩。第三及第四学习阶段,主要让

① 香港特别行政区政府教育局课程发展处中国语文教育组《常用字字形表》(2007),香港教育局。

学生“认识词语的感情色彩”和“认识古汉语词汇的特点”。

2. 标点符号

第一学习阶段主要让学生掌握句号、逗号、问号、叹号、顿号、省略号、书名号、专名号的常见用法,以及认识冒号、引号的引述说话用法。第二学习阶段,主要让学生掌握冒号、括号、分号、破折号的用法。第三及第四学习阶段,除巩固第一及第二学习阶段所学的13种常见标点符号外,还会教授学生着重号、连接号、间隔号的用法。

3. 遣词用字

遣词用字方面,第一及第二学习阶段主要让学生认识遣词用字在表达上的效果。第三及第四学习阶段则教授学生认识遣词用字在表达上的效果及认识常见的修辞手法。

4. 篇章

第一及第二学习阶段主要让学生认识不同性质的文字(如叙述、描写、抒情、说明、议论)特点以及认识实用文字(如书信、便条、日记、周记、通知、报告、说明书、广告、海报、单张、标语、告示)的功能和应用范围。第三及第四学习阶段,主要让学生认识实用文字的功能和特点;认识诗、文、小说、戏剧等文学体裁的特点以及认识古今中外名家名作。

选材方面,小学主要集中于古诗文的选编,一般参考2010年出版的《积累与感兴:小学古诗文诵读材料选编(修订)》一书,该书共两册,分别收录古典诗歌100首,古文50篇。中学中国语文课程配套资料中则列有《中国语文学习参考篇章(初中阶段试用)》(2001年9月为止)、《中国语文学习参考篇章(高中阶段试用)》(2012年12月修订)、《积学与涵泳——中学古诗文诵读材料选编》(2013年5月)和《指定文言经典学习材料原文及参考资料》(2014年5月)四个学习参考材料,当中《中国语文学习参考篇章(初中阶段试用)》收录篇章目录共600篇、《中国语文学习参考篇章(高中阶段试用)》收录篇章目录共300篇、《积学与涵泳——中学古诗文诵读材料选编》收录古诗文目录共150篇、《指定文言经典学习材料原文及参考数据》收录必读文言经典文章共10篇,唐诗及词各3首。出版社和学校可以此编制教材。

5. 常用工具书

第一至第二学习阶段,会让学生掌握常用检索法的使用以及认识常用的字典辞书和儿童百科全书等。第三及第四学习阶段,除让学生认识常用的字典辞典外，还会让学生认识百科全书。

（二）阅读

主要培养学生的朗读及自学能力，增加学生对中国语文科有关的语言知识，以及对中国文化的认识，培养阅读兴趣及良好的阅读态度和习惯。在四个学习阶段中均会训练学生阅读叙述、描写、抒情、说明和议论等不同性质的材料。题材方面，第一及第二学习阶段主要有生活、科普、历史、文化和艺术五方面，第三及第四学习阶段中除以上五方面外，还包括社会、政治、经济、医健等。类型方面则多样化，第一及第二学习阶段主要从不同来源（如课文、儿童读物、报章、杂志、互联网）阅读不同类型的材料，当中包括童谣、诗歌、故事、童话、寓言、散文、小说、实用文（如书信、便条、日记、周记、通知、报告、说明书、广告、海报、单张、标语、告示）等；第三及第四学习阶段则主要取材自古今优秀作品、翻译作品、科普文字、实用文字、报纸、杂志和视听信息（如电视节目、电影、戏剧、音像材料等）。

阅读能力的训练，主要训练学生对认读文字、理解、分析和综合、评价、探究和创新、欣赏和掌握视听信息的能力。认读文字方面，四个学习阶段中均要求学生认读常用字和辨识字形、字音、字义。理解方面，包括让学生掌握对词语、句子、段落和篇章或书刊的理解。分析和综合方面，则包括让学生掌握分析和综合内容、分析组织结构、分析写作目的的能力。评价方面，主要让学生掌握评价内容，如人物的性格和行为的能力。

阅读能力训练中还包括让学生能透过不同文学大家的美文，欣赏作品中优美的语言（如韵律、节奏）和生动的形象。教育局提供超过 1000 篇的诗词、文章供学校和出版社参考选用。

（三）写作

在四个学习阶段中均会训练学生叙述、描写、抒情、说明和议论等不同性质的文体的写作。写作类型方面则多样化，第一及第二学习阶段主要有诗歌、童话、故事、贺卡、邀请卡、书信、便条、日记、周记、报告等；第三及第四学习阶段则主要包括一般写作、文学创作（散文、诗歌、小说、戏剧）、实用写作（书信、启事、通知、通告、章则、说明书、演讲辞、会议记录、新闻稿、报告、建议书、专题介绍、评论、宣传文字、电子简报等）。

写作能力训练主要集中在写字和写作能力两方面。书写的训练主要集中在第一和第二学习阶段，让学生学会书写常用字以及使用硬笔、毛笔的执笔和运笔方法。此外，第一阶段中还包括让学生养成正确的写字姿势和良好的书写习惯，如书写规范、端正、整洁。第二阶段中则包括良好的书写习惯，如书写工整、行款整齐、文本整洁。写作能力训练在各学习阶段均让学生学会按写作题材的需要，确定写作的内容，并掌握叙述、描写、抒情、说明、议论和实用文等文体的写作技巧。

（四）聆听

主要通过聆听不同性质、类型和题材的话语，培养学生的聆听能力，让学生具有聆听乐趣和良好的聆听态度。在四个学习阶段中均会训练学生聆听叙述、描写、抒情、说明和议论等不同性质的话语。题材方面，第一及第二学习阶段主要有生活、科普、历史、文化和艺术五方面，第三及第四学习阶段中除以上五方面外，还包括社会、政治、经济、医健等。类型方面则多样化，第一及第二学习阶段主要有口头指示、故事、学校广播、报告、新闻报道、演讲、对话、访问、辩论、戏剧等题材；第三及第四学习阶段则主要为对话、报告、演讲、访问、讨论、辩论和视听信息等题材。

在学习方面，主要透过聆听不同题材、不同类型的话语，训练学生理解语意、分析和综合、评价、探究和创新、掌握视听信息等能力。例如在理解语意方面，主要训练学生怎样去听懂话语的主要信息、说话者所想表达的感情、说话者的不同观点等能力，在第三及第四阶段，还会训练学生理解说话人的立场、理解意图和话语中想表达的深层意义等能力。分析和综合训练学生理解和比较不同观点的能力，在第三及第四学习阶段还会训练学生综合说话者的观点和论点的能力。评价方面主要训练学生评价不同类型话语中的内容和表达手法等能力。

（五）说话

主要培养学生的说话能力，说话的兴趣及良好的说话态度和习惯。在四个学习阶段中均会训练学生的叙述、描写、抒情、说明和议论等能力。类型方面，第一及第二学习阶段主要有复述、讲述（见闻、故事、感想）、报告、交谈、讨论、辩论、访问、游说等；第三及第四学习阶段则主要为讲故事、报告、演讲、对话、访问、讨论、辩论、游说等。在说话策略方面，主要让学生学会联系生活经验及已有知识以构思话语及因应不同的目的，采取适当的说话方法，如先想后说，边想边说，运用势态语，运用观察、想象等技巧。

说话能力的训练，主要从确定目的、内容和表达方面、组织结构、口语表达三方面着手。透过不同学习阶段的训练，让学生能因应目的、听者、场合，确定说话的内容，并能字正腔圆地说出自己想表达的内容。

二 语文教材

为确保课本的素质，教育局设立了严谨的评审程序。出版社不一定需要将课本送交教育局评审，但若出版社希望将课本列入教育局“适用书目表”内，则须送审。

据教育局发布的《2014/15学年适用书目表》显示，在香港一共主要有9个出版社通过教育局的课本评审，为香港的中小学提供中国语文的教材，初小和高中一共有6个出版社提供24套教材，共计301册，初中和高中共有6个出版社提供18套教材，共计134册。教材套里包括课本、作业本、课本习题电子文件、工作纸、教学简报、录音文件（粤、普）、评估课业、试题库、教师用电子书等。各出版社出版的教材书名详见表7—1。

表7—1 香港各出版社出版的教材书名

<table>
<tr><th rowspan="2">学习阶段
出版社</th><th>初小</th><th>高小</th><th>初中</th><th>高中</th></tr>
<tr><th>（第一学习阶段）</th><th>（第二学习阶段）</th><th>（第三学习阶段）</th><th>（第四学习阶段）</th></tr>
<tr><td rowspan="4">启思出版社</td><td>启思语文新天地（2006年版）</td><td>启思语文新天地（2006年版）</td><td>生活中国语文（2009年版）</td><td>启思新高中中国语文（2009年版）</td></tr>
<tr><td>启思语文新天地（2011年版）</td><td>启思语文新天地（2011年版）</td><td>生活中国语文（2014年版）</td><td>启思新高中中国语文（2014年版）</td></tr>
<tr><td>新编启思中国语文（2006年版）</td><td>新编启思中国语文（2011年版）</td><td>启思中国语文（2009年版）</td><td rowspan="2">——</td></tr>
<tr><td>新编启思中国语文（2011年版）</td><td>新编启思中国语文（2006年版）</td><td>启思中国语文（2014年版）</td></tr>
<tr><td rowspan="2">培生香港</td><td>朗文中国语文附自习篇章（2006年版）</td><td>朗文中国语文附自习篇章（2006年版）</td><td>初中互动中国语文（2014年版）</td><td rowspan="2">新高中综合中国语文（2009年版）</td></tr>
<tr><td>学好中国语文（2011年版）</td><td>学好中国语文（2011年版）</td><td>基础综合中国语文（2009年版）</td></tr>
</table>

（续表）

<table>
<tr><td rowspan="2">现代教育研究社有限公司</td><td>二十一世纪现代中国语文
（2012年版）</td><td>二十一世纪现代中国语文
（2012年版）</td><td>初中中国语文
（2006年版）</td><td>现代高中中国语文
（2009年版）</td></tr>
<tr><td>现代中国语文
（2006年版）</td><td>现代中国语文
（ 2006年版）</td><td>——</td><td>——</td></tr>
<tr><td rowspan="2">教育出版社有限公司</td><td>快乐学语文
（2006年版）</td><td>快乐学语文
（2006年版）</td><td rowspan="2">——</td><td rowspan="2">——</td></tr>
<tr><td>我爱学语文
（2011年版）</td><td>我爱学语文
（2011年版）</td></tr>
<tr><td>新亚洲出版社有限公司</td><td>新亚洲中国语文
（2006年版）</td><td>新亚洲中国语文
（2006年版）</td><td>——</td><td>——</td></tr>
<tr><td>新亚洲出版社</td><td>新·语文
（2011年版）</td><td>新·语文
（2011年版）</td><td>——</td><td>——</td></tr>
<tr><td>龄记出版有限公司</td><td>——</td><td>——</td><td>新世纪中国语文
（2009年版）</td><td>新世纪中国语文
（2009年版）</td></tr>
<tr><td rowspan="3">香港教育图书公司</td><td rowspan="3">——</td><td rowspan="3">——</td><td>初中中国语文
新编
（2005年版）</td><td>新高中中国语文
新编
（2009年版）</td></tr>
<tr><td>新理念中国语文
（2002年版）</td><td rowspan="2">——</td></tr>
<tr><td>新视野初中中国语文
（2012年版）</td></tr>
<tr><td>商务印书馆（香港）有限公司</td><td>——</td><td>——</td><td>初中中国语文
（2008年版）</td><td>——</td></tr>
</table>

除以上的出版社出版的教材外，学校也可自行设计校本教材。近年还有电子教科书。据教育局发布的《2014/15学年电子教科书适用书目表》显示，在香港已有2个出版社通过教育局的课本评审，为香港的小学提供中国语文的电子教材，初小和高中一共有2个出版社提供9套教材。《2014/15学年电子教科书适用书目表》中暂未公布已通过审批的初中和高中电子教科书书目。

在教材设计上会把教材分为不同的单元，每单元有一个主题，如：描写和抒情（诗歌之美）、叙事写人、成语等。每个单元一般有一至三篇精读文章，让学生通过学习有关文章，掌握与该单元相关的知识。除了课本外，一般附设一些辅助教材，如作业本、自读篇章、网上资源等。

高中中国语文教材分为必修和选修两个部分。必修部分约占全学科课时的

2/3 或 5/6，当中包括阅读、写作、聆听、说话、文学、中华文化、品德情意、思维和语文自学九个学习范畴的内容。出版社在设计必修部分的教材时，模式大致与第三阶段相似，教材以单元编排，每单元设一主题，主题内设与该主题相符的精读文章，部分教材设三篇文章，分为导读课文、精读课文和自学课文，其他八个学习范畴的内容（写作、聆听、说话、文学、中华文化、品德情意、思维和语文自学等）则渗透于课文的教授和单元练习中。选修部分，教育局建议了十个选修单元，包括"名著及改编影视作品""戏剧工作坊""小说与文化""文化专题探讨""新闻与报道""多媒体与应用写作""翻译作品选读""科普作品选读""普通话传意和应用"和"普通话与表演艺术"。学校可以在以上十个选修单元内选修二至四个单元，其中一个单元也可由学校自行拟定。

三 语文教育评估

（一）校内评估

小学和中学一般每学年设两次考试，上学期一次，下学期一次，部分学校分别会在学期中安排一次测验，全年共两次。考试的模式，初中分聆听能力、阅读能力、写作能力和说话能力四份试卷。高中则按高级文凭会考的模式，分阅读能力、写作能力、说话能力、聆听能力、综合能力考核五份试卷。

（二）全港性系统评估

教育局于 2001 年委托香港考试及评核局（考评局）发展与施行中国语文、英国语文和数学的基本能力评估。学校可根据评估数据，调适校内的教学计划，改善教学策略。香港政府也能根据有关资料为学校和学生提供适当的支持，从而促进学与教的提升。中国语文的全港性系统评估着重考查学生的语文能力，分别于小学三年级及中学三年级进行，评估分写作、聆听、视听信息、阅读四份试卷。

（三）香港中学文凭考试

首届香港中学文凭考试于 2012 年开始举行，考评局采用水平参照汇报的办法评核。各科目参照一套明确而固定的等级水平标准汇报考生的表现。考生表现以五个等级（1—5 级）表示，以第 5 级为最高。第 5 级中首 10% 成绩最优异的考生可获 5** 级，依次的 30% 可获 5* 级。表现低于第 1 级水平会标示为“不予评级”。

中学文凭考试中的中国语文评核分为校本评核和公开考试两部分。校内评估属于进展性的评估，占全学科 20% 的分数；而公开评核则属于总结性的评估，占全学科 80% 的分数。校内评估的模式多样，除纸笔的测试外，学校也可按校内的情况，采用答问、开卷测验、专题研习、作文、综合评估活动和学习历程档案等评估模式。学校须替每位学生呈交一个阅读活动的分数和两个选修单元的分数呈交考评局，作为校本评核的成绩。

2012—2015 年的中国语文科公开考试分为卷一阅读能力、卷二写作能力、卷三聆听能力、卷四说话能力和卷五综合能力考核五份试卷。其中卷一阅读能力占全学科 20% 的成绩，考核以笔试进行，考试时间为 1 小时 15 分；卷二写作能力占全学科 20% 的成绩，考核以笔试进行，考试时间为 1 小时 30 分；卷三聆听能力占全学科 10% 的成绩，考核以笔试进行，考试时间约为 45 分；卷四说话能力占全学科 14% 的成绩，考核以口试进行，考试时间为 25 分；卷五综合能力考核占全学科 16% 的成绩，考核以笔试进行，考试时间为 1 小时 15 分。

中国语文公开考试的评核模式，于 2016 年将由以往阅读能力、写作能力、说话能力、聆听能力、综合能力考核的五份试卷评核改为阅读能力、写作能力、说话能力、聆听及综合能力考核四份试卷。评核修订中主要把原卷三聆听能力和卷五综合能力考核结合为一卷——卷三聆听和综合能力考核。占分比重方面，公开考试仍占全学科 80% 的分数，每卷的占分则有改动，卷一阅读能力的占分比重由 20% 改为 24%；卷二写作能力的占分比重由 20% 改为 24%；卷三聆听和综合能力考核，由于试卷的合并，占分比重由以往的 10% 和 16% 改为 18%、卷四说话能力的占分比重则维持不变。考核时间方面，卷三聆听和综合能力考核约为 1 小时 30 分钟，其余各卷的考核时间不变。2016 年校本评核和公开考试的评核大纲修订详见表 7—2，新修订的地方已用粗体和方格表示。

表 7—2　2016 年校本评核和公开考试的评核大纲修订情况

部分	内容	比重	评核形式	考试时间
公开考试	卷一　阅读能力	24%	笔试	1 小时 15 分钟
	卷二　写作能力	24%	笔试	1 小时 30 分钟
	卷三　聆听及综合能力考核	18%	笔试	约 1 小时 30 分钟
	卷四　说话能力	14%	口语沟通	25 分钟

（续表）

校本评核	必修部分： 阅读活动	6%	阅读活动1个分数	
	选修部分（两个单元）： 日常学习表现 单元终结表现	14%	每个单元呈交1个分数，选修部分合共呈交2个分数	

（资料来源：香港教育局，课程发展议会《中国语文课程及评估指引（中四至中六）》（2014））

（田小琳、秦嘉丽、林爱妮）

澳门高等院校教学媒介语

澳门有10所高等院校，包括：4所公立院校，分别是澳门大学、澳门理工学院、旅游学院、澳门保安部队高等学校；6所私立院校，分别是澳门城市大学、圣若瑟大学、澳门镜湖护理学院、澳门科技大学、澳门管理学院、中西创新学院。2013—2014学年，各高等院校共有1941名教学人员，高等教育课程注册学生29 521人，提供课程278种。相比2012—2013学年（教学人员共1916人，高等教育课程注册学生27 776人，提供课程272种）以及2011—2012学年（教学人员共1840人，高等教育课程注册学生26 217人，提供课程266种），无论教学人员、学生以及课程类型逐年均有所增加。

各高校使用的媒介语往往与这些学校的定位、办学目标相关，并受到不同专业、教师及学生状况的影响。

一　办学目标和学校定位

澳门高等院校教学媒介语的采用与办学方针、培养对象有关。整体而言，澳门高等院校教学媒介语主要是英语和中文，中文以当地常用的粤语为多，部分院校还使用同属官方语言的葡语。此外，面向特定专业如日本研究、法语专业等则使用目的语。高等院校的定位影响着它所使用的教学媒介语。公立院校中的澳门大学定位是面向世界的综合大学，除了某些特定科系以外，大多以英语作为教学语言；私立院校中，前身为澳门高等校际学院的圣若瑟大学则以身为葡萄牙天主教大学成员之一而立足于澳门的定位，亦以英语为教学语言，并以全校学生通晓中文普通话及葡语为目标；其余院校大多以培养本地人才为目的，其教学语言主要是中文，有以粤语为主的，也有以普通话为主的。

二 专业

专业科系也影响相关的教学媒介语。现今的商业社会的交流以英语为主，因而形成了与商业相关的专业主要以英语为教学媒介语。澳门理工学院虽然以中文为主要教学媒介语，但与商业相关的课程大多以英语作为教学媒介语，或既开设英语班，同时也有中文班；澳门管理学院虽然以中文作为教学媒介语，但教科书用书以英文为主，实际的教学媒介语是以中文为主、英语为辅。除此以外，计算机课程也主要以英语为教学媒介语，澳门科技大学虽以中文为主，但仍会辅以英语。此外，由于澳门的官方语言是葡语和中文，而澳门的法律条文仍以葡语为主，所以无论公立还是私立院校，与公共行政和法律相关课程的教学媒介语以葡语为主，又或分为葡语班与中文班。除了上述情况以外，与语言相关的课程，如中文系、英文系、葡文系、日文系、中葡翻译课程、中英翻译课程之类的教学媒介语则以所属科系之语言为其主要教学媒介语。

三 教师

澳门回归前，澳门高等院校教师以本地人为主。1999—2000 学年高等院校教师人数共 835 人，除澳门保安部队高等学校 11 名教师未显示聘任方式，其余 824 人中本地教师共 559 人，占 67.84%，而外聘教师共 265 人，占 32.16%。回归后，陆续有新的高等院校成立（包括 2000 年的澳门科技大学和 2002 年的中西创新学院），各高等院校陆续因应社会发展而开设新课程，尤其是 2009 年澳门高等校际学院更名为圣若瑟大学、2010 年亚洲（澳门）国际公开大学更名为澳门城市大学后，均增加各种专业的学士学位课程，高等院校外聘教师的人数和比例逐年增多：2000—2001 学年为 318 人，占教师总人数的 33.87%；2001—2002 学年增至 489 人，占教师总人数的 42.45%；到了 2004—2005 学年外聘教师更增至 803 人，首次超过教师总人数一半，为 52.79%。这种外聘教师超过总教师人数半数的情况一直持续至 2010—2011 学年才开始回落至 44.84%，人数为 825 人；而至 2012—2013 学年度，外聘教师为 657 人，占教师总人数 1916 的 34.29%。外聘教师人数回落的现象部分原因是之前的外聘教师已取得澳门人身份，成为本地教师。外聘教师分别来自中国内地、香港、台湾，以及葡萄牙、欧洲其他地区、北美洲、亚洲等地，其中华裔教师占多数，这提高了中文作为主要或辅助教学媒介语的比例。

四　学生

澳门回归前后，高等院校的学生人数不足 1 万，1999—2000 学年为 8476 人：公立学生人数为 5091 人，占 60.06%；私立 3385 人，占 39.94%。澳门科技大学及中西创新学院先后于 2000 年及 2002 年成立，圣若瑟大学于 2008—2009 起开始扩大招生。与此同时，公立高等院校修改了招生策略，从 2000—2001 学年起逐步扩大向中国内地为主以及其他邻近地区招生，澳门大学的外地生比例上限为 50%，而以培养本地人为主的澳门理工学院及旅游学院则以 15% 为上限。由于上述两个主因，澳门高等院校的学生人数从 2000—2001 学年的 12 749 人上升至 2012—2013 学年的 27 776，12 年间升幅为 117.86%；而当中以中国内地生为主的外地生人数由 5682 人上升至 9327 人，人数升幅为 64%。在中国内地学生已占澳门高等院校学生总人数 33.58% 现状下，普通话的使用情况逐年增加，而粤语的使用则日渐萎缩。

综合办学目标、专业、学生、教师四个层面来看。以澳门本地人为招生对象的院校或专业，如澳门保安部队高等学校、中西创新学院、澳门管理学院，以及澳门理工学院的社工课程，主要以中文作为教学媒介语，加之这类专业的教师主要来自本地以及情况相近似的邻埠——香港，因此，粤语就成为主要的教学媒介语。以中国内地或其他华语地区属领先地位（如音乐、心理学以及翻译等）的专业，不管中国内地学生在班中的比例如何，由于大部分教师的常用语言为普通话，用中文教学时则是以普通话为主而非粤语。语言专业方面，以澳门大学的中文系为例，21 名教师中，12 人常用语言为普通话，9 人常用语言为粤语，加上半数学生来自中国内地，因而形成主要的教学媒介语为中文普通话而非粤语的情况。由于圣若瑟大学以及澳门城市大学增加了多种专业课程，以英语或葡语作为教学媒介语在比例上也有增加的趋势。而澳门城市大学计划开办法语或德语的语言及文化课程，也令澳门高等院校小语种的教学媒介语由最初只有日语增加了法语、德语，让澳门高等院校的教学媒介语变得更多元。

（汤翠兰）

台湾语文生活状况(2014)

2014年,台湾地区的语言生活有不少值得关注,主要表现在开展阅读节活动、纪念方言母语日活动、调整高中社会科目课纲、"语言癌"问题、票选年度代表字等方面。

一　举办阅读节等活动

(一)读书·赠书·展书

4月19日,为庆祝2014年"4·23世界读书日",台中市文化局在草悟道举办全台首创的"阅读办桌"读书会,上千名民众携带自己喜爱的书籍到场,围桌而坐,分享阅读心得。台中市市长胡志强到场敲锣开席,启动这场大型读书会,并安排50名"阅读总铺师",端着摆满书籍的圆盘进场,以别开生面的"阅读开桌秀",将书籍送到各桌。胡志强表示,阅读是精神食粮,而且与三餐一样重要,台中市连续举办了17年的读书日活动,推广阅读运动,就是希望民众能将阅读当成吃饭一样,每天找时间阅读3次,社会将更进步、生活品质会更优质。文化局还安排了乐团演奏、仪仗队演出等活动,各区图书馆、出版社及阅读团体则设计互动游戏,到场设摊吸引民众参与,将静态的阅读转化成活泼又生动的热闹活动。

4月22日,台南市图书馆在新化区新化小学举办"种下书香种子"活动,向大新化区25所小学的446位学童赠予图书,鼓励孩子们多阅读课外读物。早在2013年9月,为了让本次参与活动的学童能选出自己喜欢阅读的书,一群热心的志工(义工)妈妈们就开始进行"非读BOOK种子偏乡洒"活动,在大新化区16所小学,每校各办理8次的绘本故事书导读活动,通过阅读引导,让阅读种子深化在每位学童心中,希望学童都能成为一位"爱阅读、会阅读、懂阅读"的书香种子。台南市"种下书香种子"活动自2008年举办以来,总计赠书给大台南地区100多所小学共2389位一年级的新生,洒种下两千多棵希望阅读幼苗。

4月23日，嘉义市在嘉北小学举行嘉义市中小学推动阅读教育成果展，嘉义市有关负责人颁奖表扬2014年推动阅读教育获特优的学校及各校阅读领航员、阅读小达人。该负责人强调，借由营造优质阅读空间及启发学生阅读兴趣及培养阅读习惯，以拓展眼界、开放心胸，提升未来竞争力，是所有教育者追求目标。活动现场，获奖的阅读领航员及阅读小达人分享了属于自己的阅读感受。

（二）第二届台湾阅读节

以阅读节、读书节或图书节来提醒社会关注阅读重要性的做法，在世界各地极为普遍。台湾阅读节2013年举办第一届，2014年为第二届。阅读节集合社会各界力量，举办了系列活动及阅读嘉年华会，台湾当局希望通过活动培养民众“买书、读书、送书”的习惯。

12月1日，配合台湾图书馆周活动，台湾公共信息图书馆举行阅读节活动，通过户外阅读宴、漂书和“点书”“借人”，邀请大家响应全民阅读。“点书”服务由图书馆提供书籍，台中家商进修学校学生担任服务人员，仿照真实咖啡厅供餐流程，由服务人员进行点书及送书，通过专人的桌边服务，让阅读更具现场感；“借人”服务，由专人到桌边说故事、进行APP教学或桌游教学，面对面、实时双向互动，增加阅读的新鲜感，让参与的人都觉得很有趣。

12月7日，台湾阅读节“书香传爱心”义卖活动在台湾图书馆广场的阅读嘉年华会上展开，义卖物品包括台湾著名乒乓球选手庄智渊的签名球拍、著名艺人林志玲的心爱饰品等。当天购买金额达到1200元新台币以上的民众，将获赠一本精美图书。此外，当天上午9时开始的嘉年华会还邀集各级学校、各地图书馆、出版社与作家等逾50个单位设置阅读摊位，提供活泼有趣的互动节目，包括图书馆杰出人士贡献奖颁奖典礼、千里传书情——露天书墙、电子书体验区、阅读踩街、幸福跨界、乐游Q版漫画区、咖啡拉花艺术、阅读茶香、书香森林奇遇记、集章摸彩换大奖等内容，展现了台湾丰富的阅读能量。

二　纪念母语日活动

（一）举办“台湾母语日”海报设计比赛

7月7日，台湾教育主管部门发布公告称，为鼓励学生学习、运用各种本土语言,增进各族群间的了解、尊重、包容,推广本土语言,决定举办"台湾母语日海报设计比赛活动"。活动以"台湾母语日"传承语言文化、尊重多元价值、教育落实深耕、情感追寻认同为主轴,进行设计。7月14日至9月30日,参赛者分为学生组、社会及教师组。①

11月10日,台湾教育机构公布了"台湾母语日海报设计比赛活动"结果:活动共收到参赛作品424件,经过初审、复审等程序,共有28件优秀作品获奖。作品创意丰富多元,显示出大众对"台湾母语日"的了解与重视大幅提升。11月26日,教育部门举行了"台湾母语日海报设计比赛活动"颁奖典礼,公开奖励28位获奖者。②

资料来源:台湾教育主管机构网站2014年11月26日

图7—1 "台湾母语日海报设计比赛活动"获奖者

(二)举行"表扬推展本土语言杰出贡献奖"

2月21日,台湾教育主管部门为响应"世界母语日"保存语言多样性、促进母语传承的精神,举行了"表扬推展本土语言杰出贡献奖"颁奖典礼,共有10位得主(个人及团体)获奖。该奖项于2013年9、10月间向社会征集,有116项获各界举荐。10位得主分别来自艺术、教育、宗教、企业等不同领域。台湾教育主管

① 见台湾教育机构相关网站,http://www.edu.tw/news1/detail.aspx? Node= 1088&Page= 24092&Index= 1&WID= 6635a4e8-f0de-4957-aa3e-c3b15c6e6ead。

② 见台湾教育机构相关网站,http://www.edu.tw/news/detail.aspx? Node= 1089&Page= 25552&Index= 5&wid= c5ad5187-55ef-4811-8219-e946fe04f725。

机构“表扬推展本土语言杰出贡献奖”自2008年开办以来,迄今累计有101位个人及22组团体获奖。

三　调整高中社会科目课纲

(一)调整程序

为顺利推进十二年国民教育,台湾教育主管部门已于2012年完成高中自然、数学科目的课纲微调,2013年开始检视高中国文、社会科目的课纲。经过6次联席会议、4次小组会议、2次咨询会议、3次公听会,最后于2014年1月27日召开课程审议会,台湾教育当局表决通过了高中国文、社会科目的课纲微调,2015学年度的高一新生开始使用。其中,社会课纲包括历史、地理、公民3科。

(二)调整核心内容

台湾教育当局强调,课纲微调是为了强化台湾主体性,中性地呈现历史,符合台湾有关的法律法规。例如,确定把“中国”改为“中国大陆”,将“日本统治时期”改为“日本殖民统治时期”,将“日本帝国大东亚共荣圈的构想”改为“日本帝国大东亚共荣圈的侵略构想”。对于慰安妇的描述则增加“被迫”二字。

台湾教育部门有关负责人表示,现行历史高中教科书中“台湾史”部分与中国历史切割太清楚,造成不连贯,且许多台湾史内容偏离台湾有关法律,所以这次决定调过来。又说,教科书对于日本殖民统治台湾期间太过歌功颂德,好像现在台湾的建设,都是以前日本人打下的基础。微调后的历史课纲,不再美化日本殖民统治,而是强调了台湾的主体性。

对于课纲微调,“台湾教授协会”等台湾本土社团以及民进党等泛绿政党都持续抗议反对。

四　关于“语言癌”问题

(一)何谓“语言癌”

“语言癌”是借用医学概念的一个形象说法,是指人们口头或书面表达时,会出现一些无意义的冗词赘字，这些冗词赘字就像癌细胞一样不断复制增生，充斥于许多人的口中或报刊媒体的文章里面。例如，“下架”被说成“进行一个下架的动作”，“了解”说成“做一个了解的部分”，“处理”说成“做一个处理”，等等。这种“语言癌”的不当增生已经扩散到了媒体、大众口中，上至各级领导人、新闻发言人、授课老师，下至一般民众都经常出现。

（二）“语言癌”成因探讨

化简为繁、以拙代巧的“语言癌”日渐泛滥，余光中等学者认为，这和中文“恶意西化”有很大关系，大家只顾学英文、看翻译小说，不再阅读用字精简的中文经典作品，结果英文没学好，却把中文学坏了。近些年来，电视、网络等媒体又推波助澜，使得讲病态中文反而变成了时尚。①

也有人认为，碎片化阅读导致思考力弱化也是语言癌的成因之一。台北市景美女中的国文科老师陈嘉英直言，互联网时代，很多人每天花数小时滑动手机阅读零碎的信息，脑袋就会充满网络用语，无法思考论述，话说不好、作文写不好，都和思考力弱化有关。因此，必须时时刻刻警惕自己别说“笨话”。②

（三）应对措施

台湾科普新闻网“泛科学”总编辑郑国威建议，《联合报》社可邀请语言学家从科学角度探究“语言癌”的起源，而非强加太多“纠正”，这也许会发现更多有趣的现象，也能引起更广泛的讨论。他还建议，在相关机构网站上设立一个“语言癌专区”，民众看到、听到有人写出或说出“做了一个××的动作”等赘词赘语时，就贴上该专区；同时，还可定期办评比活动，选出“语言癌”最严重的人或单位。③

“语言癌”问题的讨论也引起了台湾教育行政主管部门的重视。教育部门相关负责人表示，未来订定语文领域的课纲时，提升语言表达能力将列为重要选项，不只国文课如此，数学、自然或社会等其他科目，也应重视表达能力，让学生

---

① 《“进行一个××的动作”你得语言癌了吗？》，《联合报》2014年12月19日。

② 同注①。

③ 侯利安《科普网站总编辑：推“语言癌”诊断纪录》，《联合报》2014年12月21日。

有更多机会讨论、上台演讲;国中教学时,要学生辨正类似“陆续展开一个救援的动作”的语句中有何赘词,而在基础能力测试及国中会考时,适时出语病、赘词方面的辨正题。①

五　票选年度代表字

(一)票选启动

11月1日,“台湾2014代表字大选”启动,共有名人专家推荐的60个代表字候选。受到“食安风暴”影响,不少名人推荐“馊、黑、混、怒”等反映社会现状的字;但所谓祸福相倚,推荐字中亦不乏“良、善、真、诚”等具有正能量的字。

名厨“阿基师”郑衍基推荐的年度代表字是“愧”,他说因为台湾的食品安全状况,连他这种餐厨专业人士都觉得无力、无助,因此感到很惭愧。台湾“中研院”副院长陈建仁则推荐了“盼”字,他认为过去一年虽有学运、核四、气爆、馊油等事件,但台湾在振奋和哀愁中,仍盼望美好而全新的一年来临。《联合报》总编辑游美月推荐“诚”,期盼社会能回归以“诚”为本的价值观,当局和企业在“诚”的基础上发挥竞争力。游美月指出,“黑、怒、混”等字也许代表大家的心情,但希望民众不要陷在纷争之中,鼓励他们票选代表字宣泄怨气,同时帮助台湾找寻新力量。

11月1—11日,《联合报》民意论坛分批刊出六十个推荐字,并从12日起开放民众票选。

(二)票选结果

12月3日,“台湾2014代表字大选”揭晓,“黑”以12 489票当选为2014年的代表字。第2到10名依序为“馊、油、怒、食、假、伪、混、怨、崩”。

① 张锦弘《联合报“语言癌”专题获回响 教部开药方》,《联合报》2014年12月20日。

资料来源：台湾联合新闻网 2014 年 12 月 4 日

图 7—2　台湾 2014 代表字“黑”

2013 年受食品安全风暴影响，台湾年度代表字选出“假”，第二名就是“黑”；让人没想到食品安全问题延烧到了 2014 年，黑心油事件重创岛内食品餐饮业，“黑”字成为当年的年度代表字；而且还创下纪录，得票数高的前十名全部是负面字，到第 11 名才出现正面字“诚”。

2014 年前三名都与食品安全相关，第四名的“怒”则和太阳花学运有关。作家郭琼森表示，学生占领立法机构办公地、反服贸、反高房价、反十二年国教，台湾人民“怒得有理”。《联合报》总编辑游美月表示，黑暗之后，黎明就来了，世界有黑就有白，如果台湾能因此看清楚黑白，明辨是非，找到方向，未来就能有所期待。

“台湾代表字大选”活动今年进入第七年。2008 年选出“乱”，2009 年选出“盼”，2010 年选出“淡”，2011 年是“赞”，2012 年是“忧”，2013 年是“假”，每个字都反映了当年的社会意向与民众想法。

（余桂林）

台湾中小学语文课程纲要及课程计划

台湾从2001年正式推出国民教育阶段《国民中小学九年一贯课程暂行纲要》，2004年9月全面实施，2008年对总纲做了调整，取消了"暂行"二字。2011年1月，台湾当局启动起草规划十二年国民基本教育的发展建议书和课程发展指导书，9月行政主管机构核定了"十二年国民基本教育实施计划"；2014年11月28日，教育行政主管机构发布了《十二年国民基本教育课程纲要总纲》（以下简称《十二年国教课纲》），预计于2018学年开始逐年实施。①

一　台湾地区国语文课程纲要

（一）《十二年国教课纲》与《九年一贯课程纲要》

《九年一贯课程纲要》（语文学习领域）的基本理念是，培养学生理解和灵活运用中国语言文字能力，能有效应用国语文，激发阅读兴趣，学习利用工具书，结合网络，增进语文学习广度和深度。②

《十二年国教课纲》规定国语文属部定课程，国民小学一、二年级的国语文课程每周六节，三年级至六年级是每周五节，国民中学七至九年级是每周五节。每节上课时间是国民小学40分钟，国民中学45分钟。每周国语文课小一、小二生上240分钟课，小三至小六上200分钟，七至九年级上225分钟，与现行其他领域之部定课程相较，国语文的节数仍是最多，显示台湾地区对国语文教育的重视。

九年一贯的精神是以"学生学习"取代"学科本位"③的传授，各校可考量自

---

① 参见《十二年国民基本教育课程纲要总纲（发布版）》，http://www.naer.edu.tw/files/15-1000-7944，c639-1.php? Lang= zh-tw。

② 参见《国民中小学九年一贯课程纲要语文学习领域（国语文）》，http://teach.eje.edu.tw/9CC2/9cc_97.php。

③ 学科本位又称科目本位，重各种科目个别独立及以科目为单位之组织方式。

身条件、学生需要、家长期望等因素制订课程。重视培养学生带着走的基本能力。《十二年国教课纲》的精神是“全人教育”，强调学生是自发主动的学习者，以“成就每一个孩子适性扬才、终身学习”为愿景。两者是台湾地区国民教育最高指导方针，各县市中小学再据此编排课程计划，形塑教学特色。

（二）《十二年国教课纲》的主要规定

在教材编选方面，应配合各阶段能力指标，小一、小二以发展口语表达为主，小三至小六由口语表达过渡到书面表达，七至九年级口语与书面语并重。教材设计方面，就注音符号、文字应用、聆听、说话、阅读、作文、写字等能力来规划。编选教材范文时，所用的教材应结合学生的生活经验及当代议题，兼顾文字深浅、题材性质、文类、表述方式编排。六年级渐次融入文言文，七年级文言文需占10%—20%，八年级占20%—30%，九年级占25%—35%。七至九年级的教材视需要附上导读、作者、注释、赏析、思考问题。

苏新春与邱燕林曾调查大陆与台湾各两套教材的古代近代选文（古代近代作品以19世纪末为限），发现大陆的人教版选文比例是24.35%，语文版比例是30.99%，台湾的翰林版比例是30.96%，康轩版比例是31.32%，显示台湾教材相当重视中国传统优秀作品。[①]苏新春与邱燕林的统计是总数，并未按年级逐一统计，但统计结果亦证明教材编辑确实照顾了九年一贯课程纲要文言文的要求。

此外，还有更细致的规范，如国语文教材的编辑还需掌握基本识字量3500—4500字，小学阶段识字教学宜采用部首归类，国中配合六书常识，“注音教材”的注音原则方面，小一至小四需全部注音，之后则仅于生难字词、歧音异义字词注音。“聆听与说话教材”编选原则应以阅读单元及相关语料为基础，由浅入深，随机教学的说话教材采用“先说再写”原则。“写字教材”应配合单元教材生字为基础，小一、小二习写硬笔字为主，小三之后兼习毛笔字。“阅读教材”可提供插图或图表，小一、小二图文篇幅宜各占一半，之后酌情增减，国中以文为主，插图为辅。“写作教材”以学生生活经验为中心。

在教学原则方面，“注音符号”小一前十周采用综合教学法，拼读时采用“直接拼读法”。聆听能力的原则是采用随机教学，听与说结合，先听后说，可采用联

① 参见苏新春、邱燕林《海峡两岸中小学语文教材选文比较》，《中国语言生活状况报告（2013）》第237页，商务印书馆2013版。

络教学[①]。"说话能力"的原则是配合学生生活经验，由听到说，可采用联络教学，透过各种媒材培养说话能力。"识字与写字教学"原则是配合部首、六书，理解形音义，"写字教学"就描红、临摹、自运与应用循序学习。"写作能力"方面，小一、小二由口述作文开始，小三、小四由口述作文转为笔述作文，小五之后能熟练笔述作文。

二　新北市国语文课程计划

本小节以新北市[②]为例，说明该市中小学2014学年第一学期的国语文课程计划。

中小学的国语课教材常见版本有翰林版、南一版、康轩版，教师亦可自编教材。小学的三种版本各册是14课，中学的三种版本各册是12课。各校"国语领域课程计划"为制式表格，内有本课程每周学习节数、学习（总）目标、课程架构、参考文献及网站、课程内涵等讯息。课程内涵采用表格形式，依照教学期程、能力指标、主题或单元活动内容、节数、使用教材、评量方式、备注编排。

新北市中小学国语课程计划中，获选优良者普遍的特色是详尽又有变化，因为书商会提供制式的课程计划，而且内容详尽，尤其是课程内涵的"主题或单元活动内容"，有的版本是扣紧九年一贯的注音符号、聆听、说话、写字、阅读、写作活动依序说明；有的版本采综合说明，从引起动机、朗读课文、讲述大意、生字教学、语词练习等逐一描述，无论哪种方式，共同点都是将教学过程叙述详细，有些计划还列出所设计的问题及练习题目，例如康轩版一年级的"第一课 猫咪"，教师进行聆听教学时，写道：1.配合教学光碟，聆听故事。2.请学生听故事后，再回答问题："猫咪弟弟为什么不肯练习？""猫咪弟弟躲在哪里？""谁去安慰猫咪弟弟？""最后，猫咪弟弟得到第几名？"再如南一版二年级的"第一课 升上二年级"，提供的句型练习题目是"有的……有的……""一……马上……"。

尽管有书商拟定的参考版本，多数学校会根据学校主题课程（或校本课程）、延伸活动、自编教材，凸显该校国语文课程特色。例如新店区达观国小一年级"第二课 可爱鹅宝宝"，教师根据校本课程，配合"晨光共读时间"设计阅读教学，

① 指注重课程前后之联贯，兼及各科之间的联系，以收完整及同时学习的效果。

② 新北市前身是台北县，2010年12月25日改制升格为市。

内容是：

注音符号童诗：小猫

1. 配合课本，教师影印好的注音符号童诗，复习本课所学的注音符号，利用生动有趣、朗朗上口的童诗，加深对符号的印象及正确写法。

2. 老师领读，学生练习用正确、自然的态度，表达情意；并藉由上台朗读的机会，训练胆量。

3. 配合诗，画出诗中情境，画出心中的想法。

同样是上“可爱鹅宝宝”一课，板桥区海山国小的校本课程设计了补强教学：共读（韵文唐诗）教学，内容是：

1. 连线播放唐骆宾王著《咏鹅》，跟着用国语朗诵和闽南话朗诵，欣赏唐诗的意境之美。

2. 观看老师自制《咏鹅》PPT，跟着朗诵本诗，并聆听老师解释本诗的诗义。

3. 老师阐述骆宾王七岁写出此诗的有趣的背景故事。

4. 欣赏“白”“绿”“红”色彩对比的美。

5. 练习习写《咏鹅》学习单。

石碇区石碇国小三年级的补强教学主题是“识字”，在国语课中，拨出部分时间做识字教学，如上“第一课 东东受伤了”时，安排：

音近、形似的辨认：文字加减乘除

形似字：用学过的字加减笔画学习生字

1. 分组进行讨论。

2. 以最正确又快速者为优胜，教师给予赞美与奖励。

【例】躲 — 朵 = 身

森 ÷ 3 = 木

上“第四课 伯公的戏偶”时，排定的识字课程是：

集中识字高手：字族文——请学生圈出有“青”这个部件的字，再分析每个字在句中的意思。

歌谣：天气晴，河水清，
晚上真安静，
小青请小靖，
张开大眼睛，

静静看星星。

【例】晴是日＋青，和太阳有关

邓公国小五年级上“第二课 带箭的花凫”时，因为该课与生态环境有关，教师结合日常议题安排了延伸活动：

举办辩论会——“找不同观点”

举生活议题或社会议题为例，引导学生认识何谓“找不同观点”？

例如：

1. 小朋友该不该打电动玩具与游戏？赞成的理由是什么？不赞成打电玩的理由是什么？

2. 小学生该不该穿制服？同意的理由是什么？不同意的理由是什么？

3. 核电厂该不该废除？赞成废除的理由是什么？不赞成废除的理由是什么？

国中阶段，各校的国语文课程计划亦有许多的精彩设计，如板桥区新埔国中七年级“第五课 我在台东，心情，晴”，由于该课的主题是台东美景，教师拟定的综合活动是利用学校的地缘与人人喜爱的饮食主题，让学生制作板桥的美食地图，并上台分享，引发学生认识家乡的动机。

美食大搜查：临近学校附近的裕民夜市，是同学们放学后解馋的活动点，请同学分组制作一张美食地图，并上台报告分享地图所列代表店家的招牌美食。

五股区五股国中八年级“第三课 世说新语选”属中古汉语教材，教师以书名中的“新语”为关键词，安排主题活动，透过青少年流行的火星文、网络语言现象，关照文化意涵、人际相处等议题，颇具巧思。

世说“新”语

1. 语言随时间变动，深受外来文化、青少年“火星文”及网络“酸民”言论等影响，请同学思考有哪些文辞即是，并于课堂发表。

2. 收视现代新新人类的“世说新语”，并深入了解文化背后意义。

3. 人际相处及两性平权观念亦常关涉于人们行为、言语甚或种族观念上，观察倾听报章媒体或同侪间，是否在言语或行为上有涉及不当之言行举止。

4. 配合“校园友善运动”推行，请同学思索怎样的言行举止才符合文明人之定义？

中和区锦和高中国中部九年级上“第二课 五月天——成功，是失败的累积”时，进行作文练习，融入品德教育与生涯发展教育，以引导方式让同学先搜集成功者的奋斗故事，并思考成功的意义、成功的方法，然后再写出作文。

请同学先搜集成功者的奋斗故事，可以选择自己感兴趣的领域中的成功人士。（如王永庆、蔡依林、五月天、成龙、杨丞琳、吴宝春、阿基师等）从《生于忧患，死于安乐》及《五月天——成功，是失败的累积》两文中，引导同学思考什么是成功？如何成功？成功可能一路顺遂就能得到吗？追求成功会面临考验、艰辛吗？面对生命中的关键苦难时刻又该如何抉择、如何面对？

可参考《101个改变人生的学习经验》，以书中例子引导同学思考。http://www.cwbook.com.tw/product/ProductAction.shtml? prodId= 0000008184

以讨论的几个主题为文章骨干，请同学就所搜集的资料，为成功者写一篇传记或报导。也可以自己的成功经验为题写一篇文章。

三 余言

台湾新北市的小学与中学国语文课程设计有很大不同。小学阶段教师对注音、说话、识字、造词、造句方面的课程设计，花费较多心力；中学阶段强化辨识文言虚词、成语、读写的能力，教师试图透过延伸活动，引领学生更深入关心周遭环境，思考生活、品德等课题。

台湾中小学的国语文课程计划有制式表格，教师多能注意对应九年一贯的能力指标，适度融入学校本位课程或政府机关倡导的议题，让各校的国语文课程增添更多元素，亦呼应了九年一贯与十二年国教倡导的精神理念。

（高婉瑜）

第八部分

参　考　篇

英国《面向未来的语言》报告

2013 年 11 月，英国文化协会（British Council）发布《面向未来的语言》报告，公布对英国具有战略意义的十种关键语言。英国文化协会战略部主任在报告前言引用了他在北京某大学看到的曼德拉的一段关于语言的论述："如果用一个人听得懂的语言和他交谈，触动的是他的思维；如果用一个人的母语和他交谈，触动的则是他的心灵。"报告以中英文对照的形式展示了这段话，直观地显示出多语主义正逐渐成为范式，也体现了国民外语能力在英国所引起的越来越多的重视。

一　发布原因

（一）英国公民外语能力不容乐观

英国的语言资源丰富。主要的本土语言有：威尔士语、盖尔语、爱尔兰语、苏格兰语、马恩岛语及康沃尔语等，共计 200 至 300 种，这些语言代表了生活在英国的各个民族。① 2011 年英国人口普查（UK Census）显示，波兰语是除英国本土语言外使用最广泛的"主要语言"。由英国教育部（the Department for Education）②、苏格兰行政机构（the Scottish Executive）③、威尔士教育部门④联合发布的一项普查及北爱尔兰教育部（the Northern Ireland Department of Education）开展

① John Eversley 等（2010）*Language Capital. Mapping the Languages of London's Schoolchildren*，CILT/Institute of Education。

② 来源：英国全国课程领域语言发展协会（2011）*School Census January 2011 Language Data. Number of Compulsory School Age Pupils in Primary，Secondary and Special Schools by Declared First Language*: www.naldic.org.uk/research-and-information/eal-statistics/lang。

③ 来源：英国国家统计局（2011）*Pupils in Scotland 2011. Main Home Language*。

④ 来源：威尔士国民议会（2010）*School Census*: http://wales.gov.uk/topics/statistics/headlines/schools2011/110906/? lang= en。

的一项研究[①]显示，英国在校学生常用的10种语言中，有4种来自印度次大陆（旁遮普语、乌尔都语、古吉拉特语、孟加拉语），3种来自欧洲（波兰语、法语、葡萄牙语），另外3种语言分别是阿拉伯语、泰米尔语及索马里语。

尽管拥有丰富的语言资源，英国国家外语能力仍亟待提高。该报告公布了一组体现英国国民外语能力的数据：

1. 欧洲语言能力调查（the European Survey on Language Competences）的结果显示，英国学生的成绩比参与调查的其他国家的学生差。[②] 事实上，在即将参加普通中等教育证书考试（GCSE）的英国学生中（15岁），有30%基本不会使用他们所学的外语。

2. 在英国普通教育证书高级考试（A-level）中学习外语课目的学生人数逐年下降，仅2013年一年就下降了5%。外语类课目仅占所有课目的3.8%。[③]

3. 参加语言类学位课程的学生人数很少。[④] 有文章称，2013年参加语言类学位课程学习的人数为4700人，而学习商科的人数是这一数字的十倍。[⑤]

4. 英国雇主常对毕业生的外语能力表示不满。根据2013年英国工业联合会（the Confederation of British Industry）的一项商业调查，仅36%的雇主对雇员的外语能力表示满意，而对雇员信息技术使用能力的满意度则高达93%。[⑥]

5. 2012年英国商会（the British Chambers of Commerce）在一项报告中指出，无法使用除英语以外的语言进行贸易活动的不足正影响着英国的出口表现。他们在报告中同时提出，英国外语能力低下的程度已相当严重：高达96%的受访者在其工作领域不具备任何外语使用能力，而最严重的语言赤字情况出现在发展最快的行业。[⑦]

6.英国文化协会委托Yougov网络调查公司对英国国民外语能力状况进行

① 来源：北爱尔兰教育部（2013）*Newcomer Pupils*: www.deni.gov.uk/index/support-and-development-2/additional-educational-support/newcomer-policy.htm。

② 来源：欧盟委员会（2012）*First European Survey on Language Competences. Final Report:* http://ec.europa.eu/languages/eslc/index.html。

③ 来源：英国资格认证联合委员会（2013）*A、AS and AEA Results、Summer 2013*。

④ 来源：参见英格兰高等教育基金管理委员会的最新报告：www.hefce.ac.uk/whatwedo/crosscutting/sivs/data。

⑤ 来源：该数据发表在：www.ucas.com/sites/default/files/daily-clearing-analysis-subject-130816.pdf。

⑥ 来源：英国工业及皮尔森联合会（2013）*Changing the Pace. CBI/Pearson Education and Skills Survey 2013*。

⑦ 来源：英国商会（2012）*Exporting Is Good for Britain – Skills:*www.britishchambers.org.uk/policy-maker/policy-reports-and-publications/exporting-is-good-for-britain-skills.html#.UMDH-9vKdAM。

了调查。其结果显示，75%的英国成人无法使用此次选出的十大关键语言中任何一种进行交谈（见图8—1）。[①]

问题：以下语言中，你能使用哪一种或哪几种进行一次谈话？

（百分比）

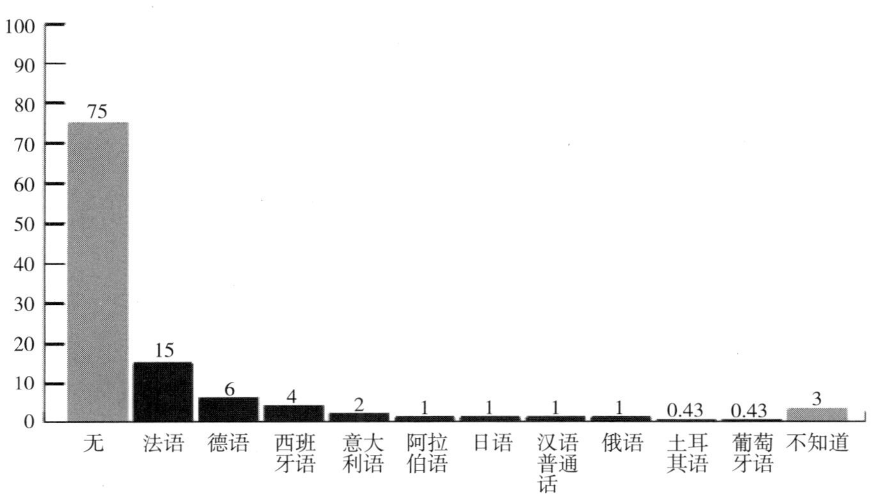

图8—1　英国人口外语能力状况调查

（二）提高公民外语能力刻不容缓

英国国民目前缺乏学习外语的动力及热情，外语能力因此普遍不高。造成这一现状的部分原因即英语在世界范围的主流地位，此外，在英国人的观念中，学习外语是一种学术追求而非获得某种关键能力。2006年一篇分析全球语言趋势的文章[②]曾对英国国民发出警告，不要因英语在全球的主流地位而感到自满，并预测英语的竞争优势将日渐衰弱，英语单语使用者将无法融入多语环境，因而可能面临黯淡的经济前途。英国科学院的一项案例中指出，了解不同语言、文化及社会，了解使用不同语言与他人互动的方式，了解其他语言与英语的互动方式，是促进跨文化交际、提高国际社会幸福度的重要手段。[③] 因此，无论从就业、国际贸易、经济、文化生活哪方面看，提高国民外语能力都十分重要。从简单

① 来源：YouGov对4171名英国成人进行的一项调查。田野调查开展于2013年10月1日至4日。问卷调查使用网络问卷。所得数据已加权，可代表英国全体成年人（18岁以上）。

② David Graddol（2006）*English Next*. British Council.

③ 来源：英国科学院（2011）*Language Matters More and More. A Position Statement*。

的日常对话到稍复杂的国际贸易洽谈，理解与被理解始终是关键。

针对英国国民外语能力不足的现状，该报告在结尾处提出九条建议：(1)给予外语与传统主干课程(科学、技术、工程和数学)同等重视；(2)政府和商业界应共同探讨，发展语言教育政策，调整语言重心；(3)鼓励商业界培养员工外语能力；(4)政策制定者应有效利用英国散居社区及少数民族社区中的语言资源，增加民众学习十大关键语言的机会；(5)将外语纳入主流课程，并加深对相应文化的了解；(6)学校应充分利用一切语言教学资源及机会；(7)学生应有更多机会接触不同语言及文化，学生及家长应在校外寻求更多语言学习机会，应告知学生外语能力对工作及今后生活的价值；(8)政策制定者及从业者应与国外教育文化团体建立更广泛深入的合作；(9)鼓励无法运用这十种关键语言的英国成人至少学习其中一种语言的基础知识。

二　英国十大关键语言

英国传统热门外语为法语、西班牙语和德语。英国文化协会该报告结果显示，这三门外语确属关键语言，英国民众过去并没有学习“错误”的语种，问题在于，仅学习这三种语言还远远不够。英国需要更多人学习更多语种，全面提高国民外语能力，并使掌握外语技能的英国民众从中获益。该报告根据对英国的战略意义和价值，依次列出了英国十大关键语言，其中汉语位列第四，重要性超过德语、俄语和日语(见表8—1)。

表8—1　英国十大关键语排名

1	西班牙语
2	阿拉伯语
3	法语
4	汉语
5	德语
6	葡萄牙语
7	意大利语
8=	俄语
8=	土耳其语
10	日语

三　关键语言评选要素

无论是中央政府、教育机构抑或私人团体，在考虑语言学习投资时都需要进行系统的投入产出分析。该项报告在评选英国关键语言时，采用了一系列要素进行分析，其中包括四项经济要素、四项非经济要素及两项平衡要素（见表8—2）。这十项要素充分考虑了英国当前的实际需求，同时也具有前瞻性。分析数据来源于国际组织、英国政府、商业组织及独立调查。

表8—2　评选关键语言十大要素

十大要素		
1	当前出口贸易	经济要素
2	商务外语需求	
3	未来贸易重心	
4	新兴快增市场	
5	外交安全重心	文化、教育及外交要素
6	公众语言兴趣	
7	旅游产业需求	
8	留学政策重心	
9	他国英语水平	平衡要素
10	网络使用程度	

（一）经济要素

据调查，2012年英国最大的出口市场为美国，中国排第七。第二至第五位的国家依次为：德国、荷兰、法国、爱尔兰，比利时和卢森堡并列第六。[①] 由于美国及爱尔兰使用英语，比利时的官方语言为荷兰语、法语和德语，卢森堡的官方语言包括德语和法语，故排名前七位的国家中涉及的语言主要为德语、荷兰语、法语和汉语。在“当前出口贸易”一项的分析中，汉语重要性排第四。

据英国工业联合会2013年的一项调查显示，70%的受访企业将语言能力作为评估其员工的一项标准。在此项调查中，有49%的公司认为法语对其最为重

① 来源：英国国家统计局（2013）*Publications Tables UK Trade February 2013:* www.ons.gov.uk/ons/publications/re-reference-tables.html? edition= tcm:77-279148。

要，法语重要性排首位。汉语普通话以28%排第五。[①]

在“未来贸易重心”一项的分析中，报告显示中国不在英国政府未来贸易重心之列，故汉语在该项未获加分。

“新兴快增市场”一项中的分析数据来自于由英国工商业联合会(CBI)与安永会计师事务所(Ernst & Young)共同发布的一份报告。该报告认为，为提高英国出口潜力，有必要提高国民语言能力，并呼吁以学习欠发达国家中快速增长市场使用的语言为目标，提出更多建设性方法。[②] 在该项分析中，汉语重要性排第五。

综合前四项经济要素分析结果，汉语重要性排第五，前三名分别为：德语、法语、西班牙语(见表8—3)。

表8—3 经济要素分析结果

语种	得分
德语	24
法语	23
西班牙语	23
阿拉伯语	15
汉语普通话	15
荷兰语	14
葡萄牙语	10
俄语	9
瑞典语	9
波兰语	8

(二)文化、教育及外交要素

英国文化协会一项有关外交及国家安全的调查报告显示，在英国外交与联邦事务部(FCO)一项名为“卓越外交”(Diplomatic Excellence)的议程中，语言能力已得到越来越多的重视。语言能力连同有关外国、外语、不同民族的专业知识一道已成为英国外交技能中的重要组成要素。该调查报告还促使英国国家安全议程将预防冲突、缔造和平等语言在其中会起到重要作用的各项活动都纳入其

① 来源：英国工业及皮尔森联合会(2013) *Changing the Pace. CBI/Pearson Education and Skills Survey 2013*。

② 来源：英国工业联合会/安永会计师事务所(2011) *Winning Overseas: Boosting Business Export Performance*。

中。该报告虽未直接选出关键语言，但阿拉伯语与汉语是报告中被提及最多的两种语言。[①] 在分析“外交安全重心”一项时，研究者主要利用了该调查报告的数据，因此汉语在此项获得加分。

在考察“公众语言兴趣”时，研究者将成人参加语言初学者课程的情况视为考察标准，因为这一标准最能客观体现英国草根民众的语言兴趣。研究者调查了成人参加夜间语言课程的情况，结果显示，英国民众对西班牙语最感兴趣，汉语在该项位列第六。[②]

“旅游业需求”一项考察了英国重要的出入境旅游市场，调查显示中国并非英国的重要出入境旅游市场。故汉语在此项中未获加分。

在 2013 年 7 月，英国政府发布了“国际教育战略”（International Education Strategy），指出了新兴经济体中人口结构变化所带来的机遇。这一机遇既包括吸引国外学生赴英留学，也包括支持英国学生出国留学。英语教学是该战略中的重要部分，但英国政府也在其中表达出希望与他国在互相尊重的基础上建立外交关系，希望同他国进行思想交流及民间外交的愿望。该战略将八个国家及一个地区列为国际教育合作的关注重点，其中包括中国。[③] 汉语因此在“留学政策重心”一项中获得加分。

综合文化、教育及外交四项要素的分析结果，西班牙语重要性居首，汉语位列第五（见表 8—4）。

表 8—4　文化、教育及外交要素分析结果

语 种	得分
西班牙语	35
阿拉伯语	20.5
葡萄牙语	20
法语	18
汉语普通话	16.5
意大利语	16.5
德语	14.5
土耳其语	11
波兰语	7.5
波斯语	7

① 来源：英国科学院（即将出版）*Lost for words. The Need for Languages in UK Diplomacy and Security*。

② 来源：www.hotcourses.com。

③ 来源：英国政府（2013）*International Education: Global Growth and Prosperity*。

（三）平衡要素

除前两大类分析要素外，其他国家的英语水平，网络中各语言的使用程度也被作为两项平衡要素加入分析，以使结果更为公正客观。

报告中列出了被调查的30个国家的英语水平，中国的英语水平为低（见表8—5）。①

表8—5 相关国家及地区英语水平

英语水平	相关国家和地区	对应语言
非常低	智利、科威特、巴西、埃及、阿联酋、哥伦比亚、沙特阿拉伯	西班牙语、阿拉伯语、葡萄牙语
低	印尼、伊朗、俄罗斯、台湾地区、越南、土耳其、中国、卡塔尔、墨西哥	西班牙语、印尼语、波斯语、俄语、汉语及方言、越南语、土耳其语、阿拉伯语
中等	西班牙、葡萄牙、日本、法国、意大利	印度语、法语、德语、西班牙语、葡萄牙语、日语、意大利语
高	比利时、奥地利、德国、波兰、新加坡、马来西亚	荷兰语、法语、德语、波兰语、马来西亚语
非常高	瑞典、荷兰、挪威	瑞典语、荷兰语、挪威语

由互联网数据得出的结果显示，英语虽仍为互联网上主流语言，但汉语已紧随其后，以24%位列第二（见图8—2）。②

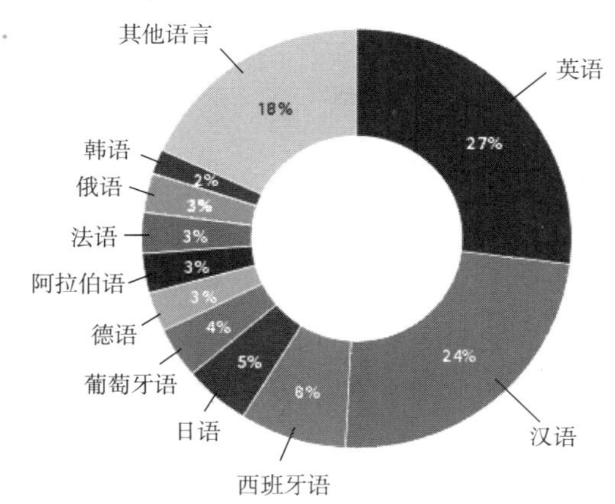

图8—2 网络世界中各语言的使用状况

① 来源：英语熟练度报告：www.ef.co.uk/epi。

② 来源：十大网络语言：www.internetworldstats.com/stats7.htm。

四　中英关系密切，汉语使用者缺口大

报告结尾详细介绍了十种关键语对英国的意义及其使用状况，汉语位列关键语第四，体现了中英两国间密切的商业往来及紧密的国际关系。

目前，中国是英国第七大商品出口市场，同时，中国也是英国第二大进口来源国。2012 年的统计数据显示，英国对中国出口总值为 105 亿英镑，英国对中国进口总值则相当于 315 亿英镑。中国因此成为英国最大贸易逆差国。①

目前，普通话是英国外交与联邦事务部优先级语言之一。由于中国不断增强的经济实力与战略重要性，英国在中国增设了不少外交职位，且提供给普通话使用者的职位数将有望增加 40% 。②

到 2020 年，全球 18 至 22 岁的年轻人中，一半以上将来自于中国及其他三个国家。由于拥有大量生源，中国将成为在国际教育上被优先考虑的国家。③预计在未来三年内英国来华人数将上升 20% ，达到 15 000 人。④

2011 年，英国教育部调查了英国中小学生中以其他语种作为第一语言，英语作为第二语言使用的情况。该调查显示，汉语以约 16 500 名使用人数位列第十二。⑤ 在苏格兰地区，将英语作为第二语言的学生中，第一语言使用广东话的人数为 1458 人，广东话成为第五大广泛使用的语言，使用普通话的人数为 527 人，普通话排第十一位。⑥

（杨旸）

---

① 来源：英国国家统计局（2013 年 8 月）“英国贸易，2013 年 6 月”统计公报，www.ons.gov.uk/ons/dcp171778_318161.pdf。

② 来源：英国科学院（即将出版）*Lost for words. The Need for Languages in UK Diplomacy and Security*。

③ 来源：英国政府（2013）*International Education: Global Growth and Prosperity*。

④ 来源：英国文化协会- Generation UK: www.britishcouncil.org/more/study-work-create/generation-uk。

⑤ 来源：英国全国课程领域语言发展协会（2011）*School Census January 2011 Language Data. Number of Compulsory School Age Pupils in Primary, Secondary and Special Schools by Declared First Language*: www.naldic.org.uk/research-and-information/eal-statistics/lang。

⑥ 来源：英国国家统计局（2011）*Pupils in Scotland 2011. Main Home Language*。

东南亚国家学校英语使用现状

大多数东南亚国家在近现代历史上都曾受过西方国家的殖民统治，其社会语言和教育体制等不可避免地会留下一些殖民者的烙印。其中缅甸、马来西亚、新加坡和文莱曾是英国的殖民地或保护国，而菲律宾则长期受到美国统治。在这些国家，英语作为原宗主国的语言，不仅是国民的通用语言，同时也是政府确立的官方语言或第二语言。不过，英语在使用过程中由于长期受当地其他语言的影响，形成了有别于英美标准英语的变体形式，这些变体常被视作“外圈”(outer circle)英语的典型代表。

一　新加坡

新加坡自19世纪早期由英国人开埠以来，英语在当地的社会经济发展中一直发挥着主导作用。英国当局把英语看作是巩固其统治的有利工具，不仅大力推行英语教育，而且为受英语教育的社会精英提供优越的工作和发展机会，从而使英语获得了至高无上的社会地位和声誉。[①] 二战以后，英国当局在新加坡建立了不少英语源流的学校，让学生接受全方位的英语教育，提高英语能力。从1965年建国以来，新加坡政府基于经济发展、种族和谐及国际政治环境等多方面的考量，将英语、华语、马来语和淡米尔语设立为国家的官方语言，其中英语是各种族的通用语，也是国家的行政和工作语言，在社会语言体系中居于绝对的主导地位。在教育领域，新加坡一直奉行“英语+母语”的双语教育政策，并将该政策定位为新加坡教育制度的基石。其中英语是所有学生都必须掌握的第一语言，因为英语能力有助于国人更好地与世界接轨，从而在国际竞争中保持优势地位，而各种族的母语（即华语、马来语和淡米尔语）则作为第二语言来学习，以便

---

① Alsagoff, L. 2012. The development of English in Singapore: language policy and planning in nation building. In E. L. Low & A. Hashim (eds.), *English in Southeast Asia: Features, Policy and Language in Use* (pp. 137—154). Amsterdam: John Benjamins.

传承不同种族的历史和传统文化。建国之初,新加坡的学校根据教学媒介语的不同分成英校、华校、马来语学校和淡米尔语学校等四种语文源流。自1987年起,教育部把各个不同语文背景的学校统一划归为英语源流。自此,英语成为各级学校主要的教学媒介语,除母语课及德育课程外,所有的科目都使用英语授课。由于英语在新加坡社会中占据强势地位,越来越多的家庭开始把英语作为主要家庭用语,这种语言环境的变化对母语的学习造成强烈的冲击,引起当局和社会民众的广泛关注。另一方面,新加坡当地普遍使用的英语(特别是口语)是多语接触的产物,不仅掺杂了汉语方言、马来语等词汇成分,其句法结构也与英美英语有很多差异。从2000年起,政府发起一项名为“讲正确英语”的运动,促请人们使用标准英语,以避免与国际英语社会的交流和沟通出现障碍。

二　缅甸

缅甸从1886年起沦为英国殖民地,殖民政府在其统治的60多年里,大力推行英语教育,不仅把英语设立成行政语言,而且规定从幼儿园直到大学阶段的学校教育必须以英语为教学媒介语。英国统治者的“英语为上”的语言政策使得缅甸的本族语——缅甸语的地位和功能受到极大的限制,引起缅甸社会各界的强烈不满。尤其是在三四十年代,缅甸国内反抗英语殖民政策的声浪日益高涨。

1948年缅甸联邦成立,缅甸实现民族独立,政府随即把缅甸语设立为官方语言。英语在很多领域虽然继续使用,但其地位已大不如前。1964年,缅甸政府颁布新教育制度,全国学校全部收归国有,各层级学校都使用缅甸语作为唯一的教学媒介语。英语被定位为外语,但仍是学校主要教学科目之一。

随着英语被降格为外语,学生的英文水平逐年下降,这一问题在70年代后期开始引起缅甸社会各界的关注。[①] 缅甸教育部后来召开高层研讨会,重新审视英语教学的地位和作用问题。政府申明,掌握缅甸语和英语两种语言对于缅甸人来说很有必要。1981年,政府又推出新教育计划,以提高全国的整体教育水平。根据该计划,从1981年6月开始,全国的英语教学提前到幼儿园阶段,英语成为各个教育阶段的必修科目,其中在低年级侧重培养听说读写四重技能,而

---

① Castillo, E. S. 2004. English language teaching in the Philippines today. In W. K. Ho & R. Y. L. Wong (eds), *English Language Teaching in East Asia Today* (pp.327—340). Singapore: Eastern University Press.

在基础教育的最后两年侧重文学语篇。到了高中阶段，科学和经济科目必须使用英语作为教学媒介语。在大学阶段，英语成为多数科目的教学媒介语，在大多数学科的本科课程中，英语都是必修课。英语文学和语言学受到越来越多学生的欢迎，几乎所有大学都开设有此类课程。

不过，使用英语作为教学媒介语这项规定给那些非英语教育背景的教职员工带来了很大的压力。[①] 为此，缅甸教育部推出一年期的英语文凭课程，为大学英语教师提供职前培训，一方面提高英语教师的水平，另一方面解决师资不足的问题。目前缅甸的主要大学都提供此类培训课程。

三　马来西亚

马来西亚在英国殖民地时期，以英语作为唯一的官方语言。自 1957 年获得民族独立以来，马来西亚政府把马来语定为国语和官方语言，从而确立了马来语作为国家主导语言的地位，而英语则作为第二语言继续使用。进入本世纪以来，为了有效提高英语教育水平，不少人呼吁应恢复英语源流学校，另外应将某些科目改成英文教学，以更好地与国际先进水平接轨。对于重新设立英校的提议，政府多次明确拒绝，认为此举不符合国家的教育政策，而针对英语作为教学媒介语的提议，政府曾推出用英语教数理科目的教育政策。2002 年 7 月 19 日，教育部长慕沙正式宣布，从 2003 年起在全国小学一年级、中学一年级及大学先修班第一年全面以英文教授数学及科学。这项以英语教数理的政策发布之后，引发了马来西亚各界的强烈抗议。尤其是马来人及华文教育团体再三吁请废除这一政策，恢复使用母语教授数理科目。[②] 为此，大马教育部、政党、教育界及非政府组织代表曾召开多轮数理科英文教学圆桌会议，商讨解决办法。迫于各方的压力，2009 年 7 月 8 日，副首相兼教育部长慕尤丁宣布废除这个备受争议的政策，从 2012 年起分阶段让各源流小学恢复以母语教数理科目，中学则恢复以马来语教学，而中六和预科班仍将保持以英语教导数理科。

---

① Jones, G. M. 2012. Language planning in its historical context in Brunei Darussalam. In E. L. Low & A. Hashim (eds.), *English in Southeast Asia: Features, Policy and Language in Use* (pp.175—188). Amsterdam: John Benjamins.

② Martin, I. P. 2012. Diffusion and directions: English language policy in the Philippines. In E. L. Low & A. Hashim (eds.), *English in Southeast Asia: Features, Policy and Language in Use* (pp.189—206). Amsterdam: John Benjamins.

为了强化马来语作为国语的地位，马国政府极力推行国家教育的马来语化。20世纪70年代，马来西亚政府将所有的英语源流学校转变成以马来语为教学媒介语的学校。政府的国语政策规定，所有的政府中学必须使用马来语作为教学媒介语，而小学的教学媒介语视源流而定：国小使用马来语，华小使用华语，印度族小学使用泰米尔语。最近，政府又有意将马来语作为教学媒介语的政策适用范围进一步扩大。比如，2013年10月8日，副首相兼教育部长丹斯里慕尤丁提出，大专学府应逐年把教学媒介语从英语改为马来语，以实现马来语作为马来西亚主要教学媒介语的目标。此言论一出，批评之声很多，如前首相马哈迪就毫不客气地指出，这种偏废英语的做法是一项很大的错误，因为学生到大学是为了吸收新知识，而不是学习如何善用语文。

四 菲律宾

菲律宾从1899年起成为美国殖民地，直到1946年实现独立。美国统治者为了更好地实行殖民统治，提供机会让当地人学习英语，包括免费向学生提供英文课本、用英语进行各种考试、从美国调派大批英语教师支教等。就这样，英语在菲律宾全国各地获得推广。现行宪法规定，菲律宾语（Flipino）和英语是国家的两种官方语言。人们的日常交际多用菲律宾语，但在出版、学术以及科技领域，英语使用更为普遍。设立菲英两种官方语言的做法是民族主义与国际主义互相妥协的产物，到底是国语优先还是英语优先的争论到目前仍未停止。①

在教育领域，菲律宾从独立到50年代早期仍使用美国直接进口的教材，开设全英语课程，而且英语是所有科目的主要教学媒介语。1957年，政府颁布教育修订法案，规定在小学一二年级使用他加禄语（Tagalog，即菲律宾语）作为教学用语，在三年级后转为英语教学。随后教育部门又开展了多轮语言实验，为学校教学语言的转向探路。1974年，菲律宾开始实施双语教育政策，要求学生必须学习菲律宾语和英语两种语言，其中英语被视作国际交际用语，而菲律宾语则是国家团结和认同的象征。随着双语政策的推行，一些科目的教学媒介语发生改变。从一年级直至高中，英语、数学和科学科目是以英语作为教学媒介语，而

① Myint, M. & Poe, P. 2004. English language teaching in Myanmar: current status. In W. K. Ho & R. Y. L. Wong (eds), *English Language Teaching in East Asia Today* (pp.320—326). Singapore: Eastern University Press.

其他学科则使用菲律宾语进行教学。该教学媒介语政策一直延续至今，未曾发生重大转变。不过，近年来政府允许在一年级使用方言或区域共通语作为教学媒介语，以提高识字率，并有效与二语教学衔接。[①] 虽然英语仍是最具影响力的外语，但随着英语作为教学媒介语的使用范围逐渐缩小，学生的英语水平和考试成绩下降的问题也日益显现，人们越来越关注在英语接触时间减少的情况下，如何通过其他途径（如提高师资水平、编写高质量的教材等）有效地保证英语教学的质量。

五 文莱

文莱从 1888 年起成为英国的保护国，虽在名义上仍是一个苏丹国，但实质上却是英国的殖民地。在英国占据时期，当局推行分离主义政策，全国各种族之间并没有统一的通用语。1959 年以后，文莱取得部分内部自治权，当地政府把马来语设立为官方语言，英语和马来语分别是英校和马来语源流学校的教学媒介语。这种教学媒介语随语言源流而定的政策持续了 20 多年。

1984 年，文莱获得全面独立，政府随后开始实行双语教育政策，全国各源流学校同时使用马来语和英语作为教学媒介语，以使两种语言获得较平衡的发展。不过，文莱的双语教育政策是个逐渐向英语倾斜的制度。在此教育模式下，从学前教育一直到小三，除英语科外，所有科目都使用马来语作为教学媒介语。从小四往后，除马来语课仍用马来语教学外，数学、科学和地理等学科转向使用英语教学。双语教育制度的有效性常常成为争议的话题，尤其是在操作层面上还面临一些挑战，如缺少高水平的双语教师，从马来语到英语的过渡太突然等。[②] 值得一提的是，虽然有人呼吁在文莱这个以马来人为主体的国家，教育体制应更注重马来语，但英语在当前教育制度中的优势地位尚无法动摇。

在多元种族、多语并存的社会，国语和教学媒介语的选择常常是个重要而又敏感的课题（Tollefson & Tsui，2004）。[③] 在东南亚英美原殖民地国家，殖民政府

---

① Omar，A. H. 2012. Pragmatics of maintaining English in Malaysia's education system. In E. L. Low & A. Hashim (eds.)，*English in Southeast Asia: Features，Policy and Language in Use* (pp.155—174). Amsterdam: John Benjamins.

② Tollefson，J. W. & Tsui，A. B. M. 2004. *Medium of Instruction Policies: Which Agenda? Whose Agenda?* Mahwah，NJ: Lawrence Erlbaum Publishers.

③ Wong，S. F. 2005. English in Myanmar. *RELC Journal*，36(1)，93—104.

都曾试图通过推广英语教育以巩固其统治地位，而独立后的各国新政府把英语视作殖民地时期的遗产，在教育和国家发展进程中继续扮演重要角色。从以上讨论可以看出，新加坡对英语的认同感最高，英语是其事实上的国语，也是各级学校的主要教学媒介语。菲律宾和文莱都把英语视作第一语言，但也重视本族语在教育中的地位，要求某些教育阶段或某些科目中使用本族语作为教学媒介语。缅甸和马来西亚则把本族语确立为国语，而英语则只是教育体系中的一个科目，其功能和地位受到很大压制。

东南亚国家的英语使用情况对我国的英语教学具有一定的启示意义。长期以来，英语在我国的教育体系中一直占据着非常重要的位置，但学生英语听说能力差的问题也很突出。英语课使用英语作为教学媒介语，增加学生接触英语的机会应是努力方向。不过，英语作为教学媒介语是否要推广到其他教学科目则需要谨慎处理。马来西亚在这方面的教训应引以为鉴，政府在英语是否作为教学媒介语的定位问题上曾出现数次调整和反复，令师生无所适从，而且朝令夕改的做法也招致社会各界的广泛批评。另一方面，汉语和英语在教育中也存在地位之争，处理不当可能会引发众多社会问题。不过我国近期已推出中高考改革方案，在未来的中高考中语文所占比重将超过英语，以此来确立汉语在教育中的核心地位。总之，英语教育如何改革才能更好地适应我国的社会经济发展仍需深入探索，而其他国家在这方面的经验和教训应成为我国教育改革之路上的他山之石。

（尚国文）

巴西英语教育规划状况

根据英孚教育（Education First）2014年最新公布的《英语熟练度指标报告》（EPI），在全球63个非英语国家中，巴西的英语水平位列第38，仅次于排在第37位的中国内地地区，同属英语低熟练度水平国家。然而从纵向上看，中国英语水平整体持平，甚至有了不进反退的趋势，而巴西却较往年有了显著的提升。同为金砖国家，巴西的英语教育、尤其是处于基础阶段的中小学英语教育经验、规划和面临的问题值得我们对比与深思。

一 历史沿革

巴西的英语教育最早被正式列入法律范畴要追溯到1809年。当时驻巴西的葡萄牙-巴西-阿尔加维王国国王若昂六世为了促进同英、法两国间的贸易往来，下令将英语及法语列入巴西基础教育课程，一改以往公共教育中仅教授希腊及拉丁两种外语的状况。不过，尽管当时的帝国政府将"训练学生掌握英语口语及书面表达"列为主要教学目标，在学校内，对于现代语言（英语、法语）的教学模式较之古典语言（希腊语、拉丁语）并无明显差异，"语法翻译法"依然是主要教学方法[①]。

1889年废除帝制宣布共和后的巴西政府推行了一系列教育体制改革措施，颠覆了巴西原有的教育体系。在这些改革中，外语教学被从必修科目里剔除。现代外语因此而备受冷落。直至20世纪30年代，受全球政治紧张局势的影响，"英语在巴西的传播逐渐被视为一种战略需要，以对抗德国在国际政坛的影响"[②]。与此同时，美国资本开始扩大经济势力范围，逐步取代英国占据了巴西

---

① LEFFA, V. J. O ensino de línguas estrangeiras no contexto nacional. In: *Contexturas*, *APLIESP*, n. 4, p. 13—24, 1999.

② SCHÜTZ, R. História da Língua Inglesa. *English Made in Brazil*（教育网站：http://www.sk.com.br/sk.html）,2013.

海内外业务与投资的首要位置。[①] 在此背景下，英语教学在本国被推向高潮，一批平行于初、中等教育的英语学校及辅导班也逐渐盛行。

1930年，巴西成立了国家教育及卫生部，并在此后的1931年及1942年先后进行了两次教育改革，使巴西的现代外语教学在量与质上都发生了变化。除了大量增加法、英两门必修外语以外，改革还倡导引进盛行于法国的“直接教学法”[②]，即使用目标语言直接教学。在1942年的改革中，巴西第一次将外语教学目标详细划分为三个部分：(1)“工具性目标”，即培养学生听、说、读、写的能力；(2)“教育性目标”，旨在开发智力，加强学生观察及思考的能力；(3)“文化性目标”，意在提升学生对外国文明的认知和对其他民族的传统及信仰的理解。

应该说，巴西的这两次教育改革理念在当时已属十分先进。然而，在之后的20年里，针对外语教学方面的一系列措施并未得到有效实施。所引进的“直接教学法”在从教育部文件通往中小学课堂的路上，仍然被“阅读与翻译”所替代。究其原因，可归结为以下两点：其一，改革是自上而下进行的。从所授语言、课程计划到课时安排及教学方法，都是由教育部硬性规定，对教师素质和学生水平整体预估不足。其二，改革的一系列举措被视为是当时中央集权、民粹主义的产物。教育改革深受政治影响，在推行过程中经常利用极端手段，一味压制当时以南方德国及意大利殖民地为主的中小学。仅1942年便迫使包括2000多所德国中小学校关闭。“教育国有化”战略阻碍了本国教育的发展。

60年代初期，语言学的迅速发展为国际上的英语教学铺砖引路。以乔姆斯基为代表的生成语言学派颠覆了长久以来的语言学研究传统，第一次把语言学对象研究从对符号表面结构的关注转移到语言背后的大脑及认知系统，在世界范围内引发了语言学界的一场革命，其中便包括了对“听说教学法”的批判。而这种对“依靠刺激、强化及重复练习进行语言学习”的质疑也被教育学家 Paulo Freire[③] 带入巴西，为语言教育在巴西的深入发展提供了理论基础。

就在同一时期，巴西政府颁布了《教育基础与纲领法》(LDB[④]，以下简称《纲领法》)。这是一次左翼政客与自由主义者集团对峙的产物。前者认为只有国家

① DIAS, M. Sete décadas de história: *Sociedade Brasileira de Cultura Inglesa*. Rio de Janeiro: Sextante Artes, 1999.

② 由法国学者高恩(F. Gouin)及美国学者撒慕尔(L. Sauveur)所提倡。

③ FREIRE, P. *Educação como prática da liberdade*. Rio de Janeiro: Paz e Terra, 1969.

④ 全称：Lei de Diretrizes e Bases da Educação，颁布于1961年，最新修订于2014年。

拥有教育权;私立学校可以存在但必须为公共权力让步。后者则认为人们拥有平等的教育及受教育的权利,政府无权否定任何教育形式,限制任何资源及体制的出现,且应该有义务确保多样化的教学模式,帮助贫困家庭获得受教育的机会。最终,自由主义理念战胜中央集权,并在新法律的大部分条款中有所体现。

尽管在1961年和1971年两次制定《纲领法》时,并没有将任何外语类科目列入必修课程,然而巴西的英语学习恰恰自此阶段再次兴起了热潮。其主要原因是美国经济的迅速发展使巴西对美国的经济依赖逐渐加强,而由此所带来的美国文化热也不可避免地使英语的地位超过法语,成为巴西最热门的现代外语。此外,随着语言学学科的迅速发展与其同教育学领域的逐步结合,英语教学已得到巴西社会各界,尤其是高等院校及科研团队的重视。

从1961—2014年,《纲领法》经历了9次修订。尽管在此期间,英语多次被排除在法定必修课程以外,其在中小学外语课程中的地位从未因此而削弱。

二 规划与发展

(一)教育体系与英语教育政策

在当代巴西教育规划中,英语的教学地位并未和过去一样通过立法的形式予以突出或界定,而是同其他语言一起被统而概之地定位为"现代外语学习",成为了该国现代教育体系更为稳定的组成部分。

根据《纲领法》,巴西的学校教育主要分为两个部分,即基础教育与高等教育。基础教育为义务教育阶段,包含三个层级:学前教育、初等教育和中等教育,其中初等教育与我国的小学和初中教育阶段相似对应,学制为9年(学龄为6—14岁),中等教育与我国的高中教育相似对应,学制为3年或以上。这两个教育阶段旨在培养公民必需的知识与能力,为其日后的职业发展和终生学习打下基础。巴西当代的外语教学便设置在初等教育阶段起步。

《纲领法》规定自初等教育六年级起,学校课程中应当包含至少一门现代外语的学习;在中等教育阶段,应有一门现代外语必修课,此外,还须设置一门第二外语供学生选修。具体的教学语种、内容和形式通常由各级中小学教育系统中的公立或私立教育机构依照自身条件和需求自主决定,但学校在选择外语作为教学课程选项时,应该注意顺应地方、区域、国家和国际现状与特点,充分考虑市场、国际化发展等各个层面的需求。[①] 在这一原则的指导下，英语作为目前全球使用最为广泛、最富影响力的语言之一，尽管未被明确列入教学要求，却仍然在实际上成为了巴西中小学外语教学课程中的主要选项。

（二）教学内容与模式

在教学内容和外语能力培养方面，现代的巴西中小学英语教育曾一度将重点放在学生阅读能力的培养上。巴西《全国初等教育教学课程标准》（PCN[②]，以下简称《课程标准》）指出：外语教学的侧重和方向应该反映人们对该门语言的实际运用需求。目前，除了个别地区外，巴西外语口语使用度普遍比较低，人们更多地是在阅读环境下用到外语。此外，国内正规外语考试中对书面理解能力的要求也相对更为看重。另一方面，巴西大部分学校的教学条件也不利于全面训练学生的外语沟通能力。

进入新世纪后，随着世界融合趋势带来的沟通需求，这一教学导向逐步向交际能力的培养过度并得以补充。2006年颁布的巴西《中等教育教学指导》（OCPEM[③]，以下简称《教学指导》）在谈到中等教育外语教学时便体现了这样的转变。文件重点指出建议开发学生的阅读、写作和口语能力，将语言表达能力提到更高的教学地位。

英语教育目标方面，巴西将全国现代外语教育定位为公民全面培养的组成部分。《教学指导》指出，基础教育阶段的外语教学不应该只停留在一门课程的学习，更应该在教授外语的同时，着眼于为学习者自身的全面教育提供有益补充。

除了学校课程设置教学外，巴西当代英语教育还存在一种较为特殊的平行教学模式。一些中小学在课内教学之余以“语言中心”[④]的形式为本校学生另外开设了英语课程。课程组织形式也相对更为灵活：小班化教学；按现有外语水平等级分班化教学；由本校老师附加授课时间或是与语言机构合作办学。

（孙语崎、古雯鋆）

---

① 参考：巴西《全国基础教育教学指南》（Diretrizes Curriculares Nacionais Gerais para a Educação Básica），2013年发表。

② 全称：Parâmetros Curriculares Nacionais，于1998年颁布。

③ 全称：Orientações Curriculares para o Ensino Médio，于2006年颁布。

④ Centro de Línguas.

国际语言规划与政策类期刊扫描

本文选取5家我们认为现在全球范围内较有影响的语言规划及政策研究领域英文期刊进行介绍(详见本报告2013年版)。我们先按期刊创刊年代逐家介绍,列出每家期刊各期学术文章的标题翻译,为读者提供一个直接的总体观感,然后再按内容特色进行年度归纳总结,旨在为国内语言政策研究同仁及规划实践者追踪了解该领域国际趋势提供一个窗口。

一 《国际语言社会学期刊》

2014年共发表学术文章55篇。具体情况见下文。

第一期为"语言资本与发展"专刊。共刊载文章9篇,标题及作者如下:

前言(Tope Omoniyi)、本土语言资本与发展(Tope Omoniyi)、语言资本与发展:以南非儿童的非洲语言读物为例(Viv Edwards/Jacob Marriote Ngwaru)、论撒哈拉以南非洲语言的混杂性与发展(Naz Rassool)、语言政策在西部非洲脱贫中的作用(Herbert Igboanusi)、"批判的双势语"与"生活的双势语":多语政策、文化多元化与英语之间的互动与发展(Mukul Saxena)、非洲语言、信息技术与发展(Ibrahima Amadou Dia)、非洲政治教育中的英语:资本还是资本的幻觉(Eddie Williams)、语言与发展:理论与无情现实的冲突(Paulin G. Djité)。

第二期为"犹太语言接触"专刊。共刊载文章11篇,标题及作者如下:

前言(Ghil'ad Zuckermann)、犹德兹摩语(Judezmo)对巴尔干语言联盟和接触语言学的价值(Victor A. Friedman/ Brian D. Joseph)、法国犹太人问题:语言与文化活力之间(Marc Kiwitt)、晓喻吾民:希伯来圣经教学的一个解决方案(Ghil'ad Zuckermann/Gitit Holzman)、内坦-伯恩鲍姆(Nathan Birnbaum)对东欧犹太人任务(Joshua A. Fishman)、依地语中德语成分的统一:神话还是现实?(Alexander Beider)、斯拉夫成分对东部依第语结构的影响:以vos引导的关系从句为例(Jürg Fleischer)、一语中的:极端正统妇女依地语经文中的希伯来语源(Dalit Assouline)、家庭语言运用及现代希伯来语对哈西德派犹太依地语(Hasidic Yiddish)名词和名词复数的影响(Netta Abugov/Dorit Ravid)、以立陶宛依地语为族裔语者口语中的赤裸分词形式:多种缘由(Anna Verschik)、现代希伯来语种的底层依地语语用及典故基质:肖洛姆·阿莱赫姆(Sholem Aleichem's)的《泰耶》(Tevye)所揭示的真相(Tamar Sovran)。

第三期为"语言与边界:国际视角"专刊。共刊载文章11篇,标题及作者如下:

序言:边境上的社会语言学(Ana M. Carvalho)、从边境地带观察语言与全球化(Tope Omoniyi)、边境那边的语言景观:德涅斯特河沿岸(Transnistria)的标牌、语言与文化认同建构(Sebastian Muth)、书写边界:东印度桑塔力部落的文字实践与疆域构想(Nishaant Choksi)、相邻社区语言再造与迁移的决定因素(Gabriela Pérez Báez)、从特鲁希略(Trujillo)到地震:语言意识形态对多米尼加北部边境农村青年语言态度和行为的影响(Barbara E. Bullock/Almeida Jacqueline Toribio)、从"唯独西班牙语"的廉价劳工到双语的级别:美墨边境的语言、市场与政府管理(Amado Alarcón/Josiah Heyman)、卢森堡跨境工人在多元社会中的语言意识形态竞争(Julia de Bres)、边境地区的民族主义实践:关于美国/墨西哥边境一个英语课堂是如何以及为什么会产生民族主义的批判性分析(Bryan Meadows)、第三边境语言:西班牙语课堂上的主体、权力建构及种族形成(Adam Schwartz)、利用音色标识地域身份:平等与公允(Deborah Cole)。

第四期为"语境中的符号:符号空间中的多语与多模态文本"专刊。共刊载文章10篇,标题及作者如下:

语境中的符号:符号空间中的多语与多模态文本(Anastassia Zabrodskaja/Tommaso M. Milani)、存在于阿姆斯特丹与弗里斯兰省(荷兰)语言景观中的少数民族语言(Loulou Edelman)、基希讷乌(Chisinau)非正式符号作为多语政策的表达方式:个体如何构成后苏联时代的公共空间(Sebastian Muth)、骑行630公里:对芬兰城乡英语使用的观察(Mikko Laitinen)、埃塞俄比亚两个区域都城语言景观中的语言接触、力量与权势(Hirut Woldemariam/Elizabet Lanza)、塔林:单语的上层和多语的底层(Anastassia Zabrodskaja1)、从蒙特利尔语言景观看若隐若现闪烁其词的双语政策(Patricia Lamarre1)、台北语言生活中所映射的大都会现象:语言景观研究中世界大同主义的理论建构(Melissa Curtin)、符号景观与移动叙事:本地化的实现(Christopher Stroud/Dmitri Jegels)、难登大雅的语言景观:普通标牌的性面目(Tommaso M. Milani)。

第五期为“亚洲语境及文本中的语言与宗教”专刊。共刊载文章8篇,标题及作者如下:

前言(Maya Khemlani David/Richard Powell)、新加坡与马来西亚宗教-文化认同的故事(Beng Soon Lim/Azirah Hashim/Richard Buttny)、马来西亚政治演说中的语言与伊斯兰教(Kamila Ghazali)、三所穆斯林寺塾(madrasahs)中的语言选择与宗教认同(Phyllis Ghim-Lian Chew)、棕色人种的负担:对美国新约基督教基要主义者话语的批判(Scott Mágkachi Sabóy)、湿婆神舞的语用学分析(Thilagavathi Shanmuganathan)、吉田兼好的“徒然草”中死亡的意义(Toshiko Yamaguchi)、与语言和宗教相关的意义建构:摩诃婆罗多探究(Sridevi Sriniwass)。

第六期为“民族语言认同与忠诚”专刊。共刊载文章6篇,标题及作者如下:

语言使用模式与讲希纳语(Shina)的Gurezi移民的语言活力(Musavir Ahmed)、语言学景观:抗议活动话语中的移动符号、语码选择、象征意义与地区性(Luanga A. Kasanga)、华裔新加坡年轻人多定义的新加坡式英语(Jakob R. E. Leimgruber)、影响少数民族语言进入年轻人生活的社会因素:北威尔士威-英双语使用者调查(Jonathan Morris)、在后种族隔离时代族际间交往模式的社会认同:纳米比亚正出现非白人泛族裔现象的语言学证据(Gerald Stell)、“他们在说克里语(CREE)”:加拿大北阿尔伯特省克里语的使用及相关问题(Clinton N. Westman/Christine Schreyer)。

二 《语言问题与语言规划》

2014年共发表学术文章13篇,具体情况见下文。

第一期共刊载文章4篇,标题及作者如下:

国际机构的语言教育政策:世界银行与联合国教科文组织的全球框架(Maryam Borjian)、仍然立足未稳:爱尔兰独立以来语言政策的再评鉴(Conchúr Ó Giollagáin)、哈萨克斯坦的语言规划:人机工程学(公共标志)作为阿斯塔纳语言景观的一个景致(Assel Akzhigitova/Sholpan Zharkynbekova)、土著语与规划语中的词汇扩展与术语规划:Te Reo毛利语与世界语的比较(Chris Krägeloh and Tia N. Neha)。

第二期共刊载文章5篇,标题及作者如下:

从复兴主义者到实践者：关于爱尔兰"第一语言"官方政策及态度的最新进展（Conchúr Ó Giollagáin）、夏威夷王国的语言政策：对语言灭绝说的再评估（Rubén Fernández Asensio）、两国互管地区的语言过度现象（Juan R. Valdez）、多语政体苏格兰的语言教育政策：机会、失衡与争议（Andy Hancock）、公共领域与私人领域的区别作为语言规划与政策框架的一个方面：以孟加拉为例的个案研究（M. Obaidul Hamid and Richard B. Baldauf, Jr.）。

第三期共刊载文章4篇，标题及作者如下：

奥地利德语的地位：语言法之作用（Kateřina Černá）、北欧大学的英语化政策与实践：断裂（Anna Kristina Hultgren and Jacob Thøgersen）、英语在学术界的传播：土耳其学术发表的宏观层面国家政策与微观实践（Hacer Hande Uysal）、大学里的语际语言学与世界语教学：都灵大学的经验（Frederico Gobbo）。

三 《多元语言与文化发展期刊》

2014年共发表学术文章共47篇。具体情况见下文。

第一期为"后苏联时代种族问题的冷与热"专刊。共刊载文章7篇，标题及作者如下：

后苏联时代的种族关系进程：理论基础（Anastassia Zabrodskaja & Martin Ehala）、后苏联时代中亚国家的俄语：比其他地区更"受冷落"吗？试析不同社会政治背景中的种族认同（Natalya Kosmarskaya）、欲暖还寒：后苏联时代犹太社区种族认同的变迁（Elena Nosenko-Stein）、后苏联时代白俄罗斯的种族认同：作为政治斗争议题的民族语言延续（Nelly Bekus）、在"官方"与"非官方"之间：以敖德萨（Odessa）市经验为例看民族理论的启迪（Abel Polese）、波罗的海国家种族关系的冷与热（Martin Ehala & Anastassia Zabrodskaja）、区域性集体认同的形成：融入情感的历史（Martin Ehala）。

第二期共刊载文章6篇，标题及作者如下：

对科（萨语）-英（语）双语者（科语为第一语言，英语为第二语言）使用英语借词的预测因素（Emanuel Bylund）、关于南非瓦尔三角区（Vaal Triangle region）非洲稳定多语政策成败的解释模型（Susan Coetzee-Van Rooy）、重整旗鼓还是勇往直前？西班牙语学习有前途有"价值"吗？历史趋势与语言投资的优势及金钱回报的计算（Isabel Dulfano & Fernando Rubio）、一项关于语言学习的动机及国际学生间文化接触的综合法研究(Judit Kormos, Kata Csizér & Janina Iwaniec)、学习者为中心濒危语言词典的编撰:以罗图马岛(Rotuman)为例(M. Vamarasi)、试论英语学习者的情感需求:如何促进旨在帮助教师认识学习者需求的职前及在职培训(Jie Zhang & Carole Pelttari)。

第三期共刊载文章5篇,标题及作者如下:

地方语言的客观活力与语言网络对期待活力的预测能力(László Vincze & Jake Harwood)、以色列俄(语)-希(伯来语)语儿童的家庭语言政策、语言使用和语言能力(Carmit Altman, Zhanna Burstein Feldman, Dafna Yitzhaki, Sharon Armon Lotem & Joel Walters)、对成人单语及多语使用者语码转换的态度(Jean-Marc Dewaele & Li Wei)、揭示欧洲"隐形"的多语政策:一项以意大利为例的案例研究(Marco Tamburelli)、坦桑尼亚的恩戈尼语(Ngoni)应该看做濒危语言吗:一项关于斯瓦希里语借词的调查(Tove Rosendal & Gastor Mapunda)。

第四期为"欧洲边缘地区高等教育国际化中的语言政策与实践"特刊。共刊载文章9篇,标题及作者如下:

欧洲边缘地区高等教育国际化中的语言政策与实践:代序言(Josep M. Cots, Enric Llurda & Peter Garrett)。

第一部分专题为"高等教育国际化中语言规划与管理的应对策略"。文章包括:

高等教育国际化与国家建设:立陶宛语言政策如何摆脱困境(Tatjana Bulajeva & Gabrielle Hogan-Brun)、瑞典语与英语作为平行语言:大学语言政策与实践中的"土著性"问题(Maria Kuteeva)。

第二部分专题为"人们对待英语与地方语言互动的态度"。文章包括:

高等教育中的语言摩擦与多语政策:来自利益相关者的观点(Aintzane Doiz, David Lasagabaster & Juan Manuel Sierra)、国际性大学与少数族裔语言国际化的启迪:加泰罗尼亚与威尔士地区大学生的观点(Peter Garrett & Lídia Gallego Balsà)、试论高等教育中的多语政策与国际化:聚焦管理人员(Enric Llurda, Josep M. Cots & Lurdes Armengol)。

第三部分专题为"互动型语言多元化管理"。文章包括:

国际性大学中语言规划如何应对日常交际:以挪威为例(Ragnhild Ljosland)、一家大学为国际学生提供"欢迎"服务中的多语资源(Emilee Moore &

Adriana Patiño-Santos)、来自草根的语言政策：一家多语大学语境中学生项目团队的语言选择(Janus Mortensen)。

第五期共刊载文章6篇，标题及作者如下：

丹麦大学中的英语媒介语：教师视角(Charlotte Werther, Louise Denver, Christian Jensen & Inger M. Mees)、与儿童期语言代理(翻译)相关的智力健康风险因素(Vanessa R. Rainey, Valerie Flores, Robert G. Morrison, E.J.R. David & Rebecca L. Silton)、香港立法会中英语使用的式微与下降(Stephen Evans)、澳大利亚华人的族裔语学习：惯习的作用(Guanglun Michael Mu)、被裹挟进语言迁移：祖父母辈家庭成员对家庭语言规划的影响(Cassie Smith-Christmas)、伊朗英语学生的语言认同：一项全国性调查(Saeed Rezaei, Mohammad Khatib & Sasan Baleghizadeh)。

第六期共刊载文章4篇，标题及作者如下：

跨文化交际教育在国际学生调试与适应中的作用(Tony J. Young & Alina Schartner)、英语作为外语学习者对母语及非母语教师的信赖：想象中的特长、不足与好恶(Sun Young Chun)、南克恩滕州(奥地利)的语言景观(Sebastian M. Rasinger)、去中心化与语言政策：市政在语言教育政策中的角色——来自丹麦语与爱沙尼亚的见解(Maarja Siiner)。

第七期为“非洲社区的多元语言阅读能力与社会变迁”专刊。共刊载文章8篇，标题及作者如下：

引言：非洲社区的千禧年发展目标与多语阅读(Bonny Norton)、发展规划中的语言因素(Ayo Bamgbose)、南非城镇多语学校中的语言意识形态(Pinky Makoe & Carolyn McKinney)、非洲学校农村课堂里以英语作为媒介语政策的再审视(Margaret Early & Bonny Norton)、加纳的“为生活而学”：促进农村青年读写能力的发展(Arieh Sherris, Osama Saaka Sulemana, Andani Alhassan, Grace Abudu & Abdul-Rahaman Karim)、如何在艾滋教育中通过读写活动建构认同(Christina Higgins)、乌干达孩童家长家庭(child-headed households)的多语文化资源(Elizabeth Namazzi & Maureen E. Kendrick)、南非不平等环境下儿童数码科技能力的实践(Polo Lemphane & Mastin Prinsloo)。

四 《语言规划中的现实问题》

2014年共发表学术文章27篇。具体情况见下文。

第一期为“非洲的语言规划与教学媒介语”专刊。共刊载文章7篇，标题和作者如下：

前言、非洲的教学媒介语：时评（M. Obaidul Hamid, Hoa Thi Mai Nguyen & Nkonko M. Kamwangamalu）、不管法律怎么说：肯尼亚语言政策的实施以及低年级学生的扫盲成绩（Barbara Trudell & Benjamin Piper）、“理想”与“现实”：西肯尼亚一所学校不同年级的媒介语政策及其实施（Jennifer M. Jones）、无规划政策：卢旺达的英语作为媒介语（Pamela Pearson）、英语的全球地位及国内地位：喀麦隆与瓦努阿图的对比（Jane-Francis A. Abongdia & Fiona Willans）、媒介语与非洲学术研究：以南非夸祖鲁-纳塔尔大学的祖鲁语为例（Gregory Kamwendo, Nobuhle Hlongwa & Nhlanhla Mkhize）、从认识论价值看以母语从事学术写作：祖鲁语作为教学语言在南非大学里的作用（Emmanuel Mfanafuthi Mgqwashu）。

第二期为“欧洲的语言规划与教学媒介语”专刊。共刊载文章6篇，标题及作者如下：

以少数民族语为教学媒介语教师的初步培训：以苏格兰盖尔语为例（Lindsay Milligan Dombrowski, Eilidh Danson, Mike Danson, Douglas Chalmers & Peter Neil）、土耳其的教学媒介语之争：摇摆于民族情绪与双语理想之间（Ali Fuad Selvi）、寻找平衡点：英语在德国多语高等教育中英语为教学媒介语的学位课程中的作用（Clive W. Earls）。

该期还包括个人自由投稿文章，标题及作者如下：

2011年爱沙尼亚高中在批判性语言政策及规划背景下的语言改革（Delaney Michael Skerrett）、青少年英语教学中有待解决的问题及挑战：以韩国为例（Sue Garton）、工商语言：语言政策的盲区？对法国Toubon语言法的反思（Jérôme Saulière）。

第三期为“多元语言教育的宏观语言规划”专刊。共刊载文章8篇，标题及作者如下：

多语教育中的微观语言规划：本地情境中的规划者（Anthony J. Liddicoat & Kerry Taylor-Leech）、研究生对（南非）夸祖鲁·纳塔尔大学（KwaZulu-Natal）以祖鲁语为教学媒介语的经验与态度(Zinhle Primrose Nkosi)、族裔语教育的挑战:一家社区语言(Louisa Willoughby)、迎接族裔语教育的挑战:来自于某个校区的教训(Louisa Willoughby)、适应有学习困难者的测试在课堂中的应用:关于准入、平等与甄别的问题(Jamie L. Schissel)、城镇教育体系中语言政策的再构建:恩森治疗模型(Essen Model)的应用(Martina Möllering, Claudia Benholz & Gülsah Mavruk)、逆转语言迁移的互补性教育策略:成人族裔语学习者对濒危少数民族语言的重要性(Cassie Smith-Christmas & Timothy Currie Armstrong)、沙特阿拉伯的外语规划:英语之外的选择(Mark Payne & Maram Almansour)。

第四期为“多元语言教育:项目与条件”专刊。共刊载文章6篇,标题及作者如下:多元语言教育:项目与条件(Kerry Taylor-Leech & Anthony J. Liddicoat)、新加坡的母语教育:关注、问题与矛盾(Chin Leong Patrick Ng)、喀麦隆母语教育规划的经验:社区反映框架(Blasius Agha-ah Chiatoh)、母语作为第二语言:台湾的民族主义、民主与多语教育(Jean-François Dupré)、瑞典的少数民族语言教育政策与规划(Béatrice Cabau)、斯洛文尼亚人们对双语教育的态度(Sonja Novak Lukanovič & David Limon)、试论苏里南语(Surinamese)语言教育政策:参与和旁观(Sjaak Kroon & Kutlay Yagmur)。

五 《语言政策》

2014年度共发表学术文章19篇。具体情况见下文。

第一期共刊载文章3篇,标题及作者如下:

祖先的语言与“自家人”:秘鲁安第斯山脉语言政策意识形态的空间局限(Virginia Zavala)、中国大学的英语媒介语:理想与现实(Guangwei Hu, Linna Li, Jun Lei)、论意识形态、语言与认同:苏联及后苏联时代立陶宛的语言政治(Rasa Baloč kaitė)。

第二期为“参与型语言政策与规划”专刊。共刊载文章6篇,标题及作者如下:

参与型语言政策与规划(Kathryn A. Davis)、青年人参与的语言政策与规划:意识形态与自内转换(Prem Phyak, Thuy Thi Ngoc Bui)、社会方言使用者的跨国比较:马德里与多伦多的语言教育规划决策过程(Sandra R. Schecter, Isabel

García Parejo, Théophile Ambadiang)、英语何用？尼加拉瓜地方农村教师对国家教育政策反应(Fabio Oliveira Coelho, Rosemary Henze)、教师们齐心协力对规范化语境下教育政策的抵制与再造(Lucinda Pease-Alvarez, Alisun Thompson)、跨语域交际、认同与学习：作为语言规划者的科学老师(Juliet Langman)。

第三期共刊载文章3篇，标题及作者如下：

驻布鲁塞尔的业务员与游说者之间的语言多元主义：理念与实践(Attila Krizsán, Tero Erkkilä)、从教师的态度与实践看既成事实型语言政策：三所牙买加学校的批判性民族志研究(Shondel J. Nero)、作为语法成分的性为语言政策带来的挑战：德语之对于英语非异性恋语言使用的可能与不可能(Heiko Motschenbacher)。

第四期为"语言政策与政治学理论"专刊。共刊载文章7篇，标题及作者如下：

语言政策与政治学理论(Yael Peled, Peter Ives, Thomas Ricento)、规范性语言政策：界面与介入(Yael Peled)、规范性语言政策法规的复杂基础(Daniel Weinstock)、语言的去政治化：政治理论应用于语言政策的障碍(Peter Ives)、关于语言的思考：现实世界中关于语言政治理论家需要知道什么(Thomas Ricento)、公共生活中单语主义与双势语之争：多语世界中关于政治理论与语言政策的再思考(Stephen May)、民主理论与语言多元化的挑战(Ronald Schmidt Sr)。

在过去的一年里，总观我们所选这5家国际上最集中专业发表语言政策分析及规划研究的期刊，共发表了161篇学术研究型文章，其中，绝大多数的文章是以专刊的形式发表的。从内容方面看，可以看出2014年学者们的关注点有两大特点：一是地域上视线明显倾向聚焦不发达地区及边缘地区(欧洲)复杂的语言生活，比如非洲、南亚及中南美洲占了很大篇幅，与此相应的小语种及濒危语言的维护与传承尤其引人注目(比如欧洲小语种)；二是研究视野的扩大和对该领域交叉学科性质的重视，例如宗教与语言规划错综复杂的关联，政治学理论在政策分析中的显性应用。特别值得一提的是，人们对语言教育规划的兴趣已经扩展到了高等教育和学术语言，与此形成对比的是，曾经作为语言规划核心的本体规划明显淡出了学者们的研究视野。[①]

(赵守辉)

① 详见教育部语言文字信息管理司组编《中国语言生活状况报告(2013)》，商务印书馆2013年版。

世界语言生活大事述略(2014)

一　语言政治

(一)日本统一标注钓鱼岛英文名称拟强化渗透

4月7日,日本宣布统一对钓鱼岛及南千岛群岛(日本称北方四岛)的对外称谓。日本原有两套地名表述体系:一是国土地理院标注地理信息用的罗马字标注;二是拟采用的外务省使用的英文名称。日本政府要求今后英文版地图使用这一名称,并希望日方人员对外发表论文也能如此使用,以增进对外传播。4月奥巴马访日时也遵循这一新表述。

(二)亚美尼亚表示没有理由在单民族国家设置第二官方语言[①]

6月16日,亚美尼亚副议长赫尔米娜表示,鉴于该国百分之九十七的人口是亚美尼亚族,不存在一个说其他语言、人数较多的少数民族,没有理由设立第二官方语言。亚美尼亚官员在回复俄新社对该国俄语地位下降问题关注时,表示俄语很重要,但没有理由把它设立为一种官方语言。

(三)美国语言因素干预纳瓦霍部族首领选举[②]

10月,美国纳瓦霍部族首领大选名单即将出炉。候选人克里斯·德斯坎因语言问题遭到质疑。批评人士称一口流利的纳瓦霍语是部族首领参选的必要条件之一。德斯坎表示语言的流利程度没有特别的判定标准,况且他的纳瓦霍语

---

① Armenian News. *Deputy Speaker: No reasons to have second official language in a mono-ethnic state.* June 16, 2014.

② Associated Press. *Ruling against Navajo candidate in language case.* October 10, 2014.

能力也在不断提高。这一反对提案因缺少证据已被驳回。这是该部族首领选举首次因语言问题提起的申诉。

(四)白俄罗斯总统演讲从俄语转向国语有玄机?[①]

白俄罗斯总统卢卡申科通常在公共场合说俄语,但在独立日前夕却使用白俄罗斯语发表重要演讲,让许多观察家怀疑他是否要"转变"立场。首先他用白俄罗斯语发表讲话,实属罕见;其次在演讲中,他把一切试图破坏国家统一的人都称为敌人,不管他是来自东方还是西方。有评论认为克里米亚和乌克兰局势对白俄罗斯民众影响很大,民意调查显示该国国民厌倦与俄罗斯结盟。据称6月卢卡申科还批准修建纪念14世纪民族英雄立陶宛大公塑像。

二 语言立法

(一)格鲁吉亚议会开始辩论国语法案[②]

9月8日,格鲁吉亚议会人权保护委员会启动有关"国家语言"的法案草案辩论。同时提交讨论的还有由教育和科学委员会提出的广播法修正草案。国家语言法案将明确国家语言,并建立专门的国语管理委员会,惩处违反国语法的行为,确保对国家语言的保护。广播法修正案规定境内广播电视节目应使用国语,若确需使用其他语言,不得超过节目时长的10%。除了法律允许的特例,音像制品等的翻译和字幕必须使用国语。根据拟议中的国语法方案,国语管理部门编制为50人,预算金额为300万拉里(约合1050万人民币)。

(二)俄罗斯立法禁止文艺娱乐领域出现低俗语言[③]

5月,俄罗斯总统普京签署新法令,禁止该国在文化、艺术以及娱乐领域出现低俗语言。根据新法,任何带有淫秽语言的新电影将不能通过审查,难以在影

① BBC. *Belarus leader switches to state language from Russian.* July 10, 2014.

② Abkhazia. *Georgian parliament begins debate of the draft bill "On the State Language"*. September 7, 2014.

③ The Telegraph. *Vladimir Putin signs ban on 'foul language' in films, books and performances.* May 6, 2014.

院上映。带有低俗语言的书籍、光盘或电影只能以密封包装形式发布，其上显著位置必须注明“含有低俗语言”字样。违背者个人可处罚金 70 美元，官员最高罚金为 40 美元，制作及经销商罚金为 1400 美元。屡犯者将被课以更高罚款，以及停职停业处罚。低俗语言的确认将由专人通过“独立审查”进行。一些批评家认为此举可能对言论自由有副作用。

（三）立陶宛总统建议削减俄语广播①

8 月 29 日，立陶宛总统新闻办公室建议修正法案，将对公众的俄语广播比例从 30% 降到 10%。担忧信息攻击和敌对宣传，立陶宛政府认为有必要保护国家和社会免受不良信息误导。目前立陶宛俄语电视节目播出时长占总时长的 30%，新修正案要求该国广播电视节目的 90% 应使用欧盟官方语言。该修正案已通过议会审批。总统新闻办公室表示“信息安全是国家安全的一部分”，敌意宣传会危害立陶宛的安全和民主。

（四）乌克兰废止俄语官方语言地位法案②

2 月 23 日，乌克兰最高拉达表决废除一项俄语作为官方语言的相关法律。根据 2012 年国家语言法规定，若某一地区以俄语为母语的居民数超过 10%，则俄语取得当地官方语言地位。目前乌克兰 27 个行政区域中有 13 个符合此条件，这些地区的居民有权要求使用俄语接受基础教育和政务服务。围绕该新法案在乌境内已出现多次分别由支持者和反对者发起的游行活动。俄罗斯方面表示将加强与那些不愿抛弃俄语的乌克兰家庭联系，使其子女能用俄语交流并使用俄语接受教育。

（五）以色列的阿拉伯语地位或降格③

11 月 23 日，以色列总理办公室发表声明，内阁当天批准以法律形式规定以色列的“犹太国家”属性。新法案还试图改变希伯来语和阿拉伯语现在同为该国

---

① RIA. *Lithuanian President Suggests Reducing Russian-Language Broadcasting to 10%*. August 29, 2014.

② Russia Today. *Canceled language law in Ukraine sparks concern among Russian and EU diplomats.* February 27, 2014.

③ Russia Today. *Downgrade to 'special status'? Fate of Arabic language at heart of Israeli nation state bill debate.* November 25, 2014.

官方语言的现状，提出希伯来语为以色列的官方语言，阿拉伯语只拥有“特殊地位”。据称在讨论该法案时，内阁部长们曾有激烈争议，最终以15人赞成、7人反对的结果通过该法案。反对者称此举损害民主国家形象以及占该国人口20%的阿拉伯公民的权利。新法案将在26日提交议会讨论。

三 语言传播

（一）欧盟面向苏联国家增设宣传渠道①

欧盟目前正积极创设一个俄语新闻频道，面向苏联的所谓东方伙伴国家（阿塞拜疆、亚美尼亚、白俄罗斯、格鲁吉亚、摩尔多瓦和乌克兰等）。新频道将由波兰人波米亚诺夫斯基领导的欧洲民主基金会主办，暂定名为“面向东方伙伴的欧洲电视”，也称“欧洲之声”。2015年波兰外交部将为支持该项目，拨款300万波兰兹罗提（约合100万美元）。

（二）印地语要成为联合国官方语言开销巨大②

5月，针对民众质疑为什么不积极努力将印地语纳入联合国官方语言时，印度外交部表示此举每年将为政府带来8.2亿卢比开支。在向联合国提出正式申请议案前，印度政府必须解决这些开支来源问题。一种语言增列为联合国官方语言，申请方需向联合国提供财务资助，以覆盖文件口译、笔译、打印和复制等支出费用。印地语要成为官方语言，据保守估计印度政府每年将需要额外支出1400万美元。新增官方语言将增加联合国在人事、设备以及其他经常性开支方面的预算，成员国往往不太支持这种增加财政负担的提议。

（三）冈比亚总统将弃用“殖民英语”③

3月11日，冈比亚总统叶海亚·贾梅决定不再把英语作为该国官方语言，但他没有说明冈比亚将用何种语言来取代英语。拥有190万人口的冈比亚是个

① TREND. *Russian-language TV channel to be aired in Poland for Eastern Partnership states.* October 24, 2014.

② PTI. *Hindi as UN official language would cost over Rs 82 crore per year.* May 29, 2014.

③ Reuters. *Gambia to stop using "colonial relic" English-president.* March 12, 2014.

多民族国家，主要民族语言包括曼丁哥语、富拉语和沃洛夫语。英语是其官方语言，学校教学语言也主要使用英语。“英语作为殖民遗产，再用作官方语言已没有任何理由。我们必须说自己的语言。”自 1994 年发动政变上台后，贾梅与英美关系紧张。冈比亚 2013 年退出了英联邦。

（四）俄罗斯外交部称注意到波罗的海国家对俄语的敌视①

9 月 13 日，俄罗斯外交部人权问题特别代表康斯坦丁·多尔戈夫在立陶宛和爱沙尼亚俄侨代表大会上，向国际社会呼吁保护这两个国家俄裔居民的权利。他表示，俄罗斯已注意到一些波罗的海国家少数族裔不能使用俄语与政府沟通，并且不能使用母语地名。“拉脱维亚主要城市的居民过半说俄语，这是粗暴侵犯人权”。“拉脱维亚和爱沙尼亚很多俄裔居民由于语言问题至今未能取得公民权”。这是“欧洲新纳粹和排外主义”。

（五）法语在卢旺达或许可以卷土重来②

卢旺达政府六年前将法语课程全部换为英语，11 月又一次缺席本年度法语国家首脑会议，再次彰显卢旺达当局仍在不断努力，致力脱法入英，把英语作为该国重要语言。卢旺达人现在认识到，掌握英语而非法语，将使他们在地区和国际事务中赢得更多机会；但很多人对其早已习惯的法语依然抱有深厚感情，以至于卢旺达政府不得不宣布自 2016 年开始，在其基础教育阶段再次引入法语课程。

四　语言教育

（一）南非高校保护非洲语言③

1 月，南非高等教育部表示，非洲语言课应该开发整合到高校正式课程体系当中，以提升其地位并推动其使用。非洲语言学者对此表示支持，并将矛头直指南非白人不努力学习原住民语言。南非高等教育部发布《后学校教育与培训白

① Charter'97 Press Center. *Russia's Foreign Ministry noticed "attacks on Russian language" in Baltic states.* September 15，2014.

② FRANCE 24. *French language down，but not out in Rwanda.* November 27，2014.

③ The Mercury. *Varsity push for African languages.* January 20，2014.

皮书》，表示高校应与南非初等教育部的语言教育政策保持一致。南非儿童有权使用自己的母语接受教育，但在高校的很多非洲语言系科因师资匮乏和生源下降被迫关闭。南非高等教育部早在1997年就提出促进非洲语言在大学的教育与传播，但境况一直没有得到改善。

（二）民族语言复兴引发西班牙语教育的忧虑①

过去30年，西班牙加泰罗尼亚地区公立学校大部分科目的教学，都使用加泰罗尼亚语而非西班牙语。许多学校每周只开设三小时的西班牙语课程。加泰罗尼亚语是当地政府工作语言以及商务语言。当地政府推动在商品标识和商店标牌上使用加泰罗尼亚语，政府机构和社会组织等招聘也都要求应聘者精通加泰罗尼亚语。加泰罗尼亚语的复兴，致使一些家长担心子女西班牙语水平不足。马德里中央政府2013年出台新教育法，强制要求加泰罗尼亚地区学校在家长有诉求的情况下，必须提供更长时间的西班牙语教育。

（三）日本增加高校英语授课②

9月，京都大学计划2017年增加100名外教，以使该校能开设用英语授课的文科选修科目。与其他高校一样，京都大学试图提供越来越多的英语授课课程。其理念是“用英语学”，而不是“学英语”，以回应劳动力市场对精通英语人才的需求。根据教育部门统计，2011学年，全国222所高校有30%的学校采用英语教学。安倍晋三政府2014年起开始支持一项新教育计划，其目标是将30所知名高校打造成“全球顶级学府”。其中一项重要指标包括是否具有英语授课能力。

（四）越南外语教育计划因师资质量难以完成③

6月，越南教育部准备修订一项投资约4.4亿美元的语言教育计划。该项目于2008年推出，通过国家和地方资金予以支持，要求各地区自主起草和部署外语教育项目。然而今年只有16%的学生参加英语测试，创史上第二新低。教育部表示原定2020年完成的外语项目可能难以完成，并归咎于合格师资力量的短缺。项目

---

① Reuters. *Catalan language revival fuels backlash in Spain*. July 14, 2014.

② Asahi Shimbun. *Japanese universities increase classes taught in English*. September 19, 2014.

③ Thanh Nien News. *Vietnam to revise doomed multi-million dollar foreign language project*. June 12, 2014.

实施过程中，各学校将大量经费用于购买设备，而对教师的培训重视不够。

（五）新西兰社团支持亚洲语言投资[①]

新西兰政府宣布，未来五年斥资 1000 万元，用于帮助学校开设汉语、日语和韩语等教学科目，或扩大现有外语课程建设。8 月，亚洲-新西兰基金会对此表示欢迎，认为这一计划是新西兰朝着提升亚洲语言能力迈出的一大步。新西兰与亚洲的经济联系越来越密切，儿童和学生自小学习亚洲语言，等到他们进入职场具备多语能力将是个优势。2012 年澳大利亚政府就宣布“亚洲语言优先”策略，力主在每所学校提供包括汉语、印地语等在内的亚洲语言课程。

五　语言产业

（一）在泰国学好阿拉伯语有商机[②]

凭借先进的仪器设备和高端的医疗服务，泰国顶级医疗机构近年成功吸引了大批阿拉伯富商前往就医。泰国国际医疗服务通常使用英语，然而阿拉伯病人的英语水平却不足以应付交流。阿拉伯语在泰国从来就不是一种热门语言，这使泰国人可能错失这一商机。目前在泰国只有伊斯兰学校才为穆斯林信众教授阿拉伯语，而能说阿拉伯语的泰国穆斯林才有幸为中东富豪提供贴身的翻译服务。目前泰国医院正为泰国翻译提供长达一年的医学术语培训，试图克服医患交流障碍。

（二）法语人数下降可致法国丧失 50 万工作机会损失[③]

8 月，法国总统奥朗德授命进行的一项研究报告表明：全球范围说法语的人数减少，使法国错失很多经济机会。据估计，2020 年法国损失 12 万个工作机会，到 2050 年这一数字将飙升至 50 万。报告指出：如果不采取措施，法语使用人数持续减少，导致法国企业市场份额降低、英美商法的兴盛和欧洲大陆商法的萎缩

---

① Asia New Zealand Foundation. *Funding boost for Asian languages an important step*. August 28，2014.

② Medical Tourism Magazine. *Medical Tourism: Need for Arabic Interpreters Goes without Saying*. January 28，2014.

③ Reuters. *Decline of French language could cost half a million jobs: report*. Aug 26，2014.

以及法国经济和文化的吸引力下降。报告还指出，如果措施得当，说法语的人数可能从当前2.3亿上升到2050年的7.7亿；若是放任自流，人数可能减少到不足2亿。奥朗德已要求在全球推广法语，以促进法国经济增长。

（三）菲律宾精通英语的劳动力受日企青睐[①]

英语是菲律宾的官方语言，菲律宾的劳动力成本也比其他说英语的国家都便宜，许多欧美金融巨头把客户服务和行政管理工作外包给位于马尼拉的菲律宾企业。对于拓展海外市场的日资企业来说，地理毗邻的菲律宾变得越来越重要。一些日本信息技术开发企业利用菲律宾廉价的劳动力以及良好的英语能力，开发和销售面向全球市场的软件。东京证券交易所上市的某家智能手机游戏开发公司，通过菲律宾子公司，将游戏产品成功推至全球玩家排行榜首位。他们计划未来两年将当地员工从2012年的30人增至300人左右，以应对更多的国际需求。日本更多中小企业也都开始进驻菲律宾，试图助推自身的国际化进程。

（四）马耳他2013年吸引85 000名外国学生来学英语[②]

马耳他旅游部长1月表示，2013年约有85 000名外国学生来该国学习英语，消费约1.45亿欧元。政府将全力支持游学产业的发展。统计数据显示，每18名游客就有一名是来学英语的。马耳他近年来平均每年吸引82 000名学生来学英语，占全国旅游业总收入的5.7%。2012年同比增长18.2%。外国留学生主要来自意大利、德国和俄国。马耳他全境约有40所英语培训学校，支付的教师工资超过1200万欧元。

六 语言服务

（一）加拿大移民收入与语言技能相关[③]

过去20年，新移民受教育程度更高，但新来者仍比在加拿大出生者收入更

---

① Nikkei. *Philippines doing a lot of coding for Japanese companies.* June 12，2014.

② The Malta Independent. *Malta attracted 85,000 English language students in 2013*，January 29，2014.

③ The Vancouver Sun. *Don Cayo: Canada needs to teach immigrants better language skills.* December 30，2014.

低，他们更多从事一些低层次工作。12月一份研究报告表明，移民母语是否为英语或法语以及语言水平决定了他们的工作性质。来自北欧，与英语和法语语言同源国家的人仅比当地人收入低6%，说非欧洲语言的移民这一差距扩大到33%。更体面和收入更高的工作需要较好的社会交往和分析技巧，这需要有更好的语言技能。政府有必要为新移民提供更好的语言服务。

（二）澳大利亚移民要想钱景好必须要趁早①

12月，澳大利亚一项研究显示，英语糟糕的移民比英语流利的移民工资要低三分之一。抵达澳大利亚的年龄是影响移民“钱景”的主要因素。针对英语非母语的移民，11岁之前移居比18岁之后要多挣15%。前者有机会更好掌握英语。研究表明，政府有必要为18岁后移居的新移民提供英语技能培训。英语技能影响移民的觅工方式。英语较好者浏览招聘广告，有更多渠道获得信息；英语较差者只看工厂招贴，制约他们寻找更多的工作机会。

（三）英国结束免费的移民翻译服务②

8月，英国副首相克莱格宣布停止提供翻译服务，纳税人将不再为不谙英语的移民申请驾照和护照买单。他表示英语是英国社会的黏合剂，有利于社区及族群融合，以及个人观点的表达，政府为此将削减用于提供翻译服务的补贴。护照和驾照申请者必须能说英语，想在英国定居的外来者都应会说英语。有关签证申请的语言测试也已经开始加强。反对党称此举将减少前往英国的移民人数。

（四）德国称欧盟文件应该更多一些德语③

4月，德国副议长约翰内斯·辛汉默抱怨欧盟法规条文，大多只提供英文版，无法让所有德国人都理解。这对德国人不公平。他表示德国人认识到欧洲与欧盟的重要性，但他们应该能通过母语了解欧盟决策过程，毕竟德语是欧盟使用人口最多的语言。他还指出，如果在这方面不能有所改进，德国人对于欧洲议会选举的参与度可能还会下降。

---

① The Age. *More support needed for older immigrants.* December 27, 2014.

② Mail Online. *End of free translators for a driving license or passport, says Clegg who insists English language is 'glue that binds us'*. August 6, 2014.

③ The Local. *Germans want more German in the EU.* April 9, 2014.

(五) 美国五角大楼研究普京等外国首领的肢体语言 ①

美国五角大楼近年斥资数十万美元，资助一支研究团队对外国政要的肢体语言展开研究，以便更好地预测他们的行为，帮助指导美国的外交政策。这项名为“肢体线索”的项目，由国防部提供经费支持，其任务是利用动作模式分析技术来预测世界领导人未来如何行动。3月揭秘的文件显示，美国国防部自1996年就一直支持“肢体线索”项目，监测对象包括普京和其他国家领导人。五角大楼官员拒绝公开评论这一项目。

七 语言与社会

(一)瑞士征集新国歌②

瑞士现在的国歌经常遭受批评，有的吐槽它太过庄重，有的则抱怨歌词难记。7月，瑞士公益协会征集新国歌评选。新国歌歌词必须体现瑞士宪法“民主、多元、自由、和平和团结”的精神，使用四种官方语言的任一种，旋律可与现行国歌相似。在已提交的208首参赛国歌中，有129首歌词为德语，60首为法语，7首为意大利语，还有10首是以罗曼什语写成。新国歌的遴选程序极其严格，评审委员会本年度初评出前十名，2015年网民投票选出前三名，最终胜出的3首歌在2015年9月音乐节上，由现场观众和电视观众票选冠军。瑞士更改国歌并非第一次，当前国歌是1981年确定的。

(二) 沙特阿拉伯古兰经译成斯瓦希里语③

7月，沙特法赫德国王古兰经印制局完成《古兰经》的斯瓦希里语翻译工作。斯瓦希里语是东非肯尼亚和坦桑尼亚的官方语言，拥有500万母语人口和5000万第二语言人口。该局《古兰经》印制语种数至此达到63个(32种亚洲语言、15种欧洲语言和16种非洲语言)。印制局1984年创办，出版发行包括古兰经各译本、经传释义等在内的90种出版物。

---

① USA Today. *Pentagon studies Putin body language for hint of intent.* March 6, 2014.

② Reuters. *Contest to scrap 'too solemn' Swiss anthem gets 200 entries.* July 8, 2014.

③ Saudi Gazette. *Holy Qur'an translated into Swahili.* July 24, 2014.

（三）摩洛哥复杂的语言冲突[①]

在摩洛哥，标准阿拉伯语（Fusha）和当地阿拉伯方言（darija）之间的矛盾由来已久。世界银行一份研究报告表明，摩洛哥的教育水平在阿拉伯世界14个国家中排列第11位。2013年摩洛哥一家教育基金会主张在儿童早期教育引入方言，有助于解决教育危机，再次引发社会争议。反对者称采用方言将动摇国家根基，是对伊斯兰的背叛。方言具有群众基础，人们日常生活使用它，然而在政务、学术等领域标准阿拉伯语一统天下。两种语言之争更多被看作政治问题，使用标准阿拉伯语被认为是向伊斯兰传统致敬。

（四）韩国词典项目成今年朝韩民间团体首例交流[②]

6月24日，韩国政府批准韩民族语言大词典共同编纂事业委员会的韩方人员赴朝举行工作会议。韩朝关系因韩美联合军演恶化，民间团体来往中断。韩朝分离半个世纪以来，双方语言使用差异越来越大，韩朝决定共同编纂一部词典。项目2005年启动，每年每季度都举行联合工作会。2014年韩国政府已划拨财政预算29.28亿韩元（约合人民币1791万元）。

（五）印度总理推广印地语受阻[③]

印度总理莫迪要求官员把印地语作为官方机构社交媒体和政府公文写作语言。在五月的一系列国事活动中，他都说印地语。印度12亿人有一半使用其他语言作为母语。政府推广印地语的这一举措，在一些说地方语言和英语的邦遭遇抵制。印度内政部官员表示“推广印地语，并不表示其他地方语言不重要”。

八　[illegible]保护

（一）印度开列500种濒危语言清单[④]

印度语言中央研究院正在实施一个项目，罗列该国境内近500种濒危语言

① Al Jazeera. *The complex language debate in Morocco*. April 27，2014

② 韩联社，韩政府批准韩民族语言大词典韩朝共同编撰委将举行工作会议。2014年6月24日。

③ India Times. *Narendra Modi's Push for Hindi Struggles to Translate in Some States*. June 21，2014.

④ The Hindu. *CIIL to document 500 endangered languages*. February 25，2014.

并试图最终保护它们。濒危语言标准是使用人口不超过1万。人力资源开发部批准该项目立项。项目主要任务包括出版各濒危语言词典、描写语法体系,将该语言表述的民间传说等历史文化信息存档,为这些语言的抢救和保护提出建议。首批将启动约70种语言的研究,未来10年追加到500种。

(二)美国阿拉斯加同意将原住民语言列为官方语言①

4月,阿拉斯加州发布"216法案",将20门原住民语言列为该州官方语言。支持者表示这项具有很大象征性的法案诠释了平等的含义。法案也澄清"不强制要求州和地方政府在发布公文、举行官方活动时,使用英语之外的原住民官方语言"。1998年英语列为该州官方语言。216法案此前在州众议院以38∶0高票通过,4月21日,又在州参议院以18∶2通过。法案此后将移交州长签署。

(三)肯尼亚世界最小部落拥有自己的词典②

世界上最小部族亚库族(Yaaku)正在编写一部该语言的词典。一位部落长老表示,在收购一名德国学者44年前的手稿后,他们即开始着手这一宏大计划。根据联合国教科文组织的数据,亚库族只有3000—4000人。深居森林的该部族濒临灭绝,当地长老称只有10名老人还能听和说亚库语。如今这些老人每周3天到当地小学,教儿童学习祖辈语言和文化。

(四)萨摩亚政府采取措施保护语言③

1月,萨摩亚政府将萨摩亚语确定为官方语言,同时成立萨摩亚语委员会。目前萨摩亚青少年母语水平不高,英语已成为日常交流的主要语言,一些民众对此表示不满。萨摩亚政府的措施包括[illegible]学生在校说母语,并建议将萨摩亚语设置为一门独立课程。鉴于当前高等教育主要采用英语教学,在初中等教育采用何种语言,最终仍由学生和家长自主选择。萨摩亚此项新策受到普遍欢迎。一些萨摩亚侨民认为此举唤醒了他们的母语意识,并希望在现居地也能享用萨摩亚语教育资源。

(熊文新)

① NPR. *Alaska OKs Bill Making Native Languages Official*. April 21, 2014.

② The Star. *World's smallest tribe to create dictionary*. April 22, 2014.

③ Radio New Zealand. *Samoa government makes moves to preserve language*. January 29, 2014.

附　　录

关于广播电视节目和广告中规范使用国家通用语言文字的通知

国家新闻出版广电总局

今年以来，各级广电机构按照《关于规范广播电视节目用语推广普及普通话的通知》(广发〔2013〕96号)要求，认真清理整改广播电视用语不规范现象，取得了明显成效，刻意模仿有地域特点的发音、乱用外来词语和网络用语等现象得到遏制。但是近期听众观众反映，一些广播电视节目和广告中还存在语言文字不规范的问题，如随意篡改、乱用成语，把“尽善尽美”改为“晋善晋美”，把“刻不容缓”改为“咳不容缓”，等等。这些做法不符合《国家通用语言文字法》《广播电视管理条例》等法律法规的基本要求，与传承和弘扬中华优秀传统文化的精神相违背，对社会公众尤其是未成年人会产生误导，必须坚决予以纠正。现就有关工作通知如下：

一、充分认识规范使用国家通用语言文字的重大意义。广播电视推广普及、规范使用国家通用语言文字，是传承中华优秀传统文化、增强国家文化软实力的战略需要；是树立文化自觉、文化自信、文化自强，确保文化安全的具体举措；也是广大听众观众收听收看好广播电视节目的基本要求。广播电视作为大众传媒，担负着引领和示范的职责，必须带头规范使用通用语言文字，做全社会的表率。

二、高度重视规范使用成语的必要性。成语是汉语言文化的一大特色，承载着深厚的人文内涵，蕴藏着丰富的历史资源、美学资源、思想资源和道德资源，是珍贵的民族文化遗产，体现出中华文化基因在现代文明中的延续与发展，是让中华优秀传统文化“活起来”的重要载体。广播电视要推广和传承成语等国家通用语言文字的独特表达方式，充分展现其文化精神和语言魅力，不能因为肆意乱改乱用造成文化断代和语言混乱。

三、严格规范使用国家通用语言文字。各类广播电视节目和广告应严格按照规范写法和标准含义使用国家通用语言文字的字、词、短语、成语等，不得随意更换文字、变动结构或曲解内涵，不得在成语中随意插入网络语言或外国语言文字，不得使用或介绍根据网络语言、仿照成语形式生造的词语，如“十动然拒”“人艰不拆”，等等。

四、加强审查管理和排查整治工作。各级广播电视行政管理部门要加大监管力度，对存在不规范、不准确使用国家通用语言文字的现象，尤其是乱改乱用成语的问题，一定要及时发现、迅速纠正，对故意违规的播出机构和相关责任人要严肃处理。各级广播电视播出机构要认真开展自查自纠，重点排查广播电视节目和广告中的字幕、图像和配音等，加强对主持人、嘉宾及其他节目参与人员规范使用通用语言文字的提示引导，对于不规范使用国家通用语言文字的内容一律不得播出。总局监管中心近期将对各电视上星综合频道进行一次全面排查，对严重违规的问题将作出严肃处理。各省级收听收看中心也要对辖区内各频道频率节目进行一次全面排查，对于不规范使用通用语言文字的节目坚决停播处理。

推荐使用外语词中文译名(第1—3批)

第1批推荐使用外语词中文译名表

序号	外语词缩略语	外语词全称	中文译名	或译为
1	AIDS	acquired immunodeficiency syndrome	艾滋病	
2	E-mail	electronic mail	电子邮件	电邮
3	GDP	gross domestic product	国内生产总值	
4	IQ	intelligence quotient	智商	
5	IT	information technology	信息技术	
6	OECD	Organization for Economic Co-operation and Development	经济合作与发展组织	经合组织
7	OPEC	Organization of the Petroleum Exporting Countries	石油输出国组织	欧佩克
8	PM2.5	particulate matter	细颗粒物	
9	WHO	World Health Organization	世界卫生组织	世卫组织
10	WTO	World Trade Organization	世界贸易组织	世贸组织

第2批推荐使用外语词中文译名表

序号	外语词缩略语	外语词全称	中文译名	或译为
1	UN	United Nations	联合国	
2	UNGA	United Nations General Assembly	联合国大会	联大
3	UN Secretariat	United Nations Secretariat	联合国秘书处	
4	UNICJ	United Nations International Court of Justice	联合国国际法院	国际法院
5	UNCTAD	United Nations Conference on Trade and Development	联合国贸易和发展会议	联合国贸发会议
6	IAEA	International Atomic Energy Agency	国际原子能机构	
7	OPCW	Organisation for the Prohibition of Chemical Weapons	禁止化学武器组织	禁化武组织
8	ICAO	International Civil Aviation Organization	国际民用航空组织	国际民航组织

（续表）

9	ILO	International Labour Organization	国际劳工组织	
10	IMO	International Maritime Organization	国际海事组织	
11	ITU	International Telecommunication Union	国际电信联盟	国际电联
12	UNWTO	United Nations World Tourism Organization	世界旅游组织	
13	UPU	Universal Postal Union	万国邮政联盟	万国邮联
14	WIPO	World Intellectual Property Organization	世界知识产权组织	
15	IFC	International Finance Corporation	国际金融公司	
16	UNGEGN	United Nations Group of Experts on Geographical Names	联合国地名专家组	

第 3 批推荐使用外语词中文译名表

序号	外语词缩略语	外语词全称	中文译名	或译为
1		Committee on Non-Governmental Organizations	联合国非政府组织委员会	
2	DFS	Department of Field Support	联合国外勤支助部	联合国外勤部
3	DM	Department of Management	联合国管理事务部	联合国管理部
4	DPKO	Department of Peacekeeping Operations	联合国维持和平行动部	联合国维和部
5	DPA	Department of Political Affairs	联合国政治事务部	联合国政治部
6	EOSG	Executive Office of the Secretary-General	联合国秘书长办公厅	
7	IBRD	International Bank for Reconstruction and Development	国际复兴开发银行	
8	IDA	International Development Association	国际开发协会	
9		International Law Commission of United Nations	联合国国际法委员会	
10		Military Staff Committee	安理会军事参谋团	安理会军参团
11	OCHA	Office for the Coordination of Humanitarian Affairs	联合国人道主义事务协调厅	联合国人道协调厅

(续表)

12	OIOS	Office of Internal Oversight Services	联合国内部监督事务厅	联合国监督厅
13	OLA	Office of Legal Affairs	联合国法律事务厅	联合国法律厅
14		Preparatory Commission for the Comprehensive Nuclear-Test-Ban Treaty Organization	全面禁止核试验条约组织筹备委员会	禁核试组织筹委会
15	UNON	United Nations Office at Nairobi	联合国内罗毕办事处	
16	UNOV	United Nations Office at Vienna	联合国维也纳办事处	
17	UNOPS	United Nations Office for Project Services	联合国项目事务厅	联合国项目厅
18	UNSSC	United Nations System Staff College	联合国系统职员学院	
19	UNU	United Nations University	联合国大学	
20		World Bank	世界银行	
21		World Bank Group	世界银行集团	世行集团
22	WMO	World Meteorological Organization	世界气象组织	

“中华思想文化术语传播工程”首批术语

诚	Sincerity
道	Dao (Way)
德	*De*
理	*Li*
气	*Qi* (Vital Force)
情	*Qing*
趣	*Qu*
仁	*Ren*
天	*Tian* (*Heaven*)
王	King
物	*Wu* (Thing or Matter)
心	Heart/Mind
性	*Xing* (Nature)
虚	*Xu*
义	Righteousness
本末	*Ben-Mo* (the Fundamental and the Incidental)
霸道	Despotic Way
般若	*Bore or Boruo* / Wisdom
大同	Universal Harmony
法治	Rule by Law
封建	Feudal system
格调	Form and Melody
华夏	Huaxia
教化	Shaping the Mind Through Education
九州	Nine Zhou (Regions)
良史	Good Historian/Good History
良知	*Liangzhi* (Conscience)
情景	Sentiment and Scenery
人治	Rule by Man
日新	Constant Renewal
镕裁	Refining and Deleting

神思	Imaginative Contemplation
太极	*Taiji* (The Supreme Ultimate)
体性	Style and Temperament
体用	*Ti* and *Yong* (Substance and Utility)
天下	*Tianxia* (All Under Heaven)
王道	Kingly Way (Benevolent Governance)
文明	Wenming (Civilization)
文气	*Wenqi*
无为	Non-action
五行	*Wuxing*
兴象	*Xingxiang* (Inspiring Imagery)
玄览	*Xuanlan* (Peaceful Contemplation)
雅俗	Highbrow and Lowbrow
养气	Cultivating *Qi*
意象	*Yixiang* (Imagery)
阴阳	Yin and Yang
有无	*You* (Being) and *Wu* (Non-being)
缘起	Dependent Origination
知音	Resonance and Empathy
直寻	Direct Quest
中国	Zhongguo (China)
中华	Zhonghua
中庸	*Zhongyong* (Golden Mean)
滋味	Nuanced Flavor
自然	Naturalness
宗法	Feudal Clan System
风雅颂	Ballad, Court Hymn, and Eulogy
赋比兴	Narrative, Analogy, and Association
诗言志	Poetry Expresses Aspirations.
诗缘情	Poetry Springs from Emotions.
发愤著书	Indignation Spurs One to Write Great Works.
怀远以德	Embrace Distant States by Means of Virtue
利用厚生	Make Full Use of Resources to Enrich the People
民为邦本	People Being the Foundation of the State
人文化成	*Ren Wen Hua Cheng*
顺天应人	Follow the Mandate of Heaven and Comply with the Wishes of the People
为政以德	Governance Based on Virtues
文以载道	Literature Is the Vehicle of Ideas.

协和万邦	Coexistence of All in Harmony
兴观群怨	Stimulation, Contemplation, Sociability, and Criticism
修齐治平	Self-cultivation, Family Regulation, State Governance, Bringing Peace to All Under Heaven
有教无类	Education for All Without Discrimination
紫之夺朱	Purple Prevailing Over Red
自然英旨	Charm of Spontaneity
有德者必有言	Virtuous People Are Sure to Produce Fine Writing.
不学《诗》,无以言	If You Do Not Study *The Book of Songs*, You Will Not Be Eloquent.
乐而不淫,哀而不伤	Express Enjoyment Without Indulgence and Express Grief Without Excessive Distress
厉与西施,道通为一	A Scabby Person and the Beautiful Lady Xishi Are the Same in the Eyes of Dao.
声一无听,物一无文	A Single Note Does Not Compose a Melodious Tune, Nor Does a Single Color Make a Beautiful Pattern.
象外之象,景外之景	The Image Beyond an Image, the Scene Beyond a Scene
信言不美,美言不信	Sincere Words May Not Be Pleasant to the Ear; Flowery Rhetoric May Not Be Sincere.

语言生活大事记

1月3—10日，澳大利亚墨尔本大学 Joseph Lo Bianco 教授作为“国家语委语言文字国际高端专家来华交流项目”首位受邀专家来华开展学术交流活动，标志着该项目正式实施。

1月7日，普通话审音委员会第三次年度会议在北京召开。

1月20日，“中国语言资源有声数据库技术规范与平台研发项目”首次工作会议在北京召开。

1月22日，教育部、国家语委在北京召开全国语言文字信息化工作视频会议，贯彻落实《国家中长期语言文字事业改革和发展规划纲要（2012－2020）》关于“语言文字信息化水平进一步提高”的目标任务。

2月12日，河南省政府第22次常务会议通过《河南省实施〈中华人民共和国国家通用语言文字法〉办法》，自2014年4月1日起施行。

2月14日，吉林省语委办开通了“吉林省语言文字”微信公众平台，这是全国首个省级语言文字工作机构开通的微信服务平台。

2月26—27日，中国华文教育基金会与国务院侨办文化司联合在山东泰安市召开“2014年全国华文教育工作会议”。

2月28日，国家语委在京召开2014年全国语言文字工作会议。

3月，德国德古意特出版社和中国商务印书馆联合出版 *The Language Situation in China* 第二卷。

3月7日，由国家语委中国文字字体设计与研究中心与北京北大方正电子有限公司联合举办的“字在——中文字体设计论坛暨第七届‘方正奖’中文字体设计大赛颁奖仪式”在京举行。

3月10日，国家语委印发《关于进一步做好语言文字信息化工作的若干意见》。

3月25日，国家民委中国朝鲜语言文字信息化基地揭牌仪式在延边大学举行。

4月1日，新锐媒体《新周刊》发布2013年中国电视年度成绩单，由中央电视台和国家语委联合主办、实力传媒创意制作的大型汉字文化节目《中国汉字听写大会》荣获“年度最佳人文节目奖”。

4月2日，“中华思想术语传播工程”研讨会在外语教学与研究出版社召开。

4月4日，“书法名家进校园”活动在北京华文学院举行。

4月11日，《人民日报》发表《外来语滥用，不行！》，抨击中英文夹杂现象。

4月18日至7月6日，国家语委与中央电视台联合举办的首届“中国成语大会”节目在中央电视台综合频道和科教频道播出。

4月19日，“2014书香中国”系列活动暨第四届北京阅读季启动仪式在京启动。

4月22日，北京北大方正电子有限公司正式启动“设计院校正版字体支持计划”，从高校开始普及字库知识产权保护意识，助力字库行业人才培养。

4月23日，“世界读书日”前后各地陆续启动“江苏读书节”“书香荆楚”“书香八闽”“书香岭南”“三湘读书月”“南国书香节”“天山读书节”“书香重庆”“三秦书月”“书香八桂”“书香龙江”“深圳读书月”“苏州阅读节”等全民阅读活动。

4月23日，由中国教育报、商务印书馆、中国教育学会中学语文教学专业委员会共同主办的“2014校长读书论坛暨中国教育报2013年度推动读书十大人物揭晓仪式”在商务印书馆举行。

4月25日，《人民日报》发表《“零翻译”何以大行其道》，抨击中英文夹杂现象。

4月28日，第三届全国藏语术语标准化工作委员会第二次会议在中国藏学研究中心召开。

5月17—18日，由上海外国语大学中国外语战略研究中心与教师发展中心主办的“语言与未来”首届青年学者工作坊，在上海外国语大学举行，聚焦“民族志与语言文化研究”主题。

5月29日，第三届京交会重点活动“语言服务与全球化论坛”(Language-Key to GlobalSuccess)在国家会议中心成功举办。

5月24日上午，第五届青岛市写字节开幕式在青岛举行。

5月29日，教育部、国家语委发布2013年度中国语言生活状况报告。

6月5—6日，中国政府与联合国教科文组织合作举办的世界语言大会在苏州召开，会议形成《苏州共识》。

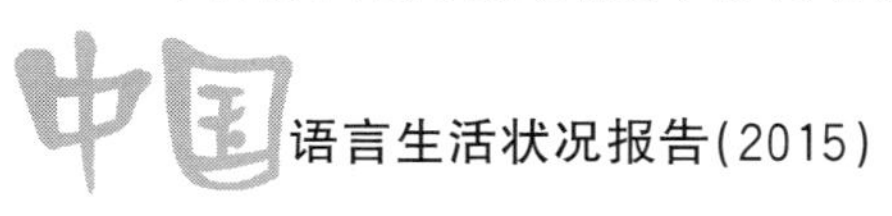

6月9—13日，国家民委、人力资源和社会保障部联合在京主办第7期全国民族语文翻译工作业务骨干高级研修班。

6月12—13日，第八届海峡两岸现代汉语问题学术研讨会在台北召开，会议主题为“两岸四地语言与生活”。

6月25日，以“中国语言生活绿皮书”A系列形式发布《旅游行业普通话水平测试等级标准及测试大纲（草案）》《普通话朗诵水平测试等级标准及测试大纲（草案）》《普通话演讲水平测试等级标准及测试大纲（草案）》《夹用英文的中文文本的标点符号用法（草案）》。

7月4日，国家外语人才资源动态数据库建设关于“高端外语人才标准”专家咨询会在北京外国语大学召开。

7月6日，第13届“汉语桥”世界大学生中文比赛在湖南开幕。

7月8日，2014两岸大学生汉字书法艺术交流夏令营在浙江省绍兴文理学院拉开序幕。此次夏令营由两岸合编中华语文工具书大陆编委会和台湾中华文化总会联合主办。

7月11日，青海省政府第22次常务会议通过《青海省实施〈中华人民共和国国家通用语言文字法〉办法》，自2014年9月1日起施行。

7月13日起至10月，国家语委与中央电视台联合举办的第二届“中国汉字听写大会”节目在中央电视台综合频道和科教频道播出，“焐热冰封汉字”观点引争议。

7月15日，《公共服务领域英文译写规范 第1部分：通则》正式实施，该规范涉及英、俄、日、韩4个语种，涵盖交通、旅游、文化娱乐、医疗卫生、邮政电信等领域，内容包括公共服务领域外文译写的规则和示例。

7月15日，孔子学院总部/国家汉办主办，北京师范大学汉语文化学院承办的“文化与国际汉语教育可持续发展高级讲习班”在北京师范大学举行。

7月16—18日，由中国教育学会中语专委会学术支持、商务印书馆主办、青海师范大学附属中学、附属第二中学和附属第三中学共同承办的“为中国未来而读—2014阅读论坛”在青海西宁召开。

7月18—21日，第11届对外汉语国际学术研讨会（ICCSL11）在宁夏银川成功召开。此次会议由北京语言大学汉语研究中心与宁夏大学国际教育学院联合举办，主题是“后方法理论视野下的对外汉语教学研究”。

7月18日，“.中国”“.公司”“.网络”三个中文域名的开通，再次引发了关于中文域名的热议。

7月21日，第12届国际语言学奥林匹克竞赛在北京开幕，来自美国、俄罗斯、日本等28个国家和地区的39支代表队、164名选手汇聚北京语言大学参加总决赛。这是该项赛事首次在中国举办。

7月21—25日，国家语委在北京华文学院举办首期语言文字应用研究优秀中青年学者研修班，来自全国各地的65名优秀中青年学者参加。

7月29日，中国语言资源有声数据库北京库调查工作验收会在北京语言大学举行。这是继江苏库之后第二个完成建设工作的省级语言资源有声数据库。

8月22—26日，台湾世界华语文学会与北京华文学院联合举办的“第四届两岸华文教师论坛”在北京华文学院举行。

8月26日，外语教学与研究出版社、中国语文报刊协会联合召开“2014年语言文字规范化与语文课程改革高峰论坛暨《现代汉语规范词典》第3版新书发布会”。

8月26日，上海小学生一年级语文教材删除古诗词引热议。

8月27日，两岸中华语文工具书合作编纂工作第十轮会谈在北京举行。两岸专家学者就《中华语文大词典》的编写、中华语文知识库网站的建设与完善、两岸语料库的建设与共享、两岸语文报告的发布等合作议题进行了深入研讨。

8月28日，国家民委第一届民族语文工作专家咨询委员会第二次会议在北京召开。

9月4日，《〈国家通用语言文字法〉实施办法》研讨中西部片会在四川成都召开。

9月4日，国务院正式出台了《国务院关于深化考试招生制度改革的实施意见》（国发〔2014〕35号），提出了语文、外语高考改革办法。

9月5—7日，第四届“世界汉学大会”在北京举行，主题是“东学西学·四百年”。来自38个国家和地区的200多名专家学者参会，境外学者的规模和与会学者专业跨度均超过往届。

9月9日，习近平总书记在北京师范大学考察时，称不赞成把古代经典诗词从课本中去掉。

9月12日，外语中文译写规范部际联席会议专家委员会部分专家咨询研讨会在京召开，研究讨论第三批外语词中文译名（建议稿）。

9月15日，上海市政府第61次常务会议通过《上海市公共场所外国文字使用规定》,自 2015 年 1 月 1 日起施行。

9 月 15 日,第 17 届全国推广普通话宣传周开幕式活动在厦门市举行。

9 月 15—21 日,各地举办第 17 届全国推广普通话宣传周活动,主题为“说好普通话,梦圆你我他”。

9 月 16—17 日,由中国教育部、国家语言文字工作委员会、中国驻法大使馆,以及法国外交部、文化部共同主办的第二届中法语言政策与规划研讨会在法国巴黎成功举办。

9 月 18 日,由公益研究机构新阅读研究所联合北京十一学校,组织专家制订完成的“中国中学生基础阅读书目”在京正式发布。

9 月 23 日,《〈国家通用语言文字法〉实施办法》研讨东片会在上海召开。

9 月 24—25 日,中国语言资源有声数据库湖北库建设启动暨培训会议在十堰市召开,标志着湖北省正式启动语言资源有声数据库建设。

9 月 26 日,国家民委国家双语人才培养基地揭牌仪式在云南民族大学举行。

9 月 27—28 日,中国少数民族双语教学研究会第 20 次全国双语教育学术研讨会在云南民族大学举行。

9 月 27 日,为庆祝孔子学院成立 10 周年,首个全球“孔子学院日”启动仪式在北京举行。当天全球 123 个国家和地区,有近 1 200 所孔子学院和孔子课堂同时举办各类中国语言文化体验活动共 3 000 余场。

9 月 29 日,外语中文译写规范部际联席会议专家委员会审议通过了《第三批推荐使用外语词中文译名表》。

10 月 11—12 日,首届中国语言资源国际学术研讨会在北京语言大学举行。本次会议由北京语言大学和日本金泽大学联合主办,北京语言大学语言科学院语言资源研究所承办,商务印书馆支持。

10 月 13 日,教育部语言文字应用研究所成立 30 周年暨普通话水平测试工作开展 20 周年纪念座谈会召开。

10 月 14 日,八省区蒙古语语文工作协作小组第 16 次成员会议在黑龙江省哈尔滨市召开。

10 月 16 日至 11 月 2 日,由孔子学院总部、国家汉办、云南省人民政府联合主办的第七届“汉语桥”世界中学生中文比赛在北京和昆明举行,来自 76 个国家 92 个海外预赛区的 391 名师生来华参加决赛。

10月17日，武汉首部公共场所双语标识“蓝皮书”——《武汉市公共场所双语标识英文译写指南》亮相。

10月21日，第四届“中国·云南濒危语言遗产保护”研讨会在云南玉溪师范学院开幕。

10月22—24日，“语言与社会生活”学术研讨会在珠海、澳门召开。会议由澳门理工学院主办，澳门理工学院澳门语言文化研究中心承办。

10月24日，以“两岸一家亲，共建新家园”为主题的第七届海峡两岸汉字节在福建厦门海沧台商投资区、台北市同步举行。

10月29日，全国民族语文工作现场会在贵州省黔东南苗族侗族自治州雷山县召开。

10月31日，“语言战略与国家安全高层论坛”在北京外国语大学举行。本次论坛由北京外国语大学、中国外语教育研究中心共同举办。

10月31日，第二届“中国汉字听写大会研讨会”在北京举行。

11月7—8日，“2014计算机辅助外语教学国际研讨会”在北京交通大学召开。

11月14—15日，由教育部语言文字信息管理司、教育部语言文字应用研究所、孔子学院总部/国家汉办联合主办的“2014‘语言与国家’学术研讨会”在广东潮州韩山师范学院召开。

11月18日，《汉字简繁文本智能转换系统》在京发布。本次发布活动由两岸语言文字交流与合作协调小组主办。

11月21日，教育部语言文字信息管理司在黑龙江省哈尔滨市召开公共服务领域俄、日、韩文译写规范研制调研座谈会。

11月24—28日，国家民委主办、东北三省朝鲜语文协作领导小组和中央民族大学联合承办的全国朝鲜语翻译骨干培训班在京举办。

11月27日，国家新闻出版广电总局发布《关于广播电视节目和广告中规范使用国家通用语言文字的通知》，网络用语禁上电视再引网友争议。

11月28日，第16届齐越朗诵艺术节暨第二届全国大学生朗诵大会总决赛暨颁奖晚会在中国传媒大学举行。

12月3日，《国家通用语言文字法》实施办法调研座谈会在北京召开。

12月4日，“中国语言资源有声数据库技术规范与平台研发项目”第二次工作会议在北京召开。

12月7日，第九届孔子学院大会在厦门开幕。

12月7日，由国务院侨务办公室和中国海外交流协会主办的第三届世界华文教育大会在北京人民大会堂开幕。

12月16—18日，教育部语言文字应用管理司在国家语委语言文字应用培训（苏州）基地举办2014语言文字工作幼儿园骨干园长培训班，来自全国各省（区、市）90多名幼儿园园长参加培训。

12月17日，“中华经典资源库”一期项目成果发布会召开。项目一期成果以语文课程标准中部分推荐背诵篇目和反映地方特色、民族特色的经典诗文100篇为主要内容，制作近3000分钟的视频资源。

12月19日，由国家语言资源监测与研究中心、商务印书馆、人民网主办的“汉语盘点2014”揭晓仪式在人民日报社举行。2014十大流行语、十大新词语、十大网络用语同时发布。“法”“反腐”“失”“马航”分列年度国内字、国内词、国际字、国际词第一，“赞”“APEC蓝”“暖男”“萌萌哒”“埃博拉”等热词也榜上有名。

12月22日，由国务院侨办主办、华侨大学承办的第三届海外华裔青少年中华文化大赛演讲组决赛在厦门举行。

12月24日，“中华思想文化术语传播工程”首批术语发布仪式在北京外国语大学举行。

12月24日，外语中文译写规范和中华思想文化术语传播部际联席会议在京召开。

（白娟）

图表目录

术语索引

H

J

K

L

M

N

P

Q

R

S

T

W

X

Y

Z

后　记

《中国语言生活状况报告(2015)》即将付梓。到了责任编辑催写《后记》的时候才觉得,一年一度的硬仗真的打完了,总算松了口气。按照惯例,还要就一些事情做些交代。

2015年,是《中国语言生活状况报告》创办十周年。编写组抱着向十年献礼的心态,认真总结以往的经验,从组稿、开题到改稿,不敢有任何懈怠:各栏目主持人分兵把守,一次次修改,一次次联系作者,不放过一个疑点;来自各界的新老作者们不计名利,百忙之中按期交稿,而且一轮轮地按近乎苛刻的要求进行修改和调整;主编们连续数个双休日集中改稿,对每篇稿子进行精心打磨;一年一度的审订会上,各位审订更是一如既往地一丝不苟,果断地撤下不理想的稿子。谢谢各位主持人、作者、主编组同仁和审订们!

毋庸置疑,这里献给读者的是集体智慧和劳动的产物。我们希望她能够成为一份让读者满意的十周年献礼礼品,也衷心希望读者给予更多的批评和帮助。中国语言生活的十年值得关注,中国语言生活研究的十年值得关注,《中国语言生活状况报告》不断成长的十年更希望得到读者的关注!谢谢各位热心的读者!

在这个本来就该庆贺的年份,还有另外的好消息:《中国语言生活状况报告》英文版第三卷即将出版;韩文版第一卷完成编审;在《中国语言生活状况报告》连续发布十周年的基础上,《语言战略研究》杂志的申办得到国家新闻出版广电总局的正式批复。它们将对《中国语言生活状况报告》的改进和发展、中国语言生活派的成长和壮大产生积极的影响。

《中国语言生活状况报告(2015)》各栏目的主持情况大体如下:李强负责特稿篇,易军负责工作篇,苏新春负责领域篇,冯学锋负责热点篇,汪磊负责字词语篇,周荐负责港澳台篇,赵守辉负责参考篇。和以往一样,还有不少很好的稿子,因为种种原因,未能刊出,我们深表遗憾和歉意。

国家语委语言文字信息管理司张浩明司长、田立新副司长从开题到审订会全程参加指导,给大家以极大的鼓励和鞭策;商务印书馆总编辑周洪波亲自主持开题和审稿，并全程指导改稿；商务印书馆汉语编辑中心主任余桂林编审亲自改稿并撰稿；责任编辑丁海燕关键时刻不断督促；赵春燕、白娟、李春风为会务奔前跑后；北京华文学院的领导和工作人员给予全力的支持和帮助。这里一并表示感谢。

我们期待读者的批评和建议。

郭熙

2015 年 9 月 18 日

图书在版编目(CIP)数据

中国语言生活状况报告.2015/教育部语言文字信息管理司组编.—北京:商务印书馆,2015
ISBN 978-7-100-11620-6

Ⅰ.①中… Ⅱ.①教… Ⅲ.①社会语言学—研究报告—中国—2015 Ⅳ.①H1

中国版本图书馆 CIP 数据核字(2015)第 233853 号

中国语言生活状况报告(2015)
教育部语言文字信息管理司 组编

商 务 印 书 馆 出 版
(北京王府井大街 36 号 邮政编码 100710)
商 务 印 书 馆 发 行
北 京 冠 中 印 刷 厂 印 刷
ISBN 978-7-100-11620-6

2015 年 10 月第 1 版 开本 787×1092 1/16
2015 年 10 月北京第 1 次印刷 印张 26

定价:68.00 元